# Q 阶序对模糊多属性决策理论与方法

刘培德　王　鹏　著

科 学 出 版 社
北　京

## 内 容 简 介

Q 阶序对模糊集作为直觉模糊集的一种最新扩展形式，能够更加全面、细致地刻画信息的模糊性和不确定性，其自 2016 年被国际著名决策专家 Yager 教授提出以后，便受到国内外学者的高度关注，被广泛应用于决策评价、医疗诊断、应急管理及项目评估等众多领域。本书主要介绍近年来作者及其团队在 Q 阶序对模糊集的基础理论、信息集成方法、多属性决策模型及其应用等方面的最新研究成果，促进 Q 阶序对模糊多属性决策理论与方法研究的发展及进步。

本书可作为高等院校模糊数学、运筹学、信息与计算机科学、管理科学、系统工程等专业的高年级本科生和研究生的参考教材，也可供对评价及决策分析感兴趣的研究人员、工程技术人员以及各类管理者参考阅读。

**图书在版编目（CIP）数据**

Q 阶序对模糊多属性决策理论与方法 / 刘培德，王鹏著. —北京：科学出版社，2021.4

ISBN 978-7-03-068126-3

Ⅰ. ①Q…　Ⅱ. ①刘…　②王…　Ⅲ. ①模糊集理论—应用—决策学—研究　Ⅳ. ①C934

中国版本图书馆 CIP 数据核字（2021）第 033199 号

责任编辑：陈会迎 / 责任校对：贾娜娜
责任印制：张　伟 / 封面设计：无极书装

科学出版社 出版
北京东黄城根北街 16 号
邮政编码：100717
http://www.sciencep.com
北京虎彩文化传播有限公司 印刷
科学出版社发行　各地新华书店经销
*
2021 年 4 月第　一　版　开本：720 × 1000　B5
2021 年 4 月第一次印刷　印张：14
字数：282 000

**定价：126.00 元**

（如有印装质量问题，我社负责调换）

# 前　言

随着经济、社会的发展，仅仅通过单个指标来衡量评价方案的决策方法难以适应日益复杂的决策环境。因而，依据多个指标来对方案进行评估和择优的多属性决策受到国内外众多学者的关注和重视。然而，由于现实环境的不确定性和信息的模糊性，仅仅通过实数的形式来描述决策信息不能够精确地反映出决策的实际情形。因而，Zadeh 教授提出模糊集（fuzzy set，FS）来描述和表达决策信息，这使得模糊多属性决策方法成为学者研究的重点。基于此，国内外众多学者发展并提出了适用范围更广、功能性更强的模糊决策信息表征模型，如直觉模糊集（intuitionistic fuzzy set，IFS）、毕达哥拉斯模糊集（Pythagorean fuzzy set，PFS）和 Q 阶序对模糊集（q-rung orthopair fuzzy set，q-ROFS）等。其中，Q 阶序对模糊集的出现使得决策信息的表示更加灵活，同时因为其表达模糊信息的能力更强，从而减少了决策信息的失真，更适合当今现实的复杂决策环境。而且，Q 阶序对模糊信息涵盖了直觉模糊和毕达哥拉斯模糊等传统直觉类信息，所以其通用性更强，应用范围更加广泛。为此，基于 Q 阶序对模糊信息的多属性决策在经济管理、风险控制、金融工程等领域具有广泛的应用价值。

本书主要对近几年来国内外学者特别是作者在 Q 阶序对模糊多属性决策方面的研究内容进行系统性梳理和介绍，主要包括以下内容。

第 1 章主要介绍本书研究内容的研究背景与研究意义，并对国内外相关研究的最新研究进展进行系统梳理和介绍。主要对三类模糊信息（直觉模糊、毕达哥拉斯模糊以及 Q 阶序对模糊信息）的多属性决策理论方法研究、基于信息集成算子的多属性决策方法研究、传统多属性评价模型研究进行系统的介绍。

第 2 章主要介绍 Q 阶序对模糊集的定义、运算法则及性质、大小比较方法、距离测度、加权平均算子等。首先通过直觉模糊集和毕达哥拉斯模糊集引出 Q 阶序对模糊集的定义。然后，基于 Archimedean 三角模和三角余模，提出 Q 阶序对模糊数（q-rung orthopair fuzzy number，q-ROFN）的 Archimedean 运算法则及性质、大小比较方法和距离测度。其中，所提运算法则能够基于不同的生成器函数，派生出不同的运算法则，具有较强的通用性和灵活性，可以更好地适应复杂决策问题。在此基础上，以 Algebraic 运算法则为例，介绍简单的 Q 阶序对模糊加权平均算子。

第 3 章主要介绍多种 Q 阶序对模糊多属性决策环境下的属性权重确定模型。

首先，介绍一种新的 Q 阶序对模糊数得分函数，随后给出几种在属性权重完全未知的情况下的属性权重（主观权重、客观权重和组合权重）确定方法。其中，为了合理利用专家的知识和经验，提出基于 Q 阶序对模糊最好-最坏方法（best-worst method，BWM）的主观权重确定模型。考虑到主观权重带有主观随意性，提出三种客观权重的计算方法：Q 阶序对模糊熵权法、Q 阶序对模糊变异系数法、Q 阶序对模糊归一化双向投影法。同时，为了克服主观权重和客观权重各自的局限性，最大化属性权重的优点，提出四种组合权重的计算方法：基于综合评价值最大的组合权重确定方法、基于总偏差最小与综合评价值最大的组合权重确定方法、基于博弈论的组合权重确定方法和基于相对熵的组合权重确定方法。

第 4 章主要介绍几种考虑属性两两关联关系的 Q 阶序对模糊 Bonferroni 平均（Bonferroni mean，BM）集成算子。针对属性间存在两两关联关系的多属性决策问题，提出 Q 阶序对模糊 Bonferroni 平均（q-rung orthopair fuzzy Bonferroni mean，q-ROFBM）算子和 Q 阶序对模糊 Bonferroni 几何平均（q-rung orthopair fuzzy geometric Bonferroni mean，q-ROFGBM）算子以及其相关加权算子［q-ROFWBM（q-rung orthopair fuzzy weighted Bonferroni mean）和 q-ROFWGBM（q-rung orthopair fuzzy weighted geometric Bonferroni mean）算子］。首先，基于 q-ROFWBM 算子和 q-ROFWGBM 算子构建一类考虑属性两两关联的多属性群决策方法，并利用相关算例进行有效性验证。其次，基于 Archimedean 三角模和三角余模，提出 Q 阶序对模糊 Archimedean Bonferroni 平均（q-rung orthopair fuzzy Archimedean Bonferroni mean，q-ROFABM）算子和 Q 阶序对模糊加权 Archimedean Bonferroni 平均（q-rung orthopair fuzzy weighted Archimedean Bonferroni mean，q-ROFWABM）算子，并基于 q-ROFWABM 算子，构建一种通用性更强的考虑属性关联关系的多属性决策方法，通过相关算例对其进行有效性验证。最后，考虑到现实决策中可能存在更复杂的决策情况，即存在分区结构（相同分区之内，属性两两关联；不同分区之间，属性相互独立），提出 Q 阶序对模糊分区 Bonferroni 平均（q-rung orthopair fuzzy partitioned Bonferroni mean，q-ROFPBM）算子及其加权形式 q-ROFWPBM（q-rung orthopair fuzzy weighted partitioned Bonferroni mean）算子，并基于 q-ROFWPBM 算子构建一种考虑分区属性关联关系的多属性决策方法。此外，该章分别讨论了以上算子具有的一些基本性质及特例。

第 5 章主要介绍几种考虑多个属性之间关联关系的 Q 阶序对模糊麦克劳林对称平均（Maclaurin symmetric mean，MSM）集成算子。考虑到幂算子及 MSM 的独特优势，分别介绍 Q 阶序对模糊 MSM（q-rung orthopair fuzzy Maclaurin symmetric mean，q-ROFMSM）算子、Q 阶序对模糊幂 MSM（q-rung orthopair fuzzy power Maclaurin symmetric mean，q-ROFPMSM）算子和 Q 阶序对模糊幂加权 MSM（q-rung orthopair fuzzy power weighted Maclaurin symmetric mean，q-ROFPWMSM）

算子，并基于 q-ROFPWMSM 算子构建一种多属性群决策方法，不仅能够有效处理偏见专家的极端意见，还能够考虑多个属性之间的关联关系，具有灵活的应用性，并通过实际算例进行有效性验证及相关参数分析与讨论。另外，基于广义 MSM 算子更通用和更灵活的优点，分别介绍 Q 阶序对模糊广义 MSM（q-rung orthopair fuzzy generalized Maclaurin symmetric mean，q-ROFGMSM）算子和 Q 阶序对模糊加权广义 MSM（q-rung orthopair fuzzy weighted generalized Maclaurin symmetric mean，q-ROFWGMSM）算子，并基于 q-ROFWGMSM 算子提出一种多属性决策方法，不仅能够灵活地处理多个属性之间的关联关系，也能够基于实际决策考虑属性各自独立的情形，具有更强的适用性。此外，该章分别讨论以上算子具有的一些基本性质和特例。

第 6 章主要介绍几种基于效用值的 Q 阶序对模糊多属性决策方法。考虑到专家权重未知的情形，首先通过结合专家个人重要度和评价合理度，提出一种新的求取专家权重的模型，并引入一种新的贴近度公式，将这些工具应用到逼近理想解排序（technique for order preference by similarity to an ideal solution，TOPSIS）评价方法中，提出一种改进的 Q 阶序对模糊 TOPSIS 多属性群决策方法，并通过实例分析和比较验证该方法的有效性与优越性。考虑到决策者的心理行为，将前景理论和多属性边界近似面积比较（multi-attributive border approximation area comparison，MABAC）方法相结合，提出一种考虑决策者心理行为的前景 Q 阶序对模糊 MABAC 多属性决策方法，并通过高层次人才培养选择的实例验证该方法的有效性与优越性。此外，针对属性权重未知的多属性群决策问题，提出 Q 阶序对模糊扩展 Taxonomy 方法，并通过实例分析和比较来验证其有效性与性优越。

第 7 章主要介绍几种考虑优先关系的 Q 阶序对模糊多属性决策方法。针对属性权重未知的多属性决策问题，提出基于 Q 阶序对模糊信息的偏好顺序结构评估（preference ranking organization method for enrichment of evaluations，PROMETHEE）方法，并通过算例验证该方法的实际应用效果。针对属性间具有优先关系的多属性决策问题，提出基于 Q 阶序对模糊信息的扩展定性柔性多属性分析（qualitative flexible multiple criteria analysis，QUALIFLEX）方法。考虑到决策过程中需要符合决策者的行为准则问题，提出一种基于 S 形效用函数的 Q 阶序对模糊信息 ELECTRE Ⅱ 多属性决策方法，并通过绿色供应商选择的实际问题验证所提方法的有效性。

第 8 章主要对本书的研究内容进行总结与展望。

本书除了作者自己的研究成果外，还参考了国内外许多学者的论著，吸取了同行的优秀劳动成果，谨向这些同行和专家学者表示诚挚的感谢。此外，本书的研究工作还得到了国家自然科学基金项目（71471172、71271124）的资助，在此特向国家自然科学基金委员会表示感谢。

由于作者学术水平和能力的局限性，书中难免存在不足之处，恳请广大读者和同行指正。

刘培德

2020 年 10 月 27 日于山东财经大学

# 目　录

# 第1章 绪　论

## 1.1 研究背景和研究意义

### 1.1.1 研究背景

随着经济社会的不断发展，人们面临的决策形势和决策环境变得越来越复杂，无论政府的政策决策，还是企业的战略决策，都关乎其未来的发展。在决策科学领域存在一个重要分支，即多属性决策（multiple attribute decision making，MADM）。多属性决策是由专家或评价者基于多个属性评估值，从多个备选方案中选出最优方案，以供决策者参考的过程。多属性决策问题的研究对于当前的社会决策问题具有重要指导意义和实践意义，其涉及各种各样的领域，如风险投资决策、供应商选择、环境效应评价以及仓储物流选址等。对于多属性决策问题的研究，主要涉及两个方面：第一，如何有效地表达专家所给的决策评价信息？由于人们认知的模糊性和决策环境的不确定性，专家往往很难完全有效地表达其决策信息，所以随着研究的深入，决策信息表达形式开始由实数、区间数到三角模糊数、语言变量，再到直觉模糊等信息形式一步步发展延伸。第二，采用何种信息处理方法将决策信息进行整合，选出最优的决策？常用的信息处理方法主要有两大类：一是传统的决策评价方法，如 TOPSIS 法、层次分析法（analytic hierarchy process，AHP）、灰色关联方法、投影分析法、VIKOR（vise kriterijumska optimizacija i kompromisno resenje）方法、ELECTRE（elimination et choice translation reality）方法等；二是信息集成算子，如简单的算术加权平均算子、几何加权算子，带有功能性的幂平均算子、BM 算子、Heronian 平均（Heronian mean，HM）算子以及 MSM 算子等。

由于现实决策环境往往伴随着随机性、不确定性和矛盾冲突性，再加之人们主观判断的模糊性，评价者不可能通过具体的数值进行完全定量或定性的评价，这就要求人们寻找一种更加有效且精确的信息表达形式来描述这些复杂的决策信息。最初，对于普通的决策信息，人们常用精确数、区间数等信息形式来描述，但其不能够完全反映出人们的主观意志。后来，人们又开始用语言词进行信息表述，这类信息虽然在一定程度上能够反映出人们的主观判断，但数据的衡量却不够精确，因此模糊集应运而生。国际著名学者 Zadeh 首先提出了模糊集的概念，其采用了一种概率的形式来表达对于某一决策主体的满意程度，即隶属度（$u$）[1]。由于这种信息表达形式能够更好地描述模糊信息，减少决策评价信息的失真，所以被大量国内外专家学者所认可。Atanassov 将模糊集进一步扩展，在其基础上增加了一个非隶属度（$v$），即对决策主体的拒绝程度，并将这种带有隶属度和非隶属度形式的信息表达工具称为直觉模糊集，规定其必须满足$u \in [0,1]$、$v \in [0,1]$和$0 \leqslant u+v \leqslant 1$的约束条件[2]。此外，直觉模糊集还给出了犹豫度（$\pi$）的概念，即对这一决策事物的不确定或者犹豫程度，并且满足$\pi = 1-u-v$。随后，Xu 为了更加方便地利用直觉模糊集来表述决策信息，将直觉模糊集的单个元素称为直觉模糊数（intuitionistic fuzzy number，IFN）[3]。因为直觉模糊集更符合人们的认知规律，并且其描述模糊决策信息的准确度更高，所以被大量国内外专家学者引用和研究，随之出现了一系列基于直觉模糊集的多属性决策方法[4-12]。但是，由于人们主观认知的不确定性和矛盾冲突性，有时候专家给出的直觉模糊评价值并不一定能够完全满足$0 \leqslant u+v \leqslant 1$的条件，例如，某专家给出的评价信息是隶属度为0.7、非隶属度为0.5，那么$0.7+0.5>1$，并不符合直觉模糊数的条件。随着人们犹豫程度的增大，这种决策情形在现实决策问题中是不可避免的，所以 Yager 提出了一种直觉模糊信息的扩展形式，将隶属度和非隶属度的取值条件扩大为$0 \leqslant u^2+v^2 \leqslant 1$，称为毕达哥拉斯模糊集，其单个元素称为毕达哥拉斯模糊数（Pythagorean fuzzy number，PFN）[13]。尽管毕达哥拉斯模糊数将决策信息的表示范围扩大了，但由于人们模糊意识的增强、犹豫程度的增大，其表达模糊信息的能力仍然有限。例如，对于手机品牌的选取问题，由于当前经济形势的不可预测性和决策者内心心理的矛盾性，专家对于苹果牌手机的评价很可能是高接受且高拒绝，即可能给出隶属度为0.8、非隶属度同样为0.8的评价值。对于这样的评价结果，直觉模糊数和毕达哥拉斯模糊数均不能进行有效的表示。所以，近年来，Yager 又提出了 Q 阶序对模糊集的概念，其将隶属度和非隶属度所表达的范围继续向外延伸，提出了一种新的边界约束条件，即$0 \leqslant u^q+v^q \leqslant 1$，其中$q \geqslant 1$[14, 15]。为了更好地利用Q阶序对模糊信息，Liu 和 Wang 提出了Q阶序对模糊数的概念[16]。直觉模糊数、毕达哥拉斯模糊数和Q阶序对模糊数三者之间空间表示范围的不同，见图 1-1。很容易发现，当$q=1$时，Q阶序对模糊数演化成了直觉模糊数；当$q=2$时，Q 阶序对模糊数演化成了毕达哥拉斯模糊数。可以说，Q 阶序对模糊数的出现使得决策信息的表示范围更宽广、更完整，表达模糊信息的能力也更强，从而减少了决策信息的失真，更适合现实的复杂决策环境。而且，Q 阶序对模糊数涵盖了直觉模糊数和毕达哥拉斯模糊数，所以其通用性更强，应用范围更广也更灵活。

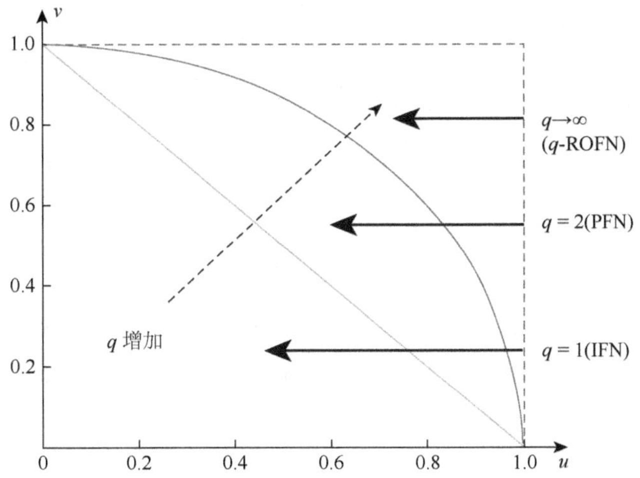


图 1-1 直觉模糊数、毕达哥拉斯模糊数和 Q 阶序对模糊数空间表示范围比较

由于 Q 阶序对模糊数的通用性及灵活性，以及表达模糊信息能力的广泛性，当前很有必要对其在多属性决策中的应用角度进行深入研究，特别是在一些集成算子和决策方法方面。但现阶段基于 Q 阶序对模糊数的研究才刚刚起步，还没有形成一个完善的理论体系。因此，本书将在 Q 阶序对模糊信息基础理论研究的基础上，针对决策准则存在关联关系以及决策数据存在极端值的情形，提出各类信息集成算子，并进一步提出一系列基于 Q 阶序对模糊信息的多属性决策方法，以此来丰富和完善多属性决策理论与方法体系。

### 1.1.2 研究意义

Q 阶序对模糊信息是当前直觉模糊信息的最新扩展形式，传统的直觉模糊数能够利用隶属度和非隶属度有效地描述模糊信息的大小，并且能够准确表达出专家对于某一决策主体的满意程度和拒绝程度，这种表达方式符合人们的主观认知。而 Q 阶序对模糊数通过扩展隶属度和非隶属度的边界条件，进一步扩大了直觉模糊数和毕达哥拉斯模糊数的表示范围，能涵盖更广泛的模糊信息，具有更强的通用性。同时，它能更加细腻地展现多属性决策信息的模糊本质，通过对参数 $q$ 的调节变化，不断改变犹豫的容纳程度，使得表述模糊信息的方式更加灵活。由于 Q 阶序对模糊数是最近两年兴起的一种新型的信息表达形式，为了使其更好地应用于解决实际决策评价问题，促进多属性决策理论与方法的发展，需要对其相关基础理论进行系统而全面的梳理，特别是基于 Q 阶序对模糊数的各类信息集成算子和决策评价方法，需要进行体系化的构建。因此，本书主要致力于梳理 Q 阶序对模糊数的一些基本理论知识，包括运算法则、距离测度、得分函数和精确函数及其大小比较方法等，并在多属性决策背景下构建一套科学的权重确定模型，基于各类功能性的信息集成算子和传统评价方法，搭建一套系统的基于Q阶序对模糊信息的多属性决策方法体系，为科学决策提供方法与技术支撑，降低决策风险，提升决策评价的质量与效率，供各行各业的相关管理人员或决策者选择和借鉴。

# 1.2 研究现状

在多属性决策理论与方法研究中，信息表达形式是基础，信息集成算子是工具，评价决策模型是途径。下面分别从传统直觉模糊信息的多属性决策方法、基于信息集成算子的多属性决策方法以及传统多属性决策模型三个方面分别介绍与本书相关的国内外研究现状。

## 1.2.1 基于三类直觉模糊信息的多属性决策方法研究

### 1. 基于直觉模糊信息的多属性决策理论与方法研究

由于人们认知的模糊性和决策信息的不确定性，直觉模糊集的概念自Atanassov提出以后，被广大专家与学者关注和研究。直觉模糊数能够有效地表达人们对于评价主体的接受程度、拒绝程度和犹豫程度，是多属性决策问题的有效信息表征工具，对于多属性决策的理论与方法研究具有极大的推动作用。

关于直觉模糊数在决策理论与方法中的研究，主要从以下两个方向展开。

（1）基本理论及其扩展形式的研究。例如，De等早在2000年就开始对直觉模糊数的运算法则进行研究，给出了具体的加法和乘法运算法则，并证明了相应的运算性质[17, 18]；随着研究的进一步深入，He等认为传统的直觉模糊运算法则并不能有效处理非隶属度为0的问题，基于这一缺陷，他们提出了一种直觉模糊相交运算法则[19]。此外，Szmidt和Jacprzyk[20]对直觉模糊数之间的距离进行了广泛研究，基于海明公式和欧几里得公式给出了各种形式的距离测度[20-23]；Chen和Chang对直觉模糊数间的相似度进行了研究，并将其应用到了模式识别中[24]；Nguyen为了能够让直觉模糊数之间更好地进行两两比较，提出了相应的相似度求取方法，并基于此相似度提出了一种新的决策方法[25]；Guo和Song从知识量的角度研究了直觉模糊数的信息熵，能够量化直觉模糊数的离散程度，促进了客观权重的研究[26]；Atanassov和Gargov采用区间的形式表示直觉模糊集里的隶属度和非隶属度，由此定义了区间直觉模糊数，并研究了其相应的运算法则和性质[27]；刘锋和袁学海认为，直觉模糊集可以借助一些模糊数进一步扩展成其他形式的直觉模糊集，以扩大模糊信息的表达范围[28]；赵涛和肖建将二型模糊数与直觉模糊数相结合，提出了二型直觉模糊集的概念，丰富了模糊信息的表达形式，并研究了其相应的性质和规律[29]。此后，直觉模糊数的基础理论研究日趋完善。

（2）基于直觉模糊信息的集成算子及决策评价方法研究。例如，Xu 基于直觉模糊数提出了简单的算术加权集成算子，这是基于直觉模糊数的最简单的信息集成算子，其仅仅具有简单的加权功能[3]；此外，Xu 和 Yager 基于直觉模糊数进行了几何加权平均算子的研究，能够处理呈倍数关系的评价信息值，并将其应用到多属性决策的方法研究中[30]；Liu 将三角模引入区间直觉模糊环境中，提出了一种新型的 Hamacher 集成算子，其带有一个灵活的参数，能够适应不同风险态度的决策者[31]；Zhang 等将幂算子引入直觉模糊 Frank 运算法则中，提出了一种新的 Frank 幂算子集成方法，能够兼具多种功能[32]；徐泽水等基于区间直觉模糊数分别提出了算术加权和几何加权形式的集成算子，以及基于判断矩阵提出了一种新的多属性群决策方法[33, 34]；陈东锋等定义了新的直觉模糊得分函数，并与 TOPSIS 方法相结合，提出了一种多属性决策评价模型[35]；胡辉和徐泽水提出了基于区间直觉模糊数的 TOPSIS 评价方法，可以有效减少决策过程中的信息失真问题[36]；Peng 等提出了基于直觉模糊数的 VIKOR 方法以解决优化多响应问题，这种方法可以给出一个甚至多个折中解[37]；Li 等提出了直觉模糊交互式多准则决策（TODIM①）方法以解决分销商选择的多属性决策问题，能够考虑决策者的风险行为[38]；时恩早和张先哲通过引入直觉模糊偏好关系，提出了一种新的评价模型处理多属性决策问题，通过利用决策误差来确定方案的优先权重[39]。综上可见，直觉模糊数在多属性决策方法领域的发展已经趋于成熟。

### 2. 基于毕达哥拉斯模糊信息的多属性决策理论与方法研究

毕达哥拉斯模糊数扩大了直觉模糊数隶属度和非隶属度的信息表示范围，能够更加有效地描述模糊决策信息。基于这一优势，其自被提出以后便受到广泛关注，开始被大量研究。关于毕达哥拉斯模糊信息的研究，主要集中在以下两个方面。

（1）毕达哥拉斯模糊信息多属性决策理论与方法研究。例如，Yager 和 Abbasov 在毕达哥拉斯模糊数被提出以后，进一步研究了它的隶属度和复数之间的关系。此外还提出了多种基于毕达哥拉斯模糊数的信息集成算子，例如，简单的加权平均算子和加权几何算子[13, 40]；Peng 和 Yang 提出了一种基于毕达哥拉斯模糊数的优势和劣势排序方法，并将其应用到多目标决策问题中[41]；Zhang 和 Xu 基于毕达哥拉斯模糊数，提出了一种新的距离测度，并提出扩展的 TOPSIS 方法以解决决策问题，能够有效地减少决策信息的失真[42]；Ren 等针对毕达哥拉斯模糊环境下的决策问题，提出了一种改进的 TODIM 方法，能够考虑不同决策者的风险

① 葡萄牙语中的交互式多属性决策的缩写。

态度[43]；Garg 提出了一种基于爱因斯坦三角模和三角余模的毕达哥拉斯运算法则，并给出了多个带有可变参数的广义集成算子，能够灵活地处理多属性决策信息[44]；何霞等将幂集成算子扩展到毕达哥拉斯模糊数上，提出了一种能够处理评价信息存在极端值的多属性决策方法[45]；刘卫锋等在毕达哥拉斯模糊决策环境下，提出了广义集成算子和交叉影响集成算子，能够更方便地解决现实中的决策问题[46, 47]；Wei 等基于余弦函数提出了毕达哥拉斯模糊数的新的相似度，从另一个角度去研究两个数之间的比较方法，并基于相似度扩展了其应用范围[48]。

（2）基于毕达哥拉斯模糊信息扩展形式的多属性决策研究。例如，Peng 和 Yang 首先将毕达哥拉斯的隶属度和非隶属度扩展成区间数的形式，提出了区间毕达哥拉斯模糊数，研究了其基本性质，并提出了区间毕达哥拉斯点集成算子和 ELECTRE 方法[49]；随后，Garg 基于区间毕达哥拉斯模糊集，提出了一种改进的得分函数，能够更好地进行毕达哥拉斯模糊数之间的大小比较，并将其应用到 TOPSIS 评价方法中[50]；彭新东等研究了毕达哥拉斯的软集及其基本运算，提出了相应的运算法则和性质，探究了其集成算子在决策方面的应用[51]；刘卫锋和何霞将犹豫模糊集与毕达哥拉斯模糊集结合，提出了毕达哥拉斯犹豫模糊集的概念，并提出了一些基本的集成算子方法以解决决策问题[52]；Du 等将区间毕达哥拉斯模糊集与语言变量相结合，提出区间毕达哥拉斯语言变量集，能够从定量的角度描述模糊信息[53]；Shakeel 等将梯形模糊数与区间毕达哥拉斯模糊数结合，提出了诱导区间毕达哥拉斯梯形模糊数，并基于它们提出了一系列集成算子去解决多属性群决策问题[54]。综上所述，基于毕达哥拉斯模糊信息的研究也在逐步趋于完善。

3. 基于Q阶序对模糊信息的多属性决策理论与方法研究

Q阶序对模糊信息因为其独特的信息表达优势，自提出以后便受到广泛关注，并被迅速应用到多属性决策领域。在Q阶序对模糊信息的基础理论研究方面，Liu 和 Wang 首先给出了Q阶序对模糊数的定义，并提出其得分函数和精确函数的概念，介绍了其大小比较规则[55]；另外，诸多学者也对Q阶序对模糊集的运算法则及相关信息测度进行扩展研究[56-60]。在基于Q阶序对模糊信息的集成算子研究方面，Liu 和 Wang 首先研究了Q阶序对模糊加权平均算子，并首次将Q阶序对模糊信息应用到多属性决策中[16]；随后基于Q阶序对模糊数的各类信息集成算子及相关的多属性决策方法开始被大量研究[61-74]。此外，Q阶序对模糊信息也开始被扩展到多种传统评价模型中，形成各类多属性决策方法[75-81]。

### 1.2.2 基于信息集成算子的多属性决策方法研究

信息集成算子是处理多属性决策问题的一个有效工具，它能够将各类信息形式进行聚合，从而更方便地进行决策选择。所以，信息集成算子一直是当前国内外多属性决策研究的一个热点。最初的信息集成算子仅仅具备简单的算术加权和几何加权功能，但随着研究的不断深入和扩展，一些具有特定功能的多样化信息集成算子开始广泛出现，例如，能够消除极端评价数据影响的幂算子、能够考虑评价属性之间的相互关系的BM算子和MSM算子等。正是基于这些功能性算子的研究，一些多属性决策方法才能适于解决复杂的现实决策问题。本书主要集中梳理三类典型的信息集成算子的研究，包括幂算子、BM算子和MSM算子。

1. 幂算子研究现状

在现实决策环境中，往往存在这样一类情况，即专家在进行评价打分时，可能会因为个人偏见给某个备选方案过高或者过低的评价值。遇到这种情形，人们最常采用的方法是去掉最高分和最低分，这会造成决策信息的损失。为此，Yager于2001年提出了一种幂平均算子，其能够通过计算每个集成数据与其他集成数据之间的相互支持度，进而分配给每个数据一个相应的权重，从而消除极端值对集成结果的影响[82]。幂算子自被提出以后，便被大量专家学者关注和研究，尤其是在决策领域。例如，Yager首次将幂平均算子应用到信息融合中[83]；Xu首先将幂平均算子引入直觉模糊环境中，提出了多个直觉模糊幂集成算子，如幂加权集成算子、幂混合加权集成算子[84]；另外，Xu和Yager还提出了多种幂几何集成算子，并将它们扩展到区间直觉模糊环境中以解决多属性群决策的问题，丰富了幂算子的理论和应用[85]；此外，姚平等将调和算子扩展到幂算子的理论中，提出了幂调和算子和幂有序加权调和算子的概念，进而给出了一种多属性群决策方法以解决实际问题[86]；Zhang提出了多种广义的直觉模糊幂几何集成算子，如幂有序加权集成算子，并基于此算子构建了一系列决策方法模型[87]。

为了进一步扩大幂算子在模糊决策领域的应用，Xu和Wang还将幂算子扩展到语言环境中，并提出二型语言幂集成算子以解决多属性群决策问题[88]；Wan等将幂算子扩展到梯形直觉模糊环境中，并基于梯形直觉模糊数提出多种幂平均和幂几何算子，以解决实际的决策问题[89, 90]；Liu和Wang基于直觉语言模糊环境，提出了多种广义幂加权形式的集成算子以处理多属性群决策问题[91]；Liu将幂算子与HM算子结合，提出了多种幂Heronian区间直觉模糊集成算子，以处理属性间具有相关关系的多属性决策问题[92]；Liu和Li将幂算子与BM算子相结合，并将其引入区间直觉模糊环境中，提出了区间直觉模糊幂Bonferroni集成算子[93]。随着毕达哥拉斯模糊数的出现以及其不断发展，何霞等将幂集成算子扩展到毕达哥拉斯模糊数中，并提出了一种新的多属性决策方法[45]；Wei和Lu以多属性决策研究为背景，分别提出了毕达哥拉斯幂平均加权算子、毕达哥拉斯幂有序加权集成算子和毕达哥拉斯幂混合加权集成算子[94]。最近，多位学者开始将幂算子引入Q 阶序对模糊环境中，以进行多属性决策方法的研究[56, 62, 63]。

2. BM 算子研究现状

在实际决策环境中，评价属性之间存在关联关系的问题也较为普遍，例如，评价某一品牌的计算机，可能其价格和性能之间存在着一种相关关系，如价格越高，性能越好。然而在早期的集成算子中，均默认为评价属性之间是相互独立、互不影响的，但在现实的决策问题中，属性之间具有关联关系这一现象普遍存在。所以，为了更加真实客观地反映现实决策情境，提高决策的真实性和准确性，一些能够处理属性之间关联关系的算子应运而生，如典型代表 BM 算子。BM 算子最初由 Bonferroni 在 1950 年提出，它能够考虑两个集成数据之间的相互关系，所以它被广泛应用到多属性决策研究中[95]。Yager 首先将 BM 算子作为一个信息处理工具引入多属性集成问题中，提出了 BM 有序加权算子和 BM 积分算子[96]；Xu 和 Yager 将 BM 算子扩展到直觉模糊环境中，提出了直觉模糊 BM 算子和直觉模糊 Bonferroni 加权平均算子[97]；Zhou 和 He 将 Bonferroni 几何平均算子拓展到直觉模糊环境，构建了直觉模糊几何 BM 算子[98]；为了考虑不同直觉模糊集隶属函数与非隶属函数之间的交互作用，He 等提出了直觉模糊交互 BM 算子及其加权形式[19]；Liu 和 Li 在区间直觉模糊集的基础上将 BM 算子与可以消除极端情况影响的幂算子结合，提出了区间直觉模糊幂 BM 算子和区间直觉模糊加权幂 BM 算子[93]；为了减少信息在处理过程中的损失，Liu 和 Gao 将证据理论引入直觉模糊幂 BM 算子中，构建基于证据理论的直觉模糊幂 BM 算子和直觉模糊幂几何 BM 算子及其加权形式[99]；基于 Dombi 三角模运算法则的灵活性，Liu 等改进直觉模糊数的运算法则并提出了直觉模糊 Dombi Bonferroni 平均算子[100]；Liang 等结合毕达哥拉斯模糊数提出了毕达哥拉斯模糊 BM 算子和毕达哥拉斯模糊几何 BM 算子[101, 102]；Liang 等将 BM 算子拓展到区间毕达哥拉斯模糊数，构建了区间毕达哥拉斯模糊 BM 算子和区间毕达哥拉斯模糊几何 BM 算子[103]。最近，基于 Archimedean 三角模运算法则的优势，Liu 和 Wang 将 Q 阶序对模糊数与 BM 算子相结合，提出了 Q 阶序对模糊 Archimedean Bonferroni 平均算子及其加权形式[55]；Yang 和 Pang 结合 Dombi 三角模运算法则，提出了 Q 阶序对模糊 Dombi Bonferroni 平均算子[65]。

尽管如此，在真正的决策过程中，属性之间的关联关系可能并不总是存在于所有属性中。例如，当选择汽车时，人们可以考虑以下一些属性：基础性能、物理特性、品牌影响和客户评价。显然，这四个属性中基础性能和物理特性之间存在相互关系，品牌影响和客户评价之间存在相互关系，而前两者和后两者之间并不存在显著的相互关系。因此将基础性能和物理特性作为一个类组，而品牌影响和客户评价为另一个类组，即同一个类组内部各个属性之间存在相互关系，不同类组之间不存在相互关系。基于这种思想，Dutta 和 Guha 提出了分区的概念并介绍了分区 BM 算子，其假设所有属性都被划分为多个类组，同一类组中的属性是相互关联的，而不同类组的属性之间是不相关的[104]。分区 BM 算子不仅考虑两个输入参数之间的相互关系，而且避免不相关属性的影响。由于分区 Bonferroni 平均（partitioned Bonferroni mean，PBM）算子更加适合现实决策问题，因而引起了专家学者更加广泛和深入的研究。Liu 等将分区 BM 算子扩展到直觉模糊环境中，并依据运算法则的交互关系，提出了直觉模糊交互分区 BM 算子和直觉模糊交互分区几何 BM 算子[105]；为了处理属性之间的异质关系，Liang 等构建了区间毕达哥拉斯模糊分区 BM 算子和区间毕达哥拉斯模糊加权分区 BM 算子[106]。此外，Yang 和 Pang 将 BM 算子和 Q 阶序对模糊数结合，提出了 Q 阶序对模糊分区 BM 算子[107]。

3. MSM 算子研究现状

在现实的决策环境中，不可能所有的评价属性之间都具有两两相互关系，可能多个属性间具有相互关系，也可能所有属性之间是各自独立的。基于这种情境，Qin 和 Liu[108]在模糊决策环境中，第一次引入了 MSM 算子[109]，提出了直觉模糊 MSM 集成算子，它能够考虑任意两个属性之间的相互关系，所以在处理多属性决策问题时更加灵活和实用。由于 MSM 算子比 BM 算子考虑的实际决策情形更多，所以其开始被广泛研究。Liu 等将 MSM 算子扩展到区间直觉模糊环境中，并结合幂算子提出了直觉模糊 MSM 集成算子，以解决模糊环境下的多属性决策问题[110]；基于 Schweizer-Sklar 三角模运算法则，Wang 和 Liu 在直觉模糊环境下，提出了直觉模糊 Schweizer-Sklar MSM 算子，可以更灵活地处理实际决策问题[111]；Wei 和 Lu 将 MSM 算子拓展到毕达哥拉斯模糊数环境，提出了毕达哥拉斯模糊 MSM 算子[112]；Yang 和 Pang 进一步考虑属性之间的交互关系，提出了毕达哥拉斯模糊交互 MSM 算子和毕达哥拉斯模糊加权交互 MSM 算子[113]；考虑到属性之间相关关系的复杂性，Liu 等提出了分区 MSM 算子，并将其拓展到直觉模糊环境中[114]。Wei 等将 Q 阶序对模糊数和 MSM 算子结合，提出 Q 阶序对模糊 MSM 算子以处理群决策问题[70]；为了消除极端数据以及错误数据的影响，Liu 等提出了一种新的 Q 阶序对模糊幂 MSM 集成算子[56]；Darko 和 Liang 提出了 Q 阶序对模糊 Hamacher MSM 算子，使其能够在 Q 阶序对模糊环境下，更灵活地解决多属性决策问题[115]；Bai 等将分区 MSM 算子与 Q 阶序对模糊数结合，提出一些新的算子处理多属性群决策问题[69]。

### 1.2.3　传统多属性决策模型研究

目前，基于模糊信息的模糊多属性决策问题越来越受到关注，并已经取得了较为丰硕的研究成果。本书主要梳理两类常见的传统多属性决策方法：基于效用的多属性决策方法和基于级别优先关系的多属性决策方法。

1. 基于效用的多属性决策方法研究

在多属性效用决策方法中，TOPSIS 和 VIKOR 方法是较为常见的方法。而 MABAC 方法和 Taxonomy 方法在多属性决策问题中也经常出现。

TOPSIS 方法首先由 Hwang 和 Yoon 提出，它寻找正理想方案和负理想方案，然后计算每个方案到理想方案的距离，最后基于方案到理想方案的贴近度排序，选出距离正理想解（positive ideal solution，PIS）最近和距离负理想解（negative ideal solution，NIS）最远的最优方案[116]。TOPSIS 方法自被提出以后，由于它的简单和易操作性，很快被应用到多属性决策领域中。徐泽水将 TOPSIS 的概念进一步扩展，提出了一种基于目标贴近度的决策方法来解决多目标问题[117]。之后，随着模糊语言在多属性决策领域的发展，TOPSIS 方法逐渐被扩展。付亚男等将 TOPSIS 方法扩展到区间直觉梯形模糊数中，并研究了属性权重未知的多属性决策问题[118]；袁华等将云模型与 TOPSIS 方法相结合，提出了一种新的直觉模糊多属性决策方法[119]；王应明等在犹豫模糊环境下，利用前景理论对 TOPSIS 方法进行了扩展[120]；Zhang 和 Xu 基于毕达哥拉斯模糊数，提出了一种新的距离测度和一种扩展的 TOPSIS 方法以解决实际问题[42]；Boran 等在解决供应商选择的群决策问题时，先用直觉模糊加权平均算子处理各个专家的决策矩阵，然后用 TOPSIS 方法处理集成后的综合决策矩阵[121]；Zeng 和 Xiao 针对多属性群决策问题，首先采用算子的形式对每个专家的决策矩阵进行整合，然后采用算子而不是距离测度求取每个方案的贴近度，即采用改进的 TOPSIS 方法去处理最后的综合决策矩阵[122]；Ye 在处理企业合作伙伴选择的群决策问题时，首先将每个专家的决策矩阵都采用 TOPSIS 方法进行处理，找出它们的正理想解和负理想解，然后将每个专家的方案的贴近度进行集成，通过排序选择出最优方案[123]；为了能够适应现实的决策环境，Mohagheghi 等借助毕达哥拉斯模糊数，提出了一种针对专家权重和属性权重未知的扩展 TOPSIS 多属性群决策方法[124]。

VIKOR 方法是一种基于折中优先思想的排序方法，其由于综合考虑群体效用最大化和个体遗憾最小化[125]，并将决策者的主观偏好融入决策过程，能够在一定程度上弥补 TOPSIS 方法的不足。因此，VIKOR 方法同样获得了大量的关注，并被扩展到各种语言决策环境中。Kaya 和 Kahraman 提出了一种整合 VIKOR 和 AHP

方法来解决评估值为语言变量的伊斯坦布尔的能源选择问题[126]；Yücenur 和 Demirel 提出了一种扩展的语言 VIKOR 方法来处理土耳其国内保险公司的选择问题[127]；Liu 等利用扩展的语言 VIKOR 方法进行故障模式与影响分析[128]；Ju 和 Wang 提出了一种扩展的 VIKOR 方法来处理属性值为二元语义、属性权重为语言术语的决策问题，并将其同基于二元语义的 TOPSIS 方法进行了对比分析[129]。此外，You 等提出了基于区间二元语义的 VIKOR 方法[130]；Liao 等提出了基于区间二元语义和犹豫模糊语言的 VIKOR 方法[131]；谭春桥和贾媛针对属性值为犹豫直觉模糊语言的多属性决策问题，提出了一种基于证据理论和前景理论的扩展 VIKOR 方法[132]；Awasthi 等将 AHP 方法和 VIKOR 方法相结合，提出了一种基于模糊 AHP-VIKOR 的多层可持续全球供应商选择方法[133]；Sennaroglu 和 Celebi 运用 AHP 方法结合 PROMETHEE 方法和 VIKOR 方法对某军用机场进行选址[134]；Abdel-Baset 等提出了一种实现可持续供应商选择的综合中智网络分析（analytic network process，ANP）方法和 VIKOR 方法，并对进口领域案例进行了研究[135]；Zeng 等基于新的直觉模糊集的得分函数，提出了一种改进的 VIKOR 多属性决策方法[136]；Kumar 等将 BWM 和 VIKOR 方法结合，提出了 BWM-VIKOR 混合多属性决策方法来评估机场的绿色性能[137]。

MABAC 方法也称作多属性边界近似区域比较法，最先由 Pamučar 和 Ćirović 发现，他们最先提出了基于决策实验室分析（decision-making trialand evaluation laboratory，DEMATEL）方法的 MABAC 模型，并将其应用在物流中心运输和处理资源的选择中[138]。该方法将备选方案分为上近似区域、边界近似区域和下近似区域三个区域，考虑了备选方案与边界近似区域之间的距离，可以满足有效的优先化工具的需求，在处理复杂的多属性决策问题中具有广泛的应用。随后，Peng 和 Yang 在研发项目选择过程中，充分利用毕达哥拉斯模糊集和 Choquet 积分平均算子，扩展了 MABAC 方法来选择理想方案[139]；Xue 等将 MABAC 方法拓展到区间直觉模糊环境中，并将其应用于求解属性权重未知的材料选择问题[140]；Yu 等将 MABAC 方法拓展到区间二型模糊环境中，并将其应用于旅游网的酒店选择中[141]；Sun 等将 MABAC 方法引入犹豫模糊语言环境中，并将其用于解决患者优先排序问题中[142]；Peng 和 Dai 提出了基于 MABAC 的单值中智集多属性决策方法[143]；Wang 等将 MABAC 方法扩展到 Q 阶序对模糊环境中，用来处理多属性群决策问题[78]；Ji 等将 MABAC 方法与 ELECTRE 方法相结合，利用单值中性语言集来选择外包供应商[144]。MABAC 方法的计算过程简单、程序系统、逻辑良好，也能很好地反映人的理性，因此具有很好的优势。

Taxonomy 方法于 1968 年由 Hellwig[145-147]介绍为一种事物分类和确定发展程度的方法，他将其应用于国家类型划分。该方法根据不同方案在各属性下的发展程度或效用程度对方案进行排序，适合对不同方案进行分级、分类和比较。

Bienkowska 利用 Taxonomy 方法评估市政发展水平[148]；Jurkowska 使用 Taxonomy 方法来衡量德国各地区的社会经济发展情况[149]；Alinezhad 和 Khalili 将 Taxonomy 方法作为一种有效的多属性决策方法，描述了其具体步骤及计算过程[150]；He 等将经典的 Taxonomy 方法扩展到毕达哥拉斯二元语言环境中，并将其应用于多属性群决策问题中[151]。

2. 基于级别优先关系的多属性决策方法研究

级别优先关系主要是根据备选方案之间的成对比较，以判断各方案相对其他方法的优势度。典型的级别优先关系方法包括 QUALIFLEX 方法、ELECTRE 方法、PROMETHEE 方法及其各种变体。

QUALIFLEX 方法最先由 Paelinck 提出，是一种经典的基于优先关系的多属性决策方法[152]。传统的 QUALIFLEX 方法的核心在于将评价方案排序的所有可能结果都进行测试，在测试过程中，每次选择一个可能排序，对该可能排序下的评价方案基于每个评价属性进行两两比较，看其是否符合一致性，然后计算出一致性指标，利用综合一致性指标选择最优的排序结果。Demirel 等将区间二型 QUALIFLEX 方法应用在测量船上压载水处理系统的性能有效性，拓展了 QUALIFLEX 方法的应用范围[153]；Liang 等将关系数据的组织、存储和综合（organísation，rangement et Synthèse de données relarionnelles，ORESTE）方法与 QUALIFLEX 方法在犹豫模糊环境下相结合，并将提出的犹豫模糊 ORESTE-QUALIFLEX 方法应用在绿色矿山的性能评价中[154]；Ding 等提出了语言 Z 数 QUALIFLEX 方法并将其应用在大群体紧急决策中[155]；Liang 等将 QUALIFLEX 方法和 Choquet 积分联系在一起用来解决异构信息和独立属性的多属性决策问题，并将其应用在绿色供应商的选择中[156]；Liu 等将后悔理论和 QUALIFLEX 方法结合起来应用在供应商的选择中[157]；Dincer 和 Yuksel 将区间二型 QUALIFLEX 方法应用在投资群体排序的多属性决策问题中[158]；Tian 等提出了单值中智 QUALIFLEX 方法，利用绿色供应商选择问题证明了方法的有效性和优势所在[159]；Peng 等将 QUALIFLEX 方法结合概率多值中智集提出了一个新的多属性决策方法[160]；Li 和 Wang 提出了一种拓展的概率犹豫模糊 QUALIFLEX 方法，并将其应用在绿色供应商的选择中[161]。

ELECTRE 方法最初是由 Roy 和 Benayoun 等于 1966 年提出的[162, 163]。随后发展出了一系列 ELECTRE 方法的变体，包括 ELECTRE Ⅱ、ELECTRE Ⅲ、ELECTRE Ⅳ、ELECTRE TRI 和 ELECTRE IS 等方法，这些方法组成了一个 ELECTRE 方法家族。Figueira 等在对现有的各种 ELECTRE 方法进行梳理的基础上，对 ELECTRE 方法的发展和未来的关注点进行了介绍[164]；Govindan 和 Jepsen 则对 ELECTRE 方法的实际应用方面进行了综述，介绍了其在自然资源和环境管理、商务管理、能源管理、机械工程和制造系统、运输工程、物流和供应链管理、信息技术、财务管理、计划与公共决策、生化工程等十多个不同领域的实际应用情况[165]。此外，多位学者也将 ELECTRE 方法扩展到了语言环境，提出了各种不同的语言 ELECTRE 方法来处理实际决策问题。Chen 和 Hung 利用基于语言变量的 ELECTRE 方法进行 R&D 项目的评估和选择[166]；Hatami-Marbini 等提出了一种扩展 ELECTRE 方法来处理不确定语言评估信息，并进一步将其应用于危险的废弃循环设施的安全和健康评估中[167, 168]；Wang 等基于犹豫模糊语言术语集和 ELECTRE Ⅰ 方法提出了一种级别优先关系方法[169]；Wan 等整合二元语义 ANP 方法和区间二元语义 ELECTRE Ⅱ 方法，提出了一种综合的决策方法并应用于供应链合作伙伴的选择上[170]；Fei 等结合证据理论，提出了一种基于 ELECTRE 方法的多准则决策方法，并将其应用于供应商选择的过程中[171]；Chen 等提出了一种嵌入质量功能展开（quality function deployment，QFD）和 ELECTRE Ⅲ的混合多准则群决策模型用于可持续建筑材料的选择问题中[172]；Akram 和 Arshad 提出了双极 TOPSIS 方法和双极 ELECTRE Ⅰ 方法用于诊断疾病问题中，其中，疾病和症状的两两比较被认为是双向行为[173]；Mishra 等提出了一种扩展的直觉模糊分歧测度的 ELECTRE 方法，用来评价蜂窝移动电话服务供应商的性能[174]；He 等提出了一种基于失效模式和效果分析的概率语言 ELECTRE Ⅱ 方法的风险评估模型[175]。

PROMETHEE 方法是一种基于级别优先关系的多属性决策方法，由 Brans 等于 1984 年首次提出[176, 177]。PROMETHEE 方法根据各方案在每一属性下的差异来确定方案间的优先关系，包括以偏好序为特征的 PROMETHEE Ⅰ 和以完全序为特征的 PROMETHEE Ⅱ。PROMETHEE 方法计算简便、易于理解，并能通过判断方案间的偏好关系最终得到方案的完备排序，近年来受到了许多学者的关注。Nassereddine 等提出了一种新的偏好函数，并采用 PROMETHEE 方法对应急反应系统进行评估[178]；Chen 提出了六种新的偏好函数及综合偏好指数，建立了一种基于毕达哥拉斯模糊 PROMETHEE 的多属性决策方法[179]；Zhang 等将 PROMETHEE Ⅱ 方法、BM 算子和语言 Z 数相结合，提出了一种混合风险优先排序方法[180]；Wan 等提出了一种犹豫模糊 PROMETHEE 方法，用于绿色供应商选择问题[181]；Tian 等将 PROMETHEE Ⅱ 方法扩展到图形模糊数，并应用于备选旅游景点的评价[182]；Wang 等建立了结合 TODIM 和 PROMETHEE Ⅱ 方法的决策支持框架，用于水资源承载力风险评价[183]；Wu 等基于 PROMETHEE Ⅱ 方法和内部二型梯形模糊集建立了一个项目投资选择框架[184]；Tong 等提出了一种扩展的模糊 PROMETHEE Ⅱ 方法来评价维修供应商的实际性能[185]；耿秀丽和周青超针对准则权重需要从外部获得的决策问题，提出了一种基于 BWM 与 PROMETHEE Ⅱ 的多准则决策方法[186]；冯坤等针对电商顾客满意度测评问题，应用 PROMETHEE Ⅱ 方法给出不同商品类别中影响因素的排序结果[187]。

### 1.2.4 研究现状综述

通过上述国内外研究综述可以发现，在模糊决策环境中，尽管基于直觉模糊信息和毕达哥拉斯模糊信息的决策理论与方法已经取得了较为丰硕的研究成果，但随着信息表征模型的不断更新和发展，Q 阶序对模糊集——作为直觉模糊信息的更广义形式，凭借其能够灵活表达隶属度和非隶属度信息空间的突出优势，已经引起了众多学者的关注。图 1-2 列出了 2011～2020 年三类典型的模糊信息的研究成果（我们分别以“直觉模糊”“毕达哥拉斯模糊”“Q 阶序对模糊”为标题在 Web of Sciences 中进行检索，得到与其相关的信息研究成果共计 2633 篇）。从图 1-2 中可发现，关于三类模糊信息的研究成果大体上呈逐年递增的趋势，但是 Q 阶序对模糊信息的研究才刚刚起步，相关的研究成果与直觉模糊信息和毕达哥拉斯模糊信息相比仍然非常少。随着近两年 Q 阶序对模糊信息的不断推广和发展，虽然其相关理论及多属性决策方法与应用研究已取得一定的研究成效，但由于其研究的难度和复杂性，至今还未形成较为完善的理论与方法体系，尤其是关于 Q 阶序对模糊信息的信息集成和多属性决策评价模型的研究更是少之又少。因此，基于 Q 阶序对模糊信息的决策理论与方法研究有着非常广阔的研究空间。国内关于 Q 阶序对模糊信息的研究成果还没有形成一个趋势，在中国知网以关键词“Q 阶序对模糊”或“广义正交模糊”对中文文献进行搜索，相关文献较少。由此可见，关于 Q 阶序对模糊信息的多属性决策理论与方法研究，在我国亟待发展、突破和完善。

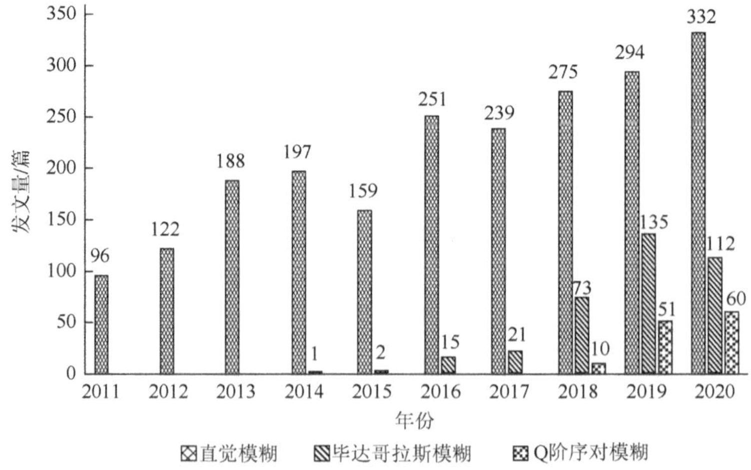


图 1-2　三类典型模糊信息研究成果数量统计

# 1.3　研究内容及研究思路

## 1.3.1　研究内容

1. Q阶序对模糊集的相关基本理论

本部分首先通过直觉模糊集和毕达哥拉斯模糊集引出Q阶序对模糊集的概念。然后，基于Archimedean三角模和三角余模，提出Q阶序对模糊数的Archimedean运算法则及性质、大小比较规则（得分函数和精确函数）与距离测度。其中，所提运算法则能够基于不同的生成器函数，派生出不同类型的运算法则，从而具有较强的通用性和灵活性。在此基础上，本书以Algebraic运算法则为例，介绍Q阶序对模糊数的加权平均算子及所具有的幂等性、交换性、有界性和单调性等性质，并基于不同的参数$q$讨论Q阶序对模糊加权平均算子的一些特例。

2. 基于Q阶序对模糊信息的多属性决策权重确定方法研究

本部分首先为计算Q阶序对模糊多属性决策的属性权重介绍一种Q阶序对模糊得分函数，随后研究在属性权重完全未知情况下的属性权重计算方法。为了合理地利用专家的知识和经验，避免实际的属性重要性和计算得到的属性权重相差较大，本书研究基于Q阶序对模糊得分函数的主观权重Q阶序对模糊BWM。考虑到主观权重带有主观随意性，又提出三种客观权重的计算方法：根据Q阶序对模糊数的距离和知识测度，提出基于知识测度的Q阶序对模糊熵权法；根据所提出的Q阶序对模糊数的得分函数，提出基于Q阶序对模糊变异系数的权重确定方法；通过建立非线性约束优化模型，提出基于Q阶序对模糊归一化双向投影的权重确定方法。同时，为了克服主观权重和客观权重各自的局限性，最大化两类属性权重的优点，介绍四种组合权重确定方法：基于综合评价值最大的组合权重确定方法、基于总偏差最小与综合评价值最大的组合权重确定方法、基于博弈论的权重组合方法和基于相对熵的组合权重确定方法。

3. 基于Q阶序对模糊BM集成算子的多属性决策方法研究

本部分主要针对属性间存在两两关联关系的多属性决策问题，研究多类Q阶序对模糊数BM集成算子以及基于这些算子的多属性决策方法研究。具体内容包括以下几方面。

（1）针对属性间存在两两关联关系的多属性决策问题，提出q-ROFBM算子和q-ROFGBM算子以及其相关加权算子（q-ROFWBM算子、q-ROFWGBM算子），并证明其基本性质，如幂等性、单调性及有界性等。此外，考虑到这些算子不同参数的取值，详细讨论其具有的一些特例。最后，基于 q-ROFWBM 算子和 q-ROFWGBM 算子，构建一类考虑属性两两关联的多属性群决策方法，并利用相关算例进行有效性验证。

（2）基于 Archimedean 三角模和三角余模，研究 q-ROFABM 算子和 q-ROFWABM 算子，并证明其基本性质，如幂等性、单调性及有界性等。然后考虑到这些算子中不同参数的取值，介绍其具有的一些特例。最后，基于 q-ROFWABM 算子，构建一种通用性更强的能够考虑属性关联关系的多属性决策方法，并利用相关算例进行有效性验证。

（3）考虑到现实决策中可能存在更复杂的决策情形，例如，属性之间存在分区式的关联结构，即相同分区之内属性两两关联，不同分区之间属性相互独立，为了解决这类决策情形，研究 q-ROFPBM 算子及其加权形式（q-ROFWPBM 算子），并证明其基本性质，如幂等性、单调性及有界性等。然后考虑到这些算子中不同参数的取值，详细讨论其具有的一些特例。最后，基于 q-ROFWPBM 算子，构建一种考虑分区属性关联关系的多属性决策方法，并利用相关算例进行有效性验证。

4. 基于 Q 阶序对模糊 MSM 集成算子的多属性决策方法研究

本部分主要借助 MSM 算子能够考虑多个属性之间关联关系的优势，介绍一系列新的功能性集成算子，并构建相关的多属性决策方法模型。具体内容包括以下几方面。

（1）考虑到幂算子及 MSM 算子的独特优势，研究 q-ROFMSM 算子、q-ROFPMSM 算子和 q-ROFPWMSM 算子，并证明其基本性质，如幂等性、交换性、单调性及有界性等。然后基于不同参数的取值，详细讨论这些算子的一些特例。最后，基于 q-ROFPWMSM 算子，构建一种不仅能够有效处理偏见专家极端意见，还能够考虑多个属性之间关联关系的多属性群决策方法，并通过实际算例进行有效性验证及相关参数分析与讨论。

（2）基于广义 MSM 算子更通用和更灵活的优点，研究 q-ROFGMSM 算子和 q-ROFWGMSM 算子，并证明其基本性质，如幂等性、单调性及有界性等。然后考虑到这些算子中不同参数的取值，详细讨论其具有的一些特例。随后，基于 q-ROFWGMSM 算子提出一种不仅能够灵活地处理多个属性之间关联关系，也能够基于实际决策考虑属性各自独立情形的多属性决策方法。最后，通过实际算例对所提方法进行有效性验证及参数分析与讨论。

5. 基于效用值的 Q 阶序对模糊多属性决策方法研究

本部分主要考虑到在常见的多属性决策方法中，基于效用值的如 TOPSIS、VIKOR 和 Taxonomy 等多属性决策方法的研究较多，分别研究三种基于效用值的

Q 阶序对模糊多属性决策方法，具体内容包括以下几方面。

（1）考虑到专家权重可能未知的情形，首先通过结合专家个人重要度和评价合理度，研究一种新的求取专家权重的模型，进而引入一种新的贴近度公式，并将这些工具应用到 TOPSIS 方法中，提出一种改进的 Q 阶序对模糊 TOPSIS 多属性群决策方法，并通过实例分析和比较验证该方法的有效性及优越性。

（2）考虑到决策者的心理行为，将前景理论和 MABAC 方法相结合，研究一种考虑决策者心理行为的前景 Q 阶序对模糊 MABAC 多属性决策方法。首先通过价值函数和概率权重函数共同确定前景值，随后计算加权矩阵和边界近似区域矩阵，据此计算得到每个备选方案到边界近似区域的距离，建立距离矩阵，对距离矩阵中每一行元素求和，得到备选方案最终的准则函数值，并根据准则函数值对备选方案进行排序，并通过实例分析和比较验证它的有效性及优越性。

（3）针对属性权重未知的多属性群决策问题，研究 Q 阶序对模糊扩展 Taxonomy 方法。首先利用 Q 阶序对模糊加权平均算子对各专家给出的评价信息进行集成，然后基于知识测度的 Q 阶熵测度计算属性的客观权重，利用扩展的 Q 阶序对模糊 Taxonomy 方法对方案进行排序，并通过实例分析和比较验证它的有效性及优越性。

6. 基于优先关系的 Q 阶序对模糊多属性决策方法

本部分主要通过考虑方案间存在的优先关系，分别研究三种考虑优先关系的 Q 阶序对模糊多属性决策方法，具体内容如下。

（1）针对属性权重未知的多属性决策问题，研究 Q 阶序对模糊扩展 PROMETHEE 方法。利用 Q 阶序对模糊 BWM 模型确定属性的主观权重，基于 Q 阶序对模糊变异系数方法确定属性的客观权重，利用博弈论组合赋权法求取组合权重，然后将传统的 PROMETHEE 方法扩展到 Q 阶序对模糊环境中进行方案优选，并通过实例分析和比较验证该方法的有效性及优越性。

（2）针对方案间所具有的级别优先关系，研究基于 Q 阶序对模糊信息的拓展 QUALIFLEX 多属性决策方法。利用 Q 阶序对模糊 BWM 和 Q 阶序对模糊熵权法分别确定属性客观权重与主观权重，同时将利用相对熵组合权重确定方法计算得到的组合权重应用在 Q 阶序对模糊 VIKOR 方法中，计算一致性指数，将其应用在 Q 阶序对模糊 QUALIFLEX 方法中，并通过实例分析和比较验证该方法的有效性及优越性。

（3）考虑到决策过程中需要符合决策者行为准则的问题，研究一种基于 S 形效用函数的 Q 阶序对模糊 ELECTREⅡ多属性决策方法。首先建立 S 形幂效用函数值矩阵，其次基于综合 S 形幂效用函数值对属性标号集进行分类，然后建立一致性布尔矩阵和不一致性布尔矩阵，并据此建立全局布尔矩阵，最后根据完全优势关系图对各个方案进行排列，并通过实例分析和比较验证该方法的有效性及优越性。

### 1.3.2 研究思路与方法

本书按照“基础理论研究—属性权重确定方法—BM 算子和 MSM 算子及其应用研究—基于效用的和级别优先关系的多属性决策方法及其应用研究”的思路，综合模糊数学、运筹学、计算机科学、前景理论、多属性决策理论、文献分析等理论与方法，采用理论分析和实例研究相结合、定性和定量相结合的方法，第一，研究基于 Archimedean 三角范数的 Q 阶序对模糊运算法则、比较方法和距离测度，为后续的权重方法、集成算子、决策方法的研究奠定了理论基础；第二，确定基于 Q 阶序对模糊信息的多属性决策权重确定模型，包括确定主观权重的 Q 阶序对模糊 BWM，确定客观权重的 Q 阶序对模糊熵权法、Q 阶序对模糊变异系数法、Q 阶序对模糊归一化双向投影方法，以及四类确定组合权重的方法；第三，研究可以处理两个属性指标间具有关联关系的 BM 算子并将其拓展到 Q 阶序对模糊环境中提出几类 Q 阶序对模糊 BM 算子，研究它们的性质，构建多属性决策方法，并通过应用算例验证其有效性；第四，研究可以处理多个属性指标间具有关联关系的 MSM 算子，结合幂平均算子将其拓展到 Q 阶序对模糊环境中，提出几类 Q 阶序对模糊 MSM 算子，研究它们的一些性质和特例，并介绍基于此算子的多属性决策方法，通过应用算例验证该方法的有效性；第五，研究基于效用值的 Q 阶序对模糊多属性决策方法，包括 Q 阶序对模糊 TOPSIS 多属性群决策方法、考虑决策者心理行为的前景 Q 阶序对模糊 MABAC 多属性决策方法和基于 Q 阶序对模糊信息的改进 Taxonomy 方法，并分别给出算例演示各个方法的计算过程，说明方法的有效性；第六，研究基于级别优先关系的 Q 阶序对模糊多属性决策方法，包括基于组合赋权的 Q 阶序对模糊 PROMETHEE Ⅱ 方法、基于 Q 阶序对模糊信息的拓展 QUALIFLEX 方法和基于符合决策者行为准则的 S 形效用函数的 Q 阶序对模糊 ELECTRE Ⅱ 方法，并且利用算例演示各个方法的计算过程，说明方法的有效性。

# 第 2 章　Q 阶序对模糊集的相关基础理论

## 2.1　Q 阶序对模糊集的定义

**定义 2-1**[2]　在一个给定的论域$Y$中，存在任意的元素$y \in Y$，那么直觉模糊集可表示为

$$X = \left\{ \langle y, u_X(y), v_X(y) \rangle | y \in Y \right\} \tag{2-1}$$

其中，$u_X : Y \to [0,1]$，$v_X : Y \to [0,1]$，$u_X(y)$和$v_X(y)$分别表示论域$Y$中的元素$y$属于集合$X$的隶属度和非隶属度，并且满足$0 \leqslant u_X(y) + v_X(y) \leqslant 1$的条件，犹豫度表示为$\pi_X(y) = 1 - u_X(y) - v_X(y)$。为方便应用，$\langle u_X(y), v_X(y) \rangle$被称为直觉模糊数，表示为$X = \langle u_X, v_X \rangle$，并且满足$u_X, v_X \in [0,1]$和$u_X + v_X \leqslant 1$的条件。

**定义 2-2**[13]　在一个给定的论域$Y$中，存在任意的元素$y \in Y$，那么毕达哥拉斯模糊集可表示为

$$P = \left\{ \langle y, u_P(y), v_P(y) \rangle | y \in Y \right\} \tag{2-2}$$

其中，$u_P : Y \to [0,1]$，$v_P : Y \to [0,1]$，$u_P(y)$和$v_P(y)$分别表示论域$Y$中的元素$y$属于集合$P$的隶属度和非隶属度，并且满足$0 \leqslant u_P(y)^2 + v_P(y)^2 \leqslant 1$的条件，犹豫度表示为$\pi_P(y) = \sqrt{1 - u_P(y)^2 - v_P(y)^2}$。为方便应用，$\langle u_P(y), v_P(y) \rangle$被称为毕达哥拉斯模糊数，表示为$P = \langle u_P, v_P \rangle$，并且满足$u_P, v_P \in [0,1]$和$u_P^2 + v_P^2 \leqslant 1$的条件。

**定义 2-3**[14, 15]　在一个给定的论域$Y$中，存在任意的元素$y \in Y$，那么 Q 阶序对模糊集可表示为

$$Q = \left\{ \langle y, u_Q(y), v_Q(y) \rangle | y \in Y \right\} \tag{2-3}$$

其中，$u_Q : Y \to [0,1]$，$v_Q : Y \to [0,1]$，$u_Q(y)$和$v_Q(y)$分别表示论域$Y$中的元素$y$属于集合$Q$的隶属度和非隶属度，并且满足$0 \leqslant u_Q(y)^q + v_Q(y)^q \leqslant 1$的条件，犹豫度表示为$\pi_Q(y) = (1 - u_Q(y)^q - v_Q(y)^q)^{1/q}$，其中$q \geqslant 1$。为方便应用，$\langle u_Q(y), v_Q(y) \rangle$被称为 Q 阶序对模糊数，表示为$Q = \langle u_Q, v_Q \rangle$，并且满足$u_Q, v_Q \in [0,1]$和$u_Q^q + v_Q^q \leqslant 1$的条件，其中$q \geqslant 1$。

## 2.2 Q 阶序对模糊数的运算法则及性质

三角范数最早是由 Menger 在 1942 年研究统计度量空间时提出的一个概念[188]。1983 年，Schweizer 和 Sklar 进一步给出了三角模在[0, 1]上以 1 为单位元的具体定义[189]。三角范数作为[0, 1]区间上的二元运算，其理论在模糊数学、函数方程、统计与决策等领域得到广泛扩展和应用。下面，本书将介绍基于 Archimedean 三角范数建立的 Q 阶序对模糊数运算法则。相关概念如下。

**定义 2-4**[190, 191]　对于二元函数 $T:[0,1]\times[0,1]\to[0,1]$，如果其满足以下四个公理：

公理 1：$T(x,0)=0$，$T(x,1)=x$（边界条件）；

公理 2：对于任意 $x,y\in[0,1]$，$T(x,y)=T(y,x)$（对称性）；

公理 3：对于任意 $x,y,z\in[0,1]$，$T(x,T(y,z))=T(T(x,y),z)$（结合性）；

公理 4：如果 $x\leqslant x'$ 和 $y\leqslant y'$，则 $T(x,y)\leqslant T(x',y')$（单调性）。

则称函数 $T$ 为三角模（$T$-norm，$T$ 模）。

**定义 2-5**[190, 191]　对于二元函数 $S:[0,1]\times[0,1]\to[0,1]$，如果其满足以下四个公理：

公理 1：$S(0,x)=x,\ S(1,x)=1$（边界条件）；

公理 2：对于任意 $x,y\in[0,1]$，$S(x,y)=S(y,x)$（对称性）；

公理 3：对于任意 $x,y,z\in[0,1]$，$S(x,S(y,z))=S(S(x,y),z)$（结合性）；

公理 4：如果 $x\leqslant x'$ 和 $y\leqslant y'$，则 $S(x,y)\leqslant S(x',y')$（单调性）。

则称函数 $S$ 为三角余模（$S$-conorm，$S$ 模）。

在数学结构上，三角模 $T$ 和三角余模 $S$ 分别是交和并两种不同的信息聚合运算形式，可以应用在不同的环境中。由于三角模和三角余模的概念相对比较宽泛，而 Archimedean 三角范数的概念则提供了比较好的研究视角，下面给出 Archimedean 三角模和三角余模的定义。

**定义 2-6**[192, 193]　对于三角模 $T$ 和三角余模 $S$，当且仅当满足以下两个条件时，其可称作 Archimedean 三角模和三角余模：

条件 1：函数 $T(x,y)$ 和 $S(x,y)$ 是连续的；

条件 2：对于任意 $x\in[0,1]$，有 $T(x,x)<x$ 和 $S(x,x)>x$。

对于三角模 $T$ 和三角余模 $S$，通常可以由加性生成子 $D(x,y)=\phi^{-1}(\phi(x)+\phi(y))$ 产生[194]。其可分为以下两种情形。

情形 1：当 $\phi(x)$ 是一个单调递减函数，且满足 $\phi(x):(0,1]\to R^{+}$ 和 $\phi^{-1}(x):R^{+}\to(0,1]$，同时具有基本极限性质 $\lim\limits_{x\to\infty}\phi^{-1}(x)=0$ 和 $\phi^{-1}(0)=1$ 时，可生成三角模 $T$。

情形 2：当$\phi(x)$是一个单调递增函数，且满足$\phi(x):(0,1]\to R$和$\phi^{-1}(x):R^{+}\to(0,1]$，同时具有基本极限性质$\lim\limits_{x\to\infty}\phi^{-1}(x)=1$和$\phi^{-1}(0)=0$时，可生成三角余模$S$。

因此，三角模$T$和三角余模$S$能够分别被$T(x,y)=g^{-1}(g(x)+g(y))$和$S(x,y)=h^{-1}(h(x)+h(y))$所生成，其中，$g(x)$为情形 1 中的$\phi(x)$，$h(x)$为情形 2 中的$\phi(x)$。此外，$h(x)=g(1-x)$[195]。

目前，基于 Archimedean 三角模的模糊数运算法则已得到广泛关注。一些常见的 Archimedean 三角范数及其加性生成子如表 2-1 和表 2-2 所示。

**表 2-1　常见的 Archimedean 三角模及其相关的加性生成子**

| 类型 | 三角模 | 加性生成子 |
| --- | --- | --- |
| Algebraic $T_A$ | $T_A(x,y)=xy$ | $g(t)=-\ln t$ |
| Einstein $T_E$ | $T_E(x,y)=\dfrac{xy}{1+(1-x)(1-y)}$ | $g(t)=\ln\dfrac{2-t}{t}$ |
| Hamacher $T_{H,\delta}$ | $T_{H,\delta}(x,y)=\dfrac{xy}{\delta+(1-\delta)(x+y-xy)}$，$\delta>0$ | $g(t)=\ln\dfrac{\delta+(1-\delta)t}{t}$，$\delta>0$ |
| Frank $T_{F,\tau}$ | $T_{F,\tau}(x,y)=\log_\tau\left(1+\dfrac{(\tau^x-1)(\tau^y-1)}{\tau-1}\right)$ | $\tau=1,\ g(t)=-\ln t$<br>$\tau\neq1,\ g(t)=-\ln\dfrac{\tau-1}{\tau^t-1}$ |

**表 2-2　常见的 Archimedean 三角余模及其相关的加性生成子**

| 类型 | 三角余模 | 加性生成子 |
| --- | --- | --- |
| Algebraic $S_A$ | $S_A(x,y)=x+y-xy$ | $h(t)=-\ln(1-t)$ |
| Einstein $S_E$ | $S_E(x,y)=\dfrac{x+y}{1+xy}$ | $h(t)=\ln\dfrac{1+t}{1-t}$ |
| Hamacher $S_{H,\delta}$ | $S_{H,\delta}(x,y)=\dfrac{x+y-xy-(1-\delta)xy}{1-(1-\delta)xy}$，$\delta>0$ | $h(t)=\ln\dfrac{\delta+(1-\delta)(1-t)}{1-t}$，$\delta>0$ |
| Frank $S_{F,\tau}$ | $S_{F,\tau}(x,y)=1-\log_\tau\left(1+\dfrac{(\tau^{1-x}-1)(\tau^{1-y}-1)}{\tau-1}\right)$ | $\tau=1,\ h(t)=-\ln(1-t)$<br>$\tau\neq1,\ h(t)=-\ln\dfrac{\tau-1}{\tau^{1-t}-1}$ |

基于三角模$T(x,y)$和三角余模$S(x,y)$函数，Q 阶序对模糊数的一般化运算法则能够被定义。

**定义 2-7**[192, 193]　假设$Q_1=\langle u_1,v_1\rangle$和$Q_2=\langle u_2,v_2\rangle$为任意两个 Q 阶序对模糊数，其中$q\geqslant1$，$\lambda>0$，则基于三角模$T(x,y)$和三角余模$S(x,y)$的 Q 阶序对模糊数的运算法则如下。

$$Q_1 \oplus Q_2 = \langle S(u_1,u_2), T(v_1,v_2)\rangle = \langle h^{-1}(h(u_1)+h(u_2)), g^{-1}(g(v_1)+g(v_2))\rangle \quad (2\text{-}4)$$

$$Q_1 \otimes Q_2 = \langle T(u_1,u_2), T^*(v_1,v_2)\rangle = \langle g^{-1}(g(u_1)+g(u_2)), h^{-1}(h(v_1)+h(v_2))\rangle \quad (2\text{-}5)$$

$$\lambda Q_1 = \langle h^{-1}(\lambda h(u_1)), g^{-1}(\lambda g(v_1))\rangle \quad (2\text{-}6)$$

$$Q_1^{\lambda} = \langle g^{-1}(\lambda g(u_1)), h^{-1}(\lambda h(v_1))\rangle \quad (2\text{-}7)$$

对于上述运算法则，它们仅仅是基于函数 $g(x)$ 和 $h(x)$ 的一般化形式。如果要有效使用它们，必须为其指定特定函数。下面，针对不同的加性生成子（表 2-1 和表 2-2），我们介绍以下几种不同的特例，它们分别是基于 Algebraic、Einstein、Hamacher、Frank 三角模和三角余模的 Q 阶序对模糊数运算法则[55]。

（1）如果令 $g(x)=-\ln(x^q)$ 和 $h(x)=-\ln(1-x^q)$，那么 $g^{-1}(x)=(\mathrm{e}^{-x})^{\frac{1}{q}}$ 和 $h^{-1}(x)=(1-\mathrm{e}^{-x})^{\frac{1}{q}}$，则可得到相应的 Q 阶序对模糊数 Algebraic 运算法则：

$$Q_1 \oplus Q_2 = \left\langle \left(u_1^q + u_2^q - u_1^q u_2^q\right)^{1/q}, v_1 v_2 \right\rangle \quad (2\text{-}8)$$

$$Q_1 \otimes Q_2 = \left\langle u_1 u_2, \left(v_1^q + v_2^q - v_1^q v_2^q\right)^{1/q} \right\rangle \quad (2\text{-}9)$$

$$\lambda Q_1 = \left\langle \left(1-(1-u_1^q)^{\lambda}\right)^{1/q}, v_1^{\lambda} \right\rangle, \quad \lambda > 0 \quad (2\text{-}10)$$

$$Q_1^{\lambda} = \left\langle u_1^{\lambda}, \left(1-(1-v_1^q)^{\lambda}\right)^{1/q} \right\rangle, \quad \lambda > 0 \quad (2\text{-}11)$$

（2）如果令 $g(x)=\ln\left(\dfrac{2-x^q}{x^q}\right)$ 和 $h(x)=\ln\left(\dfrac{1+x^q}{1-x^q}\right)$，那么 $g^{-1}(x)=\left(\dfrac{2}{\mathrm{e}^x+1}\right)^{\frac{1}{q}}$ 和 $h^{-1}(x)=\left(\dfrac{\mathrm{e}^x-1}{\mathrm{e}^x+1}\right)^{\frac{1}{q}}$，则可得到相应的 Q 阶序对模糊数 Einstein 运算法则：

$$Q_1 \oplus Q_2 = \left\langle \left(\frac{u_1^q + u_2^q}{1+u_1^q u_2^q}\right)^{1/q}, \frac{v_1 v_2}{(1+(1-v_1^q)(1-v_2^q))^{1/q}} \right\rangle \quad (2\text{-}12)$$

$$Q_1 \otimes Q_2 = \left\langle \frac{u_1 u_2}{(1+(1-u_1^q)(1-u_2^q))^{1/q}}, \left(\frac{v_1^q + v_2^q}{1+v_1^q v_2^q}\right)^{1/q} \right\rangle \quad (2\text{-}13)$$

$$\lambda Q_1 = \left\langle \left(\frac{(1+u_1^q)^{\lambda}-(1-u_1^q)^{\lambda}}{(1+u_1^q)^{\lambda}+(1-u_1^q)^{\lambda}}\right)^{1/q}, \left(\frac{2v_1^{q\lambda}}{(2-v_1^q)^{\lambda}+v_1^{q\lambda}}\right)^{1/q} \right\rangle, \quad \lambda > 0 \quad (2\text{-}14)$$

$$Q_1^{\lambda} = \left\langle \left(\frac{2u_1^{q\lambda}}{(2-u_1^q)^{\lambda}+u_1^{q\lambda}}\right)^{1/q}, \left(\frac{(1+v_1^q)^{\lambda}-(1-v_1^q)^{\lambda}}{(1+v_1^q)^{\lambda}+(1-v_1^q)^{\lambda}}\right)^{1/q} \right\rangle, \quad \lambda > 0 \quad (2\text{-}15)$$

（3）如果令 $g(x)=\ln\left(\frac{\delta+(1-\delta)x^q}{x^q}\right)$ 和 $h(x)=\ln\left(\frac{\delta+(1-\delta)(1-x^q)}{1-x^q}\right)$，那么 $g^{-1}(x)=\left(\frac{\delta}{e^x+\delta-1}\right)^{\frac{1}{q}}$ 和 $h^{-1}(x)=\left(\frac{e^x-1}{e^x+\delta-1}\right)^{\frac{1}{q}}$，则可得到相应的 Q 阶序对模糊数 Hamacher 运算法则：

$$Q_1\oplus Q_2=\left\langle\left(\frac{u_1^q+u_2^q-u_1^qu_2^q-(1-\delta)u_1^qu_2^q}{1-(1-\delta)u_1^qu_2^q}\right)^{1/q},\left(\frac{v_1^qv_2^q}{\delta+(1-\delta)(v_1^q+v_2^q-v_1^qv_2^q)}\right)^{1/q}\right\rangle \tag{2-16}$$

$$Q_1\otimes Q_2=\left\langle\left(\frac{u_1^qu_2^q}{\delta+(1-\delta)(u_1^q+u_2^q-u_1^qu_2^q)}\right)^{1/q},\left(\frac{v_1^q+v_2^q-v_1^qv_2^q-(1-\delta)v_1^qv_2^q}{1-(1-\delta)v_1^qv_2^q}\right)^{1/q}\right\rangle \tag{2-17}$$

$$\lambda Q_1=\left\langle\left(\frac{(1+(\delta-1)u_1^q)^\lambda-(1-u_1^q)^\lambda}{(1+(\delta-1)u_1^q)^\lambda+(\delta-1)(1-u_1^q)^\lambda}\right)^{1/q},\left(\frac{\delta v_1^{q\lambda}}{(\delta-1)v_1^{q\lambda}+(1+(\delta-1)(1-v_1^q))^\lambda}\right)^{1/q}\right\rangle \tag{2-18}$$

$$Q_1^\lambda=\left\langle\left(\frac{\delta u_1^{q\lambda}}{(\delta-1)u_1^{q\lambda}+(1+(\delta-1)(1-u_1^q))^\lambda}\right)^{1/q},\left(\frac{(1+(\delta-1)v_1^q)^\lambda-(1-v_1^q)^\lambda}{(1+(\delta-1)v_1^q)^\lambda+(\delta-1)(1-v_1^q)^\lambda}\right)^{1/q}\right\rangle \tag{2-19}$$

其中，$\lambda>0$。

如果 $\delta=1$，则以上四个运算法则退化为 Algebraic 运算法则；如果 $\delta=2$，则以上四个运算法则退化为 Einstein 运算法则。

（4）如果令 $g(x)=-\ln\left(\frac{\tau-1}{\tau^{x^q}-1}\right)$，$\tau\neq1$ 和 $h(x)=-\ln\left(\frac{\tau-1}{\tau^{1-x^q}-1}\right)$，那么 $g^{-1}(x)=\left(\log_\tau\left(\frac{\tau-1+e^{-x}}{e^{-x}}\right)\right)^{\frac{1}{q}}$ 和 $h^{-1}(x)=\left(1-\log_\tau\left(\frac{\tau-1+e^{-x}}{e^{-x}}\right)\right)^{\frac{1}{q}}$，则可得到相应的 Q 阶序对模糊数 Frank 运算法则：

$$Q_1\oplus Q_2=\left\langle\left(1-\log_\tau\left(1+\frac{(\tau^{1-u_1^q}-1)(\tau^{1-u_2^q}-1)}{\tau-1}\right)\right)^{1/q},\left(\log_\tau\left(1+\frac{(\tau^{v_1^q}-1)(\tau^{v_2^q}-1)}{\tau-1}\right)\right)^{1/q}\right\rangle \tag{2-20}$$

$$Q_1\otimes Q_2=\left\langle\left(\log_\tau\left(1+\frac{(\tau^{u_1^q}-1)(\tau^{u_2^q}-1)}{\tau-1}\right)\right)^{1/q},\left(1-\log_\tau\left(1+\frac{(\tau^{1-v_1^q}-1)(\tau^{1-v_2^q}-1)}{\tau-1}\right)\right)^{1/q}\right\rangle \tag{2-21}$$

$$\lambda Q_1=\left\langle\left(1-\log_\tau\left(1+\frac{(\tau^{1-u_1^q}-1)^\lambda}{(\tau-1)^{\lambda-1}}\right)\right)^{1/q},\left(\log_\tau\left(1+\frac{(\tau^{v_1^q}-1)^\lambda}{(\tau-1)^{\lambda-1}}\right)\right)^{1/q}\right\rangle,\quad \lambda>0 \tag{2-22}$$

$$Q_1^\lambda=\left\langle\left(\log_\tau\left(1+\frac{(\tau^{u_1^q}-1)^\lambda}{(\tau-1)^{\lambda-1}}\right)\right)^{1/q},\left(1-\log_\tau\left(1+\frac{(\tau^{1-v_1^q}-1)^\lambda}{(\tau-1)^{\lambda-1}}\right)\right)^{1/q}\right\rangle,\quad \lambda>0 \tag{2-23}$$

注：在不加特殊说明的情况下，本书所用到的 Q 阶序对模糊数运算法则均为 Algebraic 运算法则。

下面，我们介绍 Q 阶序对模糊数运算法则所具有的一些性质。

假设 $Q=\langle u,v\rangle$，$Q_1=\langle u_1,v_1\rangle$ 和 $Q_2=\langle u_2,v_2\rangle$ 为任意三个 Q 阶序对模糊数，且有 $\lambda,\lambda_1,\lambda_2>0$，则它们具有如下运算性质[16]：

$$Q_1\oplus Q_2=Q_2\oplus Q_1 \tag{2-24}$$

$$Q_1\otimes Q_2=Q_2\otimes Q_1 \tag{2-25}$$

$$\lambda(Q_1\oplus Q_2)=\lambda Q_1\oplus\lambda Q_2 \tag{2-26}$$

$$\lambda_1 Q\oplus\lambda_2 Q=(\lambda_1+\lambda_2)Q \tag{2-27}$$

$$(Q_1\otimes Q_2)^\lambda=Q_1^\lambda\otimes Q_2^\lambda \tag{2-28}$$

$$Q^{\lambda_1}\otimes Q^{\lambda_2}=Q^{(\lambda_1+\lambda_2)} \tag{2-29}$$

**证明：**　此处以 Algebraic 运算法则为例，只需证明式（2-24）、式（2-26）、式（2-28），其他公式同理可证。

$$Q_1\oplus Q_2=\left\langle(u_1^q+u_2^q-u_1^qu_2^q)^{1/q},v_1v_2\right\rangle=\left\langle(u_2^q+u_1^q-u_2^qu_1^q)^{1/q},v_2v_1\right\rangle=Q_2\oplus Q_1$$

$$\begin{aligned}\lambda(Q_1\oplus Q_2)&=\lambda\left\langle(u_1^q+u_2^q-u_1^qu_2^q)^{1/q},v_1v_2\right\rangle\\&=\left\langle\left(1-\left(1-\left(\left(u_1^q+u_2^q-u_1^qu_2^q\right)^{1/q}\right)^q\right)^\lambda\right)^{1/q},(v_1v_2)^\lambda\right\rangle\\&=\left\langle\left(1-\left(1-\left(u_1^q+u_2^q-u_1^qu_2^q\right)\right)^\lambda\right)^{1/q},(v_1v_2)^\lambda\right\rangle\\&=\left\langle\left(1-(1-u_1^q)^\lambda(1-u_2^q)^\lambda\right)^{1/q},(v_1v_2)^\lambda\right\rangle\end{aligned}$$

$$\begin{aligned}\lambda Q_1\oplus\lambda Q_2&=\left\langle\left(\begin{array}{c}\left((1-(1-u_1^q)^\lambda)^{1/q}\right)^q+\left((1-(1-u_2^q)^\lambda)^{1/q}\right)^q\\-\left((1-(1-u_1^q)^\lambda)^{1/q}\right)^q\left((1-(1-u_2^q)^\lambda)^{1/q}\right)^q\end{array}\right)^{1/q},{v_1}^\lambda{v_2}^\lambda\right\rangle\\&=\left\langle\left(1-\left(1-u_1^q\right)^\lambda\left(1-u_2^q\right)^\lambda\right)^{1/q},(v_1v_2)^\lambda\right\rangle\end{aligned}$$

所以，$\lambda(Q_1 \oplus Q_2) = \lambda Q_1 \oplus \lambda Q_2$。

$$(Q_1 \otimes Q_2)^{\lambda} = \left\langle u_1u_2, (v_1^q + v_2^q - v_1^q v_2^q)^{1/q} \right\rangle^{\lambda}$$

$$= \left\langle (u_1u_2)^{\lambda}, \left(1 - \left(1 - \left(\left(v_1^q + v_2^q - v_1^q v_2^q\right)^{1/q}\right)^q\right)^{\lambda}\right)^{1/q} \right\rangle$$

$$= \left\langle (u_1u_2)^{\lambda}, \left(1 - \left(1 - \left(v_1^q + v_2^q - v_1^q v_2^q\right)\right)^{\lambda}\right)^{1/q} \right\rangle$$

$$Q_1^{\lambda} \otimes Q_2^{\lambda} = \left\langle u_1^{\lambda}, \left(1 - (1 - v_1^q)^{\lambda}\right)^{1/q} \right\rangle \otimes \left\langle u_2^{\lambda}, \left(1 - (1 - v_2^q)^{\lambda}\right)^{1/q} \right\rangle$$

$$= \left\langle u_1^{\lambda} u_2^{\lambda}, \left( \begin{array}{l} \left(\left(1 - (1 - v_1^q)^{\lambda}\right)^{1/q}\right)^q + \left(\left(1 - (1 - v_2^q)^{\lambda}\right)^{1/q}\right)^q \\ - \left(\left(1 - (1 - v_1^q)^{\lambda}\right)^{1/q}\right)^q \left(\left(1 - (1 - v_2^q)^{\lambda}\right)^{1/q}\right)^q \end{array} \right)^{1/q} \right\rangle$$

$$= \left\langle (u_1u_2)^{\lambda}, \left(1 - \left(1 - \left(v_1^q + v_2^q - v_1^q v_2^q\right)\right)^{\lambda}\right)^{1/q} \right\rangle$$

所以，$(Q_1 \otimes Q_2)^{\lambda} = Q_1^{\lambda} \otimes Q_2^{\lambda}$。

综上，式（2-24）、式（2-26）、式（2-28）证毕。

## 2.3　Q 阶序对模糊数的大小比较方法

**定义 2-8**[14, 15]　假设 $Q_1 = \langle u_1, v_1 \rangle$ 和 $Q_2 = \langle u_2, v_2 \rangle$ 为任意两个 Q 阶序对模糊数，如果 $u_1 \leqslant u_2$ 和 $v_1 \geqslant v_2$，则 $Q_2$ 绝对大于 $Q_1$，表示为 $Q_2 \geqslant Q_1$。

需要注意的是，定义 2-8 仅仅给出了一个证明 $Q_2 \geqslant Q_1$ 的充分条件，当出现 $u_1 \leqslant u_2$ 和 $v_1 \leqslant v_2$ 时，我们无法进行两个 Q 阶序对模糊数的大小比较，为此，我们进一步给出以下定义。

**定义 2-9**[16]　假设 $Q = \langle u_Q, v_Q \rangle$ 是一个 Q 阶序对模糊数，其中 $q \geqslant 1$，则 $Q$ 的得分函数可定义如下：

$$S(Q) = u_Q^q - v_Q^q \tag{2-30}$$

其中，$S(Q) \in [-1,1]$，$S(Q)$ 越大，表示 $Q$ 的隶属度与非隶属度的差值越大，则 $Q$ 越大。

**定义 2-10**[16]　假设 $Q = \langle u_Q, v_Q \rangle$ 是一个 Q 阶序对模糊数，其中 $q \geqslant 1$，则 $Q$ 的精确函数定义如下：

$$H(Q) = u_Q^q + v_Q^q \tag{2-31}$$

其中，$H(Q) \in [0,1]$，$H(Q)$越大，表示$Q$表达信息的精确程度越大，则$Q$越大。

**定义 2-11**[16]　假设$Q_1 = \langle u_1, v_1 \rangle$和$Q_2 = \langle u_2, v_2 \rangle$为任意两个 Q 阶序对模糊数，$S(Q_1)$和$S(Q_2)$分别是$Q_1$和$Q_2$的得分函数，$H(Q_1)$和$H(Q_2)$分别是$Q_1$和$Q_2$的精确函数，则$Q_1$和$Q_2$大小比较方法如下。

（1）如果$S(Q_1) > S(Q_2)$，那么$Q_1 > Q_2$。

（2）如果$S(Q_1) < S(Q_2)$，那么$Q_1 < Q_2$。

（3）如果$S(Q_1) = S(Q_2)$，那么：①若$H(Q_1) > H(Q_2)$，则$Q_1 > Q_2$；②若$H(Q_1) = H(Q_2)$，则$Q_1 = Q_2$；③若$H(Q_1) < H(Q_2)$，则$Q_1 < Q_2$。

## 2.4　Q 阶序对模糊数的距离测度

**定义 2-12**[56]　假设$Q_1 = \langle u_1, v_1 \rangle$和$Q_2 = \langle u_2, v_2 \rangle$为任意两个 Q 阶序对模糊数，其中$q \geqslant 1$，则$Q_1$和$Q_2$的标准海明距离$d(Q_1, Q_2)$被定义为

$$d(Q_1, Q_2) = \frac{\left|u_1^q - u_2^q\right| + \left|v_1^q - v_2^q\right| + \left|\pi_1^q - \pi_2^q\right|}{2} \tag{2-32}$$

其中，$\pi_1 = (1 - u_1^q - v_1^q)^{1/q}$，$\pi_2 = (1 - {u_2}^q - {v_2}^q)^{1/q}$。

上述距离公式能够满足以下四个性质。

**性质 2-1**　假设$Q_1 = \langle u_1, v_1 \rangle$和$Q_2 = \langle u_2, v_2 \rangle$为任意两个 Q 阶序对模糊数，其中$q \geqslant 1$，则$0 \leqslant d(Q_1, Q_2) \leqslant 1$。

**性质 2-2**　假设$Q_1 = \langle u_1, v_1 \rangle$和$Q_2 = \langle u_2, v_2 \rangle$为任意两个 Q 阶序对模糊数，其中$q \geqslant 1$，则当且仅当$Q_1 = Q_2$时，$d(Q_1, Q_2) = 0$。

**性质 2-3**　假设$Q_1 = \langle u_1, v_1 \rangle$和$Q_2 = \langle u_2, v_2 \rangle$为任意两个 Q 阶序对模糊数，其中$q \geqslant 1$，则$d(Q_1, Q_2) = d(Q_2, Q_1)$。

**性质 2-4**　假设$Q_1 = \langle u_1, v_1 \rangle$和$Q_2 = \langle u_2, v_2 \rangle$和$Q_3 = \langle u_3, v_3 \rangle$为任意三个 Q 阶序对模糊数，其中$q \geqslant 1$，如果$Q_1 \leqslant Q_2 \leqslant Q_3$，则$d(Q_1, Q_2) \leqslant d(Q_1, Q_3)$和$d(Q_2, Q_3) \leqslant d(Q_1, Q_3)$。

## 2.5　Q 阶序对模糊加权平均算子

**定义 2-13**[16]　假设$\{Q_1, Q_2, \cdots, Q_m\}$是一组 Q 阶序对模糊数的集合，其中$Q_\varepsilon = \langle u_\varepsilon, v_\varepsilon \rangle (\varepsilon = 1, 2, \cdots, m)$且$q \geqslant 1$，则$\{Q_1, Q_2, \cdots, Q_m\}$的 Q 阶序对模糊加权平均（q-rung orthopair fuzzy weighted averaging，q-ROFWA）算子被定义为

$$\text{q-ROFWA}(Q_1,Q_2,\cdots,Q_m)=w_1Q_1\oplus w_2Q_2\oplus\cdots\oplus w_mQ_m \tag{2-33}$$

其中，$w=(w_1,w_2,\cdots,w_m)^{\mathrm{T}}$ 表示集合 $\{Q_1,Q_2,\cdots,Q_m\}$ 的权重向量，并满足 $0\leqslant w_\varepsilon\leqslant 1$ 和 $\sum_{\varepsilon=1}^{m}w_\varepsilon=1$。

基于 2.2 节中 Q 阶序对模糊数的 Algebraic 运算法则，可得到关于 q-ROFWA 算子的性质 2-5。

**性质 2-5**　假设 $\{Q_1,Q_2,\cdots,Q_m\}$ 是一组 Q 阶序对模糊数的集合，其中 $Q_\varepsilon=\langle u_\varepsilon,v_\varepsilon\rangle$ $(\varepsilon=1,2,\cdots,m)$ 且 $q\geqslant 1$，则 $\text{q-ROFWA}(Q_1,Q_2,\cdots,Q_m)$ 的集成结果同样是 Q 阶序对模糊数，集成公式为

$$\text{q-ROFWA}(Q_1,Q_2,\cdots,Q_m)=\left\langle\left(1-\prod_{\varepsilon=1}^{m}(1-u_\varepsilon^q)^{w_\varepsilon}\right)^{1/q},\prod_{\varepsilon=1}^{m}v_\varepsilon^{w_\varepsilon}\right\rangle \tag{2-34}$$

同时，q-ROFWA 集成算子具有以下特性。

**性质 2-6（幂等性）**　假设 $\{Q_1,Q_2,\cdots,Q_m\}$ 是一组 Q 阶序对模糊数的集合，其中 $Q_\varepsilon=\langle u_\varepsilon,v_\varepsilon\rangle(\varepsilon=1,2,\cdots,m)$ 且 $q\geqslant 1$。如果 $Q_\varepsilon=Q=\langle u,v\rangle$，则

$$\text{q-ROFWA}(Q_1,Q_2,\cdots,Q_m)=Q \tag{2-35}$$

**性质 2-7（交换性）**　假设 $\{Q_1,Q_2,\cdots,Q_m\}$ 是一组 Q 阶序对模糊数的集合，其中 $Q_\varepsilon=\langle u_\varepsilon,v_\varepsilon\rangle(\varepsilon=1,2,\cdots,m)$ 且 $q\geqslant 1$。如果集合 $\{Q_1',Q_2',\cdots,Q_m'\}$ 为集合 $\{Q_1,Q_2,\cdots,Q_m\}$ 中元素的任意排列组合，且 $Q_\varepsilon'=\langle u_\varepsilon',v_\varepsilon'\rangle(\varepsilon=1,2,\cdots,m)$，则

$$\text{q-ROFWA}(Q_1,Q_2,\cdots,Q_m)=\text{q-ROFWA}(Q_1',Q_2',\cdots,Q_m') \tag{2-36}$$

**性质 2-8（单调性）**　假设 $\{Q_1,Q_2,\cdots,Q_m\}$ 和 $\{Q_1',Q_2',\cdots,Q_m'\}$ 是两组 Q 阶序对模糊数的集合，$Q_\varepsilon=\langle u_\varepsilon,v_\varepsilon\rangle$ 和 $Q_\varepsilon'=\langle u_\varepsilon',v_\varepsilon'\rangle$ 且 $\varepsilon=1,2,\cdots,m$，$q\geqslant 1$。如果对于两组集合中所有的 $\varepsilon$ 都存在 $u_\varepsilon\geqslant u_\varepsilon'$，$v_\varepsilon\leqslant v_\varepsilon'$，且权重向量 $w=(w_1,w_2,\cdots,w_m)^{\mathrm{T}}$ 相同，则

$$\text{q-ROFWA}(Q_1,Q_2,\cdots,Q_m)\geqslant\text{q-ROFWA}(Q_1',Q_2',\cdots,Q_m') \tag{2-37}$$

**性质 2-9（有界性）**　假设 $\{Q_1,Q_2,\cdots,Q_m\}$ 是一组 Q 阶序对模糊数的集合，其中 $Q_\varepsilon=\langle u_\varepsilon,v_\varepsilon\rangle(\varepsilon=1,2,\cdots,m)$ 且 $q\geqslant 1$。若 $Q^-=\left(\min\limits_{1\leqslant\varepsilon\leqslant m}(u_\varepsilon),\max\limits_{1\leqslant\varepsilon\leqslant m}(v_\varepsilon)\right)$，$Q^+=\left(\max\limits_{1\leqslant\varepsilon\leqslant m}(u_\varepsilon),\min\limits_{1\leqslant\varepsilon\leqslant m}(v_\varepsilon)\right)$，则

$$Q^-\leqslant\text{q-ROFWA}(Q_1,Q_2,\cdots,Q_m)\leqslant Q^+ \tag{2-38}$$

值得注意的是，基于参数 $q$ 的不同取值，q-ROFWA 算子可退化为不同的集成算子。

（1）当 $q=1$ 时，q-ROFWA 算子将退化为直觉模糊加权平均（intuitionistic fuzzy weighted averaging，IFWA）算子[3]，如下所示：

$$\text{q-ROFWA}^{(q=1)}(Q_1,Q_2,\cdots,Q_m)=\left\langle 1-\prod_{\varepsilon=1}^{m}(1-u_\varepsilon)^{w_\varepsilon},\prod_{\varepsilon=1}^{m}v_\varepsilon^{w_\varepsilon}\right\rangle=\text{IFWA}(Q_1,Q_2,\cdots,Q_m)$$

（2）当 $q=2$ 时，q-ROFWA 算子将退化为毕达哥拉斯模糊加权平均（Pythagorean fuzzy weighted averaging，PFWA）算子[41]，如下所示：

$$\text{q-ROFWA}^{(q=2)}(Q_1,Q_2,\cdots,Q_m)=\left\langle \sqrt{1-\prod_{\varepsilon=1}^{m}\left(1-u_\varepsilon^2\right)^{w_\varepsilon}},\prod_{\varepsilon=1}^{m}v_\varepsilon^{w_\varepsilon}\right\rangle=\text{PFWA}\left(Q_1,Q_2,\cdots,Q_m\right)$$

## 2.6 本章小结

本章主要介绍了本书所用到的一些关于 Q 阶序对模糊数的基础理论知识，包括 Q 阶序对模糊集的基本定义，基于 Archimedean 三角范数的 Q 阶序对模糊运算法则及性质，以及 Q 阶序对模糊数大小比较方法和距离测度等，此外还介绍了 Q 阶序对模糊加权平均算子，为后续章节对 Q 阶序对模糊信息集成和多属性决策方法的研究提供理论基础。

# 第3章　基于Q阶序对模糊信息的多属性决策权重确定模型

在本章内容开始之前，首先介绍一些扩展的基础知识。因为基于Q阶序对模糊信息的多属性权重确定方法中涉及Q阶序对模糊数的得分函数，所以在此首先介绍一种新的Q阶序对模糊得分函数。

**定义3-1**[79]　假设$A=\{A_1,A_2,A_3,\cdots,A_m\}$是有限个方案，$C=\{C_1,C_2,C_3,\cdots,C_n\}$是属性集。$Q_{ij}=\langle u_{ij},v_{ij}\rangle(i=1,2,\cdots,m;j=1,2,\cdots,n)$代表专家所给出的第$i$个方案在第$j$个属性下的属性评价值，$Q_i=\left(\langle u_{i1},v_{i1}\rangle,\langle u_{i2},v_{i2}\rangle,\cdots,\langle u_{in},v_{in}\rangle\right)$代表第$i$个方案所有属性下的Q阶序对模糊评价值。属性评价值$Q_{ij}$与参考点$\langle 0,0\rangle$的$p$-范数距离可以表示为$\left((u_{ij}^q-0)^p+(v_{ij}^q-0)^p+(1-\pi_{ij}^q)^p\right)^{\frac{1}{p}}$，其隶属度与非隶属度之间的$p$-范数变化可表示为$\left|(u_{ij}^q)^p-(v_{ij}^q)^p\right|^{\frac{1}{p}}$。属性评价值$Q_{ij}$的广义$p$-范数知识测度可表示为

$$K_F(Q_{ij})=\frac{1}{2^{\frac{1}{p}}+1}\left(((u_{ij}^q)^p+(v_{ij}^q)^p+(u_{ij}^q+v_{ij}^q)^p)^{\frac{1}{p}}+\left|(u_{ij}^q)^p-(v_{ij}^q)^p\right|^{\frac{1}{p}}\right) \tag{3-1}$$

**定义3-2**[79]　假设$Q_{ij}=\langle u_{ij},v_{ij}\rangle(i=1,2,\cdots,m;j=1,2,\cdots,n)$代表专家所给出的第$i$个方案在第$j$个属性下的属性评价值。属性评价值$Q_{ij}$的广义$p$-范数基于知识测度的得分函数可以表示为

$$\mathrm{Sco}_F(Q_{ij})=\begin{cases}\left(\dfrac{\mathrm{e}^{C(u_{ij}^q-v_{ij}^q)}-1}{\mathrm{e}^{C(u_{ij}^q-v_{ij}^q)}+1}\right)K_F(Q_{ij}), & u_{ij}\neq v_{ij}\\ \delta K_F(Q_{ij}), & u_{ij}=v_{ij}\end{cases} \tag{3-2}$$

其中，$0<\delta\ll 1$，$C\gg 0$，系数$C$是所定义的得分函数在$u_{ij}=v_{ij}$时S形函数的值。并且$\mathrm{Sco}_F(Q_{ij})\in[-1,1]$，当$u_{ij}>v_{ij}$时，$\mathrm{Sco}_F(Q_{ij})>0$；当$u_{ij}<v_{ij}$时，$\mathrm{Sco}_F(Q_{ij})<0$。

值得一提的是，基于知识的得分函数的突出优势是重视给定评价信息的重要性，无论评价信息是正面的还是负面的。

## 3.1 主观权重——Q 阶序对模糊 BWM

主观赋权法是学者研究较早的赋权方法。主观权重是决策者凭借自己的知识和过往经验从主观上对各个属性的重要程度进行评价来确定的属性权重信息。主观权重可以有效地反映决策者的知识和经验，以便快速地把握决策背景，避免出现属性权重和属性实际重要程度相悖的情况。

BWM是针对AHP方法的不足而提出的[196]。AHP方法具有主观判断的能力，可以将多个决策者包含在决策场景中。但是，如果不能很好地描述方案 A 对方案 B 的偏好度，在权重的获取过程中就会出现成对比较不一致的缺点。此外，若有 $n$ 个属性，通常需要 $n(n-1)/2$ 次成对比较来计算最终权重。也就是说，当标准的数量急剧增加时，成对比较的次数也会增加，计算过程将更加烦琐且耗时。因此，BWM 被提出。BWM 只需要进行 $2n-3$ 次的成对比较，能够极大地提高成对比较的一致性，缩短计算时间。BWM 的突出特点是在进行比较之前，首先确定最好和最差属性，然后确定最好属性对其他属性的偏好程度，以及所有其他属性对最差属性的偏好程度，最后利用模型求出各属性的权重。其具体过程如下。

（1）分别确定最佳属性 $C_B$ 和最差属性 $C_W$。

（2）进行 $2n-3$ 次的成对比较，获得最好属性和其他属性的 Q 阶序对模糊比较向量（q-rung orthopair fuzzy best to other，Q-BO），其他属性和最差属性的 Q 阶序对模糊比较向量（q-rung orthopair fuzzy other to worst，Q-OW）：

$$\text{Q-BO}=(Q_{B1},Q_{B2},\cdots,Q_{Bn})=\left(\langle u_{B1},v_{B1}\rangle,\langle u_{B2},v_{B2}\rangle,\cdots,\langle u_{Bn},v_{Bn}\rangle\right)$$
$$\text{Q-OW}=(Q_{1W},Q_{2W},\cdots,Q_{nW})=\left(\langle u_{1W},v_{1W}\rangle,\langle u_{2W},v_{2W}\rangle,\cdots,\langle u_{nW},v_{nW}\rangle\right)$$

（3）根据得分函数公式（3-2），将 Q-BO 和 Q-OW 两个向量转化为得分函数的形式：

$$\text{SQ-BO}=(\text{Sco}_F(Q_{B1}),\text{Sco}_F(Q_{B2}),\cdots,\text{Sco}_F(Q_{Bn}))$$
$$\text{SQ-OW}=(\text{Sco}_F(Q_{1W}),\text{Sco}_F(Q_{2W}),\cdots,\text{Sco}_F(Q_{nW}))$$

（4）根据式（3-3），将得分函数的值转换成 $[1/9,9]$ 的数值。

$$h_{lk}=9^{\text{Sco}_F(Q_{lk})} \tag{3-3}$$

（5）根据以下模型，找出最优权重 $(w_1^*,w_2^*,\cdots,w_n^*)$。

$$\min_j \max\left\{\left|\frac{w_B}{w_j}-Q_{Bj}\right|,\left|\frac{w_j}{w_W}-Q_{jW}\right|\right\}$$
$$\text{s.t}\quad\begin{cases}\sum_{j=1}^{n} w_j=1\\ w_j\geqslant 0,\quad j=1,2,\cdots,n\end{cases}\tag{3-4}$$

为了简便，可以转化为以下线性模型：

$$\min \xi$$
$$\text{s.t.}\quad\begin{cases}\left|w_B-Q_{Bj}\times w_j\right|\leqslant\xi\\ \left|w_j-Q_{jW}\times w_W\right|\leqslant\xi\\ \sum_{j=1}^{n} w_j=1\\ w_j\geqslant 0,\quad j=1,2,\cdots,n\end{cases}\tag{3-5}$$

## 3.2　客观权重的确定方法

通过主观权重计算出来的评价结果通常带有一定程度的主观随意性，在一些方面降低了决策的科学性。鉴于主观权重的局限性，学者也广泛研究了客观赋权法，即通过原始决策信息进行属性权重的求取，这样不会增加决策者的负担。

### 3.2.1　Q 阶序对模糊熵权法

**定义 3-3**[197]　假设有两个 Q 阶序对模糊数 $Q_1=\langle u_1,v_1\rangle$ 和 $Q_2=\langle u_2,v_2\rangle$。两者之间的规范化欧几里得距离被定义为

$$D_{\text{ed}}=\frac{1}{\sqrt{2}}\sqrt{(u_1^q-u_2^q)^2+(v_1^q-v_2^q)^2+(\pi_1^q-\pi_2^q)^2}\tag{3-6}$$

Q 阶序对模糊数的知识测度应为到 Q 阶序对模糊数参考点 $\langle 0,0\rangle$ 的距离，因此，进一步得到了 Q 阶序对模糊数的知识测度：

$$\text{KE}_q(Q_1)=\frac{1}{\sqrt{2}}\sqrt{(u_1^q)^2+(v_1^q)^2+(\pi_1^q-1)^2}=\frac{1}{\sqrt{2}}\sqrt{(u_1^q)^2+(v_1^q)^2+(u_1^q+v_1^q)^2}\tag{3-7}$$

**定义 3-4**[197]　假设 $Q_1=\langle u_1,v_1\rangle$ 为一个 Q 阶序对模糊数，基于知识测度的 Q 阶序对模糊熵测度如下所示：

$$\text{EN}_q(Q_1)=1-\text{KE}_q(Q_1)=1-\frac{1}{\sqrt{2}}\sqrt{(u_1^q)^2+(v_1^q)^2+(\pi_1^q-1)^2}\tag{3-8}$$

并且熵测度 $\mathrm{EN}_q(Q_1)$ 具有以下四个性质：

（1） $0 \leqslant \mathrm{EN}_q(Q_1) \leqslant 1$；

（2）若 $\pi_1^q = 1$，则 $\mathrm{EN}_q(Q_1) = 1$；

（3）若 $u_1 = 1$ 或者 $v_1 = 1$，则 $\mathrm{EN}_q(Q_1) = 0$；

（4） $\mathrm{EN}_q(Q_1) = \mathrm{EN}_q(Q_1^c)$，$Q_1 = \langle u_1, v_1 \rangle$，$Q_1^c = \langle v_1, u_1 \rangle$。

根据式（3-8），即可计算出熵测度最优权重：

$$w_j = \frac{1-\zeta_j}{\sum_{j=1}^{n}(1-\zeta_j)}, \quad j = 1, 2, \cdots, n \tag{3-9}$$

其中，$\zeta_j = \dfrac{\sum_{i=1}^{m}\mathrm{EN}_{ij}}{\sum_{i=1}^{m}\sum_{j=1}^{n}\mathrm{EN}_{ij}}$ 表示归一化 Q 阶序对模糊熵值。

### 3.2.2　Q 阶序对模糊变异系数法

（1）规范化矩阵，将成本型属性下的评价值转化为效益型属性下的评价值。

规范化前的决策矩阵表示为 $Q = [Q_{ij}]_{m\times n}$，规范化后的决策矩阵表示为 $\bar{Q} = [\bar{Q}_{ij}]_{m\times n}$：

$$\bar{Q}_{ij} = \begin{cases} Q_{ij}, & \text{效益型} \\ (Q_{ij})^c, & \text{成本型} \end{cases}$$

其中，$(Q_{ij})^c = \langle v_{ij}, u_{ij} \rangle$。

（2）根据得分函数公式（3-2），将决策矩阵 $Q = [Q_{ij}]_{m\times n}$ 转化为得分函数矩阵 $Q^{\mathrm{Sco}} = [Q_{ij}^{\mathrm{Sco}}]_{m\times n}$。再根据变异系数原理，将得分函数转化为正数：$\hat{Q}_{ij}^{\mathrm{Sco}} = \dfrac{Q_{ij}^{\mathrm{Sco}}+1}{2}\ (i = 1, 2, \cdots, m; j = 1, 2, \cdots, n)$。

（3）计算第 $j$ 个属性的均值：

$$\tilde{Q}_j^{\mathrm{Sco}} = \frac{1}{m}\sum_{i=1}^{m}\hat{Q}_{ij}^{\mathrm{Sco}}, \quad j = 1, 2, \cdots, n \tag{3-10}$$

（4）计算第 $j$ 个属性的均方差：

$$D_j = \sqrt{\frac{1}{m-1}\sum_{i=1}^{m}(\hat{Q}_{ij}^{\mathrm{Sco}} - \tilde{Q}_{ij}^{\mathrm{Sco}})^2}, \quad j = 1, 2, \cdots, n \tag{3-11}$$

（5）计算第 $j$ 个属性的变异系数[198]：

$$Z_j = \frac{D_j}{\tilde{Q}_j^{\text{Sco}}}, \quad j = 1,2,\cdots,n \tag{3-12}$$

（6）对各属性的变异系数进行归一化处理，得到各属性的权重：

$$w_j = \frac{Z_j}{\sum_{j=1}^{n} Z_j}, \quad j = 1,2,\cdots,n \tag{3-13}$$

### 3.2.3　Q 阶序对模糊归一化双向投影法

**定义 3-5**[199]　假设 $A = \{A_1, A_2, A_3, \cdots, A_m\}$ 是有限个方案，$C = \{C_1, C_2, C_3, \cdots, C_n\}$ 是属性集。$Q_{ij} = \langle u_{ij}, v_{ij} \rangle (i = 1,2,\cdots,m; j = 1,2,\cdots,n)$ 代表专家所给出的第 $i$ 个方案在第 $j$ 个属性下的属性评价值，$Q_i = (\langle u_{i1}, v_{i1} \rangle, \langle u_{i2}, v_{i2} \rangle, \cdots, \langle u_{in}, v_{in} \rangle)$ 代表第 $i$ 个方案所有属性下的 Q 阶属性评价值。正理想解是 $Q^+ = \left\{\left(\max_j(u_{ij}), \min_j(v_{ij})\right)\right\} = \left(\langle \tilde{u}_1, \tilde{v}_1 \rangle, \langle \tilde{u}_2, \tilde{v}_2 \rangle, \cdots, \langle \tilde{u}_n, \tilde{v}_n \rangle\right)$，负理想解是 $Q^- = \left\{\left(\min_j(u_{ij}), \max_j(v_{ij})\right)\right\} = \left(\langle \hat{u}_1, \hat{v}_1 \rangle, \langle \hat{u}_2, \hat{v}_2 \rangle, \cdots, \langle \hat{u}_n, \hat{v}_n \rangle\right)$。方案 $A_i$ 的归一化双向投影模型（normalized bidirectional projection model，NBPM）为

$$\text{NBP}Q_i = \frac{\text{Nproj}_{Q^+} Q_i}{\text{Nproj}_{Q^+} Q_i + \text{Nproj}_{Q^-} Q_i} \tag{3-14}$$

其中，

$$\begin{aligned}\text{Nproj}_{Q^+} Q_i &= \frac{\text{Proj}_{Q^+}(Q_i)/|Q^+|}{\text{Proj}_{Q^+}(Q_i)/|Q^+| + \left|1 - \text{Proj}_{Q^+}(Q_i)/|Q^+|\right|} \\ &= \frac{Q_i Q^+}{Q_i Q^+ + \left|\|Q^+\|^2 - Q_i Q^+\right|}\end{aligned} \tag{3-15}$$

$$\begin{aligned}\text{Nproj}_{Q^-} Q_i &= \frac{\text{Proj}_{Q^-}(Q_i)/|Q^-|}{\text{Proj}_{Q^-}(Q_i)/|Q^-| + \left|1 - \text{Proj}_{Q^-}(Q_i)/|Q^-|\right|} \\ &= \frac{Q_i Q^-}{Q_i Q^- + \left|\|Q^-\|^2 - Q_i Q^-\right|}\end{aligned} \tag{3-16}$$

则 $\text{Nproj}_{Q^+} Q_i$ 是方案 $A_i$ 和正理想解 $Q^+$ 之间的归一化双向投影，$\text{Nproj}_{Q^-} Q_i$ 是方案 $A_i$ 和负理想解 $Q^-$ 之间的归一化双向投影。

$$|Q^+|=\sqrt{\sum_{j=1}^{n}((\tilde{u}_j^q)^2+(\tilde{v}_j^q)^2+(\tilde{\pi}_j^q)^2)}$$

$$|Q^-|=\sqrt{\sum_{j=1}^{n}((\hat{u}_j^q)^2+(\hat{v}_j^q)^2+(\hat{\pi}_j^q)^2)}$$

$$Q_iQ^+=\sum_{j=1}^{n}((u_{ij})^q(\tilde{u}_j^q)^q+(v_{ij})^q(\tilde{v}_j^q)^q+(\pi_{ij})^q(\tilde{\pi}_j^q)^q)$$

$$Q_iQ^-=\sum_{j=1}^{n}((u_{ij})^q(\hat{u}_j^q)^q+(v_{ij})^q(\hat{v}_j^q)^q+(\pi_{ij})^q(\hat{\pi}_j^q)^q)$$

NBP$Q_i$ 的值越大，越接近理想解。考虑到不同属性对决策结果的影响，提出了 NBPM 的加权形式。

**定义 3-6**[199]　假设 $w_j(j=1,2,\cdots,n)$ 是属性权重，方案 $A_i$ 的加权 NBPM 为

$$(\mathrm{NBP}Q_i)_w=\frac{(\mathrm{Nproj}_{Q^+}Q_i)_w}{(\mathrm{Nproj}_{Q^+}Q_i)_w+(\mathrm{Nproj}_{Q^-}Q_i)_w} \tag{3-17}$$

其中，

$$(\mathrm{Nproj}_{Q^+}Q_i)_w=\frac{(\mathrm{Proj}_{Q^+}Q_i)_w/|Q^+|_w}{(\mathrm{Proj}_{Q^+}Q_i)_w/|Q^+|_w+\left|1-(\mathrm{Proj}_{Q^+}Q_i)_w/|Q^+|_w\right|}$$
$$=\frac{|Q_iQ^+|_w}{|Q_iQ^+|_w+\left||Q^+|_w^2-|Q_iQ^+|_w\right|}$$

$$(\mathrm{Nproj}_{Q^-}Q_i)_w=\frac{(\mathrm{Proj}_{Q^-}Q_i)_w/|Q^-|_w}{(\mathrm{Proj}_{Q^-}Q_i)_w/|Q^-|_w+\left|1-(\mathrm{Proj}_{Q^-}Q_i)_w/|Q^-|_w\right|}$$
$$=\frac{|Q_iQ^-|_w}{|Q_iQ^-|_w+\left||Q^-|_w^2-|Q_iQ^-|_w\right|}$$

$$|Q^+|_w=\sqrt{\sum_{j=1}^{n}w_j^2((\tilde{u}_j^q)^2+(\tilde{v}_j^q)^2+(\tilde{\pi}_j^q)^2)}$$

$$|Q^-|_w=\sqrt{\sum_{j=1}^{n}w_j^2((\hat{u}_j^q)^2+(\hat{v}_j^q)^2+(\hat{\pi}_j^q)^2)}$$

$$|Q_iQ^+|_w=\sum_{j=1}^{n}w_j^2((u_{ij})^q(\tilde{u}_j^q)^q+(v_{ij})^q(\tilde{v}_j^q)^q+(\pi_{ij})^q(\tilde{\pi}_j^q)^q)$$

$$|Q_iQ^-|_w=\sum_{j=1}^{n}w_j^2((u_{ij})^q(\hat{u}_j^q)^q+(v_{ij})^q(\hat{v}_j^q)^q+(\pi_{ij})^q(\hat{\pi}_j^q)^q)$$

下面将 $(\mathrm{NBP}Q_i)_w$ 最大化，并建立以下非线性约束优化模型来获得属性权重。

$$\max \sum_{i=1}^{n} (\text{NBP}Q_i)_w = \sum_{i=1}^{n} \frac{(\text{Nproj}_{Q^+} Q_i)_w}{(\text{Nproj}_{Q^+} Q_i)_w + (\text{Nproj}_{Q^-} Q_i)_w}$$

$$\text{s.t.} \begin{cases} \sum_{j=1}^{n} w_j = 1 \\ 0 \leqslant w_j \leqslant 1, \quad j = 1,2,\cdots,n \end{cases} \tag{3-18}$$

## 3.3　组合权重的确定方法

客观权重没有考虑到决策者的主观偏好，忽略了决策者的知识和经验，并且客观权重的结果也会受到客观权重模型的影响，有时客观权重结果还会出现与现实属性重要程度相违背的情况。考虑到主观权重和客观权重的局限性，兼顾两者的优点，使得属性达到主客观权重的统一，提高决策质量，组合权重方法开始得到大量学者的关注和研究。

### 3.3.1　基于综合评价值最大的组合权重确定方法

假设主观权重向量为 $w^S = (w_1^S, w_2^S, \cdots, w_n^S)$ ，$\sum_{j=1}^{n} w_j^S = 1$; 客观权重向量为 $w^O = (w_1^O, w_2^O, \cdots, w_n^O)$ ，$\sum_{j=1}^{n} w_j^O = 1$; 组合权重为 $w^* = (w_1^*, w_2^*, \cdots, w_n^*)$ ，$\sum_{j=1}^{n} w_j^* = 1$; 并且 $w^* = \lambda \times w^S + \eta \times w^O$，满足 $\lambda + \eta = 1$，$\lambda \geqslant 0$，$\eta \geqslant 0$。

对于组合权重 $w^* = (w_1^*, w_2^*, \cdots, w_n^*)$，每个方案的加权评价值为

$$\text{FG}_i = \sum_{j=1}^{n} (w_j^* \times Q_{ij}^{\text{Sco}}) = \sum_{j=1}^{n} ((\lambda \times w_j^S + \eta \times w_j^O) \times Q_{ij}^{\text{Sco}})^2 \tag{3-19}$$

最优的组合权重应该使得每个方案的加权评价值 $\text{FG}_i$ 达到最大，即 $\max F = (\text{FG}_1, \text{FG}_2, \cdots, \text{FG}_m)$，由此建立规划模型[200]：

$$\max F = \sum_{i=1}^{m} \sum_{j=1}^{n} ((\lambda \times w_j^S + \eta \times w_j^O) \times Q_{ij}^{\text{Sco}})^2$$

$$\text{s.t.} \begin{cases} \lambda + \eta = 1 \\ \lambda \geqslant 0, \quad \eta \geqslant 0 \end{cases} \tag{3-20}$$

通过拉格朗日乘子构造函数：

$$L(\lambda, \eta, \theta) = \sum_{i=1}^{m} \sum_{j=1}^{n} ((\lambda \times w_j^S + \eta \times w_j^O) \times Q_{ij}^{\text{Sco}})^2 + \theta(\lambda + \eta - 1)$$

求得偏导：

$$\begin{aligned}
\frac{\partial L(\lambda,\eta,\theta)}{\partial \lambda} &= 2\times\sum_{i=1}^{m}\sum_{j=1}^{n}(((\lambda\times w_j^S+\eta\times w_j^O)\times Q_{ij}^{\mathrm{Sco}})\times w_j^S\times Q_{ij}^{\mathrm{Sco}})+\theta \\
\frac{\partial L(\lambda,\eta,\theta)}{\partial \eta} &= 2\times\sum_{i=1}^{m}\sum_{j=1}^{n}(((\lambda\times w_j^S+\eta\times w_j^O)\times Q_{ij}^{\mathrm{Sco}})\times w_j^O\times Q_{ij}^{\mathrm{Sco}})+\theta \\
\frac{\partial L(\lambda,\eta,\theta)}{\partial \theta} &= \lambda+\eta-1
\end{aligned} \tag{3-21}$$

令偏导等于 0，解得

$$\lambda=\frac{\sum_{i=1}^{m}\sum_{j=1}^{n}(((w_j^S)^2-w_j^O\times w_j^S)(Q_{ij}^{\mathrm{Sco}})^2)}{\sum_{i=1}^{m}\sum_{j=1}^{n}(((w_j^S)^2-w_j^O\times w_j^S)(Q_{ij}^{\mathrm{Sco}})^2)+\sum_{i=1}^{m}\sum_{j=1}^{n}(((w_j^O)^2-w_j^O\times w_j^S)(Q_{ij}^{\mathrm{Sco}})^2)}$$

$$\eta=\frac{\sum_{i=1}^{m}\sum_{j=1}^{n}(((w_j^O)^2-w_j^O\times w_j^S)(Q_{ij}^{\mathrm{Sco}})^2)}{\sum_{i=1}^{m}\sum_{j=1}^{n}(((w_j^S)^2-w_j^O\times w_j^S)(Q_{ij}^{\mathrm{Sco}})^2)+\sum_{i=1}^{m}\sum_{j=1}^{n}(((w_j^O)^2-w_j^O\times w_j^S)(Q_{ij}^{\mathrm{Sco}})^2)}$$

（3-22）

求得组合权重：$w^*=\lambda\times w^S+\eta\times w^O$。

### 3.3.2　基于总偏差最小与综合评价值最大的组合权重确定方法

使用组合权重时，考虑到组合权重与主观权重和客观权重的离差最小可以使得组合权重更加科学、有效，因此构造如下模型[200]：

$$\begin{aligned}
&\min \lambda\sum_{j=1}^{n}(w_j^*-w_j^S)^2+\eta\sum_{j=1}^{n}(w_j^*-w_j^O)^2 \\
&\text{s.t.}\quad \begin{cases}\sum_{j=1}^{n}w_j^*=1 \\ w_j^*\geqslant 0,\quad j=1,2,\cdots,n\end{cases}
\end{aligned} \tag{3-23}$$

同时，还要使得各个方案的综合评价值尽可能大，因此构造以下模型：

$$\begin{aligned}
&\max \sum_{i=1}^{m}\sum_{j=1}^{n}(w_j^*\times Q_{ij}^{\mathrm{Sco}}) \\
&\text{s.t.}\quad \begin{cases}\sum_{j=1}^{n}w_j^*=1 \\ w_j^*\geqslant 0,\quad j=1,2,\cdots,n\end{cases}
\end{aligned} \tag{3-24}$$

结合两个模型，得到最终综合模型：

$$\min F=\lambda\sum_{j=1}^{n}(w_j^*-w_j^S)^2+\eta\sum_{j=1}^{n}(w_j^*-w_j^O)^2-\theta\sum_{i=1}^{m}\sum_{j=1}^{n}(w_j^*\times Q_{ij}^{\text{Sco}})$$

$$\text{s.t.}\quad\begin{cases}\sum_{j=1}^{n}w_j^*=1\\ w_j^*\geqslant 0,\quad j=1,2,\cdots,n\end{cases}\tag{3-25}$$

并且 $\lambda,\eta,\theta\geqslant 0$，$\lambda+\eta+\theta=1$。

通过拉格朗日乘子构造函数：

$$F(w_j^*,\delta)=\lambda\sum_{j=1}^{n}(w_j^*-w_j^S)^2+\eta\sum_{j=1}^{n}(w_j^*-w_j^O)^2-\theta\sum_{i=1}^{m}\sum_{j=1}^{n}(w_j^*\times Q_{ij}^{\text{Sco}})+2\delta\left(\sum_{j=1}^{n}w_j^*-1\right)$$

求得偏导：

$$\begin{aligned}\frac{\partial F(w_j^*,\delta)}{\partial w_j^*}&=2(\lambda+\eta)w_j^*-2(\lambda w_j^S+\eta w_j^O)-\theta\sum_{i=1}^{m}\sum_{j=1}^{n}Q_{ij}^{\text{Sco}}+2\delta\\ \frac{\partial F(w_j^*,\delta)}{\partial\delta}&=2\left(\left(\sum_{j=1}^{n}w_j^*\right)-1\right)\end{aligned}\tag{3-26}$$

令偏导等于零，解得

$$\begin{aligned}w_j^*&=\frac{(\lambda w_j^S+\eta w_j^O)+\dfrac{\theta}{2}\sum_{i=1}^{m}\sum_{j=1}^{n}Q_{ij}^{\text{Sco}}-\dfrac{\theta}{2n}\sum_{i=1}^{m}\sum_{j=1}^{n}Q_{ij}^{\text{Sco}}}{\lambda+\eta}\\ \delta&=\frac{\theta}{2n}\sum_{i=1}^{m}\sum_{j=1}^{n}Q_{ij}^{\text{Sco}}\end{aligned}\tag{3-27}$$

### 3.3.3　基于博弈论的组合权重确定方法

博弈论的组合权重方法，以实现纳什均衡为目标，将主观权重和客观权重有效结合，获得更加科学的结果[201]。

假设这里有 $R$ 种权重计算方法计算得出的属性权重，由此可以建立一个权重集合 $w=(w_1,w_1,\cdots,w_R)$，是对这 $R$ 个向量进行任意的线性组合，于是得到

$$w^*=\sum_{h=1}^{R}\alpha_h w_h\tag{3-28}$$

根据最优选择，对 $R$ 个线性组合的系数 $\alpha_h$ 进行处理，可得模型：

$$\min\left\|\sum_{h=1}^{R}\alpha_h w_h^{\mathrm{T}} - w_f^{\mathrm{T}}\right\|_2,\quad f=1,2,\cdots,R \tag{3-29}$$

根据矩阵的微分性质，此模型的一阶导数条件最优时应当满足：

$$\begin{bmatrix} w_1w_1^{\mathrm{T}} & w_1w_2^{\mathrm{T}} & \cdots & w_1w_R^{\mathrm{T}} \\ w_2w_1^{\mathrm{T}} & w_2w_2^{\mathrm{T}} & \cdots & w_2w_R^{\mathrm{T}} \\ \vdots & \vdots & & \vdots \\ w_Rw_1^{\mathrm{T}} & w_Rw_2^{\mathrm{T}} & \cdots & w_Rw_R^{\mathrm{T}} \end{bmatrix}\begin{pmatrix}\alpha_1\\ \alpha_2\\ \vdots\\ \alpha_R\end{pmatrix}=\begin{bmatrix} w_1w_1^{\mathrm{T}} \\ w_2w_2^{\mathrm{T}} \\ \vdots \\ w_Rw_R^{\mathrm{T}}\end{bmatrix} \tag{3-30}$$

对 $(\alpha_1,\alpha_2,\cdots,\alpha_R)$ 进行归一化处理，可以得到最优权重系数：

$$\alpha_h^* = \frac{|\alpha_f|}{\sum_{h=1}^{R}|\alpha_h|},\quad f=1,2,\cdots,R \tag{3-31}$$

因此，属性的最优组合权重如下所示：

$$w^* = \sum_{h=1}^{R}\alpha_h^* w_h^{\mathrm{T}} \tag{3-32}$$

### 3.3.4　基于相对熵的组合权重确定方法

根据相对熵原理[202]，主观权重、客观权重和组合权重应该尽可能接近，因此建立以下模型：

$$\min F = \sum_{j=1}^{n}(w_j^*(\ln w_j^* - \ln w_j^S)) + \sum_{j=1}^{n}(w_j^*(\ln w_j^* - \ln w_j^O))$$
$$\text{s.t.}\quad \begin{cases}\sum_{j=1}^{n} w_j^* = 1 \\ w_j^* \geqslant 0,\quad j=1,2,\cdots,n\end{cases} \tag{3-33}$$

通过拉格朗日乘子构造函数：

$$F(w_j^*,\theta) = \sum_{j=1}^{n}(w_j^*(\ln w_j^* - \ln w_j^S)) + \sum_{j=1}^{n}(w_j^*(\ln w_j^* - \ln w_j^O)) + \theta\sum_{j=1}^{n}(w_j^* - 1)$$

求得偏导：

$$\begin{aligned}\frac{\partial F(w_j^*,\theta)}{\partial w_j^*} &= 2\ln w_j^* - \ln w_j^S - \ln w_j^O + 2 + \theta \\ \frac{\partial F(w_j^*,\theta)}{\partial \theta} &= \sum_{j=1}^{n}(w_j^*) - 1\end{aligned} \tag{3-34}$$

令偏导等于零，解得

$$\theta = 2\ln\left(\sum_{j=1}^{n}\sqrt{w_j^S w_j^O}\right) - 2$$
$$w_j^* = \frac{\sqrt{w_j^S w_j^O}}{\sum_{j=1}^{n}\sqrt{w_j^S w_j^O}} \tag{3-35}$$

## 3.4 本章小结

本章主要介绍了本书用到的关于 Q 阶序对模糊多属性决策的属性权重确定方法。属性权重的分配会直接影响最终评价结果，考虑到主观权重方法、客观权重方法的优点和局限性，本章采用了几种综合主观权重和客观权重的组合权重方法。该方法既可以有效地反映决策者的知识和历史经验，又不会导致权重结果超乎实际情况。主观权重研究了 Q 阶序对模糊 BWM 权重确定方法；客观权重研究了 Q 阶序对模糊熵权法、Q 阶序对模糊变异系数法、Q 阶序对模糊归一化双向投影法三种客观权重确定方法；组合权重研究了基于综合评价值最大、基于总偏差最小和综合评价值最大、基于博弈论、基于相对熵的四种组合权重确定方法，为后续章节的 Q 阶序对模糊多属性决策的属性权重确定提供了理论依据。

# 第 4 章　基于 Q 阶序对模糊 BM 集成算子的多属性决策方法

## 4.1　Q 阶序对模糊 BM 算子及其在多属性群决策中的应用

### 4.1.1　BM 和 GBM 算子

Bonferroni[95]最初提出了 BM 算子，它可以在 max、min 运算符与逻辑“或”“和”运算符之间提供聚合。BM 算子定义如下。

**定义 4-1**[97]　假设$(x_1,x_2,\cdots,x_m)$是一组非负实数集合且$s,t\geqslant 0$，则这组数据通过 BM 算子集成的结果可表示为

$$\mathrm{BM}^{s,t}(x_1,x_2,\cdots,x_m)=\left(\frac{1}{m(m-1)}\sum_{\substack{i,j=1\\ i\neq j}}^{m}x_i^s x_j^t\right)^{\frac{1}{s+t}} \tag{4-1}$$

**定义 4-2**[203]　假设$(x_1,x_2,\cdots,x_m)$是一组非负实数集合且$s,t\geqslant 0$，则这组数据通过几何 BM（geometric Bonferroni mean，GBM）算子集成的结果可表示为

$$\mathrm{GBM}^{s,t}(x_1,x_2,\cdots,x_m)=\frac{1}{s+t}\left(\prod_{\substack{i,j=1\\ i\neq j}}^{m}(sx_i+tx_j)\right)^{\frac{1}{m(m-1)}} \tag{4-2}$$

### 4.1.2　Q 阶序对模糊 BM 算子

**定义 4-3**[64]　假设$\{Q_1,Q_2,\cdots,Q_m\}$是一组 Q 阶序对模糊数集合，其中$Q_\varepsilon=\langle u_\varepsilon,v_\varepsilon\rangle(\varepsilon=1,2,\cdots,m)$，同时，$s,t\geqslant 0$且$q\geqslant 1$，q-ROFBM$:\Omega^m\to\Omega$，如果

$$\text{q-ROFBM}^{s,t}(Q_1,Q_2,\cdots,Q_m)=\left(\frac{1}{m(m-1)}\mathop{\oplus}_{\substack{i,j=1\\ i\neq j}}^{m}Q_i^s\otimes Q_j^t\right)^{\frac{1}{s+t}} \tag{4-3}$$

其中，$\Omega$表示 Q 阶序对模糊数的全部集合，则 q-ROFBM 被称为 Q 阶序对模糊 BM 算子。

基于 Q 阶序对模糊数 Algebraic 运算法则，由式（4-3）可得定理 4-1。

**定理 4-1**　假设$\{Q_1,Q_2,\cdots,Q_m\}$是一组 Q 阶序对模糊数集合，其中$Q_\varepsilon=\langle u_\varepsilon,v_\varepsilon\rangle$ $(\varepsilon=1,2,\cdots,m)$，同时$s,t\geqslant 0$且$q\geqslant 1$，则 q-ROFBM$^{s,t}(Q_1,Q_2,\cdots,Q_m)$集成结果仍是

一个 Q 阶序对模糊数，并且为

$$\text{q-ROFBM}^{s,t}(Q_1,Q_2,\cdots,Q_m)$$

$$=\left\langle \left(1-\left(\prod_{\substack{i,j=1\\ i\neq j}}^{m}(1-(u_i^s u_j^t)^q)\right)^{\frac{1}{m(m-1)}}\right)^{\frac{1}{q(s+t)}},\right.$$

$$\left.\left(1-\left(1-\left(\prod_{\substack{i,j=1\\ i\neq j}}^{m}(2-(1-v_i^q)^s-(1-v_j^q)^t-(1-(1-v_i^q)^s)(1-(1-v_j^q)^t))\right)^{\frac{1}{m(m-1)}}\right)^{\frac{1}{s+t}}\right)^{\frac{1}{q}}\right\rangle \tag{4-4}$$

**证明**：因为

$$Q_i^s=\left\langle u_i^s,(1-(1-v_i^q)^s)^{1/q}\right\rangle，\quad Q_j^t=\left\langle u_j^t,(1-(1-v_j^q)^t)^{1/q}\right\rangle$$

$$Q_i^s\otimes Q_j^t=\left\langle u_i^s u_j^t,(2-(1-v_i^q)^s-(1-v_j^q)^t-(1-(1-v_i^q)^s)(1-(1-v_j^q)^t))^{1/q}\right\rangle$$

所以

$$\sum_{\substack{i,j=1\\ i\neq j}}^{m}Q_i^s\otimes Q_j^t$$

$$=\left\langle \left(1-\prod_{\substack{i,j=1\\ i\neq j}}^{m}(1-(u_i^s u_j^t)^q)\right)^{1/q},\right.$$

$$\left.\left(\prod_{\substack{i,j=1\\ i\neq j}}^{m}(2-(1-v_i^q)^s-(1-v_j^q)^t-(1-(1-v_i^q)^s)(1-(1-v_j^q)^t))\right)^{1/q}\right\rangle$$

即

$$\frac{1}{m(m-1)}\sum_{\substack{i,j=1\\ i\neq j}}^{m}Q_i^s\otimes Q_j^t$$

$$=\left\langle \left(1-\left(\prod_{\substack{i,j=1\\ i\neq j}}^{m}(1-(u_i^s u_j^t)^q)\right)^{\frac{1}{m(m-1)}}\right)^{1/q},\right.$$

$$\left.\left(\left(\prod_{\substack{i,j=1\\i\neq j}}^{m}(2-(1-v_i^q)^s-(1-v_j^q)^t-(1-(1-v_i^q)^s)(1-(1-v_j^q)^t))\right)^{1/q}\right)^{\frac{1}{m(m-1)}}\right\rangle$$

最后可得

$$\left(\frac{1}{m(m-1)}\sum_{\substack{i,j=1\\i\neq j}}^{m}Q_i^s\otimes Q_j^t\right)^{\frac{1}{s+t}}$$

$$=\left\langle\left(1-\left(\prod_{\substack{i,j=1\\i\neq j}}^{m}(1-(u_i^s u_j^t)^q)\right)^{\frac{1}{m(m-1)}}\right)^{\frac{1}{q(s+t)}},\right.$$

$$\left.\left(1-\left(1-\left(\prod_{\substack{i,j=1\\i\neq j}}^{m}(2-(1-v_i^q)^s-(1-v_j^q)^t-(1-(1-v_i^q)^s)(1-(1-v_j^q)^t))\right)^{\frac{1}{m(m-1)}}\right)^{\frac{1}{s+t}}\right)^{\frac{1}{q}}\right\rangle$$

证毕。

**例 4-1**　假设 $Q_1=\langle 0.8,0.7\rangle$，$Q_2=\langle 0.5,0.3\rangle$，$Q_3=\langle 0.2,0.6\rangle$ 是三个 Q 阶序对模糊数，使用 q-ROFBM 算子将这三个 Q 阶序对模糊数进行集成，生成一个综合评价值。其步骤如下（假设 $s=1,\ t=1$ 并且 $q=3$）。

首先

$$\prod_{\substack{i,j=1\\i\neq j}}^{m}(1-(Q_i^s Q_j^t)^q)=\prod_{\substack{i,j=1\\i\neq j}}^{3}(1-(Q_i^1 Q_j^1)^3)$$

$$=(1-(Q_1^1Q_2^1)^3)\times(1-(Q_1^1Q_3^1)^3)\times(1-(Q_2^1Q_1^1)^3)\times(1-(Q_2^1Q_3^1)^3)\times(1-(Q_3^1Q_1^1)^3)\times(1-(Q_3^1Q_2^1)^3)$$

$$=(1-(0.8^1\times0.5^1)^3)\times(1-(0.8^1\times0.2^1)^3)\times(1-(0.5^1\times0.8^1)^3)\times(1-(0.5^1\times0.2^1)^3)$$

$$\times(1-(0.2^1\times0.8^1)^3)\times(1-(0.2^1\times0.5^1)^3)=0.8672$$

随后，可得

$$\left(1-\left(\prod_{\substack{i,j=1\\i\neq j}}^{m}(1-(u_i^s u_j^t)^q)\right)^{\frac{1}{m(m-1)}}\right)^{\frac{1}{q(s+t)}}=\left(1-\left(\prod_{\substack{i,j=1\\i\neq j}}^{3}(1-(u_i^1 u_j^1)^3)\right)^{\frac{1}{3\times(3-1)}}\right)^{\frac{1}{3\times(1+1)}}$$

$$=\left(1-0.8672^{\frac{1}{3\times(3-1)}}\right)^{\frac{1}{3\times(1+1)}}=0.5351$$

同理，可得到

$$\left(1-\left(1-\left(\prod_{\substack{i,j=1\\i\neq j}}^{m}(2-(1-v_i^q)^s-(1-v_j^q)^t-(1-(1-v_i^q)^s)(1-(1-v_j^q)^t))\right)^{\frac{1}{m(m-1)}}\right)^{\frac{1}{s+t}}\right)^{\frac{1}{q}}=0.5763$$

由此可得 $\text{q-ROFBM}^{1,1}(Q_1,Q_2,Q_3)=\langle 0.5351,0.5763\rangle$。

下面将探讨 q-ROFBM 算子的一些性质。

**性质 4-1（幂等性）** 假设 $Q_\varepsilon=\langle u_\varepsilon,v_\varepsilon\rangle(\varepsilon=1,2,\cdots,m)$ 是一组 Q 阶序对模糊数，同时，$s,t\geqslant 0$ 且 $q\geqslant 1$。如果所有 $Q_\varepsilon$ 都相等，即 $Q_\varepsilon=Q=\langle u,v\rangle(\varepsilon=1,2,\cdots,m)$，那么可得

$$\text{q-ROFBM}^{s,t}(Q_1,Q_2,\cdots,Q_m)=Q \tag{4-5}$$

**证明：** 假设 $\text{q-ROFBM}^{s,t}(Q_1,Q_2,\cdots,Q_m)=\langle a,b\rangle$。

（1）首先证明 $u=a$，因为 $u_i=u$ 且 $u_j=u$，由此可得

$$a=\left(1-\left(\prod_{\substack{i,j=1\\i\neq j}}^{m}(1-(u_i^s u_j^t)^q)\right)^{\frac{1}{m(m-1)}}\right)^{\frac{1}{q(s+t)}}=\left(1-\left(\prod_{\substack{i,j=1\\i\neq j}}^{m}(1-(u^{s+t})^q)\right)^{\frac{1}{m(m-1)}}\right)^{\frac{1}{q(s+t)}}$$

$$=\left(1-\left(\prod_{\substack{i,j=1\\i\neq j}}^{m}(1-u^{q(s+t)})\right)^{\frac{1}{m(m-1)}}\right)^{\frac{1}{q(s+t)}}=\left(1-\left((1-u^{q(s+t)})^{m(m-1)}\right)^{\frac{1}{m(m-1)}}\right)^{\frac{1}{q(s+t)}}$$

$$=(1-1+u^{q(s+t)})^{\frac{1}{q(s+t)}}=u$$

即 $a=u$。

（2）同理可证得 $b=v$。

由此可得 $\langle a,b\rangle=\langle u,v\rangle$，即 $\text{q-ROFBM}^{s,t}(Q_1,Q_2,\cdots,Q_m)=Q$。

**性质 4-2（单调性）** 假设 $\{Q_1',Q_2',\cdots,Q_m'\}$ 和 $\{Q_1,Q_2,\cdots,Q_m\}$ 是两组 Q 阶序对模糊数集合。如果对于所有 $\varepsilon=1,2,\cdots,m$ 有 $Q_\varepsilon'=\langle u_\varepsilon',v_\varepsilon'\rangle$，$Q_\varepsilon=\langle u_\varepsilon,v_\varepsilon\rangle$，$u_\varepsilon'\leqslant u_\varepsilon$，$v_\varepsilon'\geqslant v_\varepsilon$，那么

$$\text{q-ROFBM}^{s,t}(Q_1',Q_2',\cdots,Q_m')\leqslant \text{q-ROFBM}^{s,t}(Q_1,Q_2,\cdots,Q_m) \tag{4-6}$$

**证明：** 令 $\text{q-ROFBM}^{s,t}(Q_1',Q_2',\cdots,Q_m')=\langle u',v'\rangle$，$\text{q-ROFBM}^{s,t}(Q_1,Q_2,\cdots,Q_m)=\langle u,v\rangle$。

（1）首先证明 $u'\leqslant u$，因为 $u_i'\leqslant u_i$ 且 $u_j'\leqslant u_j$，由此可得 $u_i'^s u_j'^t\leqslant u_i^s u_j^t$。然后，可得 $1-(u_i'^s u_j'^t)^q\geqslant 1-(u_i^s u_j^t)^q$，即

$$\left(\prod_{\substack{i,j=1\\ i\neq j}}^{m}(1-(u_i'^s u_j'^t)^q)\right)^{\frac{1}{m(m-1)}}\geqslant\left(\prod_{\substack{i,j=1\\ i\neq j}}^{m}(1-(u_i^s u_j^t)^q)\right)^{\frac{1}{m(m-1)}}$$

进而可得

$$\left(1-\left(\prod_{\substack{i,j=1\\ i\neq j}}^{m}(1-(u_i'^s u_j'^t)^q)\right)^{\frac{1}{m(m-1)}}\right)^{\frac{1}{q(s+t)}}\leqslant\left(1-\left(\prod_{\substack{i,j=1\\ i\neq j}}^{m}(1-(u_i^s u_j^t)^q)\right)^{\frac{1}{m(m-1)}}\right)^{\frac{1}{q(s+t)}}$$

即 $u'\leqslant u$。

（2）同理可证得 $v'\geqslant v$。

综上（1）和（2）可得到 $(u',v')\leqslant(u,v)$，即

$$\text{q-ROFBM}^{s,t}(Q_1',Q_2',\cdots,Q_m')\leqslant\text{q-ROFBM}^{s,t}(Q_1,Q_2,\cdots,Q_m)$$

**性质 4-3（有界性）** 假设 $Q_\varepsilon=\langle u_\varepsilon,v_\varepsilon\rangle(\varepsilon=1,2,\cdots,m)$ 是一组Q阶序对模糊数，且 $Q^+=\left\langle\max_{\varepsilon=1}^{m}(u_\varepsilon),\min_{\varepsilon=1}^{m}(v_\varepsilon)\right\rangle$，$Q^-=\left\langle\min_{\varepsilon=1}^{m}(u_\varepsilon),\max_{\varepsilon=1}^{m}(v_\varepsilon)\right\rangle$。那么

$$Q^-\leqslant\text{q-ROFBM}^{s,t}(Q_1,Q_2,\cdots,Q_m)\leqslant Q^+ \tag{4-7}$$

**证明：** 由性质 4-2（单调性），得 $\text{q-ROFBM}^{s,t}(Q^-,Q^-,\cdots,Q^-)\leqslant\text{q-ROFBM}^{s,t}(Q_1,Q_2,\cdots,Q_m)\leqslant\text{q-ROFBM}^{s,t}(Q^+,Q^+,\cdots,Q^+)$，且由性质 4-1（幂等性）可得 $\text{q-ROFBM}^{s,t}(Q^-,Q^-,\cdots,Q^-)=Q^-$，$\text{q-ROFBM}^{s,t}(Q^+,Q^+,\cdots,Q^+)=Q^+$。

由此可得 $Q^-\leqslant\text{q-ROFBM}^{s,t}(Q_1,Q_2,\cdots,Q_m)\leqslant Q^+$。

下面，将针对参数 $s,t$ 和 $q$ 的不同取值，分别讨论 $\text{q-ROFBM}^{s,t}$ 算子的一些特例。

（1）当 $t\to 0$ 时，可得到

$$\text{q-ROFBM}^{s,0}(Q_1,Q_2,\cdots,Q_m)$$
$$=\left\langle\left(1-\left(\prod_{i=1}^{m}(1-u_i^{qs})\right)^{\frac{1}{m(m-1)}}\right)^{\frac{1}{qs}},\left(1-\left(1-\left(\prod_{i=1}^{m}(1-(1-v_i^q)^s)\right)^{\frac{1}{m(m-1)}}\right)^{\frac{1}{s}}\right)^{\frac{1}{q}}\right\rangle \tag{4-8}$$

（2）当 $s=1$，$t\to 0$ 时，可得到

$$\text{q-ROFBM}^{1,0}(Q_1,Q_2,\cdots,Q_m)=\left\langle\left(1-\left(\prod_{i=1}^{m}(1-u_i^q)\right)^{\frac{1}{m(m-1)}}\right)^{\frac{1}{q}},\left(\prod_{i=1}^{m}(v_i^q)\right)^{\frac{1}{qm(m-1)}}\right\rangle$$

（4-9）

（3）当 $s\to 0$ 时，可得到

$$\text{q-ROFBM}^{0,t}(Q_1,Q_2,\cdots,Q_m)$$
$$=\left\langle\left(1-\left(\prod_{j=1}^{m}(1-u_j^{tq})\right)^{\frac{1}{m(m-1)}}\right)^{\frac{1}{qt}},\left(1-\left(1-\left(\prod_{j=1}^{m}(1-(1-v_j^q)^t)\right)^{\frac{1}{m(m-1)}}\right)^{\frac{1}{t}}\right)^{\frac{1}{q}}\right\rangle$$

（4-10）

（4）当 $s=t=1$ 时，可得到

$$\text{q-ROFBM}^{1,1}(Q_1,Q_2,\cdots,Q_m)$$
$$=\left\langle\left(1-\left(\prod_{\substack{i,j=1\\ i\neq j}}^{m}(1-(u_iu_j)^q)\right)^{\frac{1}{m(m-1)}}\right)^{\frac{1}{2q}},\left(1-\left(1-\left(\prod_{\substack{i,j=1\\ i\neq j}}^{m}(v_i^q+v_j^q-v_i^qv_j^q)\right)^{\frac{1}{m(m-1)}}\right)^{\frac{1}{2}}\right)^{\frac{1}{q}}\right\rangle$$

（4-11）

（5）当 $q=1$ 时，可得到

$$\text{q-ROFBM}^{s,t}(Q_1,Q_2,\cdots,Q_m)$$
$$=\left\langle\left(1-\left(\prod_{\substack{i,j=1\\ i\neq j}}^{m}(1-u_i^su_j^t)\right)^{\frac{1}{m(m-1)}}\right)^{\frac{1}{s+t}},\right.$$
$$\left.1-\left(1-\left(\prod_{\substack{i,j=1\\ i\neq j}}^{m}(2-(1-v_i)^s-(1-v_j)^t-(1-(1-v_i)^s)(1-(1-v_j)^t))\right)^{\frac{1}{m(m-1)}}\right)^{\frac{1}{s+t}}\right\rangle$$

（4-12）

（6）当 $q=2$ 时，可得到

$$\text{q-ROFBM}^{s,t}(Q_1,Q_2,\cdots,Q_m)$$

$$=\left\langle \left(1-\left(\prod_{\substack{i,j=1\\ i\neq j}}^{m}(1-(u_i^s u_j^t)^2)\right)^{\frac{1}{m(m-1)}}\right)^{\frac{1}{2(s+t)}},\right.$$

$$\left.\left(1-\left(1-\left(\prod_{\substack{i,j=1\\ i\neq j}}^{m}(2-(1-v_i^2)^s-(1-v_j^2)^t-(1-(1-v_i^2)^s)(1-(1-v_j^2)^t))\right)^{\frac{1}{m(m-1)}}\right)^{\frac{1}{s+t}}\right)^{\frac{1}{2}}\right\rangle \tag{4-13}$$

### 4.1.3　Q 阶序对模糊加权 BM 算子

q-ROFBM 算子考虑了输入参数之间的相互关系，但没有考虑参数自身的重要性。在多属性决策或多属性群决策问题中，参数的重要性等同于属性权重或专家权重，对决策结果起着重要作用。为此，接下来介绍 Q 阶序对模糊加权 BM 算子。

**定义 4-4**[64]　假设 $Q_\varepsilon=\langle u_\varepsilon,v_\varepsilon\rangle(\varepsilon=1,2,\cdots,m)$ 是一组 Q 阶序对模糊数，同时，$s,t\geqslant 0$ 且 $q\geqslant 1$，$\text{q-ROFWBM}:\Omega^m\to\Omega$，如果

$$\text{q-ROFWBM}^{s,t}(Q_1,Q_2,\cdots,Q_m)=\left(\frac{1}{m(m-1)}\sum_{\substack{i,j=1\\ i\neq j}}^{m}(w_iQ_i)^s\otimes(w_jQ_j)^t\right)^{\frac{1}{s+t}} \tag{4-14}$$

其中，$\Omega$ 表示所有 Q 阶序对模糊数的集合，并且 $w=(w_1,w_2,\cdots,w_m)^{\mathrm{T}}$ 是 $\{Q_1,Q_2,\cdots,Q_m\}$ 的权重向量，其满足 $w_\varepsilon\in[0,1]$，$\sum_{\varepsilon=1}^{m}w_\varepsilon=1$，则 q-ROFWBM 被称为 Q 阶序对模糊加权 BM 算子。

基于 Q 阶序对模糊数 Algebraic 运算法则，由式（4-14）可得定理 4-2。

**定理 4-2**　假设 $Q_\varepsilon=\langle u_\varepsilon,v_\varepsilon\rangle(\varepsilon=1,2,\cdots,m)$ 是一组 Q 阶序对模糊数，$s,t\geqslant 0$ 且 $q\geqslant 1$，则 $\text{q-ROFWBM}^{s,t}(Q_1,Q_2,\cdots,Q_m)$ 的集成结果仍是一个 Q 阶序对模糊数，并且有

$$\text{q-ROFWBM}^{s,t}(Q_1,Q_2,\cdots,Q_m)$$

$$=\left\langle\left(1-\left(\prod_{\substack{i,j=1\\i\neq j}}^{m}(1-(1-(1-u_i^q)^{w_i})^s(1-(1-u_j^q)^{w_j})^t)\right)^{\frac{1}{m(m-1)}}\right)^{\frac{1}{q(s+t)}},\right.\qquad(4\text{-}15)$$

$$\left.\left(1-\left(1-\left(\prod_{\substack{i,j=1\\i\neq j}}^{m}(2-a^s-b^t-(1-a^s)(1-b^t))\right)^{\frac{q}{m(m-1)}}\right)^{\frac{1}{s+t}}\right)^{\frac{1}{q}}\right\rangle$$

其中，$a=1-v_i^{qw_i}$，$b=1-v_j^{qw_j}$。

**证明**：因为 $w_iQ_i=\left\langle(1-(1-u_i^q)^{w_i})^{1/q},v_i^{w_i}\right\rangle$ 和 $w_jQ_j=\left\langle(1-(1-u_j^q)^{w_j})^{1/q},v_j^{w_j}\right\rangle$，所以可得

$$(w_iQ_i)^s=\left\langle(1-(1-u_i^q)^{w_i})^{s/q},(1-(1-v_i^{qw_i})^s)^{1/q}\right\rangle$$

$$(w_jQ_j)^t=\left\langle(1-(1-u_j^q)^{w_j})^{t/q},(1-(1-v_j^{qw_j})^t)^{1/q}\right\rangle$$

即

$$(w_iQ_i)^s\otimes(w_jQ_j)^t=\left\langle(1-(1-u_i^q)^{w_i})^{s/q}(1-(1-u_j^q)^{w_j})^{t/q},\right.$$
$$\left.2-(1-v_i^{qw_i})^s-(1-v_j^{qw_j})^t-(1-(1-v_i^{qw_i})^s)(1-(1-v_j^{qw_j})^t)\right\rangle$$

进而可得

$$\sum_{\substack{i,j=1\\i\neq j}}^{m}(w_iQ_i)^s\otimes(w_jQ_j)^t$$

$$=\left\langle\left(1-\prod_{\substack{i,j=1\\i\neq j}}^{m}(1-(1-(1-u_i^q)^{w_i})^s(1-(1-u_j^q)^{w_j})^t)\right)^{1/q},\right.$$

$$\left.\prod_{\substack{i,j=1\\i\neq j}}^{m}(2-(1-v_i^{qw_i})^s-(1-v_j^{qw_j})^t-(1-(1-v_i^{qw_i})^s)(1-(1-v_j^{qw_j})^t))\right\rangle$$

$$\frac{1}{m(m-1)}\sum_{\substack{i,j=1\\i\neq j}}^{m}(w_iQ_i)^s\otimes(w_jQ_j)^t$$

$$=\left\langle\left(1-\left(\prod_{\substack{i,j=1\\i\neq j}}^{m}(1-(1-(1-u_i^q)^{w_i})^s(1-(1-u_j^q)^{w_j})^t)\right)^{\frac{1}{m(m-1)}}\right)^{1/q},\right.$$

$$\left.\left(\prod_{\substack{i,j=1\\i\neq j}}^{m}(2-(1-v_i^{qw_i})^s-(1-v_j^{qw_j})^t-(1-(1-v_i^{qw_i})^s)(1-(1-v_j^{qw_j})^t))\right)^{\frac{1}{m(m-1)}}\right\rangle$$

最终可得

$$\left(\frac{1}{m(m-1)}\sum_{\substack{i,j=1\\i\neq j}}^{m}(w_iQ_i)^s\otimes(w_jQ_j)^t\right)^{\frac{1}{s+t}}$$

$$=\left\langle\left(1-\left(\prod_{\substack{i,j=1\\i\neq j}}^{m}(1-(1-(1-u_i^q)^{w_i})^s(1-(1-u_j^q)^{w_j})^t)\right)^{\frac{1}{m(m-1)}}\right)^{\frac{1}{q(s+t)}},\right.$$

$$\left.\left(1-\left(1-\left(\prod_{\substack{i,j=1\\i\neq j}}^{m}(2-a^s-b^t-(1-a^s)(1-b^t))\right)^{\frac{q}{m(m-1)}}\right)^{\frac{1}{s+t}}\right)^{\frac{1}{q}}\right\rangle$$

其中，$a=1-v_i^{qw_i}, b=1-v_j^{qw_j}$，证毕。

下面将探讨 q-ROFWBM 算子的一些性质。

**性质 4-4（幂等性）** 假设$\{Q_1,Q_2,\cdots,Q_m\}$是一组 Q 阶序对模糊数集合，如果所有$Q_\varepsilon$ $(\varepsilon=1,2,\cdots,m)$都相等，即$Q_\varepsilon=Q=\langle u,v\rangle,\varepsilon=1,2,\cdots,m$，那么

$$\text{q-ROFWBM}^{s,t}(Q_1,Q_2,\cdots,Q_m)=Q \tag{4-16}$$

**性质 4-5（单调性）** 假设$\{Q_1',Q_2',\cdots,Q_m'\}$和$\{Q_1,Q_2,\cdots,Q_m\}$是两组 Q 阶序对模糊数集合，如果对于所有的$\varepsilon=1,2,\cdots,m$都有$Q_\varepsilon'=\langle u_\varepsilon',v_\varepsilon'\rangle$，$Q_\varepsilon=\langle u_\varepsilon,v_\varepsilon\rangle$，且$u_\varepsilon'\leqslant u_\varepsilon$，$v_\varepsilon'\geqslant v_\varepsilon$，则

$$\text{q-ROFWBM}^{s,t}(Q_1',Q_2',\cdots,Q_m')\leqslant\text{q-ROFWBM}^{s,t}(Q_1,Q_2,\cdots,Q_m) \tag{4-17}$$

**性质 4-6（有界性）** 假设$Q_\varepsilon=\langle u_\varepsilon,v_\varepsilon\rangle(\varepsilon=1,2,\cdots,m)$是一组Q阶序对模糊数，且$Q^+=\left\langle \max\limits_{\varepsilon=1}^{m}(u_\varepsilon),\min\limits_{\varepsilon=1}^{m}(v_\varepsilon)\right\rangle$，$Q^-=\left\langle \min\limits_{\varepsilon=1}^{m}(u_\varepsilon),\max\limits_{\varepsilon=1}^{m}(v_\varepsilon)\right\rangle$，则

$$\max_{\varepsilon=1}^{m}(u_\varepsilon)=\left(1-\left(\prod_{\substack{i,j=1\\i\neq j}}^{m}\left(1-\left(1-\left(1-\max_{i=1}^{m}(u_i^q)\right)^{w_i}\right)^{s}\left(1-\left(1-\max_{j=1}^{m}(u_j^q)\right)^{w_j}\right)^{t}\right)\right)^{\frac{1}{m(m-1)}}\right)^{\frac{1}{q(s+t)}}$$

$$\min_{\varepsilon=1}^{m}(v_\varepsilon)=\left(1-\left(1-\left(\prod_{\substack{i,j=1\\i\neq j}}^{m}(2-a^s-b^t-(1-a^s)(1-b^t))\right)^{\frac{q}{m(m-1)}}\right)^{\frac{1}{s+t}}\right)^{\frac{1}{q}}$$

其中，$a=1-\min\limits_{i=1}^{m}(v_i^{qw_i})$，$b=1-\min\limits_{j=1}^{m}(v_j^{qw_j})$。

$$\min_{\varepsilon=1}^{m}(u_\varepsilon)=\left(1-\left(\prod_{\substack{i,j=1\\i\neq j}}^{m}\left(1-\left(1-\left(1-\min_{i=1}^{m}(u_i^q)\right)^{w_i}\right)^{s}\left(1-\left(1-\min_{j=1}^{m}(u_j^q)\right)^{w_j}\right)^{t}\right)\right)^{\frac{1}{m(m-1)}}\right)^{\frac{1}{q(s+t)}}$$

$$\max_{\varepsilon=1}^{m}(v_\varepsilon)=\left(1-\left(1-\left(\prod_{\substack{i,j=1\\i\neq j}}^{m}(2-h^s-l^t-(1-h^s)(1-l^t))\right)^{\frac{q}{m(m-1)}}\right)^{\frac{1}{s+t}}\right)^{\frac{1}{q}}$$

其中，$h=1-\max\limits_{i=1}^{m}(v_i^{qw_i})$，$l=1-\max\limits_{j=1}^{m}(v_j^{qw_j})$。

由此可得$Q^-\leqslant \text{q-ROFWBM}^{s,t}(Q_1,Q_2,\cdots,Q_m)\leqslant Q^+$。

### 4.1.4　Q阶序对模糊几何BM算子

**定义 4-5**[64] 假设$Q_\varepsilon=\langle u_\varepsilon,v_\varepsilon\rangle(\varepsilon=1,2,\cdots,m)$是一组Q阶序对模糊数，同时，$s,t\geqslant 0$且$q\geqslant 1$，$\text{q-ROFGBM}:\Omega^m\to\Omega$，如果

$$\text{q-ROFGBM}^{s,t}(Q_1,Q_2,\cdots,Q_m)=\frac{1}{s+t}\prod_{\substack{i,j=1\\i\neq j}}^{m}(sQ_i\oplus tQ_j)^{\frac{1}{m(m-1)}}\tag{4-18}$$

其中，$\Omega$ 表示 Q 阶序对模糊数的全部集合，则 q-ROFGBM 被称为 Q 阶序对模糊几何 BM 算子。

基于 Q 阶序对模糊数 Algebraic 运算法则，由式（4-18）可以得到定理 4-3。

**定理 4-3** 假设 $Q_{\varepsilon}=\langle u_{\varepsilon},v_{\varepsilon}\rangle(\varepsilon=1,2,\cdots,m)$ 是一组 Q 阶序对模糊数，同时，$s,t\geqslant 0$ 且 $q\geqslant 1$，那么，$\text{q-ROFGBM}^{s,t}(Q_1,Q_2,\cdots,Q_m)$ 集成结果仍是一个 Q 阶序对模糊数，并且有

$$\text{q-ROFGBM}^{s,t}(Q_1,Q_2,\cdots,Q_m)$$
$$=\left\langle\left(1-\left(1-\left(\prod_{\substack{i,j=1\\i\neq j}}^{m}(2-(1-u_i^q)^s-(1-u_j^q)^t-(1-(1-u_i^q)^s)(1-(1-u_j^q)^t))\right)^{\frac{1}{m(m-1)}}\right)^{\frac{1}{s+t}}\right)^{\frac{1}{q}},\right.$$
$$\left.\left(1-\left(\prod_{\substack{i,j=1\\i\neq j}}^{m}(1-(v_i^s v_j^t)^q)\right)^{\frac{1}{m(m-1)}}\right)^{\frac{1}{q(s+t)}}\right\rangle \tag{4-19}$$

此证明与定理 4-1 的证明相似，故省略。

**例 4-2** 假设 $Q_1=\langle 0.8,0.7\rangle$，$Q_2=\langle 0.5,0.3\rangle$，$Q_3=\langle 0.2,0.6\rangle$ 为三个 Q 阶序对模糊数，然后使用 q-ROFGBM 算子将这三个 Q 阶序对模糊数进行集成，生成一个综合评价值。步骤如下（假设 $s=1,\ t=1$ 并且 $q=3$）。

$$\begin{aligned}
&\prod_{\substack{i,j=1\\i\neq j}}^{m}(2-(1-u_i^q)^s-(1-u_j^q)^t-(1-(1-u_i^q)^s)(1-(1-u_j^q)^t))\\
&=(2-(1-u_1^3)^1-(1-u_2^3)^1-(1-(1-u_1^3)^1)(1-(1-u_2^3)^1))\\
&\quad\times(2-(1-u_1^3)^1-(1-u_3^3)^1-(1-(1-u_1^3)^1)(1-(1-u_3^3)^1))\\
&\quad\times(2-(1-u_2^3)^1-(1-u_1^3)^1-(1-(1-u_2^3)^1)(1-(1-u_1^3)^1))\\
&\quad\times(2-(1-u_2^3)^1-(1-u_3^3)^1-(1-(1-u_2^3)^1)(1-(1-u_3^3)^1))\\
&\quad\times(2-(1-u_3^3)^1-(1-u_1^3)^1-(1-(1-u_3^3)^1)(1-(1-u_1^3)^1))\\
&\quad\times(2-(1-u_3^3)^1-(1-u_2^3)^1-(1-(1-u_3^3)^1)(1-(1-u_2^3)^1))=0.001\ 523
\end{aligned}$$

进而，

$$\left(1-\left(1-\left(\prod_{\substack{i,j=1\\i\neq j}}^{m}(2-(1-u_i^q)^s-(1-u_j^q)^t-(1-(1-u_i^q)^s)(1-(1-u_j^q)^t))\right)^{\frac{1}{m(m-1)}}\right)^{\frac{1}{s+t}}\right)^{\frac{1}{q}}$$

$$=\left(1-\left(1-0.001\,523^{\frac{1}{3\times(3-1)}}\right)^{\frac{1}{1+1}}\right)^{\frac{1}{3}}=0.5719$$

同理，可得到

$$\left(1-\left(\prod_{\substack{i,j=1\\i\neq j}}^{m}(1-(v_i^s v_j^t)^q)\right)^{\frac{1}{m(m-1)}}\right)^{\frac{1}{q(s+t)}}=0.5582$$

由此可得 $\text{q-ROFGBM}^{1,1}(Q_1,Q_2,Q_3)=\langle 0.5719,0.5582\rangle$。

下面将探讨 q-ROFGBM 算子的一些性质。

**性质 4-7（幂等性）** 假设 $\{Q_1,Q_2,\cdots,Q_m\}$ 是一组 Q 阶序对模糊数集合，如果所有 $Q_\varepsilon(\varepsilon=1,2,\cdots,m)$ 都相等，即 $Q_\varepsilon=Q=\langle u,v\rangle$，$\varepsilon=1,2,\cdots,m$，则

$$\text{q-ROFGBM}^{s,t}(Q_1,Q_2,\cdots,Q_m)=Q \tag{4-20}$$

该性质证明与性质 4-1 的证明类似，故省略。

**性质 4-8（单调性）** 假设 $\{Q_1',Q_2',\cdots,Q_m'\}$ 和 $\{Q_1,Q_2,\cdots,Q_m\}$ 是两组 Q 阶序对模糊数集合，若对于所有 $\varepsilon=1,2,\cdots,m$ 都有 $Q_\varepsilon'=\langle u_\varepsilon',v_\varepsilon'\rangle$，$Q_\varepsilon=\langle u_\varepsilon,v_\varepsilon\rangle$，且 $u_\varepsilon'\leqslant u_\varepsilon$，$v_\varepsilon'\geqslant v_\varepsilon$，则

$$\text{q-ROFGBM}^{s,t}(Q_1',Q_2',\cdots,Q_m')\leqslant \text{q-ROFGBM}^{s,t}(Q_1,Q_2,\cdots,Q_m) \tag{4-21}$$

该性质的证明与性质 4-2 的证明类似，故省略。

**性质 4-9（有界性）** 假设 $Q_\varepsilon=\langle u_\varepsilon,v_\varepsilon\rangle(\varepsilon=1,2,\cdots,m)$ 是一组 Q 阶序对模糊数，且 $Q^+=\left\langle \max\limits_{\varepsilon=1}^{m}(u_\varepsilon),\min\limits_{\varepsilon=1}^{m}(v_\varepsilon)\right\rangle$，$Q^-=\left\langle \min\limits_{\varepsilon=1}^{m}(u_\varepsilon),\max\limits_{\varepsilon=1}^{m}(v_\varepsilon)\right\rangle$，则

$$Q^-\leqslant \text{q-ROFGBM}^{s,t}(Q_1,Q_2,\cdots,Q_m)\leqslant Q^+ \tag{4-22}$$

该性质证明与性质 4-3 的证明类似，故省略。

接下来，针对参数 $s$、$t$ 和 $q$ 的不同取值讨论 q-ROFGBM$^{s,t}$ 算子的一些特例。

（1）当 $t \to 0$ 时，可得到

$$\text{q-ROFGBM}^{s,0}(Q_1,Q_2,\cdots,Q_m) = \left\langle \left(1-\left(1-\left(\prod_{i=1}^{m}(1-(1-u_i^q)^s)\right)^{\frac{1}{m(m-1)}}\right)^{\frac{1}{s}}\right)^{\frac{1}{q}}, \left(1-\left(\prod_{i=1}^{m}(1-v_i^{qs})\right)^{\frac{1}{m(m-1)}}\right)^{\frac{1}{qs}} \right\rangle \quad (4\text{-}23)$$

（2）当 $s=1$，$t \to 0$ 时，可得到

$$\text{q-ROFGBM}^{1,0}(Q_1,Q_2,\cdots,Q_m) = \left\langle \left(\prod_{i=1}^{m}(u_i^q)\right)^{\frac{1}{qm(m-1)}}, \left(1-\left(\prod_{i=1}^{m}(1-v_i^q)\right)^{\frac{1}{m(m-1)}}\right)^{\frac{1}{q}} \right\rangle \quad (4\text{-}24)$$

（3）当 $s \to 0$ 时，可得到

$$\text{q-ROFGBM}^{0,t}(Q_1,Q_2,\cdots,Q_m) = \left\langle \left(1-\left(1-\left(\prod_{j=1}^{m}(1-(1-u_j^q)^t)\right)^{\frac{1}{m(m-1)}}\right)^{\frac{1}{t}}\right)^{\frac{1}{q}}, \left(1-\left(\prod_{j=1}^{m}(1-v_j^{qt})\right)^{\frac{1}{m(m-1)}}\right)^{\frac{1}{qt}} \right\rangle \quad (4\text{-}25)$$

（4）当 $s=t=1$ 时，可得到

$$\text{q-ROFGBM}^{1,1}(Q_1,Q_2,\cdots,Q_m) = \left\langle \left(1-\left(1-\left(\prod_{\substack{i,j=1\\ i\neq j}}^{m}(u_i^q+u_j^q-u_i^q u_j^q)\right)^{\frac{1}{m(m-1)}}\right)^{\frac{1}{2}}\right)^{\frac{1}{q}}, \left(1-\left(\prod_{\substack{i,j=1\\ i\neq j}}^{m}(1-(v_i v_j)^q)\right)^{\frac{1}{m(m-1)}}\right)^{\frac{1}{2q}} \right\rangle \quad (4\text{-}26)$$

（5）当 $q=1$ 时，可得到

$$\text{q-ROFGBM}^{s,t}(Q_1,Q_2,\cdots,Q_m)$$
$$=\left\langle 1-\left(1-\left(\prod_{\substack{i,j=1\\i\neq j}}^{m}(2-(1-u_i)^s-(1-u_j)^t-(1-(1-u_i)^s)(1-(1-u_j)^t))\right)^{\frac{1}{m(m-1)}}\right)^{\frac{1}{s+t}},\right.$$
$$\left.\left(1-\left(\prod_{\substack{i,j=1\\i\neq j}}^{m}(1-v_i^s v_j^t)\right)^{\frac{1}{m(m-1)}}\right)^{\frac{1}{(s+t)}}\right\rangle \tag{4-27}$$

（6）当 $q=2$ 时，可以得到

$$\text{q-ROFGBM}^{s,t}(Q_1,Q_2,\cdots,Q_m)$$
$$=\left\langle\left(1-\left(1-\left(\prod_{\substack{i,j=1\\i\neq j}}^{m}(2-(1-u_i^2)^s-(1-u_j^2)^t-(1-(1-u_i^2)^s)(1-(1-u_j^2)^t))\right)^{\frac{1}{m(m-1)}}\right)^{\frac{1}{s+t}}\right)^{\frac{1}{2}},\right.$$
$$\left.\left(1-\left(\prod_{\substack{i,j=1\\i\neq j}}^{m}(1-(v_i^s v_j^t)^2)\right)^{\frac{1}{m(m-1)}}\right)^{\frac{1}{2(s+t)}}\right\rangle \tag{4-28}$$

### 4.1.5　Q 阶序对模糊加权几何 BM 算子

尽管 q-ROFGBM 算子可以考虑输入参数之间的相互关系，但没有考虑参数的重要性。接下来，本节将介绍 Q 阶序对模糊加权几何 BM 算子。

**定义 4-6**[64]　假设 $Q_\varepsilon=\langle u_\varepsilon,v_\varepsilon\rangle(\varepsilon=1,2,\cdots,m)$ 是一组 Q 阶序对模糊数，同时，$s,t\geqslant 0$ 且 $q\geqslant 1$，q-ROFWGBM：$\Omega^m\to\Omega$，如果

$$\text{q-ROFWGBM}^{s,t}(Q_1,Q_2,\cdots,Q_m)=\frac{1}{s+t}\prod_{\substack{i,j=1\\i\neq j}}^{m}(s(Q_i)^{w_i}\oplus t(Q_j)^{w_j})^{\frac{1}{m(m-1)}} \tag{4-29}$$

其中，$\Omega$ 表示所有 Q 阶序对模糊数的集合，并且 $w=(w_1,w_2,\cdots,w_m)^{\mathrm{T}}$ 是 $\{Q_1,Q_2,\cdots,Q_m\}$ 的权重向量，其满足 $w_\varepsilon\in[0,1]$，$\sum_{\varepsilon=1}^{m}w_\varepsilon=1$，则 q-ROFWGBM 被称为 Q 阶序对模糊加权几何 BM 算子。

基于 Q 阶序对模糊数 Algebraic 运算法则，由式（4-29）可以得到定理 4-4。

**定理 4-4**　假设 $Q_\varepsilon=\langle u_\varepsilon,v_\varepsilon\rangle(\varepsilon=1,2,\cdots,m)$ 是一组 Q 阶序对模糊数，$s,t\geqslant 0$ 且 $q\geqslant 1$，那么 $\text{q-ROFWGBM}^{s,t}(Q_1,Q_2,\cdots,Q_m)$ 的集成结果仍是一个 Q 阶序对模糊数，并且有

$$\text{q-ROFWGBM}^{s,t}(Q_1,Q_2,\cdots,Q_m)$$

$$=\left\langle\left(1-\left(1-\left(\prod_{\substack{i,j=1\\i\neq j}}^{m}(2-a^s-b^t-(1-a^s)(1-b^t))\right)^{\frac{q}{m(m-1)}}\right)^{\frac{1}{s+t}}\right)^{\frac{1}{q}},\right.\tag{4-30}$$

$$\left.\left(1-\left(\prod_{\substack{i,j=1\\i\neq j}}^{m}(1-(1-(1-v_i^q)^{w_i})^s(1-(1-v_j^q)^{w_j})^t)\right)^{\frac{1}{m(m-1)}}\right)^{\frac{1}{q(s+t)}}\right\rangle$$

其中，$a=1-u_i^{qw_i}$，$b=1-u_j^{qw_j}$。

**证明：** 与定理 4-2 的证明类似，故省略。

下面将讨论 q-ROFWGBM 算子的一些性质。

**性质 4-10（幂等性）**　假设 $\{Q_1,Q_2,\cdots,Q_m\}$ 是一组 Q 阶序对模糊数集合，如果所有 $Q_\varepsilon\ (\varepsilon=1,2,\cdots,m)$ 都相等，即 $Q_\varepsilon=Q=\langle u,v\rangle$，$\varepsilon=1,2,\cdots,m$，则

$$\text{q-ROFWGBM}^{s,t}(Q_1,Q_2,\cdots,Q_m)=Q\tag{4-31}$$

**性质 4-11（单调性）**　假设 $\{Q_1',Q_2',\cdots,Q_m'\}$ 和 $\{Q_1,Q_2,\cdots,Q_m\}$ 是两组 Q 阶序对模糊数集合，若对于所有 $\varepsilon=1,2,\cdots,m$ 都有 $Q_\varepsilon'=\langle u_\varepsilon',v_\varepsilon'\rangle$，$Q_\varepsilon=\langle u_\varepsilon,v_\varepsilon\rangle$，且 $u_\varepsilon'\leqslant u_\varepsilon$，$v_\varepsilon'\geqslant v_\varepsilon$，则

$$\text{q-ROFWGBM}^{s,t}(Q_1',Q_2',\cdots,Q_m')\leqslant\text{q-ROFWGBM}^{s,t}(Q_1,Q_2,\cdots,Q_m)\tag{4-32}$$

**性质 4-12（有界性）**　假设 $Q_\varepsilon=\langle u_\varepsilon,v_\varepsilon\rangle(\varepsilon=1,2,\cdots,m)$ 是一组 Q 阶序对模糊数，且 $Q^+=\left\langle\max_{\varepsilon=1}^{m}(u_\varepsilon),\min_{\varepsilon=1}^{m}(v_\varepsilon)\right\rangle$，$Q^-=\left\langle\min_{\varepsilon=1}^{m}(u_\varepsilon),\max_{\varepsilon=1}^{m}(v_\varepsilon)\right\rangle$，则

$$\max_{\varepsilon=1}^{m}(u_\varepsilon)=\left(1-\left(1-\left(\prod_{\substack{i,j=1\\i\neq j}}^{m}(2-a^s-b^t-(1-a^s)(1-b^t))\right)^{\frac{q}{m(m-1)}}\right)^{\frac{1}{s+t}}\right)^{\frac{1}{q}}$$

$$\min_{\varepsilon=1}^{m}(v_\varepsilon)=\left(1-\left(\prod_{\substack{i,j=1\\i\neq j}}^{m}(1-(1-h^{w_i})^s(1-l^{w_j})^t)\right)^{\frac{1}{m(m-1)}}\right)^{\frac{1}{q(s+t)}}$$

$$\min_{\varepsilon=1}^{m}(u_\varepsilon)=\left(1-\left(1-\left(\prod_{\substack{i,j=1\\i\neq j}}^{m}(2-(a')^s-(b')^t-(1-(a')^s)(1-(b')^t))\right)^{\frac{q}{m(m-1)}}\right)^{\frac{1}{s+t}}\right)^{\frac{1}{q}}$$

$$\max_{\varepsilon=1}^{m}(v_\varepsilon)=\left(1-\left(\prod_{\substack{i,j=1\\i\neq j}}^{m}(1-(1-(h')^{w_i})^s(1-(l')^{w_j})^t)\right)^{\frac{1}{m(m-1)}}\right)^{\frac{1}{q(s+t)}}$$

其中，$a=1-\max_{i=1}^{m}(u_i^{qw_i})$，$b=1-\max_{j=1}^{m}(u_j^{qw_j})$，$h=1-\min_{i}^{m}(v_i^q)$，$l=1-\min_{j}^{m}(v_j^q)$，$a'=1-\min_{i=1}^{m}(u_i^{qw_i})$，$b'=1-\min_{j=1}^{m}(u_j^{qw_j})$，$h'=1-\max_{i}^{m}(v_i^q)$，$l'=1-\max_{j}^{m}(v_j^q)$。

由此可得，$Q^-\leqslant \text{q-ROFWGBM}^{s,t}(Q_1,Q_2,\cdots,Q_m)\leqslant Q^+$。

### 4.1.6　基于 Q 阶序对模糊加权 BM 算子和加权 GBM 算子的多属性群决策方法

假设 $D=\{D_1,D_2,\cdots,D_p\}$ 是一组决策者，$A=\{A_1,A_2,\cdots,A_m\}$ 是代表全部方案的集合，$C=\{C_1,C_2,\cdots,C_n\}$ 表示所有属性的集合。假设 $Q_{ij}^k=\left\langle u_{ij}^k,v_{ij}^k\right\rangle$ 是一个 Q 阶序对模糊数并且它用来表示决策者 $D_k$ 对方案 $A_i$ 给定的属性 $C_j$ 的评价值；$Q^k=[Q_{ij}^k]_{m\times n}$ 是决策矩阵。$\omega=(\omega_1,\omega_2,\cdots,\omega_p)^{\mathrm{T}}$ 表示决策者 $\{D_1,D_2,\cdots,D_p\}$ 的权重向量且满足 $\omega_k\in[0,1]$，$\sum_{k=1}^{p}\omega_k=1$。$w=(w_1,w_2,\cdots,w_n)^{\mathrm{T}}$ 表示属性 $\{C_1,C_2,\cdots,C_n\}$ 的权重向量且满

足 $w_j \in [0,1]$，$\sum_{j=1}^{n} w_j = 1$。

基于 q-ROFWBM 算子和 q-ROFWGBM 算子的多属性群决策方法的具体步骤如下。

步骤 1：决策信息规范化。

众所周知，效益属性和成本属性是评价价值的两种类型。为了消除不同属性类型的影响，需要对决策矩阵进行规范化处理。

我们将成本型属性值转化为效益型属性值，转化后的决策矩阵用 $\tilde{Q}^k = [\tilde{Q}_{ij}^k]_{m\times n}(k=1,2,\cdots,p)$ 表示，式中，

$$\tilde{Q}_{ij}^k = \left\langle \tilde{u}_{ij}^k, \tilde{v}_{ij}^k \right\rangle = \begin{cases} \left\langle u_{ij}^k, v_{ij}^k \right\rangle, & \text{效益型} \\ \left\langle v_{ij}^k, u_{ij}^k \right\rangle, & \text{成本型} \end{cases} \tag{4-33}$$

步骤 2：利用 q-ROFWBM 算子

$$Q_i^k = \left\langle u_i^k, v_i^k \right\rangle = \text{q-ROFWBM}^{s,t}(\tilde{Q}_{i1}^k, \tilde{Q}_{i2}^k, \cdots, \tilde{Q}_{in}^k) \tag{4-34}$$

或者利用 q-ROFWGBM 算子

$$Q_i^k = \left\langle u_i^k, v_i^k \right\rangle = \text{q-ROFWGBM}^{s,t}(\tilde{Q}_{i1}^k, \tilde{Q}_{i2}^k, \cdots, \tilde{Q}_{in}^k) \tag{4-35}$$

将所有属性集合到每个决策者相对于每个备选方案的总体偏好值 $Q_i^k$。

步骤 3：利用 q-ROFWBM 算子

$$Q_i = \left\langle u_i, v_i \right\rangle = \text{q-ROFWBM}^{s,t}(Q_i^1, Q_i^2, \cdots, Q_i^t) \tag{4-36}$$

或者利用 q-ROFWGBM 算子

$$Q_i = \left\langle u_i, v_i \right\rangle = \text{q-ROFWGBM}^{s,t}(Q_i^1, Q_i^2, \cdots, Q_i^t) \tag{4-37}$$

聚合得到方案的综合评价值 $Q_i (i=1,2,\cdots,m)$。

步骤 4：计算方案的综合评价值 $Q_i (i=1,2,\cdots,m)$ 的总得分函数 $S(Q_i)$ 和精确函数 $H(Q_i)$。

步骤 5：方案排序。根据得分函数和精确函数对所有备选方案进行排序，选出最佳方案。

### 4.1.7　算例应用

某投资公司准备就五家创业公司 $A_1, A_2, A_3, A_4, A_5$ 其中一家进行投资。三个专家 $D_k\ (k=1,2,3)$ 被邀请对五家创业公司就四个属性进行评价，其中专家权重设置为 $\omega = (0.35, 0.40, 0.25)^{\mathrm{T}}$。四个属性分别为风险分析 $(C_1)$、成长能力分析 $(C_2)$、社会效应分析 $(C_3)$ 和环境影响分析 $(C_4)$，其中属性权重设置为 $w = (0.2, 0.1, 0.3, 0.4)^{\mathrm{T}}$。为了提高专家评估过程中的自由度和灵活性，选择 Q 阶序对模糊数来描述专家对

方案各个属性的评价值。专家给出的评估信息如表 4-1～表 4-3 所示。

**表 4-1　专家 $D_1$ 的决策矩阵**

| 项目 | $C_1$ | $C_2$ | $C_3$ | $C_4$ |
|---|---|---|---|---|
| $A_1$ | $\langle 0.5,0.4\rangle$ | $\langle 0.5,0.3\rangle$ | $\langle 0.2,0.6\rangle$ | $\langle 0.4,0.4\rangle$ |
| $A_2$ | $\langle 0.7,0.3\rangle$ | $\langle 0.7,0.3\rangle$ | $\langle 0.6,0.2\rangle$ | $\langle 0.6,0.2\rangle$ |
| $A_3$ | $\langle 0.5,0.4\rangle$ | $\langle 0.6,0.4\rangle$ | $\langle 0.6,0.2\rangle$ | $\langle 0.5,0.3\rangle$ |
| $A_4$ | $\langle 0.8,0.2\rangle$ | $\langle 0.7,0.2\rangle$ | $\langle 0.4,0.2\rangle$ | $\langle 0.5,0.2\rangle$ |
| $A_5$ | $\langle 0.4,0.3\rangle$ | $\langle 0.4,0.2\rangle$ | $\langle 0.4,0.5\rangle$ | $\langle 0.4,0.6\rangle$ |

**表 4-2　专家 $D_2$ 的决策矩阵**

| 项目 | $C_1$ | $C_2$ | $C_3$ | $C_4$ |
|---|---|---|---|---|
| $A_1$ | $\langle 0.4,0.5\rangle$ | $\langle 0.6,0.2\rangle$ | $\langle 0.5,0.4\rangle$ | $\langle 0.5,0.3\rangle$ |
| $A_2$ | $\langle 0.5,0.4\rangle$ | $\langle 0.6,0.2\rangle$ | $\langle 0.6,0.3\rangle$ | $\langle 0.7,0.3\rangle$ |
| $A_3$ | $\langle 0.4,0.5\rangle$ | $\langle 0.3,0.5\rangle$ | $\langle 0.4,0.4\rangle$ | $\langle 0.2,0.6\rangle$ |
| $A_4$ | $\langle 0.5,0.4\rangle$ | $\langle 0.7,0.2\rangle$ | $\langle 0.4,0.4\rangle$ | $\langle 0.6,0.2\rangle$ |
| $A_5$ | $\langle 0.6,0.3\rangle$ | $\langle 0.7,0.2\rangle$ | $\langle 0.4,0.2\rangle$ | $\langle 0.7,0.2\rangle$ |

**表 4-3　专家 $D_3$ 的决策矩阵**

| 项目 | $C_1$ | $C_2$ | $C_3$ | $C_4$ |
|---|---|---|---|---|
| $A_1$ | $\langle 0.4,0.2\rangle$ | $\langle 0.5,0.2\rangle$ | $\langle 0.5,0.3\rangle$ | $\langle 0.5,0.2\rangle$ |
| $A_2$ | $\langle 0.5,0.3\rangle$ | $\langle 0.5,0.3\rangle$ | $\langle 0.6,0.2\rangle$ | $\langle 0.7,0.2\rangle$ |
| $A_3$ | $\langle 0.4,0.4\rangle$ | $\langle 0.3,0.4\rangle$ | $\langle 0.4,0.3\rangle$ | $\langle 0.3,0.3\rangle$ |
| $A_4$ | $\langle 0.5,0.3\rangle$ | $\langle 0.5,0.3\rangle$ | $\langle 0.3,0.5\rangle$ | $\langle 0.5,0.2\rangle$ |
| $A_5$ | $\langle 0.6,0.2\rangle$ | $\langle 0.6,0.4\rangle$ | $\langle 0.4,0.4\rangle$ | $\langle 0.6,0.3\rangle$ |

1. 决策步骤

下面，分别基于两种方法对上述算例进行应用验证，具体如下。

（1）基于 q-ROFWBM 算子的多属性群决策方法步骤。

步骤 1：决策信息规范化。所有评价值均为同一类型，因此本步无须标准化。

步骤 2：利用 q-ROFWBM 算子计算第 $k$ 个专家确定的方案 $Q_i^k$ 的综合属性值，如式（4-34）所示，其中假设 $q=3$，$s=t=1$。然后，可得

$$Q_1^1=\langle 0.2522,0.5843\rangle,\quad Q_2^1=\langle 0.4129,0.5600\rangle,\quad Q_3^1=\langle 0.3470,0.6494\rangle$$
$$Q_4^1=\langle 0.3834,0.4521\rangle,\quad Q_5^1=\langle 0.2511,0.4823\rangle,\quad Q_1^2=\langle 0.3140,0.5288\rangle$$
$$Q_2^2=\langle 0.3953,0.5072\rangle,\quad Q_3^2=\langle 0.2062,0.7262\rangle,\quad Q_4^2=\langle 0.3471,0.5072\rangle$$
$$Q_5^2=\langle 0.3880,0.4823\rangle,\quad Q_1^3=\langle 0.3028,0.4521\rangle,\quad Q_2^3=\langle 0.3871,0.5600\rangle$$
$$Q_3^3=\langle 0.2228,0.6494\rangle,\quad Q_4^3=\langle 0.2842,0.5600\rangle,\quad Q_5^3=\langle 0.3499,0.5996\rangle$$

步骤 3：利用 q-ROFWBM 算子计算获得方案综合评价值，如式（4-36）所示，其中假设 $q=3$，$s=t=1$，可得

$$Q_1=\langle 0.2010,0.6489\rangle,\quad Q_2=\langle 0.2779,0.6657\rangle,\quad Q_3=\langle 0.1803,0.7804\rangle$$
$$Q_4=\langle 0.2387,0.6317\rangle,\quad Q_5=\langle 0.2307,0.6450\rangle$$

步骤 4：计算方案综合评价值的得分函数 $S(Q_i)(i=1,2,3,4,5)$，可得

$$S(Q_1)=-0.4479,\quad S(Q_2)=-0.3878,\quad S(Q_3)=-0.6001$$
$$S(Q_4)=-0.3930,\quad S(Q_5)=-0.4144$$

步骤 5：方案排序。基于方案的得分函数值，我们可以得到方案的排序为 $A_2\succ A_4\succ A_5\succ A_1\succ A_3$。因此，最佳方案为 $A_2$。

（2）基于 q-ROFWGBM 算子的多属性群决策步骤。

步骤 1：决策信息规范化。所有测量值均为同一类型，因此不需要进行标准化。

步骤 2：利用 q-ROFWGBM 算子计算第 $k$ 个决策者确定的方案 $Q_i^k$ 的综合属性值，如式（4-35）所示，其中假设 $q=3$，$s=t=1$。然后，可得

$$Q_1^1=\langle 0.6331,0.2878\rangle,\quad Q_2^1=\langle 0.8184,0.1501\rangle,\quad Q_3^1=\langle 0.7579,0.1992\rangle$$
$$Q_4^1=\langle 0.7777,0.1247\rangle,\quad Q_5^1=\langle 0.6494,0.3012\rangle,\quad Q_1^2=\langle 0.7182,0.2370\rangle$$
$$Q_2^2=\langle 0.7985,0.1984\rangle,\quad Q_3^2=\langle 0.5898,0.3215\rangle,\quad Q_4^2=\langle 0.7488,0.2007\rangle$$
$$Q_5^2=\langle 0.7896,0.1411\rangle,\quad Q_1^3=\langle 0.7072,0.1446\rangle,\quad Q_2^3=\langle 0.7883,0.1501\rangle$$
$$Q_3^3=\langle 0.6113,0.2125\rangle,\quad Q_4^3=\langle 0.6832,0.2082\rangle,\quad Q_5^3=\langle 0.7565,0.2072\rangle$$

步骤 3：利用 q-ROFWGBM 算子计算获得方案综合评价值，如式（4-37）所示，其中假设 $q=3$，$s=t=1$。然后，可得

$$Q_1=\langle 0.7878,0.1995\rangle,\quad Q_2=\langle 0.8741,0.1038\rangle,\quad Q_3=\langle 0.7650,0.1379\rangle$$
$$Q_4=\langle 0.8286,0.0862\rangle,\quad Q_5=\langle 0.8251,0.2088\rangle$$

步骤 4：计算方案综合评价值的得分函数 $S(Q_i)(i=1,2,3,4,5)$，我们可以得到

$$S(Q_1)=0.5884,\quad S(Q_2)=0.7703,\quad S(Q_3)=0.6272,\quad S(Q_4)=0.7424,\quad S(Q_5)=0.6162$$

步骤 5：方案排序。基于方案的得分函数值，我们可以得到方案的排序为 $A_2\succ A_4\succ A_3\succ A_5\succ A_1$。因此，最佳方案为 $A_2$。

2. 参数分析与讨论

显然，两种方法的排序结果几乎是相同的，且最佳方案相同，均为 $A_2$。接下来，将讨论参数 $q$ 对基于 q-ROFWBM 算子和 q-ROFWGBM 算子的决策结果的影响，不同值的排序结果如图 4-1 和图 4-2 所示（其中，$s=1$，$t=2$）。

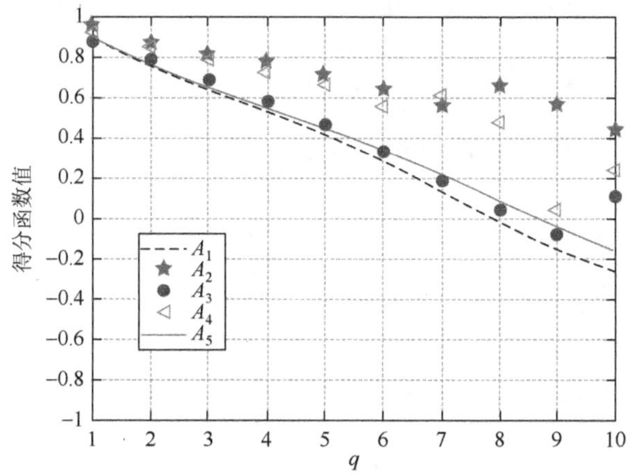


图 4-1　当 $q\in[1,10]$ 时，基于 q-ROFWBM 算子得到的各个方案的得分值

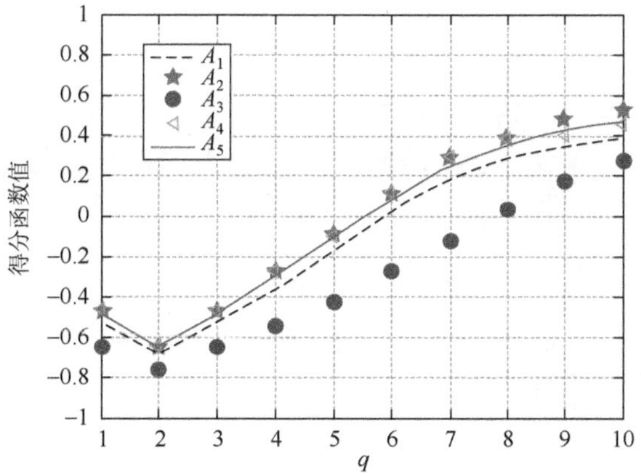


图 4-2　当 $q\in[1,10]$ 时，基于 q-ROFWGBM 算子得到的各个方案的得分值

从图 4-1 和图 4-2 可以看出，对于不同的参数的算子，会得到不同的排序结果。然而，最佳方案都是 $A_2$。因为参数的灵活性，决策者可以根据自己的偏好选择合适的参数值 $q$。此外，从图 4-1 和图 4-2 很容易发现，随着参数的增加，基于 q-ROFWGBM 算子的得分函数值变得越来越大，而 q-ROFWBM 算子的结果则相反，变得越来越小。

# 4.2 Q 阶序对模糊 Archimedean BM 算子及其在多属性决策中的应用

鉴于 BM 算子的优势，为了增加其应用的广泛性，本节将 Q 阶序对模糊数 Archimedean 运算法则与 BM 算子相结合，提出 Q 阶序对模糊 Archimedean BM 算子和 Q 阶序对模糊加权 Archimedean BM 算子，并将其应用到多属性决策中。

## 4.2.1 Q 阶序对模糊 Archimedean BM 算子

**定义 4-7**[55]　假设 $Q_\varepsilon = \langle u_\varepsilon, v_\varepsilon \rangle (\varepsilon = 1,2,\cdots,m)$ 是一组 Q 阶序对模糊数，同时，$s,t \geqslant 0$ 且 $q \geqslant 1$，q-ROFABM $: \Omega^m \to \Omega$，如果

$$\text{q-ROFABM}^{s,t}(Q_1, Q_2, \cdots, Q_m) = \left( \frac{1}{m(m-1)} \sum_{\substack{i,j=1 \\ i \neq j}}^{m} Q_i^s \otimes_A Q_j^t \right)^{\frac{1}{s+t}} \tag{4-38}$$

其中，$\Omega$ 表示 Q 阶序对模糊数的全部集合，则 q-ROFABM 可以被称为 Q 阶序对模糊 Archimedean BM 算子。

基于 Q 阶序对模糊数 Archimedean 三角模和三角余模运算法则，由式（4-38）可得定理 4-5。

**定理 4-5**　假设 $Q_\varepsilon = \langle u_\varepsilon, v_\varepsilon \rangle (\varepsilon = 1,2,\cdots,m)$ 是一组 Q 阶序对模糊数，同时 $s,t \geqslant 0$ 且 $q \geqslant 1$，则 $\text{q-ROFABM}^{s,t}(Q_1, Q_2, \cdots, Q_m)$ 集成结果仍是一个 Q 阶序对模糊数，并且有

$$\begin{aligned} &\text{q-ROFABM}^{s,t}(Q_1, Q_2, \cdots, Q_m) \\ &= \left\langle g^{-1}\left( \frac{1}{s+t} g\left( h^{-1}\left( \frac{1}{m(m-1)} \left( \sum_{\substack{i,j=1 \\ i \neq j}}^{m} h(g^{-1}(sg(u_i) + tg(u_j))) \right) \right) \right) \right), \right. \\ &\left. h^{-1}\left( \frac{1}{s+t} h\left( g^{-1}\left( \frac{1}{m(m-1)} \left( \sum_{\substack{i,j=1 \\ i \neq j}}^{m} g(h^{-1}(sh(v_i) + th(v_j))) \right) \right) \right) \right) \right\rangle \end{aligned} \tag{4-39}$$

**证明**：因为 $Q_i^s = \langle g^{-1}(sg(u_i)), h^{-1}(sh(v_i)) \rangle$ 和 $Q_j^s = \langle g^{-1}(tg(u_j)), h^{-1}(th(v_j)) \rangle$，所以可得

$$Q_i^s \otimes_A Q_j^t = \langle g^{-1}(g(g^{-1}(sg(u_i))) + g(g^{-1}(tg(u_j)))), h^{-1}(h(h^{-1}(sh(v_i))) + h(h^{-1}(th(v_j)))) \rangle$$

$$=\left\langle g^{-1}(sg(u_i)+tg(u_j)),h^{-1}(sh(v_i)+th(v_j))\right\rangle$$

$$\sum_{\substack{i,j=1\\i\neq j}}^{m}Q_i^s\otimes_A Q_j^t=\left\langle h^{-1}\left(\sum_{\substack{i,j=1\\i\neq j}}^{m}h(g^{-1}(sg(u_i)+tg(u_j)))\right),\ g^{-1}\left(\sum_{\substack{i,j=1\\i\neq j}}^{m}g(h^{-1}(sh(v_i)+th(v_j)))\right)\right\rangle$$

进而可得

$$\begin{aligned}\frac{1}{m(m-1)}\sum_{\substack{i,j=1\\i\neq j}}^{m}Q_i^s\otimes_A Q_j^t&=\left\langle h^{-1}\left(\frac{1}{m(m-1)}h\left(h^{-1}\left(\sum_{\substack{i,j=1\\i\neq j}}^{m}h(g^{-1}(sg(u_i)+tg(u_j)))\right)\right)\right),\right.\\&\qquad\left.g^{-1}\left(\frac{1}{m(m-1)}g\left(g^{-1}\left(\sum_{\substack{i,j=1\\i\neq j}}^{m}g(h^{-1}(sh(v_i)+th(v_j)))\right)\right)\right)\right\rangle\\&=\left\langle h^{-1}\left(\frac{1}{m(m-1)}\left(\sum_{\substack{i,j=1\\i\neq j}}^{m}h(g^{-1}(sg(u_i)+tg(u_j)))\right)\right),\right.\\&\qquad\left.g^{-1}\left(\frac{1}{m(m-1)}\left(\sum_{\substack{i,j=1\\i\neq j}}^{m}g(h^{-1}(sh(v_i)+th(v_j)))\right)\right)\right\rangle\end{aligned}$$

因此，

$$\begin{aligned}&\left(\frac{1}{m(m-1)}\sum_{\substack{i,j=1\\i\neq j}}^{m}Q_i^s\otimes_A Q_j^t\right)^{\frac{1}{s+t}}\\&=\left\langle g^{-1}\left(\frac{1}{s+t}g\left(h^{-1}\left(\frac{1}{m(m-1)}\left(\sum_{\substack{i,j=1\\i\neq j}}^{m}h(g^{-1}(sg(u_i)+tg(u_j)))\right)\right)\right)\right),\right.\\&\qquad\left.h^{-1}\left(\frac{1}{s+t}h\left(g^{-1}\left(\frac{1}{m(m-1)}\left(\sum_{\substack{i,j=1\\i\neq j}}^{m}g(h^{-1}(sh(v_i)+th(v_j)))\right)\right)\right)\right)\right\rangle\end{aligned}$$

证毕。

**性质 4-13（幂等性）** 假设 $Q_\varepsilon=\langle u_\varepsilon,v_\varepsilon\rangle(\varepsilon=1,2,\cdots,m)$ 是一组 Q 阶序对模糊数，同时 $s,t\geqslant 0$ 且 $q\geqslant 1$。如果所有 $Q_\varepsilon$ 都相等，即 $Q_\varepsilon=Q=\langle u,v\rangle(\varepsilon=1,2,\cdots,m)$，则

$$\text{q-ROFABM}^{s,t}(Q_1,Q_2,\cdots,Q_m)=Q \tag{4-40}$$

**证明**：令 $\text{q-ROFABM}^{s,t}(Q_1,Q_2,\cdots,Q_m)=\langle u',v'\rangle$。

（1）首先证明 $u'=u$。

因为 $u_i=u$ 和 $u_j=u$，所以可得

$$sg(u_i)+tg(u_j)=sg(u)+tg(u)=(s+t)g(u)$$

$$g^{-1}(sg(u_i)+tg(u_j))=g^{-1}((s+t)g(u))$$

然后，

$$\sum_{\substack{i,j=1\\ i\neq j}}^{m}h(g^{-1}(sg(u_i)+tg(u_j)))=m(m-1)h(g^{-1}((s+t)g(u)))$$

$$\frac{1}{m(m-1)}\sum_{\substack{i,j=1\\ i\neq j}}^{m}h(g^{-1}(sg(u_i)+tg(u_j)))=h(g^{-1}((s+t)g(u)))$$

进而可得

$$h^{-1}\left(\frac{1}{m(m-1)}\sum_{\substack{i,j=1\\ i\neq j}}^{m}h(g^{-1}(sg(u_i)+tg(u_j)))\right)=h^{-1}(h(g^{-1}((s+t)g(a))u))=g^{-1}((s+t)g(u))$$

$$g\left(h^{-1}\left(\frac{1}{m(m-1)}\sum_{\substack{i,j=1\\ i\neq j}}^{m}h(g^{-1}(sg(u_i)+tg(u_j)))\right)\right)=g(g^{-1}((s+t)g(u)))=(s+t)g(u)$$

最终可得

$$\frac{1}{s+t}g\left(h^{-1}\left(\frac{1}{m(m-1)}\sum_{\substack{i,j=1\\ i\neq j}}^{m}h(g^{-1}(sg(u_i)+tg(u_j)))\right)\right)=g(u)$$

$$g^{-1}\left(\frac{1}{s+t}g\left(h^{-1}\left(\frac{1}{m(m-1)}\sum_{\substack{i,j=1\\ i\neq j}}^{m}h(g^{-1}(sg(u_i)+tg(u_j)))\right)\right)\right)=g^{-1}\big(g(u)\big)=u$$

即 $u'=u$。

（2）同理可证得 $v'=v$。

所以，综上（1）和（2）可得 $\langle u',v'\rangle=\langle u,v\rangle$，即 $\text{q-ROFABM}^{s,t}(Q_1,Q_2,\cdots,Q_m)=Q$，证毕。

**性质 4-14（单调性）** 假设 $\{Q_1',Q_2',\cdots,Q_m'\}$ 和 $\{Q_1,Q_2,\cdots,Q_m\}$ 是两组 Q 阶序对模糊数，如果对于所有 $\varepsilon=1,2,\cdots,m$ 有 $Q_\varepsilon'=\langle u_\varepsilon',v_\varepsilon'\rangle$，$Q_\varepsilon=\langle u_\varepsilon,v_\varepsilon\rangle$，且 $u_\varepsilon'\leqslant u_\varepsilon$，$v_\varepsilon'\geqslant v_\varepsilon$，则

$$\text{q-ROFABM}^{s,t}(Q_1',Q_2',\cdots,Q_m') \leqslant \text{q-ROFABM}^{s,t}(Q_1,Q_2,\cdots,Q_m) \tag{4-41}$$

**证明：** 令 $\text{q-ROFABM}^{s,t}(Q_1',Q_2',\cdots,Q_m') = \langle u',v'\rangle$ 和 $\text{q-ROFABM}^{s,t}(Q_1,Q_2,\cdots,Q_m) = \langle u,v\rangle$。

（1）首先证明 $u' \leqslant u$。因为 $u_i' \leqslant u_i$ 和 $u_j' \leqslant u_j$，且 $g(x)$ 和 $g^{-1}(x)$ 是递减函数，$h(x)$ 和 $h^{-1}(x)$ 是递增函数，所以可得

$$sg(u_i')+tg(u_j') \geqslant sg(u_i)+tg(u_j),\quad g^{-1}(sg(u_i')+tg(u_j')) \leqslant g^{-1}(sg(u_i)+tg(u_j))$$

然后，可得

$$\sum_{\substack{i,j=1\\ i\neq j}}^{m} h(g^{-1}(sg(u_i')+tg(u_j'))) \leqslant \sum_{\substack{i,j=1\\ i\neq j}}^{m} h(g^{-1}(sg(u_i)+tg(u_j)))$$

$$\frac{1}{m(m-1)}\sum_{\substack{i,j=1\\ i\neq j}}^{m} h(g^{-1}(sg(u_i')+tg(u_j'))) \leqslant \frac{1}{m(m-1)}\sum_{\substack{i,j=1\\ i\neq j}}^{m} h(g^{-1}(sg(u_i)+tg(u_j)))$$

进而，可得

$$h^{-1}\left(\frac{1}{m(m-1)}\sum_{\substack{i,j=1\\ i\neq j}}^{m} h(g^{-1}(sg(u_i')+tg(u_j')))\right) \leqslant h^{-1}\left(\frac{1}{m(m-1)}\sum_{\substack{i,j=1\\ i\neq j}}^{m} h(g^{-1}(sg(u_i)+tg(u_j)))\right)$$

$$g\left(h^{-1}\left(\frac{1}{m(m-1)}\sum_{\substack{i,j=1\\ i\neq j}}^{m} h(g^{-1}(sg(u_i')+tg(u_j')))\right)\right)$$

$$\geqslant g\left(h^{-1}\left(\frac{1}{m(m-1)}\sum_{\substack{i,j=1\\ i\neq j}}^{m} h(g^{-1}(sg(u_i)+tg(u_j)))\right)\right)$$

从而

$$\frac{1}{s+t}g\left(h^{-1}\left(\frac{1}{m(m-1)}\sum_{\substack{i,j=1\\ i\neq j}}^{m} h(g^{-1}(sg(u_i')+tg(u_j')))\right)\right)$$

$$\geqslant \frac{1}{s+t}g\left(h^{-1}\left(\frac{1}{m(m-1)}\sum_{\substack{i,j=1\\ i\neq j}}^{m} h(g^{-1}(sg(u_i)+tg(u_j)))\right)\right)$$

最终，可得

$$g^{-1}\left(\frac{1}{s+t}g\left(h^{-1}\left(\frac{1}{m(m-1)}\sum_{\substack{i,j=1\\i\neq j}}^{m}h(g^{-1}(sg(u_i')+tg(u_j')))\right)\right)\right)$$

$$\leqslant g^{-1}\left(\frac{1}{s+t}g\left(h^{-1}\left(\frac{1}{m(m-1)}\sum_{\substack{i,j=1\\i\neq j}}^{m}h(g^{-1}(sg(u_i)+tg(u_j)))\right)\right)\right)$$

即 $u'\leqslant u$。

（2）同理，可证得 $v'\geqslant v$。

（3）基于定义 2-8 和定义 2-11，可得 $(u',v')\leqslant(u,v)$，即

$$\text{q-ROFABM}^{s,t}(\tilde{Q}_1',\tilde{Q}_2',\cdots,\tilde{Q}_m')\leqslant\text{q-ROFABM}^{s,t}(\tilde{Q}_1,\tilde{Q}_2,\cdots,\tilde{Q}_m)$$

证毕。

**性质 4-15（有界性）** 假设 $Q_\varepsilon=\langle u_\varepsilon,v_\varepsilon\rangle(\varepsilon=1,2,\cdots,m)$ 是一组 Q 阶序对模糊数，且 $Q^+=\left\langle\max_{\varepsilon=1}^{m}(u_\varepsilon),\min_{\varepsilon=1}^{m}(v_\varepsilon)\right\rangle$，$Q^-=\left\langle\min_{\varepsilon=1}^{m}(u_\varepsilon),\max_{\varepsilon=1}^{m}(v_\varepsilon)\right\rangle$，则

$$Q^-\leqslant\text{q-ROFABM}^{s,t}(Q_1,Q_2,\cdots,Q_m)\leqslant Q^+ \tag{4-42}$$

**证明**：根据性质 4-14，可得 $\text{q-ROFABM}^{s,t}(Q^-,Q^-,\cdots,Q^-)\leqslant\text{q-ROFABM}^{s,t}(Q_1,Q_2,\cdots,Q_m)\leqslant\text{q-ROFABM}^{s,t}(Q^+,Q^+,\cdots,Q^+)$，且通过性质 4-13，可得 $\text{q-ROFABM}^{s,t}(Q^-,Q^-,\cdots,Q^-)=Q^-$，$\text{q-ROFABM}^{s,t}(Q^+,Q^+,\cdots,Q^+)=Q^+$。因此，可得到 $Q^-\leqslant\text{q-ROFABM}^{s,t}(Q_1,Q_2,\cdots,Q_m)\leqslant Q^+$。

显然，基于式（4-39）的 $\text{q-ROFABM}^{s,t}$ 算子是一个广义表达形式。基于不同的 Archimedean 运算法则，可以得到不同的特例，下面将进行具体讨论。

（1）当采用 Algebraic 运算法则时，$\text{q-ROFABM}^{s,t}$ 算子可退化为 4.1.2 节中的 q-ROFBM 算子：

$$\text{q-ROFABM}^{s,t}(Q_1,Q_2,\cdots,Q_m)$$

$$=\left\langle\left(1-\left(\prod_{\substack{i,j=1\\i\neq j}}^{m}(1-(u_i^s u_j^t)^q)\right)^{\frac{1}{m(m-1)}}\right)^{\frac{1}{q(s+t)}},\left(1-\left(1-\left(\prod_{\substack{i,j=1\\i\neq j}}^{m}(1-(1-v_i^q)^s(1-v_j^q)^t)\right)^{\frac{1}{m(m-1)}}\right)^{\frac{1}{s+t}}\right)^{\frac{1}{q}}\right\rangle \tag{4-43}$$

此时，当 $q=1$ 时，$\text{q-ROFABM}^{s,t}$ 算子进一步退化成直觉模糊 BM 算子[97]：

$$\text{q-ROFABM}^{s,t}(Q_1,Q_2,\cdots,Q_m)$$
$$=\left\langle\left(1-\left(\prod_{\substack{i,j=1\\i\neq j}}^{m}(1-u_i^s u_j^t)\right)^{\frac{1}{m(m-1)}}\right)^{\frac{1}{s+t}},1-\left(1-\left(\prod_{\substack{i,j=1\\i\neq j}}^{m}(1-(1-v_i)^s(1-v_j)^t)\right)^{\frac{1}{m(m-1)}}\right)^{\frac{1}{s+t}}\right\rangle \tag{4-44}$$

当 $q=2$ 时，q-ROFABM$^{s,t}$ 能退化成毕达哥拉斯模糊 BM 算子[101]：

$$\text{q-ROFABM}^{s,t}(Q_1,Q_2,\cdots,Q_m)$$
$$=\left\langle\left(1-\left(\prod_{\substack{i,j=1\\i\neq j}}^{m}(1-(u_i^s u_j^t)^2)\right)^{\frac{1}{m(m-1)}}\right)^{\frac{1}{2(s+t)}},\left(1-\left(1-\left(\prod_{\substack{i,j=1\\i\neq j}}^{m}(1-(1-v_i^2)^s(1-v_j^2)^t)\right)^{\frac{1}{m(m-1)}}\right)^{\frac{1}{s+t}}\right)^{\frac{1}{2}}\right\rangle \tag{4-45}$$

（2）当采用 Einstein 运算法则时，q-ROFABM$^{s,t}$ 算子可退化为 Q 阶序对模糊 Einstein BM（q-rung orthopair fuzzy Einstein Bonferroni mean，q-ROFEBM）算子，形式为

$$\text{q-ROFABM}^{s,t}(\tilde{Q}_1,\tilde{Q}_2,\cdots,\tilde{Q}_m)$$
$$=\left\langle\left(\frac{2\left(\frac{u'-u''}{u'+u''}\right)^{\frac{1}{s+t}}}{\left(2-\frac{u'-u''}{u'+u''}\right)^{\frac{1}{s+t}}+\left(\frac{u'-u''}{u'+u''}\right)^{\frac{1}{s+t}}}\right)^{1/q},\left(\frac{\left(1+\frac{2v'}{v''+v'}\right)^{\frac{1}{s+t}}-\left(1-\frac{2v'}{v''+v'}\right)^{\frac{1}{s+t}}}{\left(1+\frac{2v'}{v''+v'}\right)^{\frac{1}{s+t}}+\left(1-\frac{2v'}{v''+v'}\right)^{\frac{1}{s+t}}}\right)\right\rangle \tag{4-46}$$

其中，

$$u'=\left(1+\left(\frac{a'_{ij}-a''_{ij}}{a'_{ij}+a''_{ij}}\right)\right)^{\frac{1}{m(m-1)}},\quad u''=\left(1-\left(\frac{a'_{ij}-a''_{ij}}{a'_{ij}+a''_{ij}}\right)\right)^{\frac{1}{m(m-1)}}$$

$$v'=\left(\frac{2b'_{ij}}{b'_{ij}+b''_{ij}}\right)^{\frac{1}{m(m-1)}},\quad v''=\left(2-\left(\frac{2b'_{ij}}{b'_{ij}+b''_{ij}}\right)\right)^{\frac{1}{m(m-1)}}$$

$$a'_{ij}=\prod_{\substack{i,j=1\\ i\neq j}}^{m}\left(1+\frac{x_ix_j}{1+(1-x_i)(1-x_j)}\right),\quad a''_{ij}=\prod_{\substack{i,j=1\\ i\neq j}}^{m}\left(1-\frac{x_ix_j}{1+(1-x_i)(1-x_j)}\right)$$

$$b'_{ij}=\prod_{\substack{i,j=1\\ i\neq j}}^{m}\frac{y_i+y_j}{1+y_iy_j},\quad b''_{ij}=\prod_{\substack{i,j=1\\ i\neq j}}^{m}\left(2-\frac{y_i+y_j}{1+y_iy_j}\right)$$

$$x_i=\frac{2u_i^{qs}}{(2-u_i^q)^s+u_i^{qs}},\quad x_j=\frac{2u_j^{qt}}{(2-u_j^q)^t+u_j^{qt}}$$

$$y_i=\frac{(1+v_i^q)^s-(1-v_i^q)^s}{(1+v_i^q)^s+(1-v_i^q)^s},\quad y_j=\frac{(1+v_j^q)^t-(1-v_j^q)^t}{(1+v_j^q)^t+(1-v_j^q)^t}$$

（3）当采用 Hamacher 运算法则时，q-ROFABM$^{s,t}$ 算子可退化为 Q 阶序对模糊 Hamacher BM（q-rung orthopair fuzzy Hamacher Bonferroni mean，q-ROFHBM）算子，形式为

$$\text{q-ROFABM}^{s,t}(Q_1,Q_2,\cdots,Q_m)$$

$$=\left\langle\left(\frac{\delta\left(\frac{u'-u''}{u'+(\delta-1)u''}\right)^{\frac{1}{s+t}}}{(\delta-1)\left(\frac{u'-u''}{u'+(\delta-1)u''}\right)^{\frac{1}{s+t}}+\left(\delta-(\delta-1)\left(\frac{u'-u''}{u'+(\delta-1)u''}\right)\right)^{\frac{1}{s+t}}}\right)^{1/q},\right.$$

$$\left.\left(\frac{\left(1+(\delta-1)\left(\frac{\delta v'}{(\delta-1)v'+v''}\right)\right)^{\frac{1}{s+t}}-\left(1-\frac{\delta v'}{(\delta-1)v'+v''}\right)^{\frac{1}{s+t}}}{\left(1+(\delta-1)\left(\frac{\delta v'}{(\delta-1)v'+v''}\right)\right)^{\frac{1}{s+t}}+(\delta-1)\left(1-\frac{\delta v'}{(\delta-1)v'+v''}\right)^{\frac{1}{s+t}}}\right)^{1/q}\right\rangle \tag{4-47}$$

其中，

$$u'=\left(1+(\delta-1)\frac{a'_{ij}-a''_{ij}}{a'_{ij}+(\delta-1)a''_{ij}}\right)^{\frac{1}{m(m-1)}},\quad u''=\left(1-\frac{a'_{ij}-a''_{ij}}{a'_{ij}+(\delta-1)a''_{ij}}\right)^{\frac{1}{m(m-1)}}$$

$$v'=\left(\frac{\delta b'_{ij}}{(\delta-1)b'_{ij}+b''_{ij}}\right)^{\frac{1}{m(m-1)}},\quad v''=\left(\delta-(\delta-1)\frac{\delta b'_{ij}}{(\delta-1)b'_{ij}+b''_{ij}}\right)^{\frac{1}{m(m-1)}}$$

$$a'_{ij}=\prod_{\substack{i,j=1\\i\neq j}}^{m}\left(1+(\delta-1)\left(\frac{x_i x_j}{\delta+(1-\delta)(x_i+x_j-x_i x_j)}\right)\right)$$

$$a''_{ij}=\prod_{\substack{i,j=1\\i\neq j}}^{m}\left(1-\left(\frac{x_i x_j}{\delta+(1-\delta)(x_i+x_j-x_i x_j)}\right)\right)$$

$$b'_{ij}=\prod_{\substack{i,j=1\\i\neq j}}^{m}\left(\frac{y_i+y_j+(\delta-2)y_i y_j}{1-(1-\delta)y_i y_j}\right),\quad b''_{ij}=\prod_{\substack{i,j=1\\i\neq j}}^{m}\left(\delta-(\delta-1)\left(\frac{y_i+y_j+(\delta-2)y_i y_j}{1-(1-\delta)y_i y_j}\right)\right)$$

$$x_i=\frac{\delta u_i^{qs}}{(\delta-1)u_i^{qs}+(\delta-(\delta-1)u_i^q)^s},\quad x_j=\frac{\delta u_j^{qt}}{(\delta-1)u_j^{qt}+(\delta-(\delta-1)u_j^q)^t}$$

$$y_i=\frac{(1+(\delta-1)v_i^q)^s-(1-v_i^q)^s}{(1+(\delta-1)v_i^q)^s+(\delta-1)(1-v_i^q)^s},\quad y_j=\frac{(1+(\delta-1)v_j^q)^t-(1-v_j^q)^t}{(1+(\delta-1)v_j^q)^t+(\delta-1)(1-v_j^q)^t}$$

显然，当参数 $\delta=1$ 时，式（4-47）退化为式（4-45），当参数 $\delta=2$ 时，式（4-47）退化为式（4-46）。

（4）当采用 Frank 运算法则时，q-ROFABM$^{s,t}$ 算子可退化为 Q 阶序对模糊 Frank BM（q-rung orthopair fuzzy Frank Bonferroni mean，q-ROFFBM）算子，形式为

$$\text{q-ROFABM}^{s,t}(Q_1,Q_2,\cdots,Q_m)$$
$$=\left\langle\left(\log_\tau\left(1+\frac{(u_{ij}-1)^{\frac{1}{s+t}}}{(\tau-1)^{\frac{1}{s+t}-1}}\right)\right)^{1/q},\left(1-\log_\tau\left(1+\frac{(v_{ij}-1)^{\frac{1}{s+t}}}{(\tau-1)^{\frac{1}{s+t}-1}}\right)\right)^{1/q}\right\rangle \tag{4-48}$$

其中，

$$u_{ij}=\tau^{\left(1-\log_\tau\left(1+\left(\prod\limits_{\substack{i,j=1\\i\neq j}}^{m}\left(\tau^{1-\log_\tau(1+x_{ij})}-1\right)\right)^{\frac{1}{m(m-1)}}\right)\right)},\quad v_{ij}=\tau^{1-\left(\log_\tau\left(1+\left(\prod\limits_{\substack{i,j=1\\i\neq j}}^{m}\left(\tau^{1-\log_\tau(1+y_{ij})}-1\right)\right)^{\frac{1}{m(m-1)}}\right)\right)}$$

$$x_{ij}=\left(\frac{\tau^{u_i^q}-1}{\tau-1}\right)^s\left(\frac{\tau^{u_j^q}-1}{\tau-1}\right)^t,\quad y_{ij}=\left(\frac{\tau^{1-v_i^q}-1}{\tau-1}\right)^s\left(\frac{\tau^{1-v_j^q}-1}{\tau-1}\right)^t$$

此外，基于参数 $s$ 和 $t$ 的不同取值，q-ROFABM$^{s,t}$ 算子同样具有一些特例。

（1）当 $t\to 0$ 时，可得

$$\text{q-ROFABM}^{s,0}(Q_1,Q_2,\cdots,Q_m)$$

$$=\left\langle g^{-1}\left(\frac{1}{s}g\left(h^{-1}\left(\frac{1}{m}\left(\sum_{i=1}^{m}h(g^{-1}(sg(u_i)))\right)\right)\right)\right),h^{-1}\left(\frac{1}{s}h\left(g^{-1}\left(\frac{1}{m}\left(\sum_{i=1}^{m}g(h^{-1}(sh(v_i)))\right)\right)\right)\right)\right\rangle$$

（4-49）

（2）当 $s=1$，$t\to 0$ 时，可得

$$\text{q-ROFABM}^{1,0}(Q_1,Q_2,\cdots,Q_m)=\left\langle h^{-1}\left(\frac{1}{m}\left(\sum_{i=1}^{m}h(u_i)\right)\right),g^{-1}\left(\frac{1}{m}\left(\sum_{i=1}^{m}g(v_i)\right)\right)\right\rangle$$

（4-50）

（3）当 $s\to 0$ 时，可得

$$\text{q-ROFABM}^{0,t}(Q_1,Q_2,\cdots,Q_m)=\left\langle g^{-1}\left(\frac{1}{t}g\left(h^{-1}\left(\frac{1}{m}\left(\sum_{j=1}^{m}h(g^{-1}(tg(u_j)))\right)\right)\right)\right),\right.$$
$$\left.h^{-1}\left(\frac{1}{t}h\left(g^{-1}\left(\frac{1}{m}\left(\sum_{j=1}^{m}g(h^{-1}(th(v_j)))\right)\right)\right)\right)\right\rangle$$

（4-51）

（4）当 $s=t=1$ 时，可得

$$\text{q-ROFABM}^{1,1}(Q_1,Q_2,\cdots,Q_m)$$
$$=\left\langle g^{-1}\left(\frac{1}{2}g\left(h^{-1}\left(\frac{1}{m(m-1)}\left(\sum_{\substack{i,j=1\\i\neq j}}^{m}h(g^{-1}(g(u_i)+g(u_j)))\right)\right)\right)\right),\right.$$
$$\left.h^{-1}\left(\frac{1}{2}h\left(g^{-1}\left(\frac{1}{m(m-1)}\left(\sum_{\substack{i,j=1\\i\neq j}}^{m}g(h^{-1}(h(v_i)+h(v_j)))\right)\right)\right)\right)\right\rangle$$

（4-52）

### 4.2.2　Q 阶序对模糊加权 Archimedean BM 算子

**定义 4-8**[55]　假设 $Q_\varepsilon=\langle u_\varepsilon,v_\varepsilon\rangle(\varepsilon=1,2,\cdots,m)$ 是一组 Q 阶序对模糊数，同时 $s,t\geqslant 0$ 且 $q\geqslant 1$，q-ROFWABM : $\Omega^m\to\Omega$，如果

$$\text{q-ROFWABM}^{s,t}(Q_1,Q_2,\cdots,Q_m)=\left(\frac{1}{m(m-1)}\sum_{\substack{i,j=1\\i\neq j}}^{m}(mw_iQ_i)^s\otimes_A(mw_jQ_j)^t\right)^{\frac{1}{s+t}}$$

（4-53）

其中，$\Omega$ 表示 Q 阶序对模糊数的全部集合，并且 $w=(w_1,w_2,\cdots,w_m)^{\mathrm T}$ 是 $(Q_1,Q_2,\cdots,Q_m)$

的权重向量，其满足 $w_\varepsilon \in [0,1]$，$\sum_{\varepsilon=1}^{m} w_\varepsilon = 1$，则 q-ROFWABM 被称为 Q 阶序对模糊加权 Archimedean BM 算子。

基于 Q 阶序对模糊数 Archimedean 三角模运算法则，由式（4-53）可得定理 4-6。

**定理 4-6**　假设 $Q_\varepsilon = \langle u_\varepsilon, v_\varepsilon \rangle (\varepsilon = 1,2,\cdots,m)$ 是一组 Q 阶序对模糊数，同时 $s,t \geqslant 0$ 且 $q \geqslant 1$，则 $\text{q-ROFWABM}^{s,t}(Q_1,Q_2,\cdots,Q_m)$ 的集成结果仍是一个 Q 阶序对模糊数，并且有

$$\begin{aligned}&\text{q-ROFWABM}^{s,t}(Q_1,Q_2,\cdots,Q_m)\\&=\left\langle g^{-1}\left(\frac{1}{s+t}g\left(h^{-1}\left(\frac{1}{m(m-1)}\left(\sum_{\substack{i,j=1\\i\neq j}}^{m} h(g^{-1}(sg(h^{-1}(mw_i h(u_i)))+tg(h^{-1}(mw_j h(u_j)))))\right)\right)\right)\right),\right.\\&\left.h^{-1}\left(\frac{1}{s+t}h\left(g^{-1}\left(\frac{1}{m(m-1)}\left(\sum_{\substack{i,j=1\\i\neq j}}^{m} g(h^{-1}(sh(g^{-1}(mw_i g(v_i)))+th(g^{-1}(mw_j g(v_j)))))\right)\right)\right)\right)\right\rangle\end{aligned} \tag{4-54}$$

显然，$\text{q-ROFABM}^{s,t}$ 算子是 $\text{q-ROFWABM}^{s,t}$ 算子的一个特例。

很容易证得 $\text{q-ROFWABM}^{s,t}$ 算子同样具有单调性和有界性等性质，此处省略。

同样，基于不同的 Archimedean 运算法则时，$\text{q-ROFWABM}^{s,t}$ 算子可以得到不同的特例，下面进行具体讨论。

（1）当采用 Algebraic 运算法则时，$\text{q-ROFWABM}^{s,t}$ 算子可退化为 4.1.3 节中 q-ROFWBM 算子，形式为

$$\begin{aligned}&\text{q-ROFWABM}^{s,t}(Q_1,Q_2,\cdots,Q_m)\\&=\left\langle\left(1-\left(\prod_{\substack{i,j=1\\i\neq j}}^{m}(1-(((1-(1-u_i^q)^{mw_i})^{1/q})^s((1-(1-u_j^q)^{mw_j})^{1/q})^t)^q)\right)^{\frac{1}{m(m-1)}}\right)^{\frac{1}{q(s+t)}},\right.\\&\left.\left(1-\left(1-\left(\prod_{\substack{i,j=1\\i\neq j}}^{m}(1-(1-v_i^{qmw_i})^s(1-v_j^{qmw_j})^t)\right)^{\frac{1}{m(m-1)}}\right)^{\frac{1}{s+t}}\right)^{\frac{1}{q}}\right\rangle\end{aligned} \tag{4-55}$$

此时，若 $q=1$，则 $\text{q-ROFWABM}^{s,t}$ 算子进一步退化成直觉模糊加权 BM 算子[97]：

$$\text{q-ROFWABM}^{s,t}(Q_1,Q_2,\cdots,Q_m)$$
$$=\left\langle\left(1-\left(\prod_{\substack{i,j=1\\i\neq j}}^{m}(1-(1-(1-u_i)^{mw_i})^s(1-(1-u_j)^{mw_j})^t)\right)^{\frac{1}{m(m-1)}}\right)^{\frac{1}{(s+t)}},\right.$$
$$\left.1-\left(1-\left(\prod_{\substack{i,j=1\\i\neq j}}^{m}(1-(1-v_i^{mw_i})^s(1-v_j^{mw_j})^t)\right)^{\frac{1}{m(m-1)}}\right)^{\frac{1}{s+t}}\right\rangle \quad (4\text{-}56)$$

当 $q=2$ 时，q-ROFWABM$^{s,t}$ 能退化成毕达哥拉斯模糊加权 BM 算子[101]：

$$\text{q-ROFWABM}^{s,t}(Q_1,Q_2,\cdots,Q_m)$$
$$=\left\langle\left(1-\left(\prod_{\substack{i,j=1\\i\neq j}}^{m}\left(1-\left(\left((1-(1-u_i^2)^{mw_i})^{\frac{1}{2}}\right)^s\left((1-(1-u_j^2)^{mw_j})^{\frac{1}{2}}\right)^t\right)^2\right)\right)^{\frac{1}{m(m-1)}}\right)^{\frac{1}{2(s+t)}},\right.$$
$$\left.\left(1-\left(1-\left(\prod_{\substack{i,j=1\\i\neq j}}^{m}(1-(1-v_i^{2mw_i})^s(1-v_j^{2mw_j})^t)\right)^{\frac{1}{m(m-1)}}\right)^{\frac{1}{s+t}}\right)^{\frac{1}{2}}\right\rangle$$
$$(4\text{-}57)$$

（2）当采用 Einstein 运算法则时，q-ROFWABM$^{s,t}$ 算子可退化为 Q 阶序对模糊加权 Einstein BM（q-rung orthopair fuzzy weighted Einstein Bonferroni mean，q-ROFWEBM）算子，形式为

$$\text{q-ROFWABM}^{s,t}(\tilde{Q}_1,\tilde{Q}_2,\cdots,\tilde{Q}_m)$$
$$=\left\langle\left(\frac{2\left(\frac{u'-u''}{u'+u''}\right)^{\frac{1}{s+t}}}{\left(2-\frac{u'-u''}{u'+u''}\right)^{\frac{1}{s+t}}+\left(\frac{u'-u''}{u'+u''}\right)^{\frac{1}{s+t}}}\right)^{1/q},\left(\frac{\left(1+\frac{2v'}{v''+v'}\right)^{\frac{1}{s+t}}-\left(1-\frac{2v'}{v''+v'}\right)^{\frac{1}{s+t}}}{\left(1+\frac{2v'}{v''+v'}\right)^{\frac{1}{s+t}}+\left(1-\frac{2v'}{v''+v'}\right)^{\frac{1}{s+t}}}\right)^{1/q}\right\rangle$$
$$(4\text{-}58)$$

其中，

$$u' = \left(1 + \left(\frac{a'_{ij} - a''_{ij}}{a'_{ij} + a''_{ij}}\right)\right)^{\frac{1}{m(m-1)}}, \quad u'' = \left(1 - \left(\frac{a'_{ij} - a''_{ij}}{a'_{ij} + a''_{ij}}\right)\right)^{\frac{1}{m(m-1)}}$$

$$v' = \left(\frac{2b'_{ij}}{b'_{ij} + b''_{ij}}\right)^{\frac{1}{m(m-1)}}, \quad v'' = \left(2 - \left(\frac{2b'_{ij}}{b'_{ij} + b''_{ij}}\right)\right)^{\frac{1}{m(m-1)}}$$

$$a'_{ij} = \prod_{\substack{i,j=1 \\ i \neq j}}^{m} \left(1 + \frac{x_i x_j}{1 + (1 - x_i)(1 - x_j)}\right), \quad a''_{ij} = \prod_{\substack{i,j=1 \\ i \neq j}}^{m} \left(1 - \frac{x_i x_j}{1 + (1 - x_i)(1 - x_j)}\right)$$

$$b'_{ij} = \prod_{\substack{i,j=1 \\ i \neq j}}^{m} \frac{y_i + y_j}{1 + y_i y_j}, \quad b''_{ij} = \prod_{\substack{i,j=1 \\ i \neq j}}^{m} \left(2 - \frac{y_i + y_j}{1 + y_i y_j}\right)$$

$$x_i = \frac{2\left(\dfrac{(1+u_i^q)^{mw_i} - (1-u_i^q)^{mw_i}}{(1+u_i^q)^{mw_i} + (1-u_i^q)^{mw_i}}\right)^s}{\left(2 - \dfrac{(1+u_i^q)^{mw_i} - (1-u_i^q)^{mw_i}}{(1+u_i^q)^{mw_i} + (1-u_i^q)^{mw_i}}\right)^s + \left(\dfrac{(1+u_i^q)^{mw_i} - (1-u_i^q)^{mw_i}}{(1+u_i^q)^{mw_i} + (1-u_i^q)^{mw_i}}\right)^s}$$

$$x_j = \frac{2\left(\dfrac{(1+u_j^q)^{mw_j} - (1-u_j^q)^{mw_j}}{(1+u_j^q)^{mw_j} + (1-u_j^q)^{mw_j}}\right)^t}{\left(2 - \dfrac{(1+u_j^q)^{mw_j} - (1-u_j^q)^{mw_j}}{(1+u_j^q)^{mw_j} + (1-u_j^q)^{mw_j}}\right)^t + \left(\dfrac{(1+u_j^q)^{mw_j} - (1-u_j^q)^{mw_j}}{(1+u_j^q)^{mw_j} + (1-u_j^q)^{mw_j}}\right)^t}$$

$$y_i = \frac{\left(1 + \dfrac{2v_i^{qmw_i}}{(2-v_i^q)^{mw_i} + v_i^{qmw_i}}\right)^s - \left(1 - \dfrac{2v_i^{qmw_i}}{(2-v_i^q)^{mw_i} + v_i^{qmw_i}}\right)^s}{\left(1 + \dfrac{2v_i^{qmw_i}}{(2-v_i^q)^{mw_i} + v_i^{qmw_i}}\right)^s + \left(1 - \dfrac{2v_i^{qmw_i}}{(2-v_i^q)^{mw_i} + v_i^{qmw_i}}\right)^s}$$

$$y_j = \frac{\left(1 + \dfrac{2v_j^{qmw_j}}{(2-v_j^q)^{mw_j} + v_j^{qmw_j}}\right)^t - \left(1 - \dfrac{2v_j^{qmw_j}}{(2-v_j^q)^{mw_j} + v_j^{qmw_j}}\right)^t}{\left(1 + \dfrac{2v_j^{qmw_j}}{(2-v_j^q)^{mw_j} + v_j^{qmw_j}}\right)^t + \left(1 - \dfrac{2v_j^{qmw_j}}{(2-v_j^q)^{mw_j} + v_j^{qmw_j}}\right)^t}$$

（3）当采用 Hamacher 运算法则时，q-ROFWABM$^{s,t}$ 算子可退化为 Q 阶序对模糊加权 Hamacher BM（q-rung orthopair fuzzy weighted Hamacher Bonferroni mean，q-ROFWHBM）算子，形式为

$$\text{q-ROFWABM}^{s,t}(Q_1,Q_2,\cdots,Q_m)$$
$$=\left\langle \left( \frac{\delta\left(\frac{u'-u''}{u'+(\delta-1)u''}\right)^{\frac{1}{s+t}}}{(\delta-1)\left(\frac{u'-u''}{u'+(\delta-1)u''}\right)^{\frac{1}{s+t}}+\left(\delta-(\delta-1)\left(\frac{u'-u''}{u'+(\delta-1)u''}\right)\right)^{\frac{1}{s+t}}} \right)^{1/q}, \right. \tag{4-59}$$
$$\left. \left( \frac{\left(1+(\delta-1)\left(\frac{\delta v'}{(\delta-1)v'+v''}\right)\right)^{\frac{1}{s+t}}-\left(1-\frac{\delta v'}{(\delta-1)v'+v''}\right)^{\frac{1}{s+t}}}{\left(1+(\delta-1)\left(\frac{\delta v'}{(\delta-1)v'+v''}\right)\right)^{\frac{1}{s+t}}+(\delta-1)\left(1-\frac{\delta v'}{(\delta-1)v'+v''}\right)^{\frac{1}{s+t}}} \right)^{1/q} \right\rangle$$

其中，

$$u'=\left(1+(\delta-1)\frac{a'_{ij}-a''_{ij}}{a'_{ij}+(\delta-1)a''_{ij}}\right)^{\frac{1}{m(m-1)}},\quad u''=\left(1-\frac{a'_{ij}-a''_{ij}}{a'_{ij}+(\delta-1)a''_{ij}}\right)^{\frac{1}{m(m-1)}}$$

$$v'=\left(\frac{\delta b'_{ij}}{(\delta-1)b'_{ij}+b''_{ij}}\right)^{\frac{1}{m(m-1)}},\quad v''=\left(\delta-(\delta-1)\frac{\delta b'_{ij}}{(\delta-1)b'_{ij}+b''_{ij}}\right)^{\frac{1}{m(m-1)}}$$

$$a'_{ij}=\prod_{\substack{i,j=1\\ i\neq j}}^{m}\left(1+(\delta-1)\left(\frac{x_ix_j}{\delta+(1-\delta)(x_i+x_j-x_ix_j)}\right)\right)$$

$$a''_{ij}=\prod_{\substack{i,j=1\\ i\neq j}}^{m}\left(1-\left(\frac{x_ix_j}{\delta+(1-\delta)(x_i+x_j-x_ix_j)}\right)\right)$$

$$b'_{ij}=\prod_{\substack{i,j=1\\ i\neq j}}^{m}\left(\frac{y_i+y_j+(\delta-2)y_iy_j}{1-(1-\delta)y_iy_j}\right),\quad b''_{ij}=\prod_{\substack{i,j=1\\ i\neq j}}^{m}\left(\delta-(\delta-1)\left(\frac{y_i+y_j+(\delta-2)y_iy_j}{1-(1-\delta)y_iy_j}\right)\right),$$

$$x_i=\frac{\delta\left(\dfrac{(1+(\delta-1)u_i^q)^{mw_i}-(1-u_i^q)^{mw_i}}{(1+(\delta-1)u_i^q)^{mw_i}+(\delta-1)(1-u_i^q)^{mw_i}}\right)^s}{\left((\delta-1)\left(\dfrac{(1+(\delta-1)u_i^q)^{mw_i}-(1-u_i^q)^{mw_i}}{(1+(\delta-1)u_i^q)^{mw_i}+(\delta-1)(1-u_i^q)^{mw_i}}\right)^s+\left(\delta-(\delta-1)\dfrac{(1+(\delta-1)u_i^q)^{mw_i}-(1-u_i^q)^{mw_i}}{(1+(\delta-1)u_i^q)^{mw_i}+(\delta-1)(1-u_i^q)^{mw_i}}\right)^s\right)}$$

$$x_j=\frac{\delta\left(\dfrac{(1+(\delta-1)u_j^q)^{mw_j}-(1-u_j^q)^{mw_j}}{(1+(\delta-1)u_j^q)^{mw_j}+(\delta-1)(1-u_j^q)^{mw_j}}\right)^t}{\left((\delta-1)\left(\dfrac{(1+(\delta-1)u_j^q)^{mw_j}-(1-u_j^q)^{mw_j}}{(1+(\delta-1)u_j^q)^{mw_j}+(\delta-1)(1-u_j^q)^{mw_j}}\right)^t+\left(\delta-(\delta-1)\dfrac{(1+(\delta-1)u_j^q)^{mw_j}-(1-u_j^q)^{mw_j}}{(1+(\delta-1)u_j^q)^{mw_j}+(\delta-1)(1-u_j^q)^{mw_j}}\right)^t\right)}$$

$$y_i=\frac{\left(\left(1+(\delta-1)\dfrac{\delta v_i^{mw_i}}{(\delta-1)v_i^{qmw_i}+(1+(\delta-1)(1-v_i^q))^{mw_i}}\right)^s-\left(1-\dfrac{\delta v_i^{mw_i}}{(\delta-1)v_i^{qmw_i}+(1+(\delta-1)(1-v_i^q))^{mw_i}}\right)^s\right)}{\left(\left(1+(\delta-1)\dfrac{\delta v_i^{mw_i}}{(\delta-1)v_i^{qmw_i}+(1+(\delta-1)(1-v_i^q))^{mw_i}}\right)^s+(\delta-1)\left(1-\dfrac{\delta v_i^{mw_i}}{(\delta-1)v_i^{qmw_i}+(1+(\delta-1)(1-v_i^q))^{mw_i}}\right)^s\right)}$$

$$y_j=\frac{\left(\left(1+(\delta-1)\dfrac{\delta v_j^{mw_j}}{(\delta-1)v_j^{qmw_j}+(1+(\delta-1)(1-v_j^q))^{mw_j}}\right)^t-\left(1-\dfrac{\delta v_j^{mw_j}}{(\delta-1)v_j^{qmw_j}+(1+(\delta-1)(1-v_j^q))^{mw_j}}\right)^t\right)}{\left(\left(1+(\delta-1)\dfrac{\delta v_j^{mw_j}}{(\delta-1)v_j^{qmw_j}+(1+(\delta-1)(1-v_j^q))^{mw_j}}\right)^t+(\delta-1)\left(1-\dfrac{\delta v_j^{mw_j}}{(\delta-1)v_j^{qmw_j}+(1+(\delta-1)(1-v_j^q))^{mw_j}}\right)^t\right)}$$

显然，当参数 $\delta=1$ 时，式（4-59）退化为式（4-57），当参数 $\delta=2$ 时，式（4-59）

退化为式（4-58）。

（4）当采用 Frank 运算法则时，q-ROFWABM$^{s,t}$ 算子可退化为 Q 阶序对模糊加权 Frank BM（q-rung orthopair fuzzy weighted Frank Bonferroni mean，q-ROFWFBM）算子，形式为

$$\text{q-ROFWABM}^{s,t}(Q_1,Q_2,\cdots,Q_m)$$
$$=\left\langle\left(\log_\tau\left(1+\frac{(\tau^{u'}-1)^{\frac{1}{s+t}}}{(\tau-1)^{\frac{1}{s+t}-1}}\right)\right)^{1/q},\left(1-\log_\tau\left(1+\frac{(\tau^{1-v'}-1)^{\frac{1}{s+t}}}{(\tau-1)^{\frac{1}{s+t}-1}}\right)\right)^{1/q}\right\rangle \tag{4-60}$$

其中，

$$u'=1-\log_\tau\left(1+\left(\prod_{\substack{i,j=1\\i\neq j}}^{m}(\tau^{1-\log_\tau(1+x_{ij})}-1)\right)^{\frac{1}{m(m-1)}}\right)$$

$$v'=\log_\tau\left(1+\left(\prod_{\substack{i,j=1\\i\neq j}}^{m}(\tau^{1-\log_\tau(1+y_{ij})}-1)\right)^{\frac{1}{m(m-1)}}\right)$$

$$x_{ij}=\frac{\left(\tau^{\left(1-\log_\tau\left(1+\frac{\left(\tau^{1-u_i^q}-1\right)^{mw_i}}{(\tau-1)^{mw_i-1}}\right)\right)}-1\right)^s\left(\tau^{\left(1-\log_\tau\left(1+\frac{\left(\tau^{1-u_j^q}-1\right)^{mw_j}}{(\tau-1)^{mw_j-1}}\right)\right)}-1\right)^t}{(\tau-1)^{s+t-1}}$$

$$y_{ij}=\frac{\left(\tau^{\left(1-\log_\tau\left(1+\frac{\left(\tau^{v_i^q}-1\right)^{mw_i}}{(\tau-1)^{mw_i-1}}\right)\right)}-1\right)^s\left(\tau^{\left(1-\log_\tau\left(1+\frac{\left(\tau^{v_j^q}-1\right)^{mw_j}}{(\tau-1)^{mw_j-1}}\right)\right)}-1\right)^t}{(\tau-1)^{s+t-1}}$$

此外，基于参数 $s$ 和 $t$ 的不同取值，q-ROFWABM$^{s,t}$ 算子同样具有一些特殊情形。

（1）当 $t\to 0$ 时，可得

$$\text{q-ROFWABM}^{s,0}(Q_1,Q_2,\cdots,Q_m)$$
$$=\left\langle g^{-1}\left(\frac{1}{s}g\left(h^{-1}\left(\frac{1}{m}\left(\sum_{i=1}^{m}h(g^{-1}(sg(h^{-1}(mw_ih(u_i)))))\right)\right)\right)\right),\right. \tag{4-61}$$
$$\left.h^{-1}\left(\frac{1}{s}h\left(g^{-1}\left(\frac{1}{m}\left(\sum_{i=1}^{m}g(h^{-1}(sh(g^{-1}(mw_ig(v_i)))))\right)\right)\right)\right)\right\rangle$$

（2）当 $s=1$，$t\to 0$ 时，可得

$$\text{q-ROFWABM}^{1,0}(Q_1,Q_2,\cdots,Q_m)$$
$$=\left\langle h^{-1}\left(\frac{1}{m}\left(\sum_{i=1}^{m}(mw_ih(u_i))\right)\right),g^{-1}\left(\frac{1}{m}\left(\sum_{i=1}^{m}(mw_ig(v_i))\right)\right)\right\rangle \tag{4-62}$$

（3）当 $s \to 0$ 时，可得

$$
\begin{aligned}
&\text{q-ROFWABM}^{0,t}(Q_1,Q_2,\cdots,Q_m) \\
&=\left\langle g^{-1}\left(\frac{1}{t}g\left(h^{-1}\left(\frac{1}{m}\left(\sum_{j=1}^{m}h(g^{-1}(tg(h^{-1}(mw_j h(u_j)))))\right)\right)\right)\right),\right. \\
&\left. h^{-1}\left(\frac{1}{t}h\left(g^{-1}\left(\frac{1}{m}\left(\sum_{j=1}^{m}g(h^{-1}(th(g^{-1}(mw_j g(v_j)))))\right)\right)\right)\right)\right\rangle
\end{aligned}
\tag{4-63}
$$

（4）当 $s=t=1$ 时，可得

$$
\begin{aligned}
&\text{q-ROFWABM}^{1,1}(Q_1,Q_2,\cdots,Q_m) \\
&=\left\langle g^{-1}\left(\frac{1}{2}g\left(h^{-1}\left(\frac{1}{m(m-1)}\left(\sum_{\substack{i,j=1\\ i\neq j}}^{m}h\left(g^{-1}\left(\begin{array}{l}g(h^{-1}(mw_i h(u_i)))\\ +g(h^{-1}(mw_j h(u_j)))\end{array}\right)\right)\right)\right)\right)\right),\right. \\
&\left. h^{-1}\left(\frac{1}{2}h\left(g^{-1}\left(\frac{1}{m(m-1)}\left(\sum_{\substack{i,j=1\\ i\neq j}}^{m}g\left(\begin{array}{l}h^{-1}(h(g^{-1}(mw_i g(v_i)))\\ +h(g^{-1}(mw_j g(v_j))))\end{array}\right)\right)\right)\right)\right)\right\rangle
\end{aligned}
\tag{4-64}
$$

### 4.2.3　基于 Q 阶序对模糊加权 Archimedean BM 算子的多属性决策方法

1. 多属性决策问题描述

假设 $A=\{A_1,A_2,\cdots,A_m\}$ 是一个备选方案集合，以及 $C=\{C_1,C_2,\cdots,C_n\}$ 是一个属性指标集合。假设专家给出的关于备选方案 $A_i$ 的属性指标 $C_j$ 的评价值用一个 Q 阶序对模糊数 $Q_{ij}$ 表示，其形式为 $Q_{ij}=\langle u_{ij},v_{ij}\rangle$，其中 $i=1,2,\cdots,m$，$j=1,2,\cdots,n$，并满足 $u_{ij}\subseteq[0, 1]$，$v_{ij}\subseteq[0, 1]$，$(u_{ij})^q+(v_{ij})^q\leqslant 1$，且 $q\geqslant 1$。令专家所给决策矩阵为 $Q=[Q_{ij}]_{m\times n}$，属性指标集合 $C=\{C_1,C_2,\cdots,C_n\}$ 的权重向量为 $w=(w_1,w_2,\cdots,w_n)^{\mathrm{T}}$，并满足条件 $w_j\in[0,1]$，$\sum_{j=1}^{n}w_j=1$。根据上述信息，在若干备选方案中选出一个最佳方案作为决策目标。

2. 基于 q-ROFWABM 集成算子的多属性决策方法

基于上述理论知识，本节将针对评价数据为 Q 阶序对模糊数的多属性决策问题，采用 q-ROFWABM 集成算子提出一种新的决策方法，具体决策评价步骤如下所示。

步骤 1：将专家决策矩阵进行标准化处理。

在管理决策问题当中，属性指标分为两类：一类是效益型指标，即越大越好；另一类是成本型指标，即越小越好。所以，在处理属性指标的评价值时，首先要将数据进行标准化处理，将所有的数据转化为统一形式，本节将所有的数据类型转化为效益型，具体转化方法如下所示。

$$Q_{ij}=\begin{cases}\langle u_{ij},v_{ij}\rangle, & \text{效益型}\\ \langle v_{ij},u_{ij}\rangle, & \text{成本型}\end{cases} \tag{4-65}$$

步骤 2：利用 q-ROFWABM 集成算子将各个备选方案 $A_i\ (i=1,2,\cdots,m)$ 的数据集成为一个综合的评价值 $Q_i$。

$$Q_i=\text{q-ROFWABM}^{s,t}(Q_{i1},Q_{i2},\cdots,Q_{in}) \tag{4-66}$$

步骤 3：根据定义 2-9 和定义 2-10，分别计算每个备选方案 $A_i\ (i=1,2,\cdots,m)$ 的得分函数值 $S(Q_i)$ 和精确函数值 $H(Q_i)$。

步骤 4：根据定义 2-11 和 $S(Q_i)$、$H(Q_i)\ (i=1,2,\cdots,m)$，对备选方案进行排序，选出最优方案。

### 4.2.4 算例应用

某市为了扩大经济规模，准备从五家公司 $A_1,A_2,A_3,A_4,A_5$ 中选取一家进行招商引资，主要从三个方面进行考察评估，包括企业业务增长能力 $(C_1)$、企业管理水平 $(C_2)$ 和经济效益 $(C_3)$。假设三个属性的权重向量为 $w=(0.3,0.4,0.3)^{\mathrm{T}}$，专家基于三个属性采用 Q 阶序对模糊数 $Q_{ij}=\langle u_{ij},v_{ij}\rangle$ 对五家备选公司进行评估，评估决策为 $Q=[Q_{ij}]\ (i=1,2,3,4,5,\ j=1,2,3)$，具体数据如表 4-4 所示。

**表 4-4　专家所给决策矩阵 $Q$**

| 项目 | $C_1$ | $C_2$ | $C_3$ |
|---|---|---|---|
| $A_1$ | $\langle 0.3,0.4\rangle$ | $\langle 0.4,0.2\rangle$ | $\langle 0.5,0.3\rangle$ |
| $A_2$ | $\langle 0.5,0.2\rangle$ | $\langle 0.4,0.1\rangle$ | $\langle 0.6,0.1\rangle$ |
| $A_3$ | $\langle 0.4,0.5\rangle$ | $\langle 0.7,0.2\rangle$ | $\langle 0.4,0.4\rangle$ |
| $A_4$ | $\langle 0.3,0.6\rangle$ | $\langle 0.6,0.1\rangle$ | $\langle 0.7,0.2\rangle$ |
| $A_5$ | $\langle 0.8,0.1\rangle$ | $\langle 0.6,0.3\rangle$ | $\langle 0.6,0.3\rangle$ |

1. 决策步骤

本例采用 4.2.3 节所提方法进行求解，其中 q-ROFWABM 集成算子采用 Hamacher 运算法则，令参数 $q=1,\ s=1,\ t=1$ 和 $\delta=1.5$。具体步骤如下所示。

步骤 1：将专家决策矩阵进行标准化处理。因评价属性均为效益型，所以无须标准化。

步骤 2：利用 q-ROFWABM 集成算子将各个备选方案 $A_i\ (i=1,2,\cdots,5)$ 的数据集成为一个综合的评价值 $Q_i$，结果如下。

$$Q_1=\langle 0.3966, 0.3072\rangle,\quad Q_2=\langle 0.4935, 0.1390\rangle,\quad Q_3=\langle 0.4925, 0.3753\rangle$$

$$Q_4=\langle 0.5322, 0.2998\rangle,\quad Q_5=\langle 0.6646, 0.2315\rangle$$

步骤 3：根据定义 2-9，计算每个备选方案 $A_i\ (i=1,2,\cdots,5)$ 的得分函数值 $S(\tilde{Q}_i)$。

$$S(\tilde{Q}_1)=0.0894,\quad S(\tilde{Q}_2)=0.3545,\quad S(\tilde{Q}_3)=0.1172$$

$$S(\tilde{Q}_4)=0.2324,\quad S(\tilde{Q}_5)=0.4331$$

注：因为本例仅靠得分函数值 $S(\tilde{Q}_i)$ 就能进行备选企业排序，所以无须计算精确函数值 $H(Q_i)$。

步骤 4：根据定义 2-11 和 $S(\tilde{Q}_i)$，对备选方案进行排序，得到 $A_5 \succ A_2 \succ A_4 \succ A_3 \succ A_1$，因此，公司 $A_5$ 为最佳选择。

2. 特例及参数分析

接下来，本节将利用 4.2.3 节所提方法，采用不同的 Archimedean 运算法则，对算例进行分析（采用 Hamacher 和 Frank 运算法则时，令参数 $\delta=\tau=1.5$），其中参数 $q=1,\ s=1$ 和 $t=1$。基于不同的运算法则得到的实验结果如表 4-5 所示。

**表 4-5　基于不同 Archimedean 运算法则所得实验结果**

| 运算法则 | 得分函数值 $S(\tilde{Q}_i)(i=1,2,3,4,5)$ | 排序结果 |
|---|---|---|
| Algebraic 运算法则 | $S_1=0.0871$，$S_2=0.3558$，$S_3=0.1069$，$S_4=0.2286$，$S_5=0.4318$ | $A_5 \succ A_2 \succ A_4 \succ A_3 \succ A_1$ |
| Einstein 运算法则 | $S_1=0.0914$，$S_2=0.3537$，$S_3=0.1255$，$S_4=0.2365$，$S_5=0.4341$ | $A_5 \succ A_2 \succ A_4 \succ A_3 \succ A_1$ |
| Hamacher 运算法则 | $S_1=0.0894$，$S_2=0.3545$，$S_3=0.1172$，$S_4=0.2324$，$S_5=0.4331$ | $A_5 \succ A_2 \succ A_4 \succ A_3 \succ A_1$ |
| Frank 运算法则 | $S_1=0.0882$，$S_2=0.3551$，$S_3=0.1117$，$S_4=0.2300$，$S_5=0.4323$ | $A_5 \succ A_2 \succ A_4 \succ A_3 \succ A_1$ |

注：为简单起见，令 $S_i$ 表示 $Q_i$ 的得分函数值，表 4-6 也为同样形式。

下面分析 q-ROFWHBM 算子中参数 $s$ 和 $t$ 对排序结果的影响，其中运算法则采用 Hamacher 运算法则，令参数 $q=1,\ \delta=1.5$ ，实验结果如表 4-6 所示。

**表 4-6　基于不同参数 $s$ 和 $t$ 所得实验结果**

| 参数 $s$ 和 $t$ | 得分函数值 $S(\tilde{Q}_i)(i=1,2,3,4,5)$ | 排序结果 |
|---|---|---|
| $s=0$，$t=1$ | $S_1=0.1245$，$S_2=0.3722$，$S_3=0.2135$，$S_4=0.3450$，$S_5=0.4557$ | $A_5 \succ A_2 \succ A_4 \succ A_3 \succ A_1$ |
| $s=1$，$t=1$ | $S_1=0.0894$，$S_2=0.3545$，$S_3=0.1172$，$S_4=0.2324$，$S_5=0.4331$ | $A_5 \succ A_2 \succ A_4 \succ A_3 \succ A_1$ |
| $s=0$，$t=3$ | $S_1=0.1827$，$S_2=0.3985$，$S_3=0.3226$，$S_4=0.4345$，$S_5=0.4824$ | $A_5 \succ A_4 \succ A_2 \succ A_3 \succ A_1$ |
| $s=1$，$t=3$ | $S_1=0.1388$，$S_2=0.3783$，$S_3=0.2095$，$S_4=0.3325$，$S_5=0.4585$ | $A_5 \succ A_2 \succ A_4 \succ A_3 \succ A_1$ |
| $s=3$，$t=1$ | $S_1=0.1040$，$S_2=0.3470$，$S_3=0.1912$，$S_4=0.3045$，$S_5=0.4334$ | $A_5 \succ A_2 \succ A_4 \succ A_3 \succ A_1$ |
| $s=3$，$t=3$ | $S_1=0.1128$，$S_2=0.3598$，$S_3=0.1555$，$S_4=0.3276$，$S_5=0.4422$ | $A_5 \succ A_2 \succ A_4 \succ A_3 \succ A_1$ |
| $s=0$，$t=5$ | $S_1=0.2298$，$S_2=0.4130$，$S_3=0.4214$，$S_4=0.4934$，$S_5=0.5068$ | $A_5 \succ A_4 \succ A_3 \succ A_2 \succ A_1$ |
| $s=1$，$t=5$ | $S_1=0.1884$，$S_2=0.3957$，$S_3=0.3175$，$S_4=0.4120$，$S_5=0.4874$ | $A_5 \succ A_4 \succ A_2 \succ A_3 \succ A_1$ |
| $s=5$，$t=1$ | $S_1=0.1360$，$S_2=0.3549$，$S_3=0.2835$，$S_4=0.3662$，$S_5=0.4466$ | $A_5 \succ A_4 \succ A_2 \succ A_3 \succ A_1$ |
| $s=5$，$t=5$ | $S_1=0.1337$，$S_2=0.3670$，$S_3=0.1755$，$S_4=0.3884$，$S_5=0.4540$ | $A_5 \succ A_4 \succ A_2 \succ A_3 \succ A_1$ |

从表 4-6 可发现，基于不同的参数 $s$ 和 $t$ ，尽管排序结果稍微有些不同，但最优的选择是一样的。这是因为 q-ROFWHBM 算子能够考虑属性之间的相互关系，基于参数 $s$ 和 $t$ 不同的取值，考虑的属性关系情形略有不同，使得排序结果存在差异。当 $s$ 和 $t$ 两个参数中有一个取值为 0 时，意味着 q-ROFWHBM 算子无法考虑属性之间的关联关系。通常，在实际决策应用中，为了便于计算，当考虑属性之间的关联关系时，我们为参数 $s$ 和 $t$ 赋予相等的整数值，如 $s=t=1$ ，当不考虑属性之间的关联关系时，可令参数 $s$ 或 $t$ 取值为 0。

# 4.3 Q 阶序对模糊分区 PBM 算子及其在多属性决策中的应用

## 4.3.1 分区 PBM 算子

**定义 4-9**[204] 假设 $G=(g_1,g_2,\cdots,g_m)$ 是一组非负实数且 $s,t\geqslant 0$，则这组数据通过 PBM 算子集成的结果可表示为

$$\mathrm{PBM}^{s,t}(g_1,g_2,\cdots,g_m)$$

$$=\left(\frac{m-|I|}{m}\left(\frac{1}{m(m-|I|)}\underset{i\notin I}{\oplus} g_i^s\otimes\left(\frac{1}{|C_i|}\underset{j\in C_i}{\oplus} g_j^t\right)\right)^{\frac{s}{s+t}}\oplus\frac{|I|}{m}\left(\frac{1}{|I|}\underset{i\in I}{\oplus} g_i^s\right)\right)^{\frac{1}{s}} \quad (4\text{-}67)$$

其中，$g_i(i=1,2,\cdots,m)$ 之间存在异构关系。根据它们的关系结构，这些输入自变量分为两个不同的子集 $X$ 和 $Y$ $(X\cap Y=\varnothing)$，其中，每个输入自变量 $g_i$ 与非空子集 $G_i$ $(G_i\subset X\setminus\{g_i\})$ 有关系，而每个属性 $g_i$ 在 $Y$ 中是独立的。此外，假定 $C_i$ 和 $I$ 分别代表集合 $G_i$ 和 $Y$ 中所有属性的下标集合，$|C_i|$ 和 $|I|$ 分别表示集合 $C_i$ 和 $I$ 的基数。那么，$\mathrm{PBM}^{s,t}$ 被称为分区 BM 算子。

## 4.3.2 Q 阶序对模糊分区 BM 算子

**定义 4-10**[197] 假设 $Q_i=\langle u_i,v_i\rangle(i=1,2,\cdots,m)$ 是一组 Q 阶序对模糊数，$s,t\geqslant 0$ 且 $q\geqslant 1$，同时 $\text{q-ROFPBM}:\Omega^m\to\Omega$，如果

$$\text{q-ROFPBM}^{s,t}(Q_1,Q_2,\cdots,Q_m)$$

$$=\left(\frac{m-|I|}{m}\left(\frac{1}{m(m-|I|)}\underset{i\notin I}{\oplus} Q_i^s\otimes\left(\frac{1}{|C_k|}\underset{j\in C_k}{\oplus} Q_j^t\right)\right)^{\frac{s}{s+t}}\oplus\frac{|I|}{m}\left(\frac{1}{|I|}\underset{i\in I}{\oplus} Q_i^s\right)\right)^{\frac{1}{s}} \quad (4\text{-}68)$$

其中，$\Omega$ 表示 Q 阶序对模糊数的全部集合，则 q-ROFPBM 被称为 Q 阶序对模糊分区 BM 算子。

根据 Q 阶序对模糊数 Algebraic 运算法则，由式（4-68）可得定理 4-7。

**定理 4-7** 假设 $Q_i=\langle u_i,v_i\rangle(i=1,2,\cdots,m)$ 是一组 Q 阶序对模糊数，$s,t\geqslant 0$ 且 $q\geqslant 1$，那么，根据定义 4-10，集成的结果仍然是一个 Q 阶序对模糊数，并且为

$$\text{q-ROFPBM}^{s,t}(Q_1,Q_2,\cdots,Q_m)$$

$$=\left\langle \left(1-(1-\hat{u}^q)^{\frac{|I|}{m}}\left(1-\left(1-(1-\tilde{u}^q)^{\frac{1}{m-|I|}}\right)^{\frac{s}{s+t}}\right)^{\frac{m-|I|}{m}}\right)^{\frac{1}{s\times q}}, \right. \tag{4-69}$$

$$\left. \left(1-\left(1-\left(1-\left(1-\tilde{v}^{\frac{q}{m-|I|}}\right)^{\frac{s}{s+t}}\right)^{\frac{m-|I|}{m}}\hat{v}^{\frac{|I|\times q}{m}}\right)^{\frac{1}{s}}\right)^{\frac{1}{q}}\right\rangle$$

其中，

$$\tilde{u}=\left(1-\prod_{i\notin I}\left(1-(u_i^s)^q\left(1-\prod_{j\in C_i}(1-(u_j^t)^q)^{\frac{1}{|C_i|}}\right)\right)\right)^{\frac{1}{q}}$$

$$\tilde{v}=\prod_{i\notin I}\left(1-(1-v_i^q)^s\left(1-\prod_{j\in C_i}(1-(1-v_j^q)^t)^{\frac{1}{|C_i|}}\right)\right)^{\frac{1}{q}}$$

$$\hat{u}=\left(1-\prod_{i\in I}(1-(u_i^s)^q)^{\frac{1}{|I|}}\right)^{\frac{1}{q}},\quad \hat{v}=\prod_{i\in I}\left((1-(1-v_i^q)^s)^{\frac{1}{q}}\right)^{\frac{1}{|I|}}$$

**证明**：因为$Q_i^s=\left\langle u_i^s,(1-(1-v_i^q)^s)^{\frac{1}{q}}\right\rangle$，$Q_j^t=\left\langle u_j^t,(1-(1-v_j^q)^t)^{\frac{1}{q}}\right\rangle$，所以

$$\underset{i\in I}{\oplus}Q_i^s=\left\langle\left(1-\prod_{i\in I}(1-(u_i^s)^q)\right)^{\frac{1}{q}},\prod_{i\in I}(1-(1-v_i^q)^s)^{\frac{1}{q}}\right\rangle$$

$$\underset{j\in C_i}{\oplus}Q_j^t=\left\langle\left(1-\prod_{j\in C_i}(1-(u_j^t)^q)\right)^{\frac{1}{q}},\prod_{j\in C_i}(1-(1-v_j^q)^t)^{\frac{1}{q}}\right\rangle$$

$$\frac{1}{|C_i|}\underset{j\in C_i}{\oplus}Q_j^t=\left\langle\left(1-\prod_{j\in C_i}(1-(u_j^t)^q)^{\frac{1}{|C_i|}}\right)^{\frac{1}{q}},\prod_{j\in C_i}\left((1-(1-v_j^q)^t)^{\frac{1}{q}}\right)^{\frac{1}{|C_i|}}\right\rangle$$

$$\frac{1}{|I|}\underset{i\in I}{\oplus}Q_i^s=\left\langle\left(1-\prod_{i\in I}(1-(u_i^s)^q)^{\frac{1}{|I|}}\right)^{\frac{1}{q}},\prod_{i\in I}\left((1-(1-v_i^q)^s)^{\frac{1}{q}}\right)^{\frac{1}{|I|}}\right\rangle=\langle\hat{u},\hat{v}\rangle=\hat{\alpha}$$

$$Q_i^s\otimes\left(\frac{1}{|I|}\underset{i\in I}{\oplus}Q_i^t\right)=\left\langle u_i^s\times\left(1-\prod_{j\in C_i}(1-(u_j^t)^q)^{\frac{1}{|C_i|}}\right)^{\frac{1}{q}},\left(1-(1-v_i^q)^s\times\left(1-\prod_{j\in C_i}(1-(1-v_i^q)^t)^{\frac{1}{|C_i|}}\right)^{\frac{1}{q}}\right)\right\rangle$$

$$\underset{i\notin I}{\oplus}Q_i^s\otimes\left(\frac{1}{|I|}\underset{i\in I}{\oplus}Q_i^t\right)=\left\langle\left(1-\prod_{i\notin I}\left(1-(u_i^s)^q\left(1-\prod_{j\in C_i}(1-(u_j^t)^q)^{\frac{1}{|C_i|}}\right)\right)\right)^{\frac{1}{q}},\right.$$

$$\left.\prod_{i\notin I}\left(1-(1-v_i^q)^s\left(1-\prod_{j\in C_i}(1-(1-v_j^q)^t)^{\frac{1}{|C_i|}}\right)\right)^{\frac{1}{q}}\right\rangle=\langle\tilde{u},\tilde{v}\rangle=\tilde{\alpha}$$

根据以上推导，式（4-69）可以简化为以下表达式：

$$\text{q-ROFPBM}^{s,t}(Q_1,Q_2,\cdots,Q_m)=\left(\frac{m}{m-|I|}\left(\frac{1}{m-|I|}\tilde{\alpha}\right)^{\frac{s}{s+t}}+\frac{|I|}{m}\hat{\alpha}\right)^{\frac{1}{s}}$$

并且与上述计算过程类似，可获得以下结果：

$$\frac{1}{m-|I|}\tilde{\alpha}=\left\langle\left(1-(1-\tilde{u}_i^q)^{\frac{1}{m-|I|}}\right)^{\frac{1}{q}},\tilde{v}_i^{\frac{1}{m-|I|}}\right\rangle$$

$$\left(\frac{1}{m-|I|}\tilde{\alpha}\right)^{\frac{s}{s+t}}=\left\langle\left(\left(1-(1-\tilde{u}_i^q)^{\frac{1}{m-|I|}}\right)^{\frac{1}{q}}\right)^{\frac{s}{s+t}},\left(1-\left(1-\tilde{v}_i^{\frac{q}{m-|I|}}\right)^{\frac{s}{s+t}}\right)^{\frac{1}{q}}\right\rangle$$

$$\frac{m-|I|}{m}\left(\frac{1}{m-|I|}\tilde{\alpha}\right)^{\frac{s}{s+t}}=\left\langle\left(1-\left(1-\left(1-(1-\tilde{u}_i^q)^{\frac{1}{m-|I|}}\right)^{\frac{s}{s+t}}\right)^{\frac{m-|I|}{m}}\right)^{\frac{1}{q}},\left(\left(1-\left(1-\tilde{v}_i^{\frac{q}{m-|I|}}\right)^{\frac{s}{s+t}}\right)^{\frac{1}{q}}\right)^{\frac{m-|I|}{m}}\right\rangle$$

随后，

$$\frac{|I|}{m}\hat{\alpha}=\left\langle\left(1-(1-\hat{u}_i^q)^{\frac{|I|}{m}}\right)^{\frac{1}{q}},\hat{v}_i^{\frac{|I|}{m}}\right\rangle$$

进而可得

$$\frac{m-|I|}{m}\left(\frac{1}{m-|I|}\tilde{\alpha}\right)^{\frac{s}{s+t}}+\frac{|I|}{m}\hat{\alpha}$$

$$=\left\langle\left(1-(1-\hat{u}_i^q)^{\frac{|I|}{m}}\left(1-\left(1-(1-\tilde{u}_i^q)^{\frac{1}{m-|I|}}\right)^{\frac{s}{s+t}}\right)^{\frac{m-|I|}{m}}\right)^{\frac{1}{q}},\hat{v}_i^{\frac{|I|}{m}}\left(\left(1-\left(1-\tilde{v}_i^{\frac{q}{m-|I|}}\right)^{\frac{s}{s+t}}\right)^{\frac{1}{q}}\right)^{\frac{m-|I|}{m}}\right\rangle$$

因此，

$$\left(\frac{m-|I|}{m}\left(\frac{1}{m-|I|}\tilde{\alpha}\right)^{\frac{s}{s+t}}+\frac{|I|}{m}\hat{\alpha}\right)^{\frac{1}{s}}$$

$$=\left\langle\left(1-(1-\hat{u}_i^q)^{\frac{|I|}{m}}\left(1-\left(1-(1-\tilde{u}_i^q)^{\frac{1}{m-|I|}}\right)^{\frac{s}{s+t}}\right)^{\frac{m-|I|}{m}}\right)^{\frac{1}{s\times q}},\left(1-\left(1-\left(1-\left(1-\tilde{v}_i^{\frac{q}{m-|I|}}\right)^{\frac{s}{s+t}}\right)^{\frac{m-|I|}{m}}\hat{v}^{\frac{|I|\times q}{m}}\right)^{\frac{1}{s}}\right)^{\frac{1}{q}}\right\rangle$$

证毕。

**例 4-3**　假设 $Q_1=\langle 0.7,0.5\rangle$，$Q_2=\langle 0.6,0.3\rangle$，$Q_3=\langle 0.8,0.6\rangle$，$Q_4=\langle 0.5,0.4\rangle$ 是四个 Q 阶序对模糊数，这四个 Q 阶序对模糊数之间存在异构关系，即存在子集 $C_1=\{Q_2,Q_3,Q_4\}$，$C_2=\{Q_1,Q_3\}$，$C_3=\{Q_1,Q_2\}$，$C_4=\{Q_2\}$。所以，可以看到所有属性都是相互依赖的（即$|I|=0$），并且每个属性与某些属性有关系，但并非所有属性都有关系。因此，利用 q-ROFPBM 算子对上述四个 Q 阶序对模糊数进行集成（假设 $s=1,\ t=1$ 并且 $q=2$），计算结果如下：

$$\text{q-ROFPBM}^{1,1}(Q_1,Q_2,Q_3,Q_4)$$

$$=\left(\frac{1}{4}\otimes\left(Q_1\otimes\left(\frac{Q_2\oplus Q_3\oplus Q_4}{3}\right)\oplus Q_2\otimes\left(\frac{Q_1\oplus Q_3}{2}\right)\oplus Q_3\otimes\left(\frac{Q_1\oplus Q_2}{2}\right)\right)\right)^{\frac{1}{2}}$$

$$=\langle 0.6683,0.4394\rangle$$

从而可得 $\text{q-ROFPBM}^{1,1}(Q_1,Q_2,Q_3,Q_4)=\langle 0.6683,0.4394\rangle$。

下面将探讨 q-ROFPBM 算子的一些性质。

**性质 4-16（幂等性）**　假设 $\{Q_1,Q_2,\cdots,Q_m\}$ 是一组 Q 阶序对模糊数，如果所有 $Q_i\ (i=1,2,\cdots,m)$ 都相等，即 $Q_i=Q=\langle u,v\rangle$，$i=1,2,\cdots,m$，则

$$\text{q-ROFPBM}^{s,t}(Q_1,Q_2,\cdots,Q_m)=Q \tag{4-70}$$

**证明**：根据定理 4-7，可得

$$\tilde{u}=\left(1-\prod_{i\notin I}\left(1-(u_i^s)^q\left(1-\prod_{j\in C_i}(1-(u_j^t)^q)^{\frac{1}{|C_i|}}\right)\right)\right)^{\frac{1}{q}}$$

$$=\left(1-\prod_{i\notin I}\left(1-(u^s)^q\left(1-(1-(u^t)^q)^{\frac{1}{|C_i|}\times|C_i|}\right)\right)\right)^{\frac{1}{q}}$$

$$=(1-(1-(u^{s+t})^q)^{m-|I|})^{\frac{1}{q}}$$

$$\tilde{v}=\prod_{i\notin I}\left(1-(1-v_i^q)^s\left(1-\prod_{j\in C_i}(1-(1-v_j^q)^t)^{\frac{1}{|C_i|}}\right)\right)^{\frac{1}{q}}$$

$$=\prod_{i\notin I}\left(1-(1-v^q)^s\left(1-(1-(1-v^q)^t)^{\frac{1}{|C_i|}\times|C_i|}\right)\right)^{\frac{1}{q}}$$

$$=(1-(1-v^q)^{s+t})^{\frac{m-|I|}{q}}$$

$$\hat{u}=\left(1-\prod_{i\in I}(1-(u_i^s)^q)^{\frac{1}{|I|}}\right)^{\frac{1}{q}}=\left(1-(1-(u^s)^q)^{\frac{1}{|I|}\times|I|}\right)^{\frac{1}{q}}=u^s$$

$$\hat{v}=\prod_{i\in I}\left((1-(1-v_i^q)^s)^{\frac{1}{q}}\right)^{\frac{1}{|I|}}=\left((1-(1-v^q)^s)^{\frac{1}{q}}\right)^{\frac{1}{|I|}\times|I|}=(1-(1-v^q)^s)^{\frac{1}{q}}$$

因此，式（4-69）的第一部分为

$$\left(1-(1-\hat{u}^q)^{\frac{|I|}{m}}\left(1-\left(1-(1-\tilde{u}^q)^{\frac{1}{m-|I|}}\right)^{\frac{s}{s+t}}\right)^{\frac{m-|I|}{m}}\right)^{\frac{1}{s\times q}}$$

$$=\left(1-(1-u^{s\times q})^{\frac{|I|}{m}}\left(1-\left(1-(1-u^{(s+t)\times q})^{\frac{1}{m-|I|}\times(m-|I|)}\right)^{\frac{s}{s+t}}\right)^{\frac{m-|I|}{m}}\right)^{\frac{1}{s\times q}}$$

$$=\left(1-(1-u^{s\times q})^{\frac{|I|}{m}}(1-u^{s\times q})^{\frac{m-|I|}{m}}\right)^{\frac{1}{s\times q}}=u$$

式（4-69）的第二部分为

$$\left(1-\left(1-\left(1-\left(1-\tilde{v}^{\frac{q}{m-|I|}}\right)^{\frac{s}{s+t}}\right)^{\frac{m-|I|}{m}}\hat{v}^{\frac{|I|\times q}{m}}\right)^{\frac{1}{s}}\right)^{\frac{1}{q}}$$

$$=\left(1-\left(1-\left(1-\left(1-\left(\left(1-(1-v^q)^{s+t}\right)^{\frac{m-|I|}{q}}\right)^{\frac{q}{m-|I|}}\right)^{\frac{s}{s+t}}\right)^{\frac{m-|I|}{m}}\left(1-(1-v^q)^s\right)^{\frac{|I|}{m}}\right)^{\frac{1}{s}}\right)^{\frac{1}{q}}$$

$$=\left(1-\left(1-(1-(1-(1-(1-v^q)^s)))^{\frac{m-|I|}{m}}(1-(1-v^q)^s)^{\frac{|I|}{m}}\right)^{\frac{1}{s}}\right)^{\frac{1}{q}}=v$$

进而可得 $\text{q-ROFPBM}^{s,t}(Q_1,Q_2,\cdots,Q_m)=Q$。

**性质 4-17（单调性）** 假设 $\{Q_1',Q_2',\cdots,Q_m'\}$ 和 $\{Q_1,Q_2,\cdots,Q_m\}$ 是两组 Q 阶序对模糊数的集合，如果对于所有 $i=1,2,\cdots,m$ 都有 $Q_i'=\langle u_i',v_i'\rangle$，$Q_i=\langle u_i,v_i\rangle$，且 $u_i'\geqslant u_i$，$v_i'\leqslant v_i$，则

$$\text{q-ROFPBM}^{s,t}(Q_1',Q_2',\cdots,Q_m')\geqslant \text{q-ROFPBM}^{s,t}(Q_1,Q_2,\cdots,Q_m)\tag{4-71}$$

**证明：** 假设 $\text{q-ROFPBM}^{s,t}(Q_1',Q_2',\cdots,Q_m')=\langle u',v'\rangle$，$\text{q-ROFPBM}^{s,t}(Q_1,Q_2,\cdots,Q_m)=\langle u,v\rangle$，则

$$\tilde{u}'=\left(1-\prod_{i\notin I}\left(1-(u_i'^{s})^q\left(1-\prod_{j\in C_i}(1-(u_j'^{t})^q)^{\frac{1}{|C_i|}}\right)\right)\right)^{\frac{1}{q}}$$

$$\geqslant\tilde{u}=\left(1-\prod_{i\notin I}\left(1-(u_i^{s})^q\left(1-\prod_{j\in C_i}(1-(u_j^{t})^q)^{\frac{1}{|C_i|}}\right)\right)\right)^{\frac{1}{q}}$$

$$\Rightarrow\left(1-\left(1-(1-u_i'^{q})^{\frac{1}{m-|I|}}\right)^{\frac{s}{s+t}}\right)^{\frac{m-|I|}{m}}\geqslant\left(1-\left(1-(1-\tilde{u}_i^{q})^{\frac{1}{m-|I|}}\right)^{\frac{s}{s+t}}\right)^{\frac{m-|I|}{m}}$$

$$\hat{u}'=\left(1-\prod_{\varepsilon\in I}(1-(u_i'^{s})^q)^{\frac{1}{|I|}}\right)^{\frac{1}{q}}\geqslant\hat{u}=\left(1-\prod_{\varepsilon\in I}(1-(u_i^{s})^q)^{\frac{1}{|I|}}\right)^{\frac{1}{q}}$$

$$(1-\hat{u}'^{q})^{\frac{|I|}{m}}\left(1-\left(1-(1-\tilde{u}'^{q})^{\frac{1}{m-|I|}}\right)^{\frac{s}{s+t}}\right)^{\frac{m-|I|}{m}} \geqslant (1-\hat{u}^{q})^{\frac{|I|}{m}}\left(1-\left(1-(1-\tilde{u}^{q})^{\frac{1}{m-|I|}}\right)^{\frac{s}{s+t}}\right)^{\frac{m-|I|}{m}}$$

$$\Rightarrow\left(1-(1-\hat{u}'^{q})^{\frac{|I|}{m}}\left(1-\left(1-(1-\tilde{u}'^{q})^{\frac{1}{m-|I|}}\right)^{\frac{s}{s+t}}\right)\right)^{\frac{1}{s\times q}} \geqslant \left(1-(1-\hat{u}^{q})^{\frac{|I|}{m}}\left(1-\left(1-(1-\tilde{u}^{q})^{\frac{1}{m-|I|}}\right)^{\frac{s}{s+t}}\right)\right)^{\frac{1}{s\times q}}$$

$\Rightarrow u' \geqslant u$

同理，可得 $v' \geqslant v$。

因此，可得 $\text{q-ROFPBM}^{s,t}(Q_1',Q_2',\cdots,Q_m') \geqslant \text{q-ROFPBM}^{s,t}(Q_1,Q_2,\cdots,Q_m)$。

**性质 4-18（有界性）** 假设 $Q_i=\langle u_i,v_i\rangle(i=1,2,\cdots,m)$ 是一组 Q 阶序对模糊数，且 $Q^+=\left\langle \max_{i=1}^{m}(u_i),\min_{i=1}^{m}(v_i)\right\rangle$，$Q^-=\left\langle \min_{i=1}^{m}(u_i),\max_{i=1}^{m}(v_i)\right\rangle$，则

$$Q^- \leqslant \text{q-ROFPBM}^{s,t}(Q_1,Q_2,\cdots,Q_m) \leqslant Q^+ \tag{4-72}$$

由 q-ROFPBM 算子的幂等性和单调性可容易证得 q-ROFPBM 算子的有界性，故省略。

接下来，针对参数 $s$、$t$ 和 $q$ 来研究 $\text{q-ROFPBM}^{s,t}$ 算子的一些特殊情况。

（1）当 $|I|=m$ 时，所有属性是各自独立的，可得

$$\begin{aligned}&\text{q-ROFPBM}^{s,t}(Q_1,Q_2,\cdots,Q_m)\\&=\left\langle\left(1-\left(\prod_{i=1}^{m}(1-u_i^{qs})^{\frac{1}{m}}\right)^{\frac{1}{q}}\right)^{\frac{1}{s}},\left(1-\left(1-\left(\prod_{i=1}^{m}(1-(1-v_i^{q})^{s})\right)^{\frac{1}{m}}\right)^{\frac{1}{s}}\right)^{\frac{1}{q}}\right\rangle\end{aligned} \tag{4-73}$$

（2）当 $|I|=0$ 时，没有独立的属性，并且每个属性与所有其他属性都有关联，则 q-ROFPBM 算子退化为 q-ROFBM 算子，可得

$$\begin{aligned}&\text{q-ROFBM}^{s,t}(Q_1,Q_2,\cdots,Q_m)\\&=\left\langle\left(1-\left(\prod_{\substack{i,j=1\\i\neq j}}^{m}(1-(u_i^{s}u_j^{t})^{q})\right)^{\frac{1}{m(m-1)}}\right)^{\frac{1}{q(s+t)}},\right.\end{aligned}$$

$$\left.\left(1-\left(1-\left(\prod_{\substack{i,j=1\\i\neq j}}^{m}(2-(1-v_i^q)^s-(1-v_j^q)^t-(1-(1-v_i^q)^s)(1-(1-v_j^q)^t))\right)^{\frac{1}{m(m-1)}}\right)^{\frac{1}{s+t}}\right)^{\frac{1}{q}}\right\rangle \tag{4-74}$$

（3）当 $t=0$ 时，可得

$$\begin{aligned}&\text{q-ROFPBM}^{s,0}(Q_1,Q_2,\cdots,Q_m)\\&=\left(\frac{m-|I|}{m}\left(\frac{1}{m(m-|I|)}\underset{i\notin I}{\oplus}Q_i^s\otimes\left(\frac{1}{|C_i|}\underset{j\in C_i}{\oplus}Q_j^0\right)\right)^{\frac{s}{s+0}}\oplus\frac{|I|}{m}\left(\frac{1}{|I|}\underset{i\in I}{\oplus}Q_i^s\right)\right)^{\frac{1}{s}} \quad (4\text{-}75)\\&=\left(\frac{1}{m}\sum_{i\notin I}Q_i^s+\frac{1}{m}\sum_{i\in I}Q_i^s\right)^{\frac{1}{s}}=\left(\frac{1}{m}\sum_{i=1}^{m}Q_i^s\right)^{\frac{1}{s}}\end{aligned}$$

（4）当 $s=1$，$t=0$ 时，可得

$$\begin{aligned}&\text{q-ROFPBM}^{1,0}(Q_1,Q_2,\cdots,Q_m)\\&=\left(\frac{m-|I|}{m}\left(\frac{1}{m(m-|I|)}\underset{i\notin I}{\oplus}Q_i\right)\oplus\frac{|I|}{m}\left(\frac{1}{|I|}\underset{i\in I}{\oplus}Q_i^s\right)\right)^{\frac{1}{s}} \quad (4\text{-}76)\\&=\frac{1}{m}\sum_{i=1}^{m}Q_i\end{aligned}$$

（5）当 $s\to 0$，$t=0$ 时，可得

$$\text{q-ROFPBM}^{0,0}(Q_1,Q_2,\cdots,Q_m)=\lim_{s\to 0}\left(\frac{1}{m}\sum_{i=1}^{m}Q_i^s\right)^{\frac{1}{s}}=\left(\prod_{i=1}^{m}Q_i\right)^{\frac{1}{m}} \tag{4-77}$$

### 4.3.3　Q 阶序对模糊加权分区 BM 算子

q-ROFPBM 算子可以考虑输入参数之间的相互关系，但没有考虑参数的重要性。接下来，本节将定义 Q 阶序对模糊加权分区 BM 算子。

**定义 4-11**[197]　假设 $Q_i=\langle u_i,v_i\rangle(i=1,2,\cdots,m)$ 是一组 Q 阶序对模糊数，$s,t\geqslant 0$ 且 $q\geqslant 1$。同时，$\text{q-ROFWPBM}:\varOmega^m\to\varOmega$，如果

$$
\begin{aligned}
&\text{q-ROFWPBM}^{s,t}(Q_1,Q_2,\cdots,Q_m)\\
&=\left(\left(1-\sum_{i\in I}w_i\right)\otimes\left(\frac{1}{1-\sum\limits_{i\in I}w_i}\underset{i\notin I}{\oplus}w_iQ_i^s\otimes\left(\frac{1}{\sum\limits_{j\in C_i}w_j}\underset{j\in C_i}{\oplus}w_jQ_j^t\right)\right)^{\frac{s}{s+t}}\oplus\left(\sum_{i\in I}w_i\right)\oplus\left(\frac{1}{\sum\limits_{i\in I}w_i}\underset{i\in I}{\oplus}w_iQ_i^s\right)\right)^{\frac{1}{s}}
\end{aligned}
\tag{4-78}
$$

其中，$\Omega$ 表示所有 Q 阶序对模糊数的集合且 $w=(w_1,w_2,\cdots,w_m)^{\mathrm{T}}$ 是 $(Q_1,Q_2,\cdots,Q_m)$ 的权重向量，其满足 $w_i\in[0,1]$，$\sum\limits_{i=1}^{m}w_i=1$，则 q-ROFWPBM 被称为 Q 阶序对模糊加权分区 BM 算子。

根据 Q 阶序对模糊数 Algebraic 运算法则，由式（4-78）可得定理 4-8。

**定理 4-8**　假设 $Q_i=\langle u_i,v_i\rangle(i=1,2,\cdots,m)$ 是一组 Q 阶序对模糊数，同时 $s,t\geqslant 0$ 且 $q\geqslant 1$，$\text{q-ROFWPBM}^{s,t}(Q_1,Q_2,\cdots,Q_m)$ 集成结果仍是 Q 阶序对模糊数，并且为

$$
\begin{aligned}
&\text{q-ROFWPBM}^{s,t}(Q_1,Q_2,\cdots,Q_m)\\
&=\left\langle\left(1-(1-\hat{u}_w^q)^{\sum_{i\in I}w_i}\left(1-\left(1-(1-\tilde{u}_w^q)^{\frac{1}{1-\sum_{i\in I}w_i}}\right)^{\frac{s}{s+t}}\right)^{1-\sum_{i\in I}w_i}\right)^{\frac{1}{s\times q}},\right.\\
&\left.\left(1-\left(1-\left(1-\left(1-\tilde{v}_w^{\frac{q}{1-\sum_{i\in I}w_i}}\right)^{\frac{s}{s+t}}\right)^{1-\sum_{i\in I}w_i}\hat{v}_w^{q\sum_{i\in I}w_i}\right)^{\frac{1}{s}}\right)^{\frac{1}{q}}\right\rangle
\end{aligned}
\tag{4-79}
$$

其中，

$$
\tilde{u}=\left(1-\prod_{i\in I}\left(1-(1-(1-u_i^{s\times q})^{w_i})\times\left(1-\prod_{j\in C_i}\left(1-(u_j^{t\times q})^{\frac{w_j}{\sum_{j\in C_i}w_j}}\right)\right)\right)\right)^{\frac{1}{q}}
$$

$$\tilde{v}=\prod_{i\notin I}\left(1-(1-(1-(1-v_i^q)^j)^{w_i})\times\left(1-\prod_{j\in C_i}(1-(1-v_j^q)^i)^{\frac{w_j}{\sum_{j\in C_i}w_j}}\right)\right)^{\frac{1}{q}}$$

$$\hat{u}=\left(1-\prod_{i\in I}(1-(u_i^s)^q)^{\frac{w_i}{\sum_{i\in I}w_i}}\right)^{\frac{1}{q}},\quad \hat{v}=\prod_{i\in I}(1-(1-v_i^q)^s)^{\frac{w_i}{\sum_{i\in I}w_i}\times\frac{1}{q}}$$

此证明与定理 4-7 的证明类似，故省略。

下面将探讨 q-ROFWPBM 算子的一些性质。

**性质 4-19（幂等性）** 假设 $\{Q_1,Q_2,\cdots,Q_m\}$ 是一组 Q 阶序对模糊数的集合，如果所有 $Q_i\ (i=1,2,\cdots,m)$ 都相等，即 $Q_i=Q=\langle u,v\rangle$，$i=1,2,\cdots,m$，则

$$\text{q-ROFWPBM}^{s,t}(Q_1,Q_2,\cdots,Q_m)=Q \tag{4-80}$$

**性质 4-20（单调性）** 假设 $\{Q_1',Q_2',\cdots,Q_m'\}$ 和 $\{Q_1,Q_2,\cdots,Q_m\}$ 是两组 Q 阶序对模糊数的集合，如果对于所有 $i=1,2,\cdots,m$ 都有 $Q_i'=\langle u_i',v_i'\rangle$，$Q_i=\langle u_i,v_i\rangle$，且 $u_i'\geqslant u_i$，$v_i'\leqslant v_i$，则

$$\text{q-ROFWPBM}^{s,t}(Q_1',Q_2',\cdots,Q_m')\geqslant \text{q-ROFWPBM}^{s,t}(Q_1,Q_2,\cdots,Q_m) \tag{4-81}$$

**性质 4-21（有界性）** 假设 $Q_i=\langle u_i,v_i\rangle(i=1,2,\cdots,m)$ 是一组 Q 阶序对模糊数，且 $Q^+=\langle u_{\max}^+,v_{\min}^+\rangle$，$Q^-=\langle u_{\min}^-,v_{\max}^-\rangle$，则

$$Q^-\leqslant \text{q-ROFWPBM}^{s,t}(Q_1,Q_2,\cdots,Q_m)\leqslant Q^+ \tag{4-82}$$

### 4.3.4 基于 Q 阶序对模糊加权分区 BM 算子的多属性决策方法

假设 $A=\{A_1,A_2,\cdots,A_m\}$ 表示所有方案的集合，$C=\{C_1,C_2,\cdots,C_n\}$ 表示所有属性的集合。若 $Q_{ij}=\langle u_{ij},v_{ij}\rangle$ 是一组 Q 阶序对模糊数，其表示决策者对方案 $A_i$ 给定的属性 $C_j$ 的评价值，$Q=[Q_{ij}]_{m\times n}$ 是评价决策矩阵。$w=(w_1,w_2,\cdots,w_n)^{\mathrm{T}}$ 表示属性 $\{C_1,C_2,\cdots,C_n\}$ 的权重向量且满足 $w_j\in[0,1]$，$\sum_{j=1}^{n}w_j=1$。根据上述信息在若干备选方案中选出一个最佳方案是决策目标。

基于 q-ROFWPBM 算子的多属性决策方法具体步骤如下。

步骤 1：决策信息规范化。

众所周知，效益属性和成本属性是评价价值的两种类型。为了消除不同属性类型对决策结果的影响，需要对决策矩阵进行规范化处理。

将成本型属性值转化为效益型属性值，转化后的决策矩阵用 $\tilde{Q}=[\tilde{Q}_{ij}]_{m\times n}$ 表示，

其中，

$$\tilde{Q}_{ij}=\langle\tilde{u}_{ij},\tilde{v}_{ij}\rangle=\begin{cases}\langle u_{ij},v_{ij}\rangle, & \text{效益型}\\ \langle v_{ij},u_{ij}\rangle, & \text{成本型}\end{cases}\tag{4-83}$$

步骤 2：利用 q-ROFWPBM 算子

$$Q_i=\langle u_i,v_i\rangle=\text{q-ROFWPBM}^{s,t}(Q_{i1},Q_{i2},\cdots,Q_{in})\tag{4-84}$$

聚合得到方案的综合评价值 $Q_i(i=1,2,\cdots,m)$。

步骤 3：计算方案综合评价值 $Q_i(i=1,2,\cdots,m)$ 的得分函数 $S(Q_i)$ 和精确函数 $H(Q_i)$。

步骤 4：方案排序。根据得分函数值和精确函数值对所有备选方案进行排序，选出最佳方案。

### 4.3.5　算例应用

美国一家大型自行车制造商已准备好在亚洲市场扩展业务[205]。经过大量的早期检查工作，选择了不同国家中的四个潜在位置，即 $A=\{A_1,A_2,A_3,A_4\}$。此外，该制造商的管理层选择了五个属性来评估这些替代方案：市场 $(C_1)$、投资成本 $(C_2)$、劳动力特征 $(C_3)$、基础设施 $(C_4)$、未来发展 $(C_5)$。其中，属性权重设置为 $w=(0.1963,0.2244,0.2066,0.2134,0.1593)^{\mathrm{T}}$，这些属性之间存在异质关系，其中，属性 $C_1$ 与属性 $C_4$ 存在关联关系，属性 $C_2$ 与属性 $C_3$ 和属性 $C_5$ 存在关联关系，属性 $C_2$ 与属性 $C_3$ 和属性 $C_4$ 存在关联关系，属性 $C_1$ 与属性 $C_3$ 和属性 $C_4$ 存在关联关系，属性 $C_2$ 与属性 $C_5$ 存在关联关系。其关系可以表示为子集 $G_1=\{C_1,C_4\}$，$G_2=\{C_2,C_3,C_5\}$，$G_3=\{C_2,C_3,C_4\}$，$G_4=\{C_1,C_3,C_4\}$，$G_5=\{C_2,C_5\}$。为了提高专家评估过程中的自由度和灵活性，选择 Q 阶序对模糊数来描述专家的偏好。专家给出的评估信息如表 4-7 所示。

**表 4-7　专家所给 Q 阶序对模糊决策矩阵**

| 项目 | $C_1$ | $C_2$ | $C_3$ | $C_4$ | $C_5$ |
|---|---|---|---|---|---|
| $A_1$ | $\langle 0.8,0.1\rangle$ | $\langle 0.6,0.2\rangle$ | $\langle 0.7,0.4\rangle$ | $\langle 0.7,0.6\rangle$ | $\langle 0.6,0.3\rangle$ |
| $A_2$ | $\langle 0.7,0.5\rangle$ | $\langle 0.7,0.2\rangle$ | $\langle 0.6,0.4\rangle$ | $\langle 0.6,0.3\rangle$ | $\langle 0.9,0.5\rangle$ |
| $A_3$ | $\langle 0.7,0.2\rangle$ | $\langle 0.5,0.4\rangle$ | $\langle 0.6,0.2\rangle$ | $\langle 0.5,0.4\rangle$ | $\langle 0.5,0.5\rangle$ |
| $A_4$ | $\langle 0.6,0.3\rangle$ | $\langle 0.7,0.5\rangle$ | $\langle 0.8,0.3\rangle$ | $\langle 0.8,0.2\rangle$ | $\langle 0.9,0.2\rangle$ |

下面是采用基于 q-ROFWPBM 算子的多属性决策方法解决此算例的具体步骤。

步骤 1：决策信息规范化。

根据式（4-83）对数据进行规范化处理得到表 4-8。

**表 4-8　决策者给出的规范化后的 Q 阶序对模糊决策矩阵**

| 项目 | $C_1$ | $C_2$ | $C_3$ | $C_4$ | $C_5$ |
|---|---|---|---|---|---|
| $A_1$ | $\langle 0.8, 0.1\rangle$ | $\langle 0.2, 0.6\rangle$ | $\langle 0.7, 0.4\rangle$ | $\langle 0.7, 0.6\rangle$ | $\langle 0.6, 0.3\rangle$ |
| $A_2$ | $\langle 0.7, 0.5\rangle$ | $\langle 0.2, 0.7\rangle$ | $\langle 0.6, 0.4\rangle$ | $\langle 0.6, 0.3\rangle$ | $\langle 0.9, 0.5\rangle$ |
| $A_3$ | $\langle 0.7, 0.2\rangle$ | $\langle 0.4, 0.5\rangle$ | $\langle 0.6, 0.2\rangle$ | $\langle 0.5, 0.4\rangle$ | $\langle 0.5, 0.5\rangle$ |
| $A_4$ | $\langle 0.6, 0.3\rangle$ | $\langle 0.5, 0.7\rangle$ | $\langle 0.8, 0.3\rangle$ | $\langle 0.8, 0.2\rangle$ | $\langle 0.9, 0.2\rangle$ |

步骤 2：利用 q-ROFWPBM 算子计算得到方案综合评价值，如式（4-84）所示，其中假设 $q=3$，$s=t=1$。然后，可得 $Q_1=\langle 0.6762, 0.2353\rangle$，$Q_2=\langle 0.5822, 0.3838\rangle$，$Q_3=\langle 0.5449, 0.2516\rangle$，$Q_4=\langle 0.7353, 0.2658\rangle$。

步骤 3：计算方案综合评价值的得分函数 $S(Q_i)(i=1,2,3,4)$，我们可以得到 $S(Q_1)=0.2961$，$S(Q_2)=0.1408$，$S(Q_3)=0.1459$，$S(Q_4)=0.3788$。

步骤 4：方案排序。基于方案得分函数值即可得出排序，结果为 $A_4 \succ A_1 \succ A_3 \succ A_2$。因此，最佳方案为 $A_4$。

## 4.4　本 章 小 结

BM 算子可以处理属性指标具有两两关联关系的决策情形，参数调节较灵活。同时，考虑到三角模运算符在处理决策信息时具有的优点，以及现实决策情形中属性关联关系更为复杂的情形，本章分为三个部分进行研究。第一部分首先将 BM 算子扩展到 Q 阶序对模糊环境中，提出了 q-ROFBM 算子，然后研究了它的一些性质和特例。然后考虑到不同属性指标的重要度问题，提出了 q-ROFWBM 算子。同时，将 Q 阶序对模糊数与 GBM 算子相结合，提出了 q-ROFGBM 算子和 q-ROFWGBM 算子，并研究了它们的一些性质和特例。最后，基于 q-ROFWBM 算子和 q-ROFWGBM 算子构建了多属性群决策方法，又给出其具体步骤，并通过应用算例验证了其有效性。第二部分首先基于 Archimedean 运算法则，提出了 q-ROFABM 算子和 q-ROFWABM 算子，然后研究了它们的一些性质和特例，最后基于 q-ROFWABM 算子，构建了多属性决策方法，又给出其具体步骤，并通过应用算例验证了其有效性。第三部分考虑属性分区的问题，将 Q 阶序对模糊数与 PBM 算子相结合，提出了 q-ROFPBM 算子和 q-ROFWPBM 算子，并研究了它们的一些性质和特例，最后，基于 q-ROFWPBM 算子构建多属性决策方法，并给出其具体步骤，又通过应用算例验证了其有效性。

# 第5章　基于Q阶序对模糊MSM集成算子的多属性决策方法

MSM 算子能够考虑多个集成参数之间的相互关联关系，在信息集成中具有较好的灵活性。利用 MSM 算子集成决策评价信息具有独特的优势，其能够考虑不同属性之间的相互关联关系，使得集成结果更加符合现实决策情境。所以，本章将 MSM 算子扩展到 Q 阶序对模糊环境中，提出一系列基于 Q 阶序对模糊数的 MSM 集成算子。

## 5.1　Q阶序对模糊幂MSM算子及其在多属性群决策中的应用

### 5.1.1　幂平均算子和 MSM 算子

幂平均算子能够通过计算集成数据之间的相互支持度，进而分配给每个集成数据一个相应的权重，所以能够消除极端值对集成结果的影响。

**定义 5-1**[82]　假设 $\{x_1,x_2,\cdots,x_m\}$ 是一组非负实数集合，则这组数据通过幂平均算子集成的结果可表示为

$$\mathrm{PA}(x_1,x_2,\cdots,x_m)=\frac{\sum_{\varepsilon=1}^{m}(1+T(x_\varepsilon))x_\varepsilon}{\sum_{\varepsilon=1}^{m}(1+T(x_\varepsilon))} \tag{5-1}$$

其中，$T(x_\varepsilon)=\sum_{\substack{l=1\\ l\neq\varepsilon}}^{m}\mathrm{Sup}(x_\varepsilon,x_l)$，$\mathrm{Sup}(x_\varepsilon,x_l)=1-d(x_\varepsilon,x_l)$，$\mathrm{Sup}(x_\varepsilon,x_l)$ 表示 Q 阶序对模糊数 $x_\varepsilon$ 和 $x_l$ 之间的支持度，并满足以下几个性质：

（1）$\mathrm{Sup}(x_\varepsilon,x_l)\in[0,1]$；

（2）$\mathrm{Sup}(x_\varepsilon,x_l)=\mathrm{Sup}(x_l,x_\varepsilon)$；

（3）如果 $|x_\varepsilon-x_l|<|x_s-x_t|$，则 $\mathrm{Sup}(x_\varepsilon,x_l)\geqslant\mathrm{Sup}(x_s,x_t)$，其中 $1\leqslant\varepsilon,l,s,t\leqslant m$。

MSM 集成算子具有一个灵活可变的参数，其能够考虑任意个集成参数之间的相关关系，可以是各自独立的，也可以是多个参数之间关联的。

**定义 5-2**[109]　假设 $\{x_1,x_2,\cdots,x_m\}$ 是一组非负实数集合，则这组数据通过 MSM 算子集成的结果可表示为

$$\mathrm{MSM}(x_1,x_2,\cdots,x_m)=\left(\frac{\sum\limits_{1\leqslant\varepsilon_1<\cdots<\varepsilon_k\leqslant m}\prod\limits_{j=1}^{k}x_{\varepsilon_j}}{C_m^k}\right)^{\frac{1}{k}} \tag{5-2}$$

其中，$\varepsilon_1,\varepsilon_2,\cdots,\varepsilon_k$ 包含了从 $1,2,\cdots,m$ 中选出 $k$ 个数的所有自由组合，其个数用 $C_m^k=\dfrac{m!}{k!(m-k)!}$ 表示。

其中，MSM 算子具有以下性质：

（1）$\mathrm{MSM}^{(k)}(0,0,\cdots,0)=0$，$\mathrm{MSM}^{(k)}(x,x,\cdots,x)=x$；

（2）如果对于所有 $\varepsilon$ 有 $x_\varepsilon\leqslant y_\varepsilon$，则 $\mathrm{MSM}^{(k)}(x_1,x_2,\cdots,x_n)\leqslant\mathrm{MSM}^{(k)}(y_1,y_2,\cdots,y_n)$；

（3）$\min\limits_{\varepsilon}\{x_\varepsilon\}\leqslant\mathrm{MSM}^{(k)}(x_1,x_2,\cdots,x_m)\leqslant\max\limits_{\varepsilon}\{x_\varepsilon\}$，其中 $1\leqslant\varepsilon\leqslant m$。

### 5.1.2　Q 阶序对模糊 MSM 算子

**定义 5-3**[56]　假设 $\{Q_1,Q_2,\cdots,Q_m\}$ 是一组 Q 阶序对模糊数的集合，其中 $Q_\varepsilon=\langle u_\varepsilon,v_\varepsilon\rangle$ $(\varepsilon=1,2,\cdots,m)$ 且 $q\geqslant1$，则集合 $\{Q_1,Q_2,\cdots,Q_m\}$ 的 q-ROFMSM 可被定义为

$$\text{q-ROFMSM}(Q_1,Q_2,\cdots,Q_m)=\left(\frac{\sum\limits_{1\leqslant\varepsilon_1<\cdots<\varepsilon_k\leqslant m}\prod\limits_{j=1}^{k}Q_{\varepsilon_j}}{C_m^k}\right)^{\frac{1}{k}} \tag{5-3}$$

其中，$\varepsilon_1,\varepsilon_2,\cdots,\varepsilon_k$ 包含了从 $1,2,\cdots,m$ 中选出 $k$ 个数的所有自由组合，其个数用 $C_m^k=\dfrac{m!}{k!(m-k)!}$ 表示，且 $1\leqslant k\leqslant m$。

基于 Q 阶序对模糊数 Algebraic 运算法则可得到关于 q-ROFMSM 算子的定理 5-1。

**定理 5-1**　假设 $\{Q_1,Q_2,\cdots,Q_m\}$ 是一组 Q 阶序对模糊数的集合，其中 $\tilde{Q}_\varepsilon=\langle u_\varepsilon,v_\varepsilon\rangle(\varepsilon=1,2,\cdots,m)$ 且 $q\geqslant1$，则 $\text{q-ROFMSM}(Q_1,Q_2,\cdots,Q_m)$ 的集成结果同样是 Q 阶序对模糊数，并且为

$$\text{q-ROFMSM}(Q_1,Q_2,\cdots,Q_m)$$

$$=\left\langle\left(\left(1-\left(\prod_{\substack{1\leqslant\varepsilon_1<\cdots\\<\varepsilon_k\leqslant m}}\left(1-\prod_{j=1}^{k}u_{\varepsilon_j}^q\right)^{\frac{1}{C_m^k}}\right)\right)^{\frac{1}{q}}\right)^{\frac{1}{k}},\left(1-\left(1-\left(\prod_{\substack{1\leqslant\varepsilon_1<\cdots\\<\varepsilon_k\leqslant m}}\left(1-\prod_{j=1}^{k}(1-v_{\varepsilon_j}^q)\right)^{\frac{1}{C_m^k}}\right)\right)^{\frac{1}{k}}\right)^{\frac{1}{q}}\right\rangle \tag{5-4}$$

**证明**：基于 Q 阶序对模糊数 Algebraic 运算法则，能够得到

$$\prod_{j=1}^{k}\tilde{Q}_{\varepsilon_j}=\left\langle \prod_{j=1}^{k}u_{\varepsilon_j},\left(1-\prod_{j=1}^{k}(1-v_{\varepsilon_j}^{q})\right)^{\frac{1}{q}}\right\rangle$$

进而可得

$$\sum_{1\leqslant\varepsilon_1<\cdots<\varepsilon_k\leqslant m}\prod_{j=1}^{k}\tilde{Q}_{\varepsilon_j}=\left\langle\left(1-\prod_{\substack{1\leqslant\varepsilon_1<\cdots\\<\varepsilon_k\leqslant m}}\left(1-\prod_{j=1}^{k}u_{\varepsilon_j}^{q}\right)\right)^{\frac{1}{q}},\prod_{\substack{1\leqslant\varepsilon_1<\cdots\\<\varepsilon_k\leqslant m}}\left(1-\prod_{j=1}^{k}(1-v_{\varepsilon_j}^{q})\right)^{\frac{1}{q}}\right\rangle$$

$$\frac{\sum\limits_{1\leqslant\varepsilon_1<\cdots<\varepsilon_k\leqslant m}\prod\limits_{j=1}^{k}\tilde{Q}_{\varepsilon_j}}{C_m^k}=\left\langle\left(1-\left(\prod_{\substack{1\leqslant\varepsilon_1<\cdots\\<\varepsilon_k\leqslant m}}\left(1-\prod_{j=1}^{k}u_{\varepsilon_j}^{q}\right)\right)^{\frac{1}{C_m^k}}\right)^{\frac{1}{q}},\left(\prod_{\substack{1\leqslant\varepsilon_1<\cdots\\<\varepsilon_k\leqslant m}}\left(1-\prod_{j=1}^{k}(1-v_{\varepsilon_j}^{q})\right)^{\frac{1}{C_m^k}}\right)^{\frac{1}{q}}\right\rangle$$

所以，最终可得

$$\left(\frac{\sum\limits_{1\leqslant\varepsilon_1<\cdots<\varepsilon_k\leqslant m}\prod\limits_{j=1}^{k}\tilde{Q}_{\varepsilon_j}}{C_m^k}\right)^{\frac{1}{k}}$$

$$=\left\langle\left(\left(1-\left(\prod_{\substack{1\leqslant\varepsilon_1<\cdots\\<\varepsilon_k\leqslant m}}\left(1-\prod_{j=1}^{k}u_{\varepsilon_j}^{q}\right)\right)^{\frac{1}{C_m^k}}\right)^{\frac{1}{q}}\right)^{\frac{1}{k}},\left(1-\left(1-\left(\prod_{\substack{1\leqslant\varepsilon_1<\cdots\\<\varepsilon_k\leqslant m}}\left(1-\prod_{j=1}^{k}(1-v_{\varepsilon_j}^{q})\right)^{\frac{1}{C_m^k}}\right)\right)^{\frac{1}{k}}\right)^{\frac{1}{q}}\right\rangle$$

证毕。

同时，q-ROFMSM 算子具有以下几个特性。

**性质 5-1（幂等性）**　假设 $\{Q_1,Q_2,\cdots,Q_m\}$ 是一组 Q 阶序对模糊数的集合，其中 $Q_\varepsilon=\langle u_\varepsilon,v_\varepsilon\rangle(\varepsilon=1,2,\cdots,m)$ 且 $q\geqslant1$。如果 $Q_\varepsilon=Q=\langle u,v\rangle$，则

$$\text{q-ROFMSM}(Q_1,Q_2,\cdots,Q_m)=Q \tag{5-5}$$

**证明**：由定理 5-1 可得

$$\left(\frac{\sum\limits_{1\leqslant\varepsilon_1<\cdots<\varepsilon_k\leqslant m}\prod\limits_{j=1}^{k}\tilde{Q}_{\varepsilon_j}}{C_m^k}\right)^{\frac{1}{k}}$$

$$=\left\langle\left(\left(1-\left(\prod_{\substack{1\leqslant\varepsilon_1<\cdots\\<\varepsilon_k\leqslant m}}\left(1-\prod_{j=1}^{k}u_{\varepsilon_j}^{q}\right)^{\frac{1}{C_m^k}}\right)\right)^{\frac{1}{q}}\right)^{\frac{1}{k}},\left(1-\left(1-\left(\prod_{\substack{1\leqslant\varepsilon_1<\cdots\\<\varepsilon_k\leqslant m}}\left(1-\prod_{j=1}^{k}(1-v_{\varepsilon_j}^{q})\right)^{\frac{1}{C_m^k}}\right)\right)^{\frac{1}{k}}\right)^{\frac{1}{q}}\right\rangle$$

$$=\left\langle\left(\left(1-\left(\prod_{\substack{1\leqslant\varepsilon_1<\cdots\\<\varepsilon_k\leqslant m}}(1-u^{kq})^{\frac{1}{C_m^k}}\right)\right)^{\frac{1}{q}}\right)^{\frac{1}{k}},\left(1-\left(1-\left(\prod_{\substack{1\leqslant\varepsilon_1<\cdots\\<\varepsilon_k\leqslant m}}(1-(1-v^{q})^{k})^{\frac{1}{C_m^k}}\right)\right)^{\frac{1}{k}}\right)^{\frac{1}{q}}\right\rangle$$

$$=\left\langle\left((1-(1-u^{kq}))^{\frac{1}{q}}\right)^{\frac{1}{k}},\left(1-(1-(1-(1-v^{q})^{k}))^{\frac{1}{k}}\right)^{\frac{1}{q}}\right\rangle$$

$$=\left\langle\left((u^{kq})^{\frac{1}{q}}\right)^{\frac{1}{k}},(1-(1-v^{q}))^{\frac{1}{q}}\right\rangle=\langle u,v\rangle=Q$$

所以，可得 $\text{q-ROFMSM}(Q_1,Q_2,\cdots,Q_m)=Q$，证毕。

**性质 5-2（交换性）**　假设 $\{Q_1,Q_2,\cdots,Q_m\}$ 是一组 Q 阶序对模糊数的集合，其中 $Q_\varepsilon=\langle u_\varepsilon,v_\varepsilon\rangle(\varepsilon=1,2,\cdots,m)$ 且 $q\geqslant 1$。如果集合 $\{Q_1',Q_2',\cdots,Q_m'\}$ 为集合 $\{Q_1,Q_2,\cdots,Q_m\}$ 中元素的任意排列组合，且 $Q_\varepsilon'=\langle u_\varepsilon',v_\varepsilon'\rangle(\varepsilon=1,2,\cdots,m)$，则

$$\text{q-ROFMSM}(Q_1,Q_2,\cdots,Q_m)=\text{q-ROFMSM}(Q_1',Q_2',\cdots,Q_m') \tag{5-6}$$

**证明：**由定理 5-1 可得

$\text{q-ROFMSM}(Q_1,Q_2,\cdots,Q_m)$

$$=\left\langle\left(\left(1-\left(\prod_{\substack{1\leqslant\varepsilon_1<\cdots\\<\varepsilon_k\leqslant m}}\left(1-\prod_{j=1}^{k}u_{\varepsilon_j}^{q}\right)^{\frac{1}{C_m^k}}\right)\right)^{\frac{1}{q}}\right)^{\frac{1}{k}},\left(1-\left(1-\left(\prod_{\substack{1\leqslant\varepsilon_1<\cdots\\<\varepsilon_k\leqslant m}}\left(1-\prod_{j=1}^{k}(1-v_{\varepsilon_j}^{q})\right)^{\frac{1}{C_m^k}}\right)\right)^{\frac{1}{k}}\right)^{\frac{1}{q}}\right\rangle$$

$\text{q-ROFMSM}(Q_1',Q_2',\cdots,Q_m')$

$$=\left\langle\left(\left(1-\left(\prod_{\substack{1\leqslant\varepsilon_1<\cdots\\<\varepsilon_k\leqslant m}}\left(1-\prod_{j=1}^{k}u_{\varepsilon_j}'^{q}\right)^{\frac{1}{C_m^k}}\right)\right)^{\frac{1}{q}}\right)^{\frac{1}{k}},\left(1-\left(1-\left(\prod_{\substack{1\leqslant\varepsilon_1<\cdots\\<\varepsilon_k\leqslant m}}\left(1-\prod_{j=1}^{k}(1-v_{\varepsilon_j}'^{q})\right)^{\frac{1}{C_m^k}}\right)\right)^{\frac{1}{k}}\right)^{\frac{1}{q}}\right\rangle$$

由于集合 $\{Q'_1,Q'_2,\cdots,Q'_m\}$ 中元素与集合 $\{Q_1,Q_2,\cdots,Q_m\}$ 中元素仅排列顺序不同，所以

$$\left(\left(1-\left(\prod_{\substack{1\leqslant\varepsilon_1<\cdots\\<\varepsilon_k\leqslant m}}\left(1-\prod_{j=1}^{k}u_{\varepsilon_j}^{q}\right)^{\frac{1}{C_m^k}}\right)\right)^{\frac{1}{q}}\right)^{\frac{1}{k}}=\left(\left(1-\left(\prod_{\substack{1\leqslant\varepsilon_1<\cdots\\<\varepsilon_k\leqslant m}}\left(1-\prod_{j=1}^{k}u_{\varepsilon_j}'^{q}\right)^{\frac{1}{C_m^k}}\right)\right)^{\frac{1}{q}}\right)^{\frac{1}{k}}$$

$$\left(1-\left(1-\left(\prod_{\substack{1\leqslant\varepsilon_1<\cdots\\<\varepsilon_k\leqslant m}}\left(1-\prod_{j=1}^{k}(1-v_{\varepsilon_j}^{q})\right)^{\frac{1}{C_m^k}}\right)\right)^{\frac{1}{k}}\right)^{\frac{1}{q}}=\left(1-\left(1-\left(\prod_{\substack{1\leqslant\varepsilon_1<\cdots\\<\varepsilon_k\leqslant m}}\left(1-\prod_{j=1}^{k}(1-v_{\varepsilon_j}'^{q})\right)^{\frac{1}{C_m^k}}\right)\right)^{\frac{1}{k}}\right)^{\frac{1}{q}}$$

所以，$\text{q-ROFMSM}(Q_1,Q_2,\cdots,Q_m)=\text{q-ROFMSM}(Q'_1,Q'_2,\cdots,Q'_m)$，证毕。

**性质 5-3（单调性）**　假设 $\{Q_1,Q_2,\cdots,Q_m\}$ 和 $\{Q'_1,Q'_2,\cdots,Q'_m\}$ 是两组 Q 阶序对模糊数的集合，$Q_\varepsilon=\langle u_\varepsilon,v_\varepsilon\rangle$ 和 $Q'_\varepsilon=\langle u'_\varepsilon,v'_\varepsilon\rangle$ 且 $\varepsilon=1,2,\cdots,m$，$q\geqslant1$。如果对于两组集合中所有的 $\varepsilon$ 都存在 $u_\varepsilon\geqslant u'_\varepsilon$，$v_\varepsilon\leqslant v'_\varepsilon$，则

$$\text{q-ROFMSM}(Q_1,Q_2,\cdots,Q_m)\geqslant\text{q-ROFMSM}(Q'_1,Q'_2,\cdots,Q'_m)\tag{5-7}$$

**证明**：因为对于所有的 $k$ 有 $u_k\geqslant u'_k\geqslant0$，$0\leqslant v_k\leqslant v'_k$，那么

$$1-\prod_{j=1}^{k}u_{\varepsilon_j}^{q}\leqslant1-\prod_{j=1}^{k}u_{\varepsilon_j}'^{q}\Rightarrow\prod_{\substack{1\leqslant\varepsilon_1<\cdots\\<\varepsilon_k\leqslant m}}\left(1-\prod_{j=1}^{k}u_{\varepsilon_j}^{q}\right)^{\frac{1}{C_m^k}}\leqslant\prod_{\substack{1\leqslant\varepsilon_1<\cdots\\<\varepsilon_k\leqslant m}}\left(1-\prod_{j=1}^{k}u_{\varepsilon_j}'^{q}\right)^{\frac{1}{C_m^k}}$$

$$\Rightarrow\left(\left(1-\left(\prod_{\substack{1\leqslant\varepsilon_1<\cdots\\<\varepsilon_k\leqslant m}}\left(1-\prod_{j=1}^{k}u_{\varepsilon_j}^{q}\right)^{\frac{1}{C_m^k}}\right)\right)^{\frac{1}{q}}\right)^{\frac{1}{k}}\geqslant\left(\left(1-\left(\prod_{\substack{1\leqslant\varepsilon_1<\cdots\\<\varepsilon_k\leqslant m}}\left(1-\prod_{j=1}^{k}u_{\varepsilon_j}'^{q}\right)^{\frac{1}{C_m^k}}\right)\right)^{\frac{1}{q}}\right)^{\frac{1}{k}}$$

同理，

$$\prod_{j=1}^{k}(1-v_{\varepsilon_j}^{q})\geqslant\prod_{j=1}^{k}(1-v_{\varepsilon_j}'^{q})\Rightarrow\prod_{\substack{1\leqslant\varepsilon_1<\cdots\\<\varepsilon_k\leqslant m}}\left(1-\prod_{j=1}^{k}(1-v_{\varepsilon_j}^{q})\right)^{\frac{1}{C_m^k}}\leqslant\prod_{\substack{1\leqslant\varepsilon_1<\cdots\\<\varepsilon_k\leqslant m}}\left(1-\prod_{j=1}^{k}(1-v_{\varepsilon_j}'^{q})\right)^{\frac{1}{C_m^k}}$$

$$\Rightarrow\left(1-\left(\prod_{\substack{1\leqslant\varepsilon_1<\cdots\\<\varepsilon_k\leqslant m}}\left(1-\prod_{j=1}^{k}(1-v_{\varepsilon_j}^{q})\right)^{\frac{1}{C_m^k}}\right)\right)^{\frac{1}{k}}\geqslant\left(1-\left(\prod_{\substack{1\leqslant\varepsilon_1<\cdots\\<\varepsilon_k\leqslant m}}\left(1-\prod_{j=1}^{k}(1-v_{\varepsilon_j}'^{q})\right)^{\frac{1}{C_m^k}}\right)\right)^{\frac{1}{k}}$$

$$\Rightarrow\left(1-\left(1-\left(\prod_{\substack{1\leqslant\varepsilon_1<\cdots\\<\varepsilon_k\leqslant m}}\left(1-\prod_{j=1}^{k}(1-v_{\varepsilon_j}^{q})\right)^{\frac{1}{C_m^k}}\right)\right)^{\frac{1}{k}}\right)^{\frac{1}{q}}\leqslant\left(1-\left(1-\left(\prod_{\substack{1\leqslant\varepsilon_1<\cdots\\<\varepsilon_k\leqslant m}}\left(1-\prod_{j=1}^{k}(1-v_{\varepsilon_j}'^{q})\right)^{\frac{1}{C_m^k}}\right)\right)^{\frac{1}{k}}\right)^{\frac{1}{q}}$$

所以，由定义 2-8 可得 $\text{q-ROFMSM}(Q_1,Q_2,\cdots,Q_m)\geqslant\text{q-ROFMSM}(Q_1',Q_2',\cdots,Q_m')$，证毕。

**性质 5-4（有界性）**　假设 $\{Q_1,Q_2,\cdots,Q_m\}$ 是一组 Q 阶序对模糊数集合，其中 $Q_\varepsilon=\langle u_\varepsilon,v_\varepsilon\rangle(\varepsilon=1,2,\cdots,m)$ 且 $q\geqslant1$。若 $Q^-=\left(\min\limits_{1\leqslant\varepsilon\leqslant m}(u_\varepsilon),\max\limits_{1\leqslant\varepsilon\leqslant m}(v_\varepsilon)\right)$，$Q^+=\left(\max\limits_{1\leqslant\varepsilon\leqslant m}(u_\varepsilon),\min\limits_{1\leqslant\varepsilon\leqslant m}(v_\varepsilon)\right)$，则

$$Q^-\leqslant\text{q-ROFMSM}(Q_1,Q_2,\cdots,Q_m)\leqslant Q^+\tag{5-8}$$

**证明**：由性质 5-3 易证得，此处省略。

下面，q-ROFMSM 算子关于参数 $k$ 的单调性将被进一步讨论。为便于证明，首先引入以下两个公理。

**公理 5-1（麦克劳林不等式）**　假设 $\{x_1,x_2,\cdots,x_m\}$ 是一组非负实数集合，对于 $k=1,2,\cdots,m$，则

$$\text{MSM}^{(1)}(x_1,x_2,\cdots,x_m)\geqslant\text{MSM}^{(2)}(x_1,x_2,\cdots,x_m)\geqslant\cdots\geqslant\text{MSM}^{(m)}(x_1,x_2,\cdots,x_m)\tag{5-9}$$

当且仅当 $x_1=x_2=\cdots=x_m$ 时，等号成立。

**公理 5-2**　假设 $x_i>0$，$y_i>0(i=1,2,\cdots,m)$，且 $\sum\limits_{i=1}^{m}y_i=1$，则

$$\prod_{i=1}^{m}x_i^{y_i}\leqslant\sum_{i=1}^{m}x_iy_i\tag{5-10}$$

当且仅当 $x_1=x_2=\cdots=x_m$ 时，等号成立。

**性质 5-5**　假设 $\{Q_1,Q_2,\cdots,Q_m\}$ 是一组 Q 阶序对模糊数集合，当参数 $q$ 不变时，$\text{q-ROFMSM}(Q_1,Q_2,\cdots,Q_m)$ 关于参数 $k$ 单调递减。

**证明**：根据定理 5-1，可得

$\text{q-ROFMSM}(Q_1,Q_2,\cdots,Q_m)$

$$=\left\langle\left(\left(1-\left(\prod_{\substack{1\leqslant\varepsilon_1<\cdots\\<\varepsilon_k\leqslant m}}\left(1-\prod_{j=1}^{k}u_{\varepsilon_j}^{q}\right)^{\frac{1}{C_m^k}}\right)\right)^{\frac{1}{q}}\right)^{\frac{1}{k}},\left(1-\left(1-\left(\prod_{\substack{1\leqslant\varepsilon_1<\cdots\\<\varepsilon_k\leqslant m}}\left(1-\prod_{j=1}^{k}(1-v_{\varepsilon_j}^{q})\right)^{\frac{1}{C_m^k}}\right)\right)^{\frac{1}{k}}\right)^{\frac{1}{q}}\right\rangle$$

令

$$f(k)=\left(\left(1-\left(\prod_{\substack{1\leqslant\varepsilon_1<\cdots\\<\varepsilon_k\leqslant m}}\left(1-\prod_{j=1}^{k}u_{\varepsilon_j}^{q}\right)^{\frac{1}{C_m^k}}\right)\right)^{\frac{1}{q}}\right)^{\frac{1}{k}},\quad g(k)=\left(1-\left(1-\left(\prod_{\substack{1\leqslant\varepsilon_1<\cdots\\<\varepsilon_k\leqslant m}}\left(1-\prod_{j=1}^{k}(1-v_{\varepsilon_j}^{q})\right)^{\frac{1}{C_m^k}}\right)\right)^{\frac{1}{k}}\right)^{\frac{1}{q}}$$

首先，证明函数 $f(k)$ 关于参数 $k$ 单调递减。

根据公理 5-1 和公理 5-2，我们有

$$f(k)=\left(\left(1-\left(\prod_{\substack{1\leqslant\varepsilon_1<\cdots\\<\varepsilon_k\leqslant m}}\left(1-\prod_{j=1}^{k}u_{\varepsilon_j}^{q}\right)^{\frac{1}{C_m^k}}\right)\right)^{\frac{1}{q}}\right)^{\frac{1}{k}}\geqslant\left(\left(1-\left(\sum_{\substack{1\leqslant\varepsilon_1<\cdots\\<\varepsilon_k\leqslant m}}\frac{1-\prod_{j=1}^{k}u_{\varepsilon_j}^{q}}{C_m^k}\right)\right)^{\frac{1}{q}}\right)^{\frac{1}{k}}$$

$$\left(\left(1-\left(1-\sum_{\substack{1\leqslant\varepsilon_1<\cdots\\<\varepsilon_k\leqslant m}}\frac{\prod_{j=1}^{k}u_{\varepsilon_j}^{q}}{C_m^k}\right)\right)^{\frac{1}{q}}\right)^{\frac{1}{k}}=\left(\left(\sum_{\substack{1\leqslant\varepsilon_1<\cdots\\<\varepsilon_k\leqslant m}}\frac{\prod_{j=1}^{k}u_{\varepsilon_j}^{q}}{C_m^k}\right)^{\frac{1}{q}}\right)^{\frac{1}{k}}$$

下面采用反证法证明。假设函数 $f(k)$ 关于参数 $k$ 单调递增，那么 $f(m)>f(m-1)>\cdots>f(1)$，然而，

$$f(1)\geqslant\left(\left(\sum_{1\leqslant\varepsilon_j<m}\frac{\prod_{j=1}^{1}u_{\varepsilon_j}^{q}}{C_m^1}\right)^{\frac{1}{q}}\right)^{\frac{1}{1}}=\left(\frac{\sum_{\varepsilon=1}^{m}u_{\varepsilon}^{q}}{m}\right)^{\frac{1}{q}}$$

$$f(m)=\left(\left(\sum_{\substack{1\leqslant\varepsilon_1<\cdots\\<\varepsilon_m\leqslant m}}\frac{\prod_{j=1}^{m}u_{\varepsilon_j}^{q}}{C_m^m}\right)^{\frac{1}{q}}\right)^{\frac{1}{m}}=\left(\left(\prod_{j=1}^{m}u_{\varepsilon_j}^{q}\right)^{\frac{1}{m}}\right)^{\frac{1}{q}}>f(1)\geqslant\left(\left(\sum_{1\leqslant\varepsilon_j<m}\frac{\prod_{j=1}^{1}u_{\varepsilon_j}^{q}}{C_m^1}\right)^{\frac{1}{q}}\right)^{\frac{1}{1}}=\left(\frac{\sum_{\varepsilon=1}^{m}u_{\varepsilon}^{q}}{m}\right)^{\frac{1}{q}}$$

即 $\left(\left(\prod_{j=1}^{m}u_{\varepsilon_j}^{q}\right)^{\frac{1}{m}}\right)^{\frac{1}{q}}>\left(\frac{\sum_{\varepsilon=1}^{m}u_{\varepsilon}^{q}}{m}\right)^{\frac{1}{q}}$。

根据公理 5-2 可知 $\left(\left(\prod_{j=1}^{m}u_{\varepsilon_j}^{q}\right)^{\frac{1}{m}}\right)^{\frac{1}{q}} \leqslant \left(\frac{\sum_{\varepsilon=1}^{m}u_{\varepsilon}^{q}}{m}\right)^{\frac{1}{q}}$，这与假设矛盾，所以函数 $f(k)$ 关于参数 $k$ 单调递减。同理可证，$g(k)$ 关于参数 $k$ 单调递增。

通过定义 2-9，我们有 $S(k)=f^{q}(k)-g^{q}(k)$，对于任意的 $k\in[1,m]$ 且 $k$ 为整数，我们能够得到 $S(k+1)-S(k)=f^{q}(k+1)-f^{q}(k)-(g^{q}(k+1)-g^{q}(k))$。

因为 $f(k)$ 关于参数 $k$ 单调递减，$g(k)$ 关于参数 $k$ 单调递增，且 $q\geqslant1$，所以 $f^{q}(k+1)-f^{q}(k)<0$，$g^{q}(k+1)-g^{q}(k)>0$，所以 $S(k+1)-S(k)<0$，即 $S(k+1)<S(k)$。所以 q-ROFMSM$(Q_1,Q_2,\cdots,Q_m)$ 关于参数 $k$ 单调递减，证毕。

下面，基于参数 $q$ 的不同取值，讨论 q-ROFMSM 算子的一些特例。

（1）当 $q$=1，$k$=1 时，q-ROFMSM 算子将退化为直觉模糊平均（intuitionistic fuzzy averaging，IFA）算子[3]，如下所示：

$$\text{q-ROFMSM}(Q_1,Q_2,\cdots,Q_m)^{(q=1,k=1)}$$

$$=\left\langle\left(\left(1-\left(\prod_{1\leqslant\varepsilon_1\leqslant m}\left(1-\prod_{j=1}^{1}u_{\varepsilon_j}^{1}\right)^{\frac{1}{C_m^1}}\right)\right)^{\frac{1}{1}}\right)^{\frac{1}{1}},\ \left(1-\left(1-\left(\prod_{1\leqslant\varepsilon_1\leqslant m}\left(1-\prod_{j=1}^{1}(1-v_{\varepsilon_j}^{1})\right)^{\frac{1}{C_m^1}}\right)\right)^{\frac{1}{1}}\right)^{\frac{1}{1}}\right\rangle$$

$$=\left\langle 1-\prod_{1\leqslant\varepsilon\leqslant m}(1-u_{\varepsilon})^{\frac{1}{n}},\ \prod_{1\leqslant\varepsilon\leqslant m}v_{\varepsilon}^{\frac{1}{n}}\right\rangle=\text{IFA}(Q_1,Q_2,\cdots,Q_m)$$

（2）当 $q$=1，$k$=2 时，q-ROFMSM 算子将退化为直觉模糊 BM（intuitionistic fuzzy Bonferroni mean，IFBM）算子（$p=q=1$），如下所示：

$$\text{q-ROFMSM}(Q_1,Q_2,\cdots,Q_m)^{(q=1,k=2)}$$

$$=\left\langle\left(\left(1-\left(\prod_{1\leqslant\varepsilon_1<\varepsilon_2\leqslant m}\left(1-\prod_{j=1}^{2}u_{\varepsilon_j}^{1}\right)^{\frac{1}{C_m^2}}\right)\right)^{\frac{1}{1}}\right)^{\frac{1}{2}},\left(1-\left(1-\left(\prod_{1\leqslant\varepsilon_1<\varepsilon_2\leqslant m}\left(1-\prod_{j=1}^{2}(1-v_{\varepsilon_j}^{1})\right)^{\frac{1}{C_m^2}}\right)\right)^{\frac{1}{2}}\right)^{\frac{1}{1}}\right\rangle$$

$$=\left\langle\left(1-\left(\prod_{\substack{\varepsilon_1,\varepsilon_2=1\\ \varepsilon_1\neq\varepsilon_2}}^{m}(1-u_{\varepsilon_1}u_{\varepsilon_2})\right)^{\frac{1}{m(m-1)}}\right)^{\frac{1}{2}},1-\left(1-\prod_{\substack{\varepsilon_1,\varepsilon_2=1\\ \varepsilon_1\neq\varepsilon_2}}^{m}(1-(1-v_{\varepsilon_1})(1-v_{\varepsilon_2}))^{\frac{1}{m(m-1)}}\right)^{\frac{1}{2}}\right\rangle$$

$$=\text{IFBM}^{1,1}(Q_1,Q_2,\cdots,Q_m)$$

（3）当 $q$=1，$k$=$m$ 时，q-ROFMSM 算子将退化为以下形式：

$$\text{q-ROFMSM}(Q_1,Q_2,\cdots,Q_m)^{(q=1,k=m)}$$

$$=\left\langle \left(\left(1-\left(\prod_{\substack{1\leqslant\varepsilon_1<\cdots\\<\varepsilon_k\leqslant m}}\left(1-\prod_{j=1}^{m}u_{\varepsilon_j}^{1}\right)^{\frac{1}{C_m^m}}\right)\right)^{\frac{1}{1}}\right)^{\frac{1}{m}},1-\left(1-\left(1-\left(\prod_{\substack{1\leqslant\varepsilon_1<\cdots\\<\varepsilon_k\leqslant m}}\left(1-\prod_{j=1}^{m}(1-v_{\varepsilon_j}^{1})\right)^{\frac{1}{C_m^m}}\right)\right)^{\frac{1}{m}}\right)^{\frac{1}{1}}\right\rangle$$

$$=\left\langle \left(\prod_{j=1}^{m}u_{\varepsilon_j}^{\frac{1}{m}}\right),1-\left(\prod_{j=1}^{m}(1-v_{\varepsilon_j})\right)^{\frac{1}{m}}\right\rangle$$

（4）当 $q$=2，$k$=1 时，q-ROFMSM 算子将退化为毕达哥拉斯模糊平均（Pythagorean fuzzy averaging，PFA）算子，如下所示：

$$\text{q-ROFMSM}(Q_1,Q_2,\cdots,Q_m)^{(q=2,k=1)}$$

$$=\left\langle \left(\left(1-\left(\prod_{1\leqslant\varepsilon_1\leqslant m}\left(1-\prod_{j=1}^{1}u_{\varepsilon_j}^{2}\right)^{\frac{1}{C_m^1}}\right)\right)^{\frac{1}{2}}\right)^{\frac{1}{1}},\left(1-\left(1-\left(\prod_{1\leqslant\varepsilon_1\leqslant m}\left(1-\prod_{j=1}^{1}(1-v_{\varepsilon_j}^{2})\right)^{\frac{1}{C_m^1}}\right)\right)^{\frac{1}{1}}\right)^{\frac{1}{2}}\right\rangle$$

$$=\left\langle \sqrt{1-\prod_{1\leqslant\varepsilon\leqslant m}(1-u_{\varepsilon}^{2})^{\frac{1}{n}}},\ \prod_{1\leqslant\varepsilon\leqslant m}v_{\varepsilon}^{\frac{1}{n}}\right\rangle=\text{PFA}(Q_1,Q_2,\cdots,Q_m)$$

（5）当 $q$=2，$k$=2 时，q-ROFMSM 算子将退化为毕达哥拉斯模糊 BM（Pythagorean fuzzy Bonferroni mean，PFBM）算子（$p=q=1$），如下所示：

$$\text{q-ROFMSM}(\tilde{Q}_1,\tilde{Q}_2,\cdots,\tilde{Q}_m)^{(q=2,k=2)}$$

$$=\left\langle \left(\left(1-\left(\prod_{1\leqslant\varepsilon_1<\varepsilon_2\leqslant m}\left(1-\prod_{j=1}^{2}u_{\varepsilon_j}^{2}\right)^{\frac{1}{C_m^2}}\right)\right)^{\frac{1}{2}}\right)^{\frac{1}{2}},\left(1-\left(1-\left(\prod_{1\leqslant\varepsilon_1<\varepsilon_2\leqslant m}\left(1-\prod_{j=1}^{2}(1-v_{\varepsilon_j}^{2})\right)^{\frac{1}{C_m^2}}\right)\right)^{\frac{1}{2}}\right)^{\frac{1}{2}}\right\rangle$$

$$=\left\langle \left(\sqrt{1-\left(\prod_{\substack{\varepsilon_1,\varepsilon_2=1\\ \varepsilon_1\neq\varepsilon_2}}^{m}(1-u_{\varepsilon_1}^{2}u_{\varepsilon_2}^{2})\right)^{\frac{1}{m(m-1)}}}\right)^{\frac{1}{2}},\sqrt{1-\left(1-\prod_{\substack{\varepsilon_1,\varepsilon_2=1\\ \varepsilon_1\neq\varepsilon_2}}^{m}(1-(1-v_{\varepsilon_1}^{2})(1-v_{\varepsilon_2}^{2}))^{\frac{1}{m(m-1)}}\right)^{\frac{1}{2}}}\right\rangle$$

$$=\text{PFBM}^{1,1}(\tilde{Q}_1,\tilde{Q}_2,\cdots,\tilde{Q}_m)$$

（6）当$q$=2，$k$=$m$时，q-ROFMSM 算子将退化为以下形式：

$$\text{q-ROFMSM}(\tilde{Q}_1,\tilde{Q}_2,\cdots,\tilde{Q}_m)^{(q=2,k=m)}$$

$$=\left\langle\left(\left(1-\left(\prod_{\substack{1\leqslant\varepsilon_1<\cdots\\<\varepsilon_k\leqslant m}}\left(1-\prod_{j=1}^{m}u_{\varepsilon_j}^2\right)^{\frac{1}{C_m^m}}\right)\right)^{\frac{1}{2}}\right)^{\frac{1}{m}},\left(1-\left(1-\left(\prod_{\substack{1\leqslant\varepsilon_1<\cdots\\<\varepsilon_k\leqslant m}}\left(1-\prod_{j=1}^{m}(1-v_{\varepsilon_j}^2)\right)^{\frac{1}{C_m^m}}\right)\right)^{\frac{1}{m}}\right)^{\frac{1}{2}}\right\rangle$$

$$=\left\langle\left(\prod_{j=1}^{m}u_{\varepsilon_j}^{\frac{1}{m}}\right),\sqrt{1-\left(\prod_{j=1}^{m}(1-v_{\varepsilon_j}^2)\right)^{\frac{1}{m}}}\right\rangle$$

### 5.1.3　Q 阶序对模糊幂 MSM 算子

**定义 5-4**[56]　假设$\{Q_1,Q_2,\cdots,Q_m\}$是一组 Q 阶序对模糊数集合，其中$Q_\varepsilon=\langle u_\varepsilon,v_\varepsilon\rangle(\varepsilon=1,2,\cdots,m)$且$q\geqslant1$，则集合$\{Q_1,Q_2,\cdots,Q_m\}$的 q-ROFPMSM 可定义为

$$\text{q-ROFPMSM}(Q_1,Q_2,\cdots,Q_m)=\left(\frac{\sum_{1\leqslant\varepsilon_1<\cdots<\varepsilon_k\leqslant m}\prod_{j=1}^{k}\frac{m(1+T(Q_{\varepsilon_j}))}{\sum_{\varepsilon=1}^{m}(1+T(Q_{\varepsilon_j}))}Q_{\varepsilon_j}}{C_m^k}\right)^{\frac{1}{k}}\tag{5-11}$$

其中，$T(Q_\varepsilon)=\sum_{\substack{l=1\\l\neq\varepsilon}}^{m}\text{Sup}(Q_\varepsilon,Q_l)$，$\text{Sup}(Q_\varepsilon,Q_l)=1-d(Q_\varepsilon,Q_l)$，$\text{Sup}(Q_\varepsilon,Q_l)$表示 Q 阶序对模糊数$Q_\varepsilon$和$Q_l$之间的支持度，其特性如定义 5-1 中所示，$1\leqslant\varepsilon\leqslant m$，$1\leqslant l\leqslant m$且$\varepsilon\neq l$，$\varepsilon_1,\varepsilon_2,\cdots,\varepsilon_k$包含了从$1,2,\cdots,m$中选出$k$个数的所有自由组合，其个数用$C_m^k=\frac{m!}{k!(m-k)!}$表示。

为简化式（5-11），可令$\gamma_\varepsilon=\frac{1+T(Q_\varepsilon)}{\sum_{\varepsilon=1}^{m}(1+T(Q_\varepsilon))}$，那么$\gamma=(\gamma_1,\gamma_2,\cdots,\gamma_m)^{\mathrm{T}}$可视作集合$\{Q_1,Q_2,\cdots,Q_m\}$的权重向量，即 Q 阶序对模糊数$Q_\varepsilon$的权重为$\gamma_\varepsilon$，并满足$0\leqslant\gamma_\varepsilon\leqslant1$和$\sum_{\varepsilon=1}^{m}\gamma_\varepsilon=1$。所以式（5-11）可被表示为

$$\text{q-ROFPMSM}(Q_1,Q_2,\cdots,Q_m)=\left(\frac{\sum\limits_{1\leqslant\varepsilon_1<\cdots<\varepsilon_k\leqslant m}\prod\limits_{j=1}^{k}m\gamma_{\varepsilon_j}Q_{\varepsilon_j}}{C_m^k}\right)^{\frac{1}{k}} \tag{5-12}$$

基于 Q 阶序对模糊数 Algebraic 运算法则，可得定理 5-2。

**定理 5-2**　假设 $\{Q_1,Q_2,\cdots,Q_m\}$ 是一组 Q 阶序对模糊数集合，其中 $Q_\varepsilon=\langle u_\varepsilon,v_\varepsilon\rangle(\varepsilon=1,2,\cdots,m)$ 且 $q\geqslant 1$，则 $\text{q-ROFPMSM}(Q_1,Q_2,\cdots,Q_m)$ 的集成结果同样是 Q 阶序对模糊数，并且为

$$\text{q-ROFPMSM}(Q_1,Q_2,\cdots,Q_m)=\left\langle\left(\left(1-\left(\prod_{\substack{1\leqslant\varepsilon_1<\cdots\\<\varepsilon_k\leqslant m}}\left(1-\prod_{j=1}^{k}\left(1-(1-u_{\varepsilon_j}^q)^{m\gamma_{\varepsilon_j}}\right)\right)\right)^{\frac{1}{C_m^k}}\right)^{\frac{1}{q}}\right)^{\frac{1}{k}},\right.$$
$$\left.\left(1-\left(1-\prod_{\substack{1\leqslant\varepsilon_1<\cdots\\<\varepsilon_k\leqslant m}}\left(1-\prod_{j=1}^{k}\left(1-\left(v_{\varepsilon_j}^{m\gamma_{\varepsilon_j}}\right)^q\right)\right)^{\frac{1}{C_m^k}}\right)^{\frac{1}{k}}\right)^{\frac{1}{q}}\right\rangle \tag{5-13}$$

**证明：**基于 Q 阶序对模糊数 Algebraic 运算法则，可得 $m\gamma_{\varepsilon_j}Q_{\varepsilon_j}=\left\langle\left(1-(1-u_{\varepsilon_j}^q)^{m\gamma_{\varepsilon_j}}\right)^{\frac{1}{q}},\ v_{\varepsilon_j}^{m\gamma_{\varepsilon_j}}\right\rangle$，以及

$$\prod_{j=1}^{k}m\gamma_{\varepsilon_j}Q_{\varepsilon_j}=\left\langle\prod_{j=1}^{k}\left(1-(1-u_{\varepsilon_j}^q)^{m\gamma_{\varepsilon_j}}\right)^{\frac{1}{q}},\left(1-\prod_{j=1}^{k}\left(1-\left(v_{\varepsilon_j}^{m\gamma_{\varepsilon_j}}\right)^q\right)\right)^{\frac{1}{q}}\right\rangle$$

进而可得

$$\sum_{1\leqslant\varepsilon_1<\cdots<\varepsilon_k\leqslant m}\prod_{j=1}^{k}m\gamma_{\varepsilon_j}Q_{\varepsilon_j}$$
$$=\left\langle\left(1-\prod_{\substack{1\leqslant\varepsilon_1<\cdots\\<\varepsilon_k\leqslant m}}\left(1-\prod_{j=1}^{k}\left(1-(1-u_{\varepsilon_j}^q)^{m\gamma_{\varepsilon_j}}\right)\right)\right)^{\frac{1}{q}},\ \prod_{\substack{1\leqslant\varepsilon_1<\cdots\\<\varepsilon_k\leqslant m}}\left(1-\prod_{j=1}^{k}\left(1-\left(v_{\varepsilon_j}^{m\gamma_{\varepsilon_j}}\right)^q\right)\right)^{\frac{1}{q}}\right\rangle$$

及

$$\frac{\sum\limits_{\substack{1\leqslant\varepsilon_1<\cdots\\<\varepsilon_k\leqslant m}}\prod\limits_{j=1}^{k}m\gamma_{\varepsilon_j}Q_{\varepsilon_j}}{C_m^k}$$

$$=\left\langle\left(1-\left(\prod_{\substack{1\leqslant\varepsilon_1<\cdots\\<\varepsilon_k\leqslant m}}\left(1-\prod_{j=1}^{k}\left(1-(1-u_{\varepsilon_j}^q)^{m\gamma_{\varepsilon_j}}\right)\right)\right)^{\frac{1}{C_m^k}}\right)^{\frac{1}{q}},\left(\prod_{\substack{1\leqslant\varepsilon_1<\cdots\\<\varepsilon_k\leqslant m}}\left(1-\prod_{j=1}^{k}\left(1-\left(v_{\varepsilon_j}^{m\gamma_{\varepsilon_j}}\right)^q\right)\right)^{\frac{1}{C_m^k}}\right)^{\frac{1}{q}}\right\rangle$$

所以，最终可得

$$\left(\frac{\sum\limits_{1\leqslant\varepsilon_1<\cdots<\varepsilon_k\leqslant m}\prod\limits_{j=1}^{k}m\gamma_{\varepsilon_j}Q_{\varepsilon_j}}{C_m^k}\right)^{\frac{1}{k}}=\left\langle\left(\left(1-\left(\prod_{\substack{1\leqslant\varepsilon_1<\cdots\\<\varepsilon_k\leqslant m}}\left(1-\prod_{j=1}^{k}\left(1-(1-u_{\varepsilon_j}^q)^{m\gamma_{\varepsilon_j}}\right)\right)\right)^{\frac{1}{C_m^k}}\right)^{\frac{1}{q}}\right)^{\frac{1}{k}},\right.$$

$$\left.\left(1-\left(1-\prod_{\substack{1\leqslant\varepsilon_1<\cdots\\<\varepsilon_k\leqslant m}}\left(1-\prod_{j=1}^{k}\left(1-\left(v_{\varepsilon_j}^{m\gamma_{\varepsilon_j}}\right)^q\right)\right)^{\frac{1}{C_m^k}}\right)^{\frac{1}{k}}\right)^{\frac{1}{q}}\right\rangle$$

证毕。

**例 5-1**　假设$Q_1=\langle 0.5,0.4\rangle$，$Q_2=\langle 0.5,0.4\rangle$，$Q_3=\langle 0.3,0.8\rangle$和$Q_4=\langle 0.5,0.2\rangle$是四个 Q 阶序对模糊数，用 q-ROFPMSM 算子去集成这四个 Q 阶序对模糊数，过程如下（取$q=2$和$k=3$）。

步骤 1：计算 Q 阶序对模糊数$Q_i$和$Q_j$之间的支持度$\text{Sup}(Q_i,Q_j)=1-d(Q_i,Q_j)$（$i,j=1,2,3,4$ 且$i\neq j$），其中$d(Q_i,Q_j)$代表$Q_i$和$Q_j$之间的距离。

$$\text{Sup}(Q_1,Q_2)=\text{Sup}(Q_2,Q_1)=1.0000,\quad \text{Sup}(Q_1,Q_3)=\text{Sup}(Q_3,Q_1)=0.5200$$
$$\text{Sup}(Q_1,Q_4)=\text{Sup}(Q_4,Q_1)=0.8800,\quad \text{Sup}(Q_2,Q_3)=\text{Sup}(Q_3,Q_2)=0.5200$$
$$\text{Sup}(Q_2,Q_4)=\text{Sup}(Q_4,Q_2)=0.8800,\quad \text{Sup}(Q_3,Q_4)=\text{Sup}(Q_4,Q_3)=0.4000$$

步骤 2：计算幂调和权重$\gamma_\varepsilon(\varepsilon=1,2,3,4)$。

$$\gamma_1=\frac{1+T(Q_1)}{\sum\limits_{\varepsilon=1}^{4}(1+T(Q_\varepsilon))}=0.2742,\quad \gamma_2=\frac{1+T(Q_2)}{\sum\limits_{\varepsilon=1}^{4}(1+T(Q_\varepsilon))}=0.2742$$

$$\gamma_3=\frac{1+T(Q_3)}{\sum\limits_{\varepsilon=1}^{4}(1+T(Q_\varepsilon))}=0.1968,\quad \gamma_4=\frac{1+T(Q_4)}{\sum\limits_{\varepsilon=1}^{4}(1+T(Q_\varepsilon))}=0.2548$$

步骤 3：根据式（5-4），计算集成结果 $Q=\langle u,v\rangle$。

$$u=\left(\left(1-\left(\prod_{\substack{1\leqslant\varepsilon_1<\cdots\\<\varepsilon_k\leqslant m}}\left(1-\prod_{j=1}^{k}\left(1-(1-u_{\varepsilon_j}^{q})^{m\gamma_{\varepsilon_j}}\right)\right)\right)^{\frac{1}{C_m^k}}\right)^{\frac{1}{q}}\right)^{\frac{1}{k}}$$

$$=\left(\left(1-\begin{pmatrix}(1-(1-(1-u_1^2)^{4\gamma_1})\times(1-(1-u_2^2)^{4\gamma_2})\times(1-(1-u_3^2)^{4\gamma_3}))\\ \times(1-(1-(1-u_1^2)^{4\gamma_1})\times(1-(1-u_2^2)^{4\gamma_2})\times(1-(1-u_4^2)^{4\gamma_4}))\\ \times(1-(1-(1-u_1^2)^{4\gamma_1})\times(1-(1-u_3^2)^{4\gamma_3})\times(1-(1-u_4^2)^{4\gamma_4}))\\ \times(1-(1-(1-u_2^2)^{4\gamma_2})\times(1-(1-u_3^2)^{4\gamma_3})\times(1-(1-u_4^2)^{4\gamma_4}))\end{pmatrix}^{\frac{1}{C_4^3}}\right)^{\frac{1}{2}}\right)^{\frac{1}{3}}=0.4512$$

$$v=\left(1-\left(1-\prod_{\substack{1\leqslant\varepsilon_1<\cdots\\<\varepsilon_k\leqslant m}}\left(1-\prod_{j=1}^{k}\left(1-(v_{\varepsilon_j}^{m\gamma_{\varepsilon_j}})^{q}\right)\right)^{\frac{1}{C_m^k}}\right)^{\frac{1}{k}}\right)^{\frac{1}{q}}$$

$$=\left(1-\begin{pmatrix}1-(1-(1-(v_1^{4\gamma_1})^2)\times(1-(v_2^{4\gamma_2})^2)\times(1-(v_3^{4\gamma_3})^2))^{\frac{1}{C_4^3}}\\ \times(1-(1-(v_1^{4\gamma_1})^2)\times(1-(v_2^{4\gamma_2})^2)\times(1-(v_4^{4\gamma_4})^2))^{\frac{1}{C_4^3}}\\ \times(1-(1-(v_1^{4\gamma_1})^2)\times(1-(v_3^{4\gamma_3})^2)\times(1-(v_4^{4\gamma_4})^2))^{\frac{1}{C_4^3}}\\ \times(1-(1-(v_2^{4\gamma_2})^2)\times(1-(v_3^{4\gamma_3})^2)\times(1-(v_4^{4\gamma_4})^2))^{\frac{1}{C_4^3}}\end{pmatrix}^{\frac{1}{3}}\right)^{\frac{1}{2}}=0.5082$$

所以，得到 $\text{q-ROFPMSM}(Q_1,Q_2,Q_3,Q_4)=\langle 0.4512,0.5082\rangle$。

**性质 5-6（幂等性）**　假设 $\{Q_1,Q_2,\cdots,Q_m\}$ 是一组 Q 阶序对模糊数集合，其中 $Q_\varepsilon=\langle u_\varepsilon,v_\varepsilon\rangle(\varepsilon=1,2,\cdots,m)$ 且 $q\geqslant 1$。如果 $Q_\varepsilon=Q=\langle u,v\rangle$，则

$$\text{q-ROFPMSM}(Q_1,Q_2,\cdots,Q_m)=Q \tag{5-14}$$

**证明**：如果 $Q_\varepsilon=Q=\langle u,v\rangle$，那么 $m\gamma_\varepsilon=\dfrac{m(1+T(Q_\varepsilon))}{\sum_{\varepsilon=1}^{m}(1+T(Q_\varepsilon))}=1$。根据式（5-13）可得

$$\text{q-ROFPMSM}(Q_1,Q_2,\cdots,Q_m)$$

$$=\left\langle\left(\left(1-\left(\prod_{\substack{1\leqslant\varepsilon_1<\cdots\\<\varepsilon_k\leqslant m}}\left(1-\prod_{j=1}^{k}\left(1-(1-u_{\varepsilon_j}^q)^{m\gamma_{\varepsilon_j}}\right)\right)\right)^{\frac{1}{C_m^k}}\right)^{\frac{1}{q}}\right)^{\frac{1}{k}},\left(1-\left(1-\prod_{\substack{1\leqslant\varepsilon_1<\cdots\\<\varepsilon_k\leqslant m}}\left(1-\prod_{j=1}^{k}\left(1-\left(v_{\varepsilon_j}^{m\gamma_{\varepsilon_j}}\right)^q\right)\right)\right)^{\frac{1}{C_m^k}}\right)^{\frac{1}{k}}\right)^{\frac{1}{q}}\right\rangle$$

$$=\left\langle\left(\left(1-\left(\prod_{\substack{1\leqslant\varepsilon_1<\cdots\\<\varepsilon_k\leqslant m}}(1-(1-(1-u^q)^1)^k)\right)^{\frac{1}{C_m^k}}\right)^{\frac{1}{q}}\right)^{\frac{1}{k}},\left(1-\left(1-\prod_{\substack{1\leqslant\varepsilon_1<\cdots\\<\varepsilon_k\leqslant m}}(1-(1-(v^1)^q)^k)^{\frac{1}{C_m^k}}\right)^{\frac{1}{k}}\right)^{\frac{1}{q}}\right\rangle$$

$$=\left\langle\left((1-(1-(u^q)^k))^{\frac{1}{q}}\right)^{\frac{1}{k}},\left(1-((1-v^q)^k)^{\frac{1}{k}}\right)^{\frac{1}{q}}\right\rangle$$

$$=\langle u,v\rangle=Q$$

所以，可得 $\text{q-ROFPMSM}(Q_1,Q_2,\cdots,Q_m)=Q$，证毕。

**性质 5-7（交换性）** 假设 $\{Q_1,Q_2,\cdots,Q_m\}$ 是一组 Q 阶序对模糊数集合，其中 $Q_\varepsilon=\langle u_\varepsilon,v_\varepsilon\rangle(\varepsilon=1,2,\cdots,m)$ 且 $q\geqslant1$。如果集合 $\{Q_1',Q_2',\cdots,Q_m'\}$ 为集合 $\{Q_1,Q_2,\cdots,Q_m\}$ 中元素的任意排列组合，且 $Q_\varepsilon'=\langle u_\varepsilon',v_\varepsilon'\rangle(\varepsilon=1,2,\cdots,m)$，则

$$\text{q-ROFPMSM}(Q_1,Q_2,\cdots,Q_m)=\text{q-ROFPMSM}(Q_1',Q_2',\cdots,Q_m') \tag{5-15}$$

**证明：** 由定理 5-2 可得

$$\text{q-ROFPMSM}(Q_1,Q_2,\cdots,Q_m)$$

$$=\left\langle\left(\left(1-\left(\prod_{\substack{1\leqslant\varepsilon_1<\cdots\\<\varepsilon_k\leqslant m}}\left(1-\prod_{j=1}^{k}\left(1-(1-u_{\varepsilon_j}^q)^{m\gamma_{\varepsilon_j}}\right)\right)\right)^{\frac{1}{C_m^k}}\right)^{\frac{1}{q}}\right)^{\frac{1}{k}},\left(1-\left(1-\prod_{\substack{1\leqslant\varepsilon_1<\cdots\\<\varepsilon_k\leqslant m}}\left(1-\prod_{j=1}^{k}\left(1-\left(v_{\varepsilon_j}^{m\gamma_{\varepsilon_j}}\right)^q\right)\right)\right)^{\frac{1}{C_m^k}}\right)^{\frac{1}{k}}\right)^{\frac{1}{q}}\right\rangle$$

$$\text{q-ROFPMSM}(Q_1',Q_2',\cdots,Q_m')$$

$$=\left\langle\left(\left(1-\left(\prod_{\substack{1\leqslant\varepsilon_1<\cdots\\<\varepsilon_k\leqslant m}}\left(1-\prod_{j=1}^{k}\left(1-\left(1-u_{\varepsilon_j}'^q\right)^{m\gamma_{\varepsilon_j}}\right)\right)\right)^{\frac{1}{C_m^k}}\right)^{\frac{1}{q}}\right)^{\frac{1}{k}},\left(1-\left(1-\prod_{\substack{1\leqslant\varepsilon_1<\cdots\\<\varepsilon_k\leqslant m}}\left(1-\prod_{j=1}^{k}\left(1-\left(v_{\varepsilon_j}'^{m\gamma_{\varepsilon_j}}\right)^q\right)\right)\right)^{\frac{1}{C_m^k}}\right)^{\frac{1}{k}}\right)^{\frac{1}{q}}\right\rangle$$

由于集合 $\{Q'_1,Q'_2,\cdots,Q'_m\}$ 中元素与集合 $\{Q_1,Q_2,\cdots,Q_m\}$ 中元素仅排列顺序不同，所以

$$\left(\left(1-\left(\prod_{\substack{1\leqslant\varepsilon_1<\cdots\\<\varepsilon_k\leqslant m}}\left(1-\prod_{j=1}^{k}\left(1-(1-u_{\varepsilon_j}^{q})^{m\gamma_{\varepsilon_j}}\right)\right)\right)^{\frac{1}{C_m^k}}\right)^{\frac{1}{q}}\right)^{\frac{1}{k}}=\left(\left(1-\left(\prod_{\substack{1\leqslant\varepsilon_1<\cdots\\<\varepsilon_k\leqslant m}}\left(1-\prod_{j=1}^{k}\left(1-(1-u'^{q}_{\varepsilon_j})^{m\gamma_{\varepsilon_j}}\right)\right)\right)^{\frac{1}{C_m^k}}\right)^{\frac{1}{q}}\right)^{\frac{1}{k}}$$

$$\left(1-\left(1-\prod_{\substack{1\leqslant\varepsilon_1<\cdots\\<\varepsilon_k\leqslant m}}\left(1-\prod_{j=1}^{k}\left(1-\left(v_{\varepsilon_j}^{m\gamma_{\varepsilon_j}}\right)^{q}\right)\right)^{\frac{1}{C_m^k}}\right)^{\frac{1}{k}}\right)^{\frac{1}{q}}=\left(1-\left(1-\prod_{\substack{1\leqslant\varepsilon_1<\cdots\\<\varepsilon_k\leqslant m}}\left(1-\prod_{j=1}^{k}\left(1-\left(v'^{m\gamma_{\varepsilon_j}}_{\varepsilon_j}\right)^{q}\right)\right)^{\frac{1}{C_m^k}}\right)^{\frac{1}{k}}\right)^{\frac{1}{q}}$$

所以，$\text{q-ROFPMSM}(Q_1,Q_2,\cdots,Q_m)=\text{q-ROFPMSM}(Q'_1,Q'_2,\cdots,Q'_m)$，证毕。

**性质 5-8（有界性）**　假设 $\{Q_1,Q_2,\cdots,Q_m\}$ 是一组 Q 阶序对模糊数集合，其中 $Q_\varepsilon=\langle u_\varepsilon,v_\varepsilon\rangle(\varepsilon=1,2,\cdots,m)$ 且 $q\geqslant1$。若 $Q^-=\left(\min\limits_{1\leqslant\varepsilon\leqslant m}(u_\varepsilon),\max\limits_{1\leqslant\varepsilon\leqslant m}(v_\varepsilon)\right)$，$Q^+=\left(\max\limits_{1\leqslant\varepsilon\leqslant m}(u_\varepsilon),\min\limits_{1\leqslant\varepsilon\leqslant m}(v_\varepsilon)\right)$，则

$$Q^-\leqslant\text{q-ROFPMSM}(Q_1,Q_2,\cdots,Q_m)\leqslant Q^+ \tag{5-16}$$

**证明**：（1）令 $\text{q-ROFPMSM}(Q_1,Q_2,\cdots,Q_m)=Q$，因为 $\gamma_\varepsilon=\dfrac{1+T(Q_\varepsilon)}{\sum\limits_{\varepsilon=1}^{m}(1+T(Q_\varepsilon))}$ 和 $\sum\limits_{\varepsilon=1}^{m}\gamma_\varepsilon=1$，根据性质 5-6 和性质 5-7，对于集成结果 $\text{q-ROFPMSM}(Q_1,Q_2,\cdots,Q_m)$ 的隶属度，有

$$\left(\left(1-\left(\prod_{\substack{1\leqslant\varepsilon_1<\cdots\\<\varepsilon_k\leqslant m}}\left(1-\prod_{j=1}^{k}\left(1-(1-u_{\varepsilon_j}^{q})^{m\gamma_{\varepsilon_j}}\right)\right)\right)^{\frac{1}{C_m^k}}\right)^{\frac{1}{q}}\right)^{\frac{1}{k}}$$

$$\leqslant\left(\left(1-\left(\prod_{\substack{1\leqslant\varepsilon_1<\cdots\\<\varepsilon_k\leqslant m}}\left(1-\prod_{j=1}^{k}\left(1-\left(1-\max_{\varepsilon=1}^{m}(u_{\varepsilon_j})^{q}\right)^{m\gamma_{\varepsilon_j}}\right)\right)\right)^{\frac{1}{C_m^k}}\right)^{\frac{1}{q}}\right)^{\frac{1}{k}}=\max_{1\leqslant\varepsilon\leqslant m}(u_\varepsilon)$$

（2）对于集成结果 $\text{q-ROFPMSM}(Q_1,Q_2,\cdots,Q_m)$ 的非隶属度，有

$$\left(1-\left(1-\prod_{\substack{1\leqslant\varepsilon_1<\cdots\\<\varepsilon_k\leqslant m}}\left(1-\prod_{j=1}^{k}\left(1-\left(v_{\varepsilon_j}^{m\gamma_{\varepsilon_j}}\right)^{q}\right)\right)^{\frac{1}{C_m^k}}\right)^{\frac{1}{k}}\right)^{\frac{1}{q}}$$

$$\geqslant\left(1-\left(1-\prod_{\substack{1\leqslant\varepsilon_1<\cdots\\<\varepsilon_k\leqslant m}}\left(1-\prod_{j=1}^{k}\left(1-\left(\min_{\varepsilon=1}^{m}(v_{\varepsilon_j})^{m\gamma_{\varepsilon_j}}\right)^{q}\right)\right)^{\frac{1}{C_m^k}}\right)^{\frac{1}{k}}\right)^{\frac{1}{q}}=\min_{1\leqslant\varepsilon\leqslant m}(v_{\varepsilon})$$

所以，根据定义 2-8 和定义 2-9 可得

$$S(Q)=\left(\left(\left(1-\left(\prod_{\substack{1\leqslant\varepsilon_1<\cdots\\<\varepsilon_k\leqslant m}}\left(1-\prod_{j=1}^{k}\left(1-(1-u_{\varepsilon_j}^{q})^{m\gamma_{\varepsilon_j}}\right)\right)\right)^{\frac{1}{C_m^k}}\right)^{\frac{1}{q}}\right)^{\frac{1}{k}}\right)^{q}$$

$$-\left(\left(1-\left(1-\prod_{\substack{1\leqslant\varepsilon_1<\cdots\\<\varepsilon_k\leqslant m}}\left(1-\prod_{j=1}^{k}\left(1-\left(v_{\varepsilon_j}^{m\gamma_{\varepsilon_j}}\right)^{q}\right)\right)^{\frac{1}{C_m^k}}\right)^{\frac{1}{k}}\right)^{\frac{1}{q}}\right)^{q}$$

$$\leqslant\left(\left(\left(1-\left(\prod_{\substack{1\leqslant\varepsilon_1<\cdots\\<\varepsilon_k\leqslant m}}\left(1-\prod_{j=1}^{k}\left(1-\left(1-\max_{\varepsilon=1}^{m}(u_{\varepsilon_j})^{q}\right)^{m\gamma_{\varepsilon_j}}\right)\right)\right)^{\frac{1}{C_m^k}}\right)^{\frac{1}{q}}\right)^{\frac{1}{k}}\right)^{q}$$

$$-\left(\left(1-\left(1-\prod_{\substack{1\leqslant\varepsilon_1<\cdots\\<\varepsilon_k\leqslant m}}\left(1-\prod_{j=1}^{k}\left(1-\left(\min_{\varepsilon=1}^{m}(v_{\varepsilon_j})^{m\gamma_{\varepsilon_j}}\right)^{q}\right)\right)^{\frac{1}{C_m^k}}\right)^{\frac{1}{k}}\right)^{\frac{1}{q}}\right)^{q}=S(Q^{+})$$

此时，如果 $S(Q)=S(Q^{+})$，则

$$\left(\left(\left(1-\left(\prod_{\substack{1\leqslant\varepsilon_1<\cdots\\<\varepsilon_k\leqslant m}}\left(1-\prod_{j=1}^{k}\left(1-(1-u_{\varepsilon_j}^{q})^{m\gamma_{\varepsilon_j}}\right)\right)\right)^{\frac{1}{C_m^k}}\right)^{\frac{1}{q}}\right)^{\frac{1}{k}}\right)^{q}$$

$$=\left(\left(\left(1-\left(\prod_{\substack{1\leqslant\varepsilon_1<\cdots\\<\varepsilon_k\leqslant m}}\left(1-\prod_{j=1}^{k}\left(1-\left(1-\max_{\varepsilon=1}^{m}(u_{\varepsilon_j})^{q}\right)^{m\gamma_{\varepsilon_j}}\right)\right)\right)^{\frac{1}{C_m^k}}\right)^{\frac{1}{q}}\right)^{\frac{1}{k}}\right)^{q}$$

$$\left(\left(1-\left(1-\prod_{\substack{1\leqslant\varepsilon_1<\cdots\\<\varepsilon_k\leqslant m}}\left(1-\prod_{j=1}^{k}\left(1-\left(v_{\varepsilon_j}^{m\gamma_{\varepsilon_j}}\right)^{q}\right)\right)\right)^{\frac{1}{C_m^k}}\right)^{\frac{1}{k}}\right)^{\frac{1}{q}}\right)^{q}$$

$$=\left(\left(1-\left(1-\prod_{\substack{1\leqslant\varepsilon_1<\cdots\\<\varepsilon_k\leqslant m}}\left(1-\prod_{j=1}^{k}\left(1-\left(\min_{\varepsilon=1}^{m}(v_{\varepsilon_j})^{m\gamma_{\varepsilon_j}}\right)^{q}\right)\right)\right)^{\frac{1}{C_m^k}}\right)^{\frac{1}{k}}\right)^{\frac{1}{q}}\right)^{q}$$

所以 $H(Q)=H(Q^{+})$，进而可得 $Q\leqslant Q^{+}$，同理可证得 $Q^{-}\leqslant Q$。综上，可得 $Q^{-}\leqslant \text{q-ROFPMSM}(Q_1,Q_2,\cdots,Q_m)\leqslant Q^{+}$，证毕。

下面，基于参数 $q$ 的不同取值，讨论 q-ROFPMSM 算子的一些特例。

（1）当 $q$=1，$k$=1 时，q-ROFPMSM 算子将退化为直觉模糊幂平均（intuitionistic fuzzy power averaging，IFPA）算子[3]：

$$\text{q-ROFPMSM}(Q_1,Q_2,\cdots,Q_m)^{(q=1,k=1)}$$

$$=\left\langle\left(\left(\left(1-\left(\prod_{\substack{1\leqslant\varepsilon_1<\cdots\\<\varepsilon_k\leqslant m}}\left(1-\prod_{j=1}^{1}\left(1-(1-u_{\varepsilon_j}^{1})^{m\gamma_{\varepsilon_j}}\right)\right)\right)^{\frac{1}{C_m^1}}\right)^{\frac{1}{1}}\right)^{\frac{1}{1}}\right),\right.$$

$$\left.\left(1-\left(1-\prod_{\substack{1\leq\varepsilon_1<\cdots\\<\varepsilon_k\leq m}}\left(1-\prod_{j=1}^{1}\left(1-\left(v_{\varepsilon_j}^{m\gamma_{\varepsilon_j}}\right)^{1}\right)\right)^{\frac{1}{C_m^1}}\right)^{\frac{1}{1}}\right)^{\frac{1}{1}}\right\rangle$$

$$=\left\langle 1-\prod_{1\leq\varepsilon\leq m}(1-u_{\varepsilon})^{\gamma_\varepsilon},\ \prod_{1\leq\varepsilon\leq m}v_{\varepsilon}^{\gamma_\varepsilon}\right\rangle=\text{IFPA}(Q_1,Q_2,\cdots,Q_m)$$

（2）当 $q$=1，$k$=2 时，q-ROFPMSM 算子将退化为直觉模糊幂 BM（intuitionistic fuzzy power Bonferroni mean，IFPBM）算子（$p=q=1$）：

$$\text{q-ROFPMSM}(Q_1,Q_2,\cdots,Q_m)^{(q=1,k=2)}$$

$$=\left\langle\left(\left(1-\left(\prod_{\substack{1\leq\varepsilon_1<\cdots\\<\varepsilon_k\leq m}}\left(1-\prod_{j=1}^{2}\left(1-(1-u_{\varepsilon_j}^{1})^{m\gamma_{\varepsilon_j}}\right)\right)\right)^{\frac{1}{C_m^2}}\right)^{\frac{1}{1}}\right)^{\frac{1}{2}},\right.$$

$$\left.\left(1-\left(1-\prod_{\substack{1\leq\varepsilon_1<\cdots\\<\varepsilon_k\leq m}}\left(1-\prod_{j=1}^{2}\left(1-\left(v_{\varepsilon_j}^{m\gamma_{\varepsilon_j}}\right)^{1}\right)\right)^{\frac{1}{C_m^2}}\right)^{\frac{1}{2}}\right)^{\frac{1}{1}}\right\rangle$$

$$=\left\langle\left(1-\left(\prod_{\substack{\varepsilon_1,\varepsilon_2=1\\\varepsilon_1\neq\varepsilon_2}}^{m}\left(1-\left(1-(1-u_{\varepsilon_1})^{m\gamma_{\varepsilon_1}}\right)\left(1-(1-u_{\varepsilon_2})^{m\gamma_{\varepsilon_2}}\right)\right)\right)^{\frac{1}{m(m-1)}}\right)^{\frac{1}{2}},\right.$$

$$\left.1-\left(1-\prod_{\substack{\varepsilon_1,\varepsilon_2=1\\\varepsilon_1\neq\varepsilon_2}}^{m}\left(1-\left(1-v_{\varepsilon_1}^{m\gamma_{\varepsilon_1}}\right)\left(1-v_{\varepsilon_2}^{m\gamma_{\varepsilon_2}}\right)\right)^{\frac{1}{m(m-1)}}\right)^{\frac{1}{2}}\right\rangle$$

（3）当 $q$=1，$k$=$m$ 时，q-ROFPMSM 算子将退化为以下形式：

$$\text{q-ROFPMSM}(Q_1,Q_2,\cdots,Q_m)^{(q=1,k=m)}$$

$$=\left\langle\left(\left(1-\left(\prod_{\substack{1\leq\varepsilon_1<\cdots\\<\varepsilon_k\leq m}}\left(1-\prod_{j=1}^{m}\left(1-(1-u_{\varepsilon_j})^{m\gamma_{\varepsilon_j}}\right)\right)\right)^{\frac{1}{C_m^m}}\right)^{\frac{1}{1}}\right)^{\frac{1}{m}},\right.$$

$$\left.\left(1-\left(1-\prod_{\substack{1\leqslant\varepsilon_1<\cdots\\<\varepsilon_k\leqslant m}}\left(1-\prod_{j=1}^{m}\left(1-\left(v_{\varepsilon_j}^{m\gamma_{\varepsilon_j}}\right)^1\right)\right)^{\frac{1}{C_m^m}}\right)^{\frac{1}{m}}\right)^{\frac{1}{1}}\right\rangle$$

$$=\left\langle\prod_{j=1}^{m}\left(1-(1-u_{\varepsilon_j})^{m\gamma_{\varepsilon_j}}\right)^{\frac{1}{m}},\left(1-\left(\prod_{j=1}^{m}\left(1-v_{\varepsilon_j}^{m\gamma_{\varepsilon_j}}\right)\right)^{\frac{1}{m}}\right)\right\rangle$$

（4）当 $q$=2， $k$=1 时，q-ROFPMSM 算子将退化为毕达哥拉斯模糊幂平均（Pythagorean fuzzy power averaging，PFPA）算子[94]：

$$\text{q-ROFPMSM}(Q_1,Q_2,\cdots,Q_m)^{(q=2,k=1)}$$

$$=\left\langle\left(\left(1-\left(\prod_{\substack{1\leqslant\varepsilon_1<\cdots\\<\varepsilon_k\leqslant m}}\left(1-\prod_{j=1}^{1}\left(1-(1-u_{\varepsilon_j}^2)^{m\gamma_{\varepsilon_j}}\right)\right)\right)^{\frac{1}{C_m^1}}\right)^{\frac{1}{2}}\right)^{\frac{1}{1}},\right.$$

$$\left.\left(1-\left(1-\prod_{\substack{1\leqslant\varepsilon_1<\cdots\\<\varepsilon_k\leqslant m}}\left(1-\prod_{j=1}^{1}\left(1-\left(v_{\varepsilon_j}^{m\gamma_{\varepsilon_j}}\right)^2\right)\right)^{\frac{1}{C_m^1}}\right)^{\frac{1}{1}}\right)^{\frac{1}{2}}\right\rangle$$

$$=\left\langle 1-\prod_{1\leqslant\varepsilon\leqslant m}(1-u_\varepsilon^2)^{\gamma_\varepsilon},\ \prod_{1\leqslant\varepsilon\leqslant m}v_\varepsilon^{\gamma_\varepsilon}\right\rangle=\text{PFPA}(Q_1,Q_2,\cdots,Q_m)$$

（5）当 $q$=2， $k$=2 时，q-ROFPMSM 算子将退化为毕达哥拉斯模糊幂 BM（Pythagorean fuzzy power Bonferroni mean，PFPBM）算子（ $p=q=1$ ）：

$$\text{q-ROFPMSM}(Q_1,Q_2,\cdots,Q_m)^{(q=2,k=2)}$$

$$=\left\langle\left(\left(1-\left(\prod_{\substack{1\leqslant\varepsilon_1<\cdots\\<\varepsilon_k\leqslant m}}\left(1-\prod_{j=1}^{2}\left(1-(1-u_{\varepsilon_j}^2)^{m\gamma_{\varepsilon_j}}\right)\right)\right)^{\frac{1}{C_m^2}}\right)^{\frac{1}{2}}\right)^{\frac{1}{2}},\right.$$

$$\left.\left(1-\left(1-\prod_{\substack{1\leqslant\varepsilon_1<\cdots\\<\varepsilon_k\leqslant m}}\left(1-\prod_{j=1}^{2}\left(1-\left(v_{\varepsilon_j}^{m\gamma_{\varepsilon_j}}\right)^2\right)\right)^{\frac{1}{C_m^2}}\right)^{\frac{1}{2}}\right)^{\frac{1}{2}}\right\rangle$$

$$=\left\langle\left(1-\left(\prod_{\substack{\varepsilon_1,\varepsilon_2=1\\ \varepsilon_1\neq\varepsilon_2}}^{m}\left(1-\left(1-(1-u_{\varepsilon_1}^2)^{m\gamma_{\varepsilon_1}}\right)\left(1-(1-u_{\varepsilon_2}^2)^{m\gamma_{\varepsilon_2}}\right)\right)\right)^{\frac{1}{m(m-1)}}\right)^{\frac{1}{2}},\right.$$

$$\left.1-\left(1-\prod_{\substack{\varepsilon_1,\varepsilon_2=1\\ \varepsilon_1\neq\varepsilon_2}}^{m}\left(1-\left(1-v_{\varepsilon_1}^{2m\gamma_{\varepsilon_1}}\right)\left(1-v_{\varepsilon_2}^{2m\gamma_{\varepsilon_2}}\right)\right)^{\frac{1}{m(m-1)}}\right)^{\frac{1}{2}}\right\rangle$$

（6）当 $q$=2， $k$=$m$ 时，q-ROFPMSM 算子将退化为以下形式：

$$\text{q-ROFPMSM}(Q_1,Q_2,\cdots,Q_m)^{(q=2,k=m)}$$

$$=\left\langle\left(\left(1-\left(\prod_{\substack{1\leqslant\varepsilon_1<\cdots\\<\varepsilon_k\leqslant m}}\left(1-\prod_{j=1}^{m}\left(1-(1-u_{\varepsilon_j}^2)^{m\gamma_{\varepsilon_j}}\right)\right)\right)^{\frac{1}{C_m^m}}\right)^{\frac{1}{2}}\right)^{\frac{1}{m}},\right.$$

$$\left.\left(1-\left(1-\prod_{\substack{1\leqslant\varepsilon_1<\cdots\\<\varepsilon_k\leqslant m}}\left(1-\prod_{j=1}^{m}\left(1-\left(v_{\varepsilon_j}^{m\gamma_{\varepsilon_j}}\right)^2\right)\right)^{\frac{1}{C_m^m}}\right)^{\frac{1}{m}}\right)^{\frac{1}{2}}\right\rangle$$

$$=\left\langle\left(\sqrt{\prod_{j=1}^{m}\left(1-(1-u_{\varepsilon_j}^2)^{m\gamma_{\varepsilon_j}}\right)}\right)^{\frac{1}{m}},\sqrt{1-\left(\prod_{j=1}^{m}\left(1-v_{\varepsilon_j}^{2m\gamma_{\varepsilon_j}}\right)\right)^{\frac{1}{m}}}\right\rangle$$

### 5.1.4　Q 阶序对模糊幂加权 MSM 算子

**定义 5-5**[56] 假设 $\{Q_1,Q_2,\cdots,Q_m\}$ 是一组 Q 阶序对模糊数集合，其中 $Q_\varepsilon=\langle u_\varepsilon,v_\varepsilon\rangle$ $(\varepsilon=1,2,\cdots,m)$ 且 $q\geqslant 1$，则集合 $\{Q_1,Q_2,\cdots,Q_m\}$ 的 q-ROFPWMSM 可被定义为

$$\text{q-ROFPWMSM}(Q_1,Q_2,\cdots,Q_m)=\left(\frac{\sum\limits_{1\leqslant\varepsilon_1<\cdots<\varepsilon_k\leqslant m}\prod\limits_{j=1}^{k}\dfrac{m\omega_{\varepsilon_j}(1+T(Q_{\varepsilon_j}))}{\sum\limits_{\varepsilon=1}^{m}\omega_{\varepsilon_j}(1+T(Q_{\varepsilon_j}))}Q_{\varepsilon_j}}{C_m^k}\right)^{\frac{1}{k}} \tag{5-17}$$

其中，$\omega_\varepsilon$ 表示事先给定的集合中元素 $Q_\varepsilon$ 的权重，且满足 $0 \leqslant \omega_\varepsilon \leqslant 1$ 和 $\sum_{\varepsilon=1}^{m} \omega_\varepsilon = 1$，$T(Q_\varepsilon) = \sum_{\substack{l=1 \\ l \neq \varepsilon}}^{m} \mathrm{Sup}(Q_\varepsilon, Q_l)$，$\mathrm{Sup}(Q_\varepsilon, Q_l) = 1 - d(Q_\varepsilon, Q_l)$，$\mathrm{Sup}(Q_\varepsilon, Q_l)$ 表示 Q 阶序对模糊数 $Q_\varepsilon$ 和 $Q_l$ 之间的支持度，其特性如定义 5-1 中所示，$1 \leqslant \varepsilon \leqslant m$，$1 \leqslant l \leqslant m$ 且 $\varepsilon \neq l$，$\varepsilon_1, \varepsilon_2, \cdots, \varepsilon_k$ 包含了从 $1,2,\cdots,m$ 中选出 $k$ 个数的所有自由组合，其个数用 $C_m^k = \dfrac{m!}{k!(m-k)!}$ 表示，则称 q-ROFPWMSM 算子为 Q 阶序对模糊幂加权 MSM 算子。

为了简化式（5-17），可令 $\varpi_\varepsilon = \dfrac{\omega_\varepsilon(1+T(Q_\varepsilon))}{\sum_{\varepsilon=1}^{m} \omega_\varepsilon(1+T(Q_\varepsilon))}$，那么 $\varpi = (\varpi_1, \varpi_2, \cdots, \varpi_m)^{\mathrm{T}}$ 可视作集合 $\{Q_1, Q_2, \cdots, Q_m\}$ 的调和权重向量，即 Q 阶序对模糊数 $Q_\varepsilon$ 的调和权重为 $\varpi_\varepsilon$，并满足 $0 \leqslant \varpi_\varepsilon \leqslant 1$ 和 $\sum_{\varepsilon=1}^{m} \varpi_\varepsilon = 1$。所以式（5-17）可表示为

$$\text{q-ROFPWMSM}(Q_1, Q_2, \cdots, Q_m) = \left( \frac{\sum_{1 \leqslant \varepsilon_1 < \cdots < \varepsilon_k \leqslant m} \prod_{j=1}^{k} m\varpi_{\varepsilon_j} Q_{\varepsilon_j}}{C_m^k} \right)^{\frac{1}{k}} \tag{5-18}$$

基于 Q 阶序对模糊数 Algebraic 运算法则，可得 q-ROFPWMSM 算子具有以下定理。

**定理 5-3**　假设 $\{Q_1, Q_2, \cdots, Q_m\}$ 是一组 Q 阶序对模糊数集合，其中 $Q_\varepsilon = \langle u_\varepsilon, v_\varepsilon \rangle$ $(\varepsilon = 1, 2, \cdots, m)$ 且 $q \geqslant 1$，则 $\text{q-ROFPWMSM}(Q_1, Q_2, \cdots, Q_m)$ 的集成结果同样是 Q 阶序对模糊数，并且为

$$\begin{aligned} & \text{q-ROFPWMSM}(Q_1, Q_2, \cdots, Q_m) \\ & = \left\langle \left( \left( 1 - \left( \prod_{\substack{1 \leqslant \varepsilon_1 < \cdots \\ < \varepsilon_k \leqslant m}} \left( 1 - \prod_{j=1}^{k} \left( 1 - (1 - u_{\varepsilon_j}^q)^{m\varpi_{\varepsilon_j}} \right) \right) \right)^{\frac{1}{C_m^k}} \right)^{\frac{1}{q}} \right)^{\frac{1}{k}}, \right. \\ & \left. \left( 1 - \left( 1 - \prod_{\substack{1 \leqslant \varepsilon_1 < \cdots \\ < \varepsilon_k \leqslant m}} \left( 1 - \prod_{j=1}^{k} \left( 1 - \left( v_{\varepsilon_j}^{m\varpi_{\varepsilon_j}} \right)^q \right) \right)^{\frac{1}{C_m^k}} \right)^{\frac{1}{k}} \right)^{\frac{1}{q}} \right\rangle \end{aligned} \tag{5-19}$$

同样，q-ROFPWMSM 算子还具有以下性质。

**性质 5-9（幂等性）**　假设 $\{Q_1,Q_2,\cdots,Q_m\}$ 是一组 Q 阶序对模糊数集合，其中 $Q_\varepsilon=\langle u_\varepsilon,v_\varepsilon\rangle(\varepsilon=1,2,\cdots,m)$ 且 $q\geqslant 1$。如果 $Q_\varepsilon=Q=\langle u,v\rangle$，则

$$\text{q-ROFPWMSM}(Q_1,Q_2,\cdots,Q_m)=Q \tag{5-20}$$

**性质 5-10（交换性）**　假设 $\{Q_1,Q_2,\cdots,Q_m\}$ 是一组 Q 阶序对模糊数集合，其中 $Q_\varepsilon=\langle u_\varepsilon,v_\varepsilon\rangle(\varepsilon=1,2,\cdots,m)$ 且 $q\geqslant 1$。如果集合 $\{Q_1',Q_2',\cdots,Q_m'\}$ 为集合 $\{Q_1,Q_2,\cdots,Q_m\}$ 中元素的任意排列组合，且 $Q_\varepsilon'=\langle u_\varepsilon',v_\varepsilon'\rangle(\varepsilon=1,2,\cdots,m)$，则

$$\text{q-ROFPWMSM}(Q_1,Q_2,\cdots,Q_m)=\text{q-ROFPWMSM}(Q_1',Q_2',\cdots,Q_m') \tag{5-21}$$

**性质 5-11（有界性）**　假设 $\{Q_1,Q_2,\cdots,Q_m\}$ 是一组 Q 阶序对模糊数集合，其中 $Q_\varepsilon=\langle u_\varepsilon,v_\varepsilon\rangle(\varepsilon=1,2,\cdots,m)$ 且 $q\geqslant 1$。若 $Q^-=\left(\min\limits_{1\leqslant\varepsilon\leqslant m}(u_\varepsilon),\max\limits_{1\leqslant\varepsilon\leqslant m}(v_\varepsilon)\right)$，$Q^+=\left(\max\limits_{1\leqslant\varepsilon\leqslant m}(u_\varepsilon),\min\limits_{1\leqslant\varepsilon\leqslant m}(v_\varepsilon)\right)$，则

$$Q^-\leqslant\text{q-ROFPWMSM}(Q_1,Q_2,\cdots,Q_m)\leqslant Q^+ \tag{5-22}$$

### 5.1.5　基于 Q 阶序对模糊幂加权 MSM 算子的多属性群决策方法

在实际决策问题中，人们选取的属性评价指标往往并不是完全独立的，它们之间或多或少会存在某些相互关联关系，其对决策结果的影响至关重要。为此，本节采用 MSM 算子来衡量属性指标之间的相互关联现象，同时考虑到幂平均算子的优点，将二者进行结合，给出一类基于 Q 阶序对模糊数的幂加权 MSM 算子来处理多属性群决策问题。

1. 多属性群决策问题描述

假设 $D=\{D_1,D_2,\cdots,D_p\}$ 是一个专家集合，$A=\{A_1,A_2,\cdots,A_m\}$ 是一个备选方案集合，以及 $C=\{C_1,C_2,\cdots,C_n\}$ 是一个属性指标集合。假设专家 $D_s$ 给出的关于备选方案 $A_i$ 的属性指标 $C_j$ 的评价值用一个 Q 阶序对模糊数 $Q_{ij}^s$ 表示，其形式为 $Q_{ij}^s=\langle u_{ij}^s,v_{ij}^s\rangle$，其中 $s=1,2,\cdots,p$，$i=1,2,\cdots,m$，$j=1,2,\cdots,n$，并满足 $u_{ij}^s\subseteq[0,1]$，$v_{ij}^s\subseteq[0,1]$，$(u_{ij}^s)^q+(v_{ij}^s)^q\leqslant 1$，且 $q\geqslant 1$。假设将专家 $D_s$ 所给决策矩阵用 $Q^s=[Q_{ij}^s]_{m\times n}$ 表示，其中专家集合 $D=\{D_1,D_2,\cdots,D_p\}$ 的权重向量为 $w=(w_1,w_2,\cdots,w_p)^{\mathrm{T}}$，并满足条件 $w_s\in[0,1]$，$\sum\limits_{s=1}^{p}w_s=1$，属性指标集合 $C=\{C_1,C_2,\cdots,C_n\}$ 的权重向量为 $\omega=(\omega_1,\omega_2,\cdots,\omega_n)^{\mathrm{T}}$，并满足条件 $\omega_j\in[0,1]$，$\sum\limits_{j=1}^{n}\omega_j=1$。根据上述信息，在若干备选方案中选出一个最佳方案作为决策目标。

### 2. 基于 q-ROFPWMSM 集成算子的多属性群决策方法步骤

基于上述理论知识，本部分针对评价数据为 Q 阶序对模糊数的多属性群决策问题，提出一种基于 q-ROFPWMSM 集成算子的决策方法，具体决策评价步骤如下所示。

步骤 1：将专家决策矩阵进行标准化处理。

在管理决策问题当中，属性指标分为两类：一类是效益型指标，即越大越好；另一类是成本型指标，即越小越好。所以，在处理属性指标的评价值时，首先要将数据进行标准化处理，将所有的数据转化为统一形式，本节将所有的数据类型转化为效益型，具体转化方法如下所示。

$$Q_{ij}^s=\begin{cases}\langle u_{ij}^s,v_{ij}^s\rangle, & \text{效益型}\\ \langle v_{ij}^s,u_{ij}^s\rangle, & \text{成本型}\end{cases} \tag{5-23}$$

步骤 2：计算 Q 阶序对模糊数 $Q_{ij}^s$ 与 $Q_{ij}^t$ 的支持度 $\mathrm{Sup}(Q_{ij}^s,Q_{ij}^t)$。

$$\mathrm{Sup}(Q_{ij}^s,Q_{ij}^t)=1-d(Q_{ij}^s,Q_{ij}^t) \tag{5-24}$$

其中，$i=1,2,\cdots,m$；$j=1,2,\cdots,n$；$s,t=1,2,\cdots,p$，且 $s\neq t$；$d(Q_{ij}^s,Q_{ij}^t)$ 表示 $Q_{ij}^s$ 与 $Q_{ij}^t$ 之间的距离，具体见定义 2-12。

步骤 3：计算 Q 阶序对模糊数 $Q_{ij}^s$ 的支持度总和 $T(Q_{ij}^s)$。

$$T(Q_{ij}^s)=\sum_{t=1;s\neq t}^{p}\mathrm{Sup}(Q_{ij}^s,Q_{ij}^t) \tag{5-25}$$

其中，$i=1,2,\cdots,m$；$j=1,2,\cdots,n$；$s,t=1,2,\cdots,p$，且 $s\neq t$。

步骤 4：利用每个专家 $D_s$ 的权重 $w_s$ $(s=1,2,\cdots,p)$，计算 Q 阶序对模糊数 $Q_{ij}^s$ 的调和权重 $\delta_{ij}^s$。

$$\delta_{ij}^s=\frac{w_s(1+T(Q_{ij}^s))}{\sum_{s=1}^{p}w_s(1+T(Q_{ij}^s))} \tag{5-26}$$

其中，$s=1,2,\cdots,p$；$i=1,2,\cdots,m$；$j=1,2,\cdots,n$；$\delta_{ij}^s\geqslant 0$，且 $\sum_{s=1}^{p}\delta_{ij}^s=1$。

步骤 5：考虑到各个专家之间是相互独立的个体，所以利用 Q 阶序对模糊幂加权平均（q-rung orthopair fuzzy power weighted averaging，q-ROFPWA）集成算子将各个专家的决策数据集成一个综合的决策数据，形成一个综合的决策矩阵 $Q=[Q_{ij}]_{m\times n}$。

$$Q_{ij}=\text{q-ROFPWA}(Q_{ij}^1,Q_{ij}^2,\cdots,Q_{ij}^p)=\left\langle\left(1-\prod_{s=1}^{p}(1-u_{ij}^q)^{\delta_{ij}^s}\right)^{1/q},\prod_{s=1}^{p}v_{ij}^{\delta_{ij}^s}\right\rangle \tag{5-27}$$

步骤 6：计算 Q 阶序对模糊数 $Q_{ij}$ 与 $Q_{il}$ 的支持度 $\mathrm{Sup}(Q_{ij},Q_{il})$。

$$\mathrm{Sup}(Q_{ij},Q_{il})=1-d(Q_{ij},Q_{il}) \tag{5-28}$$

其中，$i=1,2,\cdots,m$；$j,l=1,2,\cdots,n$，且 $j\neq l$；$d(Q_{ij},Q_{il})$ 表示 $Q_{ij}$ 与 $Q_{il}$ 之间的距离，见定义 2-12。

步骤 7：计算 Q 阶序对模糊数 $Q_{ij}$ 的支持度总和 $T(Q_{ij})$。

$$T(Q_{ij})=\sum_{l=1;l\neq j}^{n}\mathrm{Sup}(Q_{ij},Q_{il}) \tag{5-29}$$

其中，$i=1,2,\cdots,m$；$j,l=1,2,\cdots,n$，且 $j\neq l$。

步骤 8：利用每个属性指标 $C_j$ 的权重 $\omega_j$ $(j=1,2,\cdots,n)$ 计算 Q 阶序对模糊数 $Q_{ij}$ 调和权重 $\varpi_{ij}$。

$$\varpi_{ij}=\frac{\omega_j(1+T(Q_{ij}))}{\sum_{j=1}^{n}\omega_j(1+T(Q_{ij}))} \tag{5-30}$$

其中，$i=1,2,\cdots,m$；$j=1,2,\cdots,n$；$\varpi_{ij}\geqslant 0$，且 $\sum_{j=1}^{n}\varpi_{ij}=1$。

步骤 9：利用 q-ROFPWMSM 集成算子将各个备选方案 $A_i(i=1,2,\cdots,m)$ 的数据集成一个综合评价值 $Q_i$。

$$\begin{aligned}Q_i&=\text{q-ROFPWMSM}(Q_{i1},Q_{i2},\cdots,Q_{in})\\&=\left\langle\left(\left(1-\left(\prod_{\substack{1\leqslant\varepsilon_1<\cdots\\<\varepsilon_k\leqslant n}}\left(1-\prod_{j=1}^{k}\left(1-(1-u_{i\varepsilon_j}^{q})^{n\varpi_{i\varepsilon_j}}\right)\right)\right)^{\frac{1}{C_n^k}}\right)^{\frac{1}{q}}\right)^{\frac{1}{k}},\left(1-\left(1-\prod_{\substack{1\leqslant\varepsilon_1<\cdots\\<\varepsilon_k\leqslant n}}\left(1-\prod_{j=1}^{k}\left(1-\left(v_{i\varepsilon_j}^{n\varpi_{i\varepsilon_j}}\right)^{q}\right)\right)^{\frac{1}{C_n^k}}\right)^{\frac{1}{k}}\right)^{\frac{1}{q}}\right\rangle\end{aligned} \tag{5-31}$$

步骤 10：根据定义 2-8 和定义 2-9，分别计算每个备选方案 $A_i(i=1,2,\cdots,m)$ 的得分函数值 $S(Q_i)$ 和精确函数值 $H(Q_i)$。

步骤 11：根据定义 2-10 和 $S(Q_i)$、$H(Q_i)$ $(i=1,2,\cdots,m)$，对备选方案进行排序，选出最优方案。

### 5.1.6　算例应用

随着电子商务的不断发展，网上购物已经成为人们购买商品的主要渠道，现在某电商企业准备扩大自己的规模，拟搭建一个自营物流平台，来降低自己的成本支出，同时提升企业物流服务质量。现准备从以下五个区域 $A_1$、$A_2$、$A_3$、$A_4$ 和 $A_5$ 中选取较为合适的一个来搭建中转仓库。为此，企业邀请三个知名专家 $D_1$、$D_2$ 和 $D_3$ 就如何选取最合适的地点进行评价打分。经过商定和讨论，现确定四个属性指标，分别是交通条件（$C_1$）、地理环境（$C_2$）、服务水平（$C_3$）和费用（$C_4$）。其中，根据三个专家的知识背景和重要程度，将其权重向量设定为 $w=(0.35,0.40,0.25)^{\mathrm{T}}$，即专家 $D_1$ 的权重为 0.35，专家 $D_2$ 的权重为 0.40，专家 $D_3$ 的权重为 0.25。根据属性指标的重要程度和影响，将四个属性指标的权重向量设定为 $\omega=(0.2,0.1,0.3,0.4)^{\mathrm{T}}$，即属性指标 $C_1$ 的权重为 0.2，属性指标 $C_2$ 的权重为 0.1，属性指标 $C_3$ 的权重为 0.3 和属性指标 $C_4$ 的权重为 0.4。每个专家所给的评价值采用 Q 阶序对模糊数的形式来表示，即 $Q_{ij}^s=\langle u_{ij}^s,v_{ij}^s\rangle$，其中 $i=1,2,3,4,5$；$j=1,2,3,4$；$s=1,2,3$。来自三个专家的决策矩阵 $Q^1$、$Q^2$ 和 $Q^3$ 分别为 $[Q_{ij}^1]$、$[Q_{ij}^2]$ 和 $[Q_{ij}^3]$，具体数据如表 5-1～表 5-3 所示。

**表 5-1　专家 $D_1$ 的决策矩阵 $Q^1$**

| 项目 | $C_1$ | $C_2$ | $C_3$ | $C_4$ |
|---|---|---|---|---|
| $A_1$ | ⟨0.2, 0.5⟩ | ⟨0.4, 0.6⟩ | ⟨0.4, 0.3⟩ | ⟨0.2, 0.5⟩ |
| $A_2$ | ⟨0.6, 0.3⟩ | ⟨0.4, 0.2⟩ | ⟨0.5, 0.1⟩ | ⟨0.2, 0.5⟩ |
| $A_3$ | ⟨0.4, 0.2⟩ | ⟨0.5, 0.2⟩ | ⟨0.5, 0.3⟩ | ⟨0.3, 0.4⟩ |
| $A_4$ | ⟨0.5, 0.3⟩ | ⟨0.3, 0.5⟩ | ⟨0.5, 0.2⟩ | ⟨0.2, 0.5⟩ |
| $A_5$ | ⟨0.6, 0.1⟩ | ⟨0.4, 0.4⟩ | ⟨0.6, 0.2⟩ | ⟨0.1, 0.6⟩ |

**表 5-2　专家 $D_2$ 的决策矩阵 $Q^2$**

| 项目 | $C_1$ | $C_2$ | $C_3$ | $C_4$ |
|---|---|---|---|---|
| $A_1$ | ⟨0.3, 0.6⟩ | ⟨0.2, 0.7⟩ | ⟨0.5, 0.4⟩ | ⟨0.3, 0.5⟩ |
| $A_2$ | ⟨0.5, 0.1⟩ | ⟨0.5, 0.3⟩ | ⟨0.6, 0.2⟩ | ⟨0.3, 0.4⟩ |
| $A_3$ | ⟨0.5, 0.3⟩ | ⟨0.6, 0.2⟩ | ⟨0.6, 0.1⟩ | ⟨0.4, 0.5⟩ |
| $A_4$ | ⟨0.5, 0.4⟩ | ⟨0.2, 0.6⟩ | ⟨0.5, 0.1⟩ | ⟨0.3, 0.6⟩ |
| $A_5$ | ⟨0.7, 0.2⟩ | ⟨0.4, 0.3⟩ | ⟨0.6, 0.3⟩ | ⟨0.2, 0.6⟩ |

**表 5-3　专家 $D_3$ 的决策矩阵 $Q^3$**

| 项目 | $C_1$ | $C_2$ | $C_3$ | $C_4$ |
|---|---|---|---|---|
| $A_1$ | ⟨0.2, 0.7⟩ | ⟨0.5, 0.4⟩ | ⟨0.4, 0.5⟩ | ⟨0.6, 0.2⟩ |
| $A_2$ | ⟨0.5, 0.2⟩ | ⟨0.6, 0.4⟩ | ⟨0.5, 0.3⟩ | ⟨0.1, 0.4⟩ |

续表

| 项目 | $C_1$ | $C_2$ | $C_3$ | $C_4$ |
|---|---|---|---|---|
| $A_3$ | ⟨0.6, 0.3⟩ | ⟨0.5, 0.2⟩ | ⟨0.5, 0.3⟩ | ⟨0.4, 0.5⟩ |
| $A_4$ | ⟨0.4, 0.5⟩ | ⟨0.5, 0.4⟩ | ⟨0.6, 0.2⟩ | ⟨0.2, 0.5⟩ |
| $A_5$ | ⟨0.6, 0.3⟩ | ⟨0.5, 0.1⟩ | ⟨0.6, 0.4⟩ | ⟨0.1, 0.6⟩ |

1. 决策步骤

步骤 1：将专家决策矩阵标准化处理。

因为本应用算例中的费用 $C_4$ 为成本型指标，所以根据式（5-23）对其进行标准化，处理后的三个专家的决策矩阵为 $\tilde{Q}^1$、$\tilde{Q}^2$ 和 $\tilde{Q}^3$，其数据如表 5-4～表 5-6 所示。

**表 5-4　标准化后的专家 $D_1$ 的决策矩阵 $\tilde{Q}^1$**

| 项目 | $C_1$ | $C_2$ | $C_3$ | $C_4$ |
|---|---|---|---|---|
| $A_1$ | ⟨0.2, 0.5⟩ | ⟨0.4, 0.6⟩ | ⟨0.4, 0.3⟩ | ⟨0.5, 0.2⟩ |
| $A_2$ | ⟨0.6, 0.3⟩ | ⟨0.4, 0.2⟩ | ⟨0.5, 0.1⟩ | ⟨0.5, 0.2⟩ |
| $A_3$ | ⟨0.4, 0.2⟩ | ⟨0.5, 0.2⟩ | ⟨0.5, 0.3⟩ | ⟨0.4, 0.3⟩ |
| $A_4$ | ⟨0.5, 0.3⟩ | ⟨0.3, 0.5⟩ | ⟨0.5, 0.2⟩ | ⟨0.5, 0.2⟩ |
| $A_5$ | ⟨0.6, 0.1⟩ | ⟨0.4, 0.4⟩ | ⟨0.6, 0.2⟩ | ⟨0.6, 0.1⟩ |

**表 5-5　标准化后的专家 $D_2$ 的决策矩阵 $\tilde{Q}^2$**

| 项目 | $C_1$ | $C_2$ | $C_3$ | $C_4$ |
|---|---|---|---|---|
| $A_1$ | ⟨0.3, 0.6⟩ | ⟨0.2, 0.7⟩ | ⟨0.5, 0.4⟩ | ⟨0.5, 0.3⟩ |
| $A_2$ | ⟨0.5, 0.1⟩ | ⟨0.5, 0.3⟩ | ⟨0.6, 0.2⟩ | ⟨0.4, 0.3⟩ |
| $A_3$ | ⟨0.5, 0.3⟩ | ⟨0.6, 0.2⟩ | ⟨0.6, 0.1⟩ | ⟨0.5, 0.4⟩ |
| $A_4$ | ⟨0.5, 0.4⟩ | ⟨0.2, 0.6⟩ | ⟨0.5, 0.1⟩ | ⟨0.6, 0.3⟩ |
| $A_5$ | ⟨0.7, 0.2⟩ | ⟨0.4, 0.3⟩ | ⟨0.6, 0.3⟩ | ⟨0.6, 0.2⟩ |

**表 5-6　标准化后的专家 $D_3$ 的决策矩阵 $\tilde{Q}^3$**

| 项目 | $C_1$ | $C_2$ | $C_3$ | $C_4$ |
|---|---|---|---|---|
| $A_1$ | ⟨0.2, 0.7⟩ | ⟨0.5, 0.4⟩ | ⟨0.4, 0.5⟩ | ⟨0.2, 0.6⟩ |
| $A_2$ | ⟨0.5, 0.2⟩ | ⟨0.6, 0.4⟩ | ⟨0.5, 0.3⟩ | ⟨0.4, 0.1⟩ |
| $A_3$ | ⟨0.6, 0.3⟩ | ⟨0.5, 0.2⟩ | ⟨0.5, 0.3⟩ | ⟨0.5, 0.4⟩ |
| $A_4$ | ⟨0.4, 0.5⟩ | ⟨0.5, 0.4⟩ | ⟨0.6, 0.2⟩ | ⟨0.5, 0.2⟩ |
| $A_5$ | ⟨0.6, 0.3⟩ | ⟨0.5, 0.1⟩ | ⟨0.6, 0.4⟩ | ⟨0.6, 0.1⟩ |

步骤 2：计算 Q 阶序对模糊数 $\tilde{Q}_{ij}^{s}$ 与 $\tilde{Q}_{ij}^{t}$ 的支持度 $\mathrm{Sup}(\tilde{Q}_{ij}^{s},\tilde{Q}_{ij}^{t})$。

为方便起见，用矩阵 $S^{st}$ 表示 $\mathrm{Sup}(\tilde{Q}_{ij}^{s},\tilde{Q}_{ij}^{t})$，其中 $s=1,2,3$，$i=1,2,3,4,5$，$j=1,2,3,4$。为了不失一般化，此算例中，令 $q$=2。根据式（5-24）计算得到

$$S^{12}=S^{21}=\begin{bmatrix}0.8400 & 0.8700 & 0.8400 & 0.9500\\0.8100 & 0.8600 & 0.8600 & 0.9100\\0.8600 & 0.8900 & 0.8900 & 0.8400\\0.9300 & 0.8900 & 0.9700 & 0.8400\\0.8400 & 0.9300 & 0.9500 & 0.9700\end{bmatrix}$$

$$S^{13}=S^{31}=\begin{bmatrix}0.7600 & 0.8000 & 0.8400 & 0.6800\\0.8400 & 0.6800 & 0.9200 & 0.8800\\0.7500 & 1.0000 & 1.0000 & 0.8400\\0.8400 & 0.8400 & 0.8900 & 1.0000\\0.9200 & 0.8500 & 0.8800 & 1.0000\end{bmatrix}$$

$$S^{23}=S^{32}=\begin{bmatrix}0.8700 & 0.6700 & 0.9100 & 0.7300\\0.9700 & 0.8200 & 0.8900 & 0.9200\\0.8900 & 0.8900 & 0.8900 & 1.0000\\0.9100 & 0.7900 & 0.8600 & 0.8400\\0.8700 & 0.9100 & 0.9300 & 0.9700\end{bmatrix}$$

步骤 3：计算 Q 阶序对模糊数 $\tilde{Q}_{ij}^{s}$ 的支持度总和 $T(\tilde{Q}_{ij}^{s})$。

为方便起见，用矩阵 $T^{s}$ 表示 $T(\tilde{Q}_{ij}^{s})$，其中 $s=1,2,3$，$i=1,2,3,4,5$，$j=1,2,3,4$。根据式（5-25）计算得到

$$T^{1}=\begin{bmatrix}1.6000 & 1.6700 & 1.6800 & 1.6300\\1.6500 & 1.5400 & 1.7800 & 1.7900\\1.6100 & 1.8900 & 1.8900 & 1.6800\\1.7700 & 1.7300 & 1.8600 & 1.8400\\1.7600 & 1.7800 & 1.8300 & 1.9700\end{bmatrix},\quad T^{2}=\begin{bmatrix}1.7100 & 1.5400 & 1.7500 & 1.6800\\1.7800 & 1.6800 & 1.7500 & 1.8300\\1.7500 & 1.7800 & 1.7800 & 1.8400\\1.8400 & 1.6800 & 1.8300 & 1.6800\\1.7100 & 1.8400 & 1.8800 & 1.9400\end{bmatrix}$$

$$T^{3}=\begin{bmatrix}1.6300 & 1.4700 & 1.7500 & 1.4100\\1.8100 & 1.5000 & 1.8100 & 1.8000\\1.6400 & 1.8900 & 1.8900 & 1.8400\\1.7500 & 1.6300 & 1.7500 & 1.8400\\1.7900 & 1.7600 & 1.8100 & 1.9700\end{bmatrix}$$

步骤 4：利用每个专家 $D_s$ 的权重 $w_s(s=1,2,3)$，计算 Q 阶序对模糊数 $\tilde{Q}_{ij}^{s}$ 的调和权重 $\delta_{ij}^{s}$。

为方便起见，用矩阵 $\delta^s$ 表示 $\delta_{ij}^s$，其中 $s=1,2,3$，$i=1,2,3,4,5$，$j=1,2,3,4$。根据式（5-26）计算得到

$$\delta^1=\begin{bmatrix}0.3432 & 0.3639 & 0.3442 & 0.3547\\0.3383 & 0.3438 & 0.3506 & 0.3477\\0.3417 & 0.3554 & 0.3554 & 0.3369\\0.3471 & 0.3559 & 0.3549 & 0.3581\\0.3516 & 0.3476 & 0.3482 & 0.3514\end{bmatrix},\quad \delta^2=\begin{bmatrix}0.4088 & 0.3956 & 0.4036 & 0.4131\\0.4055 & 0.4145 & 0.3963 & 0.4031\\0.4114 & 0.3907 & 0.3907 & 0.4080\\0.4067 & 0.3993 & 0.4013 & 0.3862\\0.3945 & 0.4059 & 0.4049 & 0.3976\end{bmatrix}$$

$$\delta^3=\begin{bmatrix}0.2480 & 0.2405 & 0.2522 & 0.2322\\0.2562 & 0.2417 & 0.2531 & 0.2492\\0.2469 & 0.2539 & 0.2539 & 0.2550\\0.2462 & 0.2449 & 0.2438 & 0.2558\\0.2539 & 0.2465 & 0.2469 & 0.2510\end{bmatrix}$$

步骤 5：利用 q-ROFPWA 集成算子将各个专家的决策数据集成一个综合值，形成一个综合的决策矩阵 $\tilde{Q}=[\tilde{Q}_{ij}]_{m\times n}$。

根据式（5-27），通过计算，将三个专家的决策矩阵 $\tilde{Q}^s=[\tilde{Q}_{ij}^s]_{5\times 4}(s=1,2,3)$ 集成为一个综合矩阵 $\tilde{Q}=[\tilde{Q}_{ij}]_{5\times 4}$，其中 $i=1,2,3,4,5$，$j=1,2,3,4$。数据如表 5-7 所示。

**表 5-7　集成后的综合矩阵 $\tilde{Q}$**

| 项目 | $C_1$ | $C_2$ | $C_3$ | $C_4$ |
| --- | --- | --- | --- | --- |
| $A_1$ | ⟨0.2465, 0.5856⟩ | ⟨0.3718, 0.5785⟩ | ⟨0.4445, 0.3833⟩ | ⟨0.4536, 0.3052⟩ |
| $A_2$ | ⟨0.5378, 0.1732⟩ | ⟨0.4995, 0.2798⟩ | ⟨0.5438, 0.1738⟩ | ⟨0.4387, 0.1981⟩ |
| $A_3$ | ⟨0.5003, 0.2612⟩ | ⟨0.5432, 0.2000⟩ | ⟨0.5432, 0.1953⟩ | ⟨0.4699, 0.3630⟩ |
| $A_4$ | ⟨0.4783, 0.3824⟩ | ⟨0.3367, 0.5092⟩ | ⟨0.5277, 0.1514⟩ | ⟨0.5427, 0.2339⟩ |
| $A_5$ | ⟨0.6441, 0.1737⟩ | ⟨0.4280, 0.2529⟩ | ⟨0.6000, 0.2797⟩ | ⟨0.6000, 0.1317⟩ |

步骤 6：计算 Q 阶序对模糊数 $\tilde{Q}_{ij}$ 与 $\tilde{Q}_{il}$ 的支持度 $\mathrm{Sup}(\tilde{Q}_{ij},\tilde{Q}_{il})$。

同样，为方便起见，用矩阵 $S_{jl}$ 表示 $\mathrm{Sup}(\tilde{Q}_{ij},\tilde{Q}_{il})$，其中 $i=1,2,3,4,5$；$j,l=1,2,3,4$，且 $j\neq l$。根据式（5-28）计算得到

$$S_{12}=S_{21}=\begin{bmatrix}0.9225\\0.9517\\0.9558\\0.8846\\0.7683\end{bmatrix},\quad S_{13}=S_{31}=\begin{bmatrix}0.8040\\0.9933\\0.9553\\0.8767\\0.9452\end{bmatrix},\quad S_{14}=S_{41}=\begin{bmatrix}0.7502\\0.9033\\0.9364\\0.9085\\0.9323\end{bmatrix}$$

$$S_{23}=S_{32}=\begin{bmatrix}0.8122\\0.9519\\0.9834\\0.7637\\0.8089\end{bmatrix},\quad S_{24}=S_{42}=\begin{bmatrix}0.7585\\0.9039\\0.9229\\0.7955\\0.8231\end{bmatrix},\quad S_{34}=S_{43}=\begin{bmatrix}0.9462\\0.8968\\0.9063\\0.9521\\0.9391\end{bmatrix}$$

步骤 7：计算 Q 阶序对模糊数 $\tilde{Q}_{ij}$ 的支持度总和 $T(\tilde{Q}_{ij})$。

为方便起见，用矩阵 $T$ 表示 $T(\tilde{Q}_{ij})$，其中 $i=1,2,3,4,5$，$j=1,2,3,4$。根据式(5-29)计算得到

$$T=\begin{bmatrix}2.4768 & 2.4933 & 2.5625 & 2.4550\\2.8483 & 2.8076 & 2.8420 & 2.7040\\2.8469 & 2.8616 & 2.8597 & 2.7509\\2.6697 & 2.4437 & 2.5925 & 2.6560\\2.6458 & 2.4003 & 2.6932 & 2.6946\end{bmatrix}$$

步骤 8：利用每个属性指标 $C_j$ 的权重 $\omega_j(j=1,2,3,4)$，计算 Q 阶序对模糊数 $\tilde{Q}_{ij}$ 的调和权重 $\varpi_{ij}$。

为方便起见，用矩阵 $\varpi$ 表示 $\varpi_{ij}$，其中 $i=1,2,3,4,5$，$j=1,2,3,4$。根据式(5-30)计算得到

$$\varpi=\begin{bmatrix}0.1989 & 0.0999 & 0.3058 & 0.3954\\0.2034 & 0.1006 & 0.3045 & 0.3915\\0.2017 & 0.1013 & 0.3036 & 0.3934\\0.2028 & 0.0952 & 0.2978 & 0.4042\\0.1995 & 0.0930 & 0.3031 & 0.4043\end{bmatrix}$$

步骤 9：利用 q-ROFPWMSM 集成算子将各个备选方案 $A_i(i=1,2,3,4,5)$ 的数据集成为一个综合评价值 $\tilde{Q}_i$。

考虑到在本算例中，交通条件与地理环境之间有一定的关联关系，服务水平与费用之间有一定的关联关系，所以我们取 $k=2$，根据式（5-31）计算得到

$$\tilde{Q}_1=\langle 0.3867,0.5111\rangle,\quad \tilde{Q}_2=\langle 0.4914,0.2594\rangle,\quad \tilde{Q}_3=\langle 0.4983,0.3089\rangle$$

$$\tilde{Q}_4=\langle 0.4847,0.3651\rangle,\quad \tilde{Q}_5=\langle 0.5742,0.2893\rangle$$

步骤 10：根据定义 2-9，计算每个备选方案 $A_i(i=1,2,3,4,5)$ 的得分函数值 $S(\tilde{Q}_i)$。

因为此处仅仅通过得分函数 $S(\tilde{Q}_i)$ 就能比较每个选项的优劣，所以省略计算精确函数值 $H(\tilde{Q}_i)$，结果如下：

$S(\tilde{Q}_1)=-0.1117$，$S(\tilde{Q}_2)=0.1742$，$S(\tilde{Q}_3)=0.1529$，$S(\tilde{Q}_4)=0.1016$，$S(\tilde{Q}_5)=0.2460$

步骤 11：根据定义 2-11 和上述 $S(\tilde{Q}_i)$，对备选项进行排序，做出最优选择。

因为 $S(\tilde{Q}_5) > S(\tilde{Q}_2) > S(\tilde{Q}_3) > S(\tilde{Q}_4) > S(\tilde{Q}_1)$，所以可得五个备选项的排序为 $A_5 \succ A_2 \succ A_3 \succ A_4 \succ A_1$，即方案 $A_5$ 为最优选择。

2. 参数分析

为了综合地分析 MSM 算子中参数 $k$ 对评价结果的影响，我们针对本节的算例，在上述提出的多属性群决策方法的步骤 9 中不断地调整参数 $k$ 的取值，观察其对评价结果的影响，具体实验结果如表 5-8 所示。

**表 5-8　不同参数 $k$ 的评价结果**

| $k$ | 得分函数值 $S(\tilde{Q}_i)$（$i=1,2,3,4,5$） | 方案排序 |
| --- | --- | --- |
| $k=1$ | $S(\tilde{Q}_1)=0.0118$，$S(\tilde{Q}_2)=0.2140$，$S(\tilde{Q}_3)=0.1874$，$S(\tilde{Q}_4)=0.2012$，$S(\tilde{Q}_5)=0.3224$ | $A_5 \succ A_2 \succ A_4 \succ A_3 \succ A_1$ |
| $k=2$ | $S(\tilde{Q}_1)=-0.1117$，$S(\tilde{Q}_2)=0.1742$，$S(\tilde{Q}_3)=0.1473$，$S(\tilde{Q}_4)=0.1016$，$S(\tilde{Q}_5)=0.2460$ | $A_5 \succ A_2 \succ A_3 \succ A_4 \succ A_1$ |
| $k=3$ | $S(\tilde{Q}_1)=-0.1886$，$S(\tilde{Q}_2)=0.1387$，$S(\tilde{Q}_3)=0.1327$，$S(\tilde{Q}_4)=0.0056$，$S(\tilde{Q}_5)=0.1992$ | $A_5 \succ A_2 \succ A_3 \succ A_4 \succ A_1$ |
| $k=4$ | $S(\tilde{Q}_1)=-0.2299$，$S(\tilde{Q}_2)=0.1033$，$S(\tilde{Q}_3)=0.1181$，$S(\tilde{Q}_4)=-0.0678$，$S(\tilde{Q}_5)=0.1414$ | $A_5 \succ A_3 \succ A_2 \succ A_4 \succ A_1$ |

由表 5-8 可知，随着参数 $k$ 的改变，五个备选方案的排序结果发生了轻微改变，但是最优选择结果仍然是一样的。仔细观察发现，随着参数 $k$ 的增大，每个备选方案的得分函数值不断地减小，这一规律也符合性质 5-5。所以，参数 $k$ 能被看作此多属性群决策评价方法中决策者的风险态度，如果决策者是风险偏好型，他可以选择参数 $k$ 值大的参数进行决策，如果决策者是风险规避型，他可以选择参数 $k$ 值小的参数进行决策，这一结果也完全符合文献[108]所得出的结论。所以我们在进行决策时，一般选取 $k=\lfloor n/2 \rfloor$，其中 $n$ 表示属性指标的个数，符号 $\lfloor\ \rfloor$ 表示取整。

# 5.2　Q 阶序对模糊广义 MSM 算子及其在多属性决策中的应用

## 5.2.1　广义 MSM 算子

**定义 5-6**[206]　假设 $\{a_1, a_2, \cdots, a_n\}$ 是一组非负实数集合，则这组数据通过广义 MSM 算子集成的结果可表示为

$$\text{G-MSM}^{(r,\lambda_1,\lambda_2,\cdots,\lambda_r)}(a_1,a_2,\cdots,a_n)=\left(\frac{\sum_{1\leqslant i_1<\cdots<i_r\leqslant n}\left(\prod_{j=1}^{r}a_{i_j}^{\lambda_j}\right)}{C_n^r}\right)^{\frac{1}{\lambda_1+\lambda_2+\cdots+\lambda_r}} \tag{5-32}$$

其中，$\lambda_1,\lambda_2,\cdots,\lambda_r\geqslant 0$，$i_1,i_2,\cdots,i_r$ 包含了从 $1,2,\cdots,n$ 中选出 $r$ 个数的所有自由组合，其个数用 $C_n^r=\dfrac{n!}{r!(n-r)!}$ 表示，则称 G-MSM 为广义麦克劳林对称平均集成算子，简称 G-MSM 算子。

其中，G-MSM 算子具有以下性质：

（1）当 $a_i=a(i=1,2,\cdots,n)$ 时，$\text{G-MSM}^{(r,\lambda_1,\lambda_2,\cdots,\lambda_r)}(a,a,\cdots,a)=a$；

（2）如果对于所有 $i(i=1,2,\cdots,n)$ 有 $a_i\leqslant b_i$，则 $\text{G-MSM}^{(r,\lambda_1,\lambda_2,\cdots,\lambda_r)}(a_1,a_2,\cdots,a_n)\leqslant \text{G-MSM}^{(r,\lambda_1,\lambda_2,\cdots,\lambda_r)}(b_1,b_2,\cdots,b_n)$；

（3）$\min\limits_i\{a_i\}\leqslant \text{G-MSM}^{(r,\lambda_1,\lambda_2,\cdots,\lambda_r)}(a_1,a_2,\cdots,a_n)\leqslant\max\limits_i\{a_i\}$，其中 $1\leqslant i\leqslant n$。

基于 G-MSM 算子中参数的不同取值，讨论以下几种特例。

（1）当 $r=2$ 和 $\lambda_1=\lambda_2=p$ 时，G-MSM 算子可退化为 BM 算子（$p=q=1$）[95]，如下所示：

$$\text{G-MSM}^{(2,p,p)}(a_1,a_2,\cdots,a_n)=\left(\frac{\sum_{1\leqslant i_1<i_2\leqslant n}\left(\prod_{j=1}^{2}a_{i_j}^{p}\right)}{C_n^2}\right)^{\frac{1}{2p}}=\left(\frac{1}{n(n-1)}\sum_{\substack{i,j=1\\ i\neq j}}^{n}(a_i^p a_j^p)\right)^{\frac{1}{2p}}$$
$$=\text{BM}^{(p,p)}(a_1,a_2,\cdots,a_n)$$

（2）当 $r$=3 和 $\lambda_1=\lambda_2=\lambda_3=p$ 时，G-MSM 算子可退化为 GBM 算子（$p$=$q$=$r$）[207]，如下所示：

$$\text{G-MSM}^{(3,p,p,p)}(a_1,a_2,\cdots,a_n)=\left(\frac{\sum_{1\leqslant i_1<i_2<i_3\leqslant n}\left(\prod_{j=1}^{3}a_{i_j}^{p}\right)}{C_n^3}\right)^{\frac{1}{3p}}=\left(\frac{1}{n(n-1)(n-2)}\sum_{\substack{i=j=k=1\\ i\neq j\neq k}}^{n}(a_i^p a_j^p a_k^p)\right)^{\frac{1}{3p}}$$
$$=\text{GBM}^{(p,p,p)}(a_1,a_2,\cdots,a_n)$$

（3）当 $\lambda_1=\lambda_2=\cdots=\lambda_r=1$ 时，G-MSM 算子可退化为 MSM 算子（$p=q=r$）[109]，如下所示：

$$\text{G-MSM}^{(r,1,1,\cdots,1)}(a_1,a_2,\cdots,a_n)=\left(\frac{\sum_{1\leqslant i_1<\cdots<i_r\leqslant n}\left(\prod_{j=1}^{r}a_{i_j}\right)}{C_n^r}\right)^{\frac{1}{1+1+\cdots+1}}=\left(\frac{\sum_{1\leqslant i_1<\cdots<i_r\leqslant n}\left(\prod_{j=1}^{r}a_{i_j}\right)}{C_n^r}\right)^{\frac{1}{r}}$$
$$=\text{MSM}^{(r)}(a_1,a_2,\cdots,a_n)$$

### 5.2.2　Q 阶序对模糊广义 MSM 算子

**定义 5-7**[74]　假设$\{Q_1,Q_2,\cdots,Q_n\}$是一组 Q 阶序对模糊数的集合，其中$Q_i=\langle u_i,v_i\rangle$ $(i=1,2,\cdots,n)$且$q\geqslant 1$，则集合$\{Q_1,Q_2,\cdots,Q_n\}$的 q-ROFGMSM 算子可定义为

$$\text{q-ROFGMSM}^{(r,\lambda_1,\lambda_2,\cdots,\lambda_r)}(Q_1,Q_2,\cdots,Q_n)=\left(\frac{\underset{1\leqslant i_1<\cdots<i_r\leqslant n}{\oplus}\left(\overset{r}{\underset{j=1}{\otimes}}Q_{i_j}^{\lambda_j}\right)}{C_n^r}\right)^{\frac{1}{\lambda_1+\lambda_2+\cdots+\lambda_r}} \tag{5-33}$$

其中，$\lambda_1,\lambda_2,\cdots,\lambda_r\geqslant 0$，$i_1,i_2,\cdots,i_r$包含从$1,2,\cdots,n$中选出$r$个数的所有自由组合（$1\leqslant i_1<\cdots<i_r\leqslant n$），其个数用$C_n^r=\dfrac{n!}{r!(n-r)!}$表示。

基于 Q 阶序对模糊数 Algebraic 运算法则，可得到关于 q-ROFGMSM 算子的定理 5-4。

**定理 5-4**　假设$\{Q_1,Q_2,\cdots,Q_n\}$是一组 Q 阶序对模糊数集合，其中$Q_i=\langle u_i,v_i\rangle$ $(i=1,2,\cdots,n)$且$q\geqslant 1$，则$\text{q-ROFGMSM}(Q_1,Q_2,\cdots,Q_n)$的集成结果同样是 Q 阶序对模糊数，并且为

$$\begin{aligned}&\text{q-ROFGMSM}^{(r,\lambda_1,\lambda_2,\cdots,\lambda_r)}(Q_1,Q_2,\cdots,Q_n)\\&=\left\langle\left(\left(1-\left(\prod_{1\leqslant i_1<\cdots<i_r\leqslant n}\left(1-\prod_{j=1}^{r}u_{i_j}^{\lambda_j\times q}\right)\right)^{1/C_n^r}\right)^{1/q}\right)^{\frac{1}{\lambda_1+\lambda_2+\cdots+\lambda_r}},\right.\\&\left.\left(1-\left(1-\prod_{1\leqslant i_1<\cdots<i_r\leqslant n}\left(1-\prod_{j=1}^{r}(1-v_{i_j}^{\ q})^{\lambda_j}\right)^{1/C_n^r}\right)^{\frac{1}{\lambda_1+\lambda_2+\cdots+\lambda_r}}\right)^{1/q}\right\rangle\end{aligned} \tag{5-34}$$

**证明**：基于 Q 阶序对模糊数 Algebraic 运算法则，能够得到

$$Q_{i_j}^{\lambda_j}=\langle u_{i_j}^{\lambda_j},(1-(1-v_{i_j}^q)^{\lambda_j})^{1/q}\rangle,\quad \overset{r}{\underset{j=1}{\otimes}}Q_{i_j}^{\lambda_j}=\left\langle\prod_{j=1}^{r}u_{i_j}^{\lambda_j},\left(1-\prod_{j=1}^{r}(1-v_{i_j}^q)^{\lambda_j}\right)^{1/q}\right\rangle$$

进而可得

$$\underset{1\leqslant i_1<\cdots<i_r\leqslant n}{\oplus}\left(\overset{r}{\underset{j=1}{\otimes}}Q_{i_j}^{\lambda_j}\right)=\left\langle\left(1-\prod_{1\leqslant i_1<\cdots<i_r\leqslant n}\left(1-\prod_{j=1}^{r}u_{i_j}^{\lambda_j\times q}\right)\right)^{1/q},\prod_{1\leqslant i_1<\cdots<i_r\leqslant n}\left(1-\prod_{j=1}^{r}(1-v_{i_j}^q)^{\lambda_j}\right)^{1/q}\right\rangle$$

及

$$\frac{\underset{1\leqslant i_1<\cdots<i_r\leqslant n}{\oplus}\left(\overset{r}{\underset{j=1}{\otimes}} Q_{i_j}^{\lambda_j}\right)}{C_n^r}=\left\langle\left(1-\left(\prod_{1\leqslant i_1<\cdots<i_r\leqslant n}\left(1-\prod_{j=1}^{r} u_{i_j}^{\lambda_j\times q}\right)\right)^{1/C_n^r}\right)^{1/q},\right.$$
$$\left.\left(\prod_{1\leqslant i_1<\cdots<i_r\leqslant n}\left(1-\prod_{j=1}^{r}(1-v_{i_j}^{q})^{\lambda_j}\right)^{1/q}\right)^{1/C_n^r}\right\rangle$$

所以，最终可得

$$\left(\frac{\underset{1\leqslant i_1<\cdots<i_r\leqslant n}{\oplus}\left(\overset{r}{\underset{j=1}{\otimes}} Q_{i_j}^{\lambda_j}\right)}{C_n^r}\right)^{\frac{1}{\lambda_1+\lambda_2+\cdots+\lambda_r}}$$
$$=\left\langle\left(\left(1-\left(\prod_{1\leqslant i_1<\cdots<i_r\leqslant n}\left(1-\prod_{j=1}^{r} u_{i_j}^{\lambda_j\times q}\right)\right)^{1/C_n^r}\right)^{1/q}\right)^{\frac{1}{\lambda_1+\lambda_2+\cdots+\lambda_r}},\right.$$
$$\left.\left(1-\left(1-\prod_{1\leqslant i_1<\cdots<i_r\leqslant n}\left(1-\prod_{j=1}^{r}(1-v_{i_j}^{q})^{\lambda_j}\right)^{1/C_n^r}\right)^{\frac{1}{\lambda_1+\lambda_2+\cdots+\lambda_r}}\right)^{1/q}\right\rangle$$

证毕。

同时，q-ROFGMSM 算子具有以下性质。

**性质 5-12（幂等性）**　假设 $\{Q_1,Q_2,\cdots,Q_n\}$ 是一组 Q 阶序对模糊数集合，其中 $Q_i=\langle u_i,v_i\rangle(i=1,2,\cdots,n)$ 且 $q\geqslant 1$。如果 $Q_i=Q=\langle u,v\rangle$，则

$$\text{q-ROFGMSM}(Q_1,Q_2,\cdots,Q_n)=Q \tag{5-35}$$

**证明：** 由定理 5-4 可得

$$\text{q-ROFGMSM}^{(r,\lambda_1,\lambda_2,\cdots,\lambda_r)}(Q_1,Q_2,\cdots,Q_n)$$
$$=\left\langle\left(\left(1-\left(\prod_{1\leqslant i_1<\cdots<i_r\leqslant n}\left(1-\prod_{j=1}^{r} u_{i_j}^{\lambda_j\times q}\right)\right)^{1/C_n^r}\right)^{1/q}\right)^{\frac{1}{\lambda_1+\lambda_2+\cdots+\lambda_r}},\right.$$
$$\left.\left(1-\left(1-\prod_{1\leqslant i_1<\cdots<i_r\leqslant n}\left(1-\prod_{j=1}^{r}(1-v_{i_j}^{q})^{\lambda_j}\right)^{1/C_n^r}\right)^{\frac{1}{\lambda_1+\lambda_2+\cdots+\lambda_r}}\right)^{1/q}\right\rangle$$

$$=\left\langle\left(\left(\left(1-\left(\prod_{1\leqslant i_1<\cdots<i_r\leqslant n}\left(1-\prod_{j=1}^{r}u^{\lambda_j\times q}\right)\right)^{1/C_n^r}\right)^{1/q}\right)^{\frac{1}{\lambda_1+\lambda_2+\cdots+\lambda_r}},\right.$$

$$\left.\left(1-\left(1-\prod_{1\leqslant i_1<\cdots<i_r\leqslant n}\left(1-\prod_{j=1}^{r}(1-v^q)^{\lambda_j}\right)^{1/C_n^r}\right)^{\frac{1}{\lambda_1+\lambda_2+\cdots+\lambda_r}}\right)^{1/q}\right\rangle$$

$$=\left\langle\left(\left(\left(1-\left(\prod_{1\leqslant i_1<\cdots<i_r\leqslant n}(1-u^{(\lambda_1+\lambda_2+\cdots+\lambda_r)\times q})\right)^{1/C_n^r}\right)^{1/q}\right)^{\frac{1}{\lambda_1+\lambda_2+\cdots+\lambda_r}},\right.$$

$$\left.\left(1-\left(1-\prod_{1\leqslant i_1<\cdots<i_r\leqslant n}(1-(1-v^q)^{\lambda_1+\lambda_2+\cdots+\lambda_r})^{1/C_n^r}\right)^{\frac{1}{\lambda_1+\lambda_2+\cdots+\lambda_r}}\right)^{1/q}\right\rangle$$

$$=\left\langle((1-(1-u^{(\lambda_1+\lambda_2+\cdots+\lambda_r)\times q}))^{1/q})^{\frac{1}{\lambda_1+\lambda_2+\cdots+\lambda_r}},\right.$$

$$\left.\left(1-(1-(1-(1-v^q)^{\lambda_1+\lambda_2+\cdots+\lambda_r}))^{\frac{1}{\lambda_1+\lambda_2+\cdots+\lambda_r}}\right)^{1/q}\right\rangle$$

$$=\left\langle((u^{(\lambda_1+\lambda_2+\cdots+\lambda_r)\times q})^{1/q})^{\frac{1}{\lambda_1+\lambda_2+\cdots+\lambda_r}},\left(1-((1-v^q)^{\lambda_1+\lambda_2+\cdots+\lambda_r})^{\frac{1}{\lambda_1+\lambda_2+\cdots+\lambda_r}}\right)^{1/q}\right\rangle$$

$$=\langle u,(1-(1-v^q))^{1/q}\rangle=\langle u,v\rangle$$

所以，可得 $\text{q-ROFGMSM}(Q_1,Q_2,\cdots,Q_n)=Q$，证毕。

**性质 5-13（单调性）**　假设 $\{Q_1,Q_2,\cdots,Q_n\}$ 和 $\{\hat{Q}_1,\hat{Q}_2,\cdots,\hat{Q}_n\}$ 是两组 Q 阶序对模糊数集合，$Q_i=\langle u_i,v_i\rangle$ 和 $\hat{Q}_i=\langle\hat{u}_i,\hat{v}_i\rangle$ 且 $i=1,2,\cdots,n$，$q\geqslant1$。如果对于两组集合中所有的 $i$ 都存在 $u_i\geqslant\hat{u}_i$ 和 $v_i\leqslant\hat{v}_i$，则

$$\text{q-ROFGMSM}^{(r,\lambda_1,\lambda_2,\cdots,\lambda_r)}(Q_1,Q_2,\cdots,Q_n)\geqslant\text{q-ROFGMSM}^{(r,\lambda_1,\lambda_2,\cdots,\lambda_r)}(\hat{Q}_1,\hat{Q}_2,\cdots,\hat{Q}_n)\tag{5-36}$$

**证明**：首先令

$$\text{q-ROFGMSM}^{(r,\lambda_1,\lambda_2,\cdots,\lambda_r)}(Q_1,Q_2,\cdots,Q_n)=Q=(u,v)$$

$$\text{q-ROFGMSM}^{(r,\lambda_1,\lambda_2,\cdots,\lambda_r)}(\hat{Q}_1,\hat{Q}_2,\cdots,\hat{Q}_n)=\hat{Q}=(\hat{u},\hat{v})$$

$$u=\left(\left(1-\left(\prod_{1\leqslant i_1<\cdots<i_r\leqslant n}\left(1-\prod_{j=1}^{r}u_{i_j}^{\lambda_j\times q}\right)\right)^{1/C_n^r}\right)^{1/q}\right)^{\frac{1}{\lambda_1+\lambda_2+\cdots+\lambda_r}}$$

$$\hat{u}=\left(\left(1-\left(\prod_{1\leqslant i_1<\cdots<i_r\leqslant n}\left(1-\prod_{j=1}^{r}\hat{u}_{i_j}^{\lambda_j\times q}\right)\right)^{1/C_n^r}\right)^{1/q}\right)^{\frac{1}{\lambda_1+\lambda_2+\cdots+\lambda_r}}$$

$$v=\left(1-\left(1-\prod_{1\leqslant i_1<\cdots<i_r\leqslant n}\left(1-\prod_{j=1}^{r}(1-v_{i_j}^{q})^{\lambda_j}\right)^{1/C_n^r}\right)^{\frac{1}{\lambda_1+\lambda_2+\cdots+\lambda_r}}\right)^{1/q}$$

$$\hat{v}=\left(1-\left(1-\prod_{1\leqslant i_1<\cdots<i_r\leqslant n}\left(1-\prod_{j=1}^{r}(1-\hat{v}_{i_j}^{q})^{\lambda_j}\right)^{1/C_n^r}\right)^{\frac{1}{\lambda_1+\lambda_2+\cdots+\lambda_r}}\right)^{1/q}$$

为了证明此性质，需要比较两组 Q 阶序对模糊数的集成值 $Q$ 和 $\hat{Q}$ 的得分函数值 $S(Q)$ 和 $S(\hat{Q})$，以及它们的精确函数值 $H(Q)$ 和 $H(\hat{Q})$，即证明 $Q\geqslant\hat{Q}$ 。

首先，根据条件 $u_i\geqslant\hat{u}_i$ 和 $v_i\leqslant\hat{v}_i$ ，能够得到 $Q$ 和 $\hat{Q}$ 的隶属度和非隶属度的比较结果。

（1）对于隶属度，根据 $u_i\geqslant\hat{u}_i$ ，可得

$$\left(\left(1-\left(\prod_{1\leqslant i_1<\cdots<i_r\leqslant n}\left(1-\prod_{j=1}^{r}u_{i_j}^{\lambda_j\times q}\right)\right)^{1/C_n^r}\right)^{1/q}\right)^{\frac{1}{\lambda_1+\lambda_2+\cdots+\lambda_r}}$$

$$\geqslant\left(\left(1-\left(\prod_{1\leqslant i_1<\cdots<i_r\leqslant n}\left(1-\prod_{j=1}^{r}\hat{u}_{i_j}^{\lambda_j\times q}\right)\right)^{1/C_n^r}\right)^{1/q}\right)^{\frac{1}{\lambda_1+\lambda_2+\cdots+\lambda_r}}$$

即 $u\geqslant\hat{u}$ 。

（2）对于非隶属度，根据 $v_i\leqslant\hat{v}_i$ ，可得

$$\left(1-\left(1-\prod_{1\leqslant i_1<\cdots<i_r\leqslant n}\left(1-\prod_{j=1}^{r}(1-v_{i_j}^{q})^{\lambda_j}\right)^{1/C_n^r}\right)^{\frac{1}{\lambda_1+\lambda_2+\cdots+\lambda_r}}\right)^{1/q}$$

$$\leqslant\left(1-\left(1-\prod_{1\leqslant i_1<\cdots<i_r\leqslant n}\left(1-\prod_{j=1}^{r}(1-\hat{v}_{i_j}^{q})^{\lambda_j}\right)^{1/C_n^r}\right)^{\frac{1}{\lambda_1+\lambda_2+\cdots+\lambda_r}}\right)^{1/q}$$

即 $v\leqslant\hat{v}$ 。

因此，可得 $S(Q)=u^q-v^q\geqslant S(\hat{Q})=\hat{u}^q-\hat{v}^q$ 。接下来分两种情形讨论。①若 $S(Q)>S(\hat{Q})$，则根据定义 2-11，可得 $Q>\hat{Q}$ 。②若 $S(\hat{Q})=S(Q)$，则 $u=\hat{u}$ 和 $v=\hat{v}$，所以 $H(Q)=u^q+v^q=H(\hat{Q})=\hat{u}^q+\hat{v}^q$，满足 $Q=\hat{Q}$ 。综上，两组 Q 阶序对模糊数的集成值 $Q$ 和 $\hat{Q}$ 满足 $Q\geqslant\hat{Q}$，即

$$\text{q-ROFGMSM}^{(r,\lambda_1,\lambda_2,\cdots,\lambda_r)}(Q_1,Q_2,\cdots,Q_n)\geqslant\text{q-ROFGMSM}^{(r,\lambda_1,\lambda_2,\cdots,\lambda_r)}(\hat{Q}_1,\hat{Q}_2,\cdots,\hat{Q}_n)$$

证毕。

**性质 5-14（有界性）**　假设 $\{Q_1,Q_2,\cdots,Q_n\}$ 是一组 Q 阶序对模糊数集合，其中 $Q_i=\langle u_i,v_i\rangle(i=1,2,\cdots,n)$ 且 $q\geqslant1$ 。若 $Q^-=\min\limits_i Q_i$， $Q^+=\max\limits_i Q_i$，则

$$Q^-\leqslant\text{q-ROFGMSM}^{(r,\lambda_1,\lambda_2,\cdots,\lambda_r)}(Q_1,Q_2,\cdots,Q_n)\leqslant Q^+ \tag{5-37}$$

**证明：**由于 $Q_i\geqslant Q^-=\min\limits_i Q_i$，根据 q-ROFGMSM 算子的单调性和幂等性可得

$$\text{q-ROFGMSM}^{(r,\lambda_1,\lambda_2,\cdots,\lambda_r)}(Q_1,Q_2,\cdots,Q_n)\geqslant\text{q-ROFGMSM}^{(r,\lambda_1,\lambda_2,\cdots,\lambda_r)}(Q^-,Q^-,\cdots,Q^-)=Q^-$$

同理，由于 $Q^+=\max\limits_i Q_i$，则

$$\text{q-ROFGMSM}^{(r,\lambda_1,\lambda_2,\cdots,\lambda_r)}(Q_1,Q_2,\cdots,Q_n)\leqslant\text{q-ROFGMSM}^{(r,\lambda_1,\lambda_2,\cdots,\lambda_r)}(Q^+,Q^+,\cdots,Q^+)=Q^+$$

所以，$Q^-\leqslant\text{q-ROFGMSM}^{(r,\lambda_1,\lambda_2,\cdots,\lambda_r)}(Q_1,Q_2,\cdots,Q_n)\leqslant Q^+$，证毕。

下面，基于 q-ROFGMSM 算子中参数的不同取值，讨论一些特例。

（1）当 $r=2$ 和 $\lambda_1=\lambda_2=p$ 时，q-ROFGMSM 算子将退化为 q-ROFBM 算子（$p=q$）[64]，如下所示：

$$\begin{aligned}&\text{q-ROFGMSM}^{(2,p,p)}(Q_1,Q_2,\cdots,Q_n)\\&=\left(\frac{\bigoplus\limits_{1\leqslant i_1<i_2\leqslant n}\left(\bigotimes\limits_{j=1}^{2}Q_{i_j}^{p}\right)}{C_n^2}\right)^{\frac{1}{2p}}=\left(\frac{\bigoplus\limits_{1\leqslant i_1<i_2\leqslant n}(Q_{i_1}^{p}\otimes Q_{i_2}^{p})}{\frac{n(n-1)}{2}}\right)^{\frac{1}{2p}}\\&=\left(\frac{2\bigoplus\limits_{1\leqslant i<j\leqslant n}(Q_i^p\otimes Q_j^p)}{n(n-1)}\right)^{\frac{1}{2p}}=\left(\frac{1}{n(n-1)}\bigoplus_{\substack{i,j=1\\i\neq j}}^{n}(Q_i^p\otimes Q_j^p)\right)^{\frac{1}{2p}}\\&=\text{q-ROFBM}^{(p,p)}(Q_1,Q_2,\cdots,Q_n)\end{aligned}$$

（2）当 $r=3$ 和 $\lambda_1=\lambda_2=\lambda_3=p$ 时，q-ROFGMSM 算子将退化为 q-ROFGBM 算子（$p=q=r$），如下所示：

$$\text{q-ROFGMSM}^{(3,p,p,p)}(Q_1,Q_2,\cdots,Q_n)$$

$$=\left(\frac{\underset{1\leqslant i_1<i_2<i_3\leqslant n}{\oplus}\left(\overset{3}{\underset{j=1}{\otimes}}Q_{i_j}^{p}\right)}{C_n^3}\right)^{\frac{1}{3p}}=\left(\frac{\frac{1}{3!}\underset{\substack{i_1,i_2,i_3=1\\ i_1\neq i_2\neq i_3}}{\overset{n}{\oplus}}(Q_{i_1}^{p}\otimes Q_{i_2}^{p}\otimes Q_{i_3}^{p})}{\frac{n(n-1)(n-2)}{3!}}\right)^{\frac{1}{3p}}$$

$$=\left(\frac{\underset{\substack{i,j,k=1\\ i\neq j\neq k}}{\overset{n}{\oplus}}(Q_i^{p}\otimes Q_j^{p}\otimes Q_k^{p})}{n(n-1)(n-2)}\right)^{\frac{1}{3p}}=\left(\frac{1}{n(n-1)(n-2)}\underset{\substack{i,j,k=1\\ i\neq j\neq k}}{\overset{n}{\oplus}}(Q_{i_1}^{p}\otimes Q_{i_2}^{p}\otimes Q_{i_3}^{p})\right)^{\frac{1}{3p}}$$

$$=\text{q-ROFGBM}^{(p,p,p)}(Q_1,Q_2,\cdots,Q_n)$$

（3）当 $\lambda_1=\lambda_2=\cdots=\lambda_r=1$ 时，q-ROFGMSM 算子将退化为 q-ROFMSM 算子，如下所示：

$$\text{q-ROFGMSM}^{(r,1,1,\cdots,1)}(Q_1,Q_2,\cdots,Q_n)=\left(\frac{\underset{1\leqslant i_1<\cdots<i_r\leqslant n}{\oplus}\left(\overset{r}{\underset{j=1}{\otimes}}Q_{i_j}^{1}\right)}{C_n^r}\right)^{\frac{1}{1+1+\cdots+1}}=\left(\frac{\underset{1\leqslant i_1<\cdots<i_r\leqslant n}{\oplus}\left(\overset{r}{\underset{j=1}{\otimes}}Q_{i_j}\right)}{C_n^r}\right)^{\frac{1}{r}}$$

$$=\text{q-ROFMSM}^{(r)}(Q_1,Q_2,\cdots,Q_n)$$

## 5.2.3　Q 阶序对模糊加权广义 MSM 算子

**定义 5-8**[74]　假设 $\{Q_1,Q_2,\cdots,Q_n\}$ 是一组 Q 阶序对模糊数集合，其中 $Q_i=\langle u_i,v_i\rangle$ $(i=1,2,\cdots,n)$ 且 $q\geqslant 1$，$\omega_i$ 为 Q 阶序对模糊数 $Q_i$ 的权重且满足 $\omega_i\in[0,1]$，$\sum_{i=1}^{n}\omega_i=1$，则集合 $\{Q_1,Q_2,\cdots,Q_n\}$ 的 q-ROFWGMSM 算子可被定义为

$$\text{q-ROFWGMSM}^{(r,\lambda_1,\lambda_2,\cdots,\lambda_r)}(Q_1,Q_2,\cdots,Q_n)$$

$$=\begin{cases}\left(\dfrac{\underset{1\leqslant i_1<\cdots<i_r\leqslant n}{\oplus}\left(1-\sum_{j=1}^{r}\omega_{i_j}\right)\left(\overset{r}{\underset{j=1}{\otimes}}Q_{i_j}^{\lambda_j}\right)}{C_{n-1}^{r}}\right)^{\frac{1}{\lambda_1+\lambda_2+\cdots+\lambda_r}}, & 1\leqslant r<n\\ \left(\overset{r}{\underset{i=1}{\otimes}}Q_i^{\lambda_i+\frac{1-n\omega_i}{n-1}}\right)^{\frac{1}{\lambda_1+\lambda_2+\cdots+\lambda_r}}, & r=n\end{cases}\tag{5-38}$$

其中，$\lambda_1,\lambda_2,\cdots,\lambda_r \geqslant 0$，$i_1,i_2,\cdots,i_r$ 包含了从 $1,2,\cdots,n$ 中选出 $r$ 个数的所有自由组合（$1\leqslant i_1 < \cdots < i_r \leqslant n$），其个数用 $C_n^r = \dfrac{n!}{r!(n-r)!}$ 表示。

基于 Q 阶序对模糊数 Algebraic 运算法则，可得到关于 q-ROFWGMSM 算子的定理 5-5。

**定理 5-5** 假设 $\{Q_1,Q_2,\cdots,Q_n\}$ 是一组 Q 阶序对模糊数集合，其中 $Q_i = \langle u_i, v_i\rangle$ $(i=1,2,\cdots,n)$ 且 $q \geqslant 1$，$\omega_i$ 为 Q 阶序对模糊数 $Q_i$ 的权重且满足 $\omega_i \in [0,1]$ 和 $\sum_{i=1}^{n}\omega_i = 1$，则 q-ROFWGMSM$(Q_1,Q_2,\cdots,Q_n)$ 的集成结果同样是 Q 阶序对模糊数，并且为

$$\text{q-ROFWGMSM}^{(r,\lambda_1,\lambda_2,\cdots,\lambda_r)}(Q_1,Q_2,\cdots,Q_n)$$

$$= \begin{cases} \left\langle \left(\left(1 - \prod_{1\leqslant i_1<\cdots<i_r\leqslant n}\left(1-\prod_{j=1}^{r} u_{i_j}^{q\times\lambda_j}\right)^{\frac{1-\sum_{j=1}^{r}\omega_{i_j}}{C_{n-1}^{r}}}\right)^{1/q}\right)^{\frac{1}{\lambda_1+\lambda_2+\cdots+\lambda_r}}, \right. \\ \left. \left(1-\left(1-\prod_{1\leqslant i_1<\cdots<i_r\leqslant n}\left(1-\prod_{j=1}^{r}(1-v_{i_j}^{q})^{\lambda_j}\right)^{\frac{1-\sum_{j=1}^{r}\omega_{i_j}}{C_{n-1}^{r}}}\right)^{\frac{1}{\lambda_1+\lambda_2+\cdots+\lambda_r}}\right)^{1/q} \right\rangle, & 1\leqslant r<n \\ \left\langle \left(\prod_{i=1}^{r} u_i^{\lambda_i+\frac{1-n\omega_i}{n-1}}\right)^{\frac{1}{\lambda_1+\lambda_2+\cdots+\lambda_r}}, \left(1-\left(\prod_{i=1}^{r}(1-v_i^{q})^{\lambda_i+\frac{1-n\omega_i}{n-1}}\right)^{\frac{1}{\lambda_1+\lambda_2+\cdots+\lambda_r}}\right)^{1/q} \right\rangle, & r=n \end{cases} \tag{5-39}$$

**证明**：分以下两种情形讨论。

（1）对于 $1\leqslant r<n$，可得

$$\left(1-\sum_{j=1}^{r}\omega_{i_j}\right)\left(\bigotimes_{j=1}^{r} Q_{i_j}^{\lambda_j}\right) = \left\langle \left(1-\left(1-\prod_{j=1}^{r} u_{i_j}^{q\times\lambda_j}\right)^{1-\sum_{j=1}^{r}\omega_{i_j}}\right)^{1/q}, \left(\left(1-\prod_{j=1}^{r}(1-v_{i_j}^{q})^{\lambda_j}\right)^{1/q}\right)^{1-\sum_{j=1}^{r}\omega_{i_j}} \right\rangle$$

$$\underset{1\leqslant i_1<\cdots<i_r\leqslant n}{\oplus}\left(1-\sum_{j=1}^{r}\omega_{i_j}\right)\left(\underset{j=1}{\overset{r}{\otimes}}Q_{i_j}^{\lambda_j}\right)$$

$$=\left\langle\left(1-\prod_{1\leqslant i_1<\cdots<i_r\leqslant n}\left(1-\prod_{j=1}^{r}u_{i_j}^{q\times\lambda_j}\right)^{1-\sum_{j=1}^{r}\omega_{i_j}}\right)^{1/q},\prod_{1\leqslant i_1<\cdots<i_r\leqslant n}\left(\left(1-\prod_{j=1}^{r}(1-v_{i_j}^{q})^{\lambda_j}\right)^{1/q}\right)^{1-\sum_{j=1}^{r}\omega_{i_j}}\right\rangle$$

进而可得

$$\frac{\underset{1\leqslant i_1<\cdots<i_r\leqslant n}{\oplus}\left(1-\sum_{j=1}^{r}\omega_{i_j}\right)\left(\underset{j=1}{\overset{r}{\otimes}}Q_{i_j}^{\lambda_j}\right)}{C_{n-1}^{r}}$$

$$=\left\langle\left(1-\prod_{1\leqslant i_1<\cdots<i_r\leqslant n}\left(1-\prod_{j=1}^{r}u_{i_j}^{q\times\lambda_j}\right)^{\frac{1-\sum_{j=1}^{r}\omega_{i_j}}{C_{n-1}^{r}}}\right)^{1/q},\prod_{1\leqslant i_1<\cdots<i_r\leqslant n}\left(\left(1-\prod_{j=1}^{r}(1-v_{i_j}^{q})^{\lambda_j}\right)^{1/q}\right)^{\frac{1-\sum_{j=1}^{r}\omega_{i_j}}{C_{n-1}^{r}}}\right\rangle$$

所以，最终可得

$$\left(\frac{\underset{1\leqslant i_1<\cdots<i_r\leqslant n}{\oplus}\left(1-\sum_{j=1}^{r}\omega_{i_j}\right)\left(\underset{j=1}{\overset{r}{\otimes}}Q_{i_j}^{\lambda_j}\right)}{C_{n-1}^{r}}\right)^{\frac{1}{\lambda_1+\lambda_2+\cdots+\lambda_r}}$$

$$=\left\langle\left(\left(1-\prod_{1\leqslant i_1<\cdots<i_r\leqslant n}\left(1-\prod_{j=1}^{r}u_{i_j}^{q\times\lambda_j}\right)^{\frac{1-\sum_{j=1}^{r}\omega_{i_j}}{C_{n-1}^{r}}}\right)^{1/q}\right)^{\frac{1}{\lambda_1+\lambda_2+\cdots+\lambda_r}},\right.$$

$$\left.\left(1-\left(1-\prod_{1\leqslant i_1<\cdots<i_r\leqslant n}\left(1-\prod_{j=1}^{r}(1-v_{i_j}^{q})^{\lambda_j}\right)^{\frac{1-\sum_{j=1}^{r}\omega_{i_j}}{C_{n-1}^{r}}}\right)^{\frac{1}{\lambda_1+\lambda_2+\cdots+\lambda_r}}\right)^{1/q}\right\rangle$$

（2）对于 $r=n$，可得

$$\bigotimes_{i=1}^{r} Q_i^{\lambda_i+\frac{1-n\omega_i}{n-1}} = \left\langle \prod_{i=1}^{r} u_i^{\lambda_i+\frac{1-n\omega_i}{n-1}}, \left(1-\prod_{i=1}^{r}(1-v_i^q)^{\lambda_i+\frac{1-n\omega_i}{n-1}}\right)^{1/q} \right\rangle$$

根据（1）中的证明，可进一步推导出

$$\left(\bigotimes_{i=1}^{r} Q_i^{\lambda_i+\frac{1-n\omega_i}{n-1}}\right)^{\frac{1}{\lambda_1+\lambda_2+\cdots+\lambda_r}} = \left\langle \left(\prod_{i=1}^{r} u_i^{\lambda_i+\frac{1-n\omega_i}{n-1}}\right)^{\frac{1}{\lambda_1+\lambda_2+\cdots+\lambda_r}}, \left(1-\left(\prod_{i=1}^{r}(1-v_i^q)^{\lambda_i+\frac{1-n\omega_i}{n-1}}\right)^{\frac{1}{\lambda_1+\lambda_2+\cdots+\lambda_r}}\right)^{1/q} \right\rangle$$

综上可得式（5-39），证毕。

同样，q-ROFWGMSM 算子具有以下性质。

**性质 5-15（幂等性）**　假设$\{Q_1,Q_2,\cdots,Q_n\}$是一组 Q 阶序对模糊数集合，其中$Q_i=\langle u_i,v_i\rangle(i=1,2,\cdots,n)$且$q\geqslant 1$。如果$Q_i=Q=\langle u,v\rangle$，则

$$\text{q-ROFWGMSM}(Q_1,Q_2,\cdots,Q_n)=Q \tag{5-40}$$

**证明：**由定理 5-5，分两种情形讨论。

（1）对于$1\leqslant r<n$，可得

$$\text{q-ROFWGMSM}^{(r,\lambda_1,\lambda_2,\cdots,\lambda_r)}(Q_1,Q_2,\cdots,Q_n)$$

$$=\left\langle \left(\left(1-\prod_{1\leqslant i_1<\cdots<i_r\leqslant n}\left(1-\prod_{j=1}^{r}u^{q\times\lambda_j}\right)^{\frac{1-\sum_{j=1}^{r}\omega_{i_j}}{C_{n-1}^r}}\right)^{1/q}\right)^{\frac{1}{\lambda_1+\lambda_2+\cdots+\lambda_r}},\right.$$

$$\left.\left(1-\left(1-\prod_{1\leqslant i_1<\cdots<i_r\leqslant n}\left(1-\prod_{j=1}^{r}(1-v^q)^{\lambda_j}\right)^{\frac{1-\sum_{j=1}^{r}\omega_{i_j}}{C_{n-1}^r}}\right)^{\frac{1}{\lambda_1+\lambda_2+\cdots+\lambda_r}}\right)^{1/q}\right\rangle$$

$$=\left\langle \left(\left(1-\prod_{1\leqslant i_1<\cdots<i_r\leqslant n}\left(1-u^{q\times(\lambda_1+\lambda_2+\cdots+\lambda_r)}\right)^{\frac{1-\sum_{j=1}^{r}\omega_{i_j}}{C_{n-1}^r}}\right)^{1/q}\right)^{\frac{1}{\lambda_1+\lambda_2+\cdots+\lambda_r}},\right.$$

$$\left(1-\left(1-\prod_{1\leqslant i_1<\cdots<i_r\leqslant n}\left(1-\left(1-v^q\right)^{\lambda_1+\lambda_2+\cdots+\lambda_r}\right)^{\frac{1-\sum_{j=1}^{r}\omega_{i_j}}{C_{n-1}^{r}}}\right)^{\frac{1}{\lambda_1+\lambda_2+\cdots+\lambda_r}}\right)^{1/q}\right\rangle$$

$$=\left\langle\left(\left(1-\left(1-u^{q\times(\lambda_1+\lambda_2+\cdots+\lambda_r)}\right)^{\frac{1}{C_{n-1}^{r}}\sum_{1\leqslant i_1<\cdots<i_r\leqslant n}\left(1-\sum_{j=1}^{r}\omega_{i_j}\right)}\right)^{1/q}\right)^{\frac{1}{\lambda_1+\lambda_2+\cdots+\lambda_r}},\right.$$

$$\left(1-\left(1-\left(1-\left(1-v^q\right)^{\lambda_1+\lambda_2+\cdots+\lambda_r}\right)^{\frac{1}{C_{n-1}^{r}}\sum_{1\leqslant i_1<\cdots<i_r\leqslant n}\left(1-\sum_{j=1}^{r}\omega_{i_j}\right)}\right)^{\frac{1}{\lambda_1+\lambda_2+\cdots+\lambda_r}}\right)^{1/q}\right\rangle$$

$$=\left\langle\left(\left(1-\left(1-u^{q\times(\lambda_1+\lambda_2+\cdots+\lambda_r)}\right)^{\frac{1}{C_{n-1}^{r}}\left(C_n^r-\sum_{1\leqslant i_1<\cdots<i_r\leqslant n}\left(\sum_{j=1}^{r}\omega_{i_j}\right)\right)}\right)^{1/q}\right)^{\frac{1}{\lambda_1+\lambda_2+\cdots+\lambda_r}},\right.$$

$$\left(1-\left(1-\left(1-\left(1-v^q\right)^{\lambda_1+\lambda_2+\cdots+\lambda_r}\right)^{\frac{1}{C_{n-1}^{r}}\left(C_n^r-\sum_{1\leqslant i_1<\cdots<i_r\leqslant n}\left(\sum_{j=1}^{r}\omega_{i_j}\right)\right)}\right)^{\frac{1}{\lambda_1+\lambda_2+\cdots+\lambda_r}}\right)^{1/q}\right\rangle$$

$$=\left\langle\left(\left(1-\left(1-u^{q\times(\lambda_1+\lambda_2+\cdots+\lambda_r)}\right)^{\frac{1}{C_{n-1}^{r}}\left(C_n^r-\sum_{i_j=1}^{n}\left(C_{n-1}^{r-1}\omega_{i_j}\right)\right)}\right)^{1/q}\right)^{\frac{1}{\lambda_1+\lambda_2+\cdots+\lambda_r}},\right.$$

$$\left(1-\left(1-\left(1-\left(1-v^q\right)^{\lambda_1+\lambda_2+\cdots+\lambda_r}\right)^{\frac{1}{C_{n-1}^{r}}\left(C_n^r-\sum_{i_j=1}^{n}\left(C_{n-1}^{r-1}\omega_{i_j}\right)\right)}\right)^{\frac{1}{\lambda_1+\lambda_2+\cdots+\lambda_r}}\right)^{1/q}\right\rangle$$

$$=\left\langle\left(\left(1-(1-u^{q\times(\lambda_1+\lambda_2+\cdots+\lambda_r)})^{\frac{1}{C_{n-1}^r}(C_n^r-C_{n-1}^{r-1})}\right)^{1/q}\right)^{\frac{1}{\lambda_1+\lambda_2+\cdots+\lambda_r}},\right.$$

$$\left.\left(1-\left(1-(1-(1-v^q)^{\lambda_1+\lambda_2+\cdots+\lambda_r})^{\frac{1}{C_{n-1}^r}(C_n^r-C_{n-1}^{r-1})}\right)^{\frac{1}{\lambda_1+\lambda_2+\cdots+\lambda_r}}\right)^{1/q}\right\rangle$$

$$=\left\langle((1-(1-u^{q\times(\lambda_1+\lambda_2+\cdots+\lambda_r)}))^{1/q})^{\frac{1}{\lambda_1+\lambda_2+\cdots+\lambda_r}},\left(1-(1-(1-(1-v^q)^{\lambda_1+\lambda_2+\cdots+\lambda_r}))^{\frac{1}{\lambda_1+\lambda_2+\cdots+\lambda_r}}\right)^{1/q}\right\rangle$$

$$=\left\langle((u^{q\times(\lambda_1+\lambda_2+\cdots+\lambda_r)})^{1/q})^{\frac{1}{\lambda_1+\lambda_2+\cdots+\lambda_r}},\left(1-((1-v^q)^{\lambda_1+\lambda_2+\cdots+\lambda_r})^{\frac{1}{\lambda_1+\lambda_2+\cdots+\lambda_r}}\right)^{1/q}\right\rangle=\langle u,v\rangle$$

（2）对于 $r=n$，可得

$$\text{q-ROFWGMSM}^{(r,\lambda_1,\lambda_2,\cdots,\lambda_r)}(Q_1,Q_2,\cdots,Q_n)$$

$$=\left\langle\left(\prod_{i=1}^r u^{\lambda_i+\frac{1-n\omega_i}{n-1}}\right)^{\frac{1}{\lambda_1+\lambda_2+\cdots+\lambda_r}},\left(1-\left(\prod_{i=1}^r(1-v^q)^{\lambda_i+\frac{1-n\omega_i}{n-1}}\right)^{\frac{1}{\lambda_1+\lambda_2+\cdots+\lambda_r}}\right)^{1/q}\right\rangle$$

$$=\left\langle\left(u^{\sum_{i=1}^r\left(\lambda_i+\frac{1-n\omega_i}{n-1}\right)}\right)^{\frac{1}{\lambda_1+\lambda_2+\cdots+\lambda_r}},\left(1-\left((1-v^q)^{\sum_{i=1}^r\left(\lambda_i+\frac{1-n\omega_i}{n-1}\right)}\right)^{\frac{1}{\lambda_1+\lambda_2+\cdots+\lambda_r}}\right)^{1/q}\right\rangle$$

$$=\left\langle\left(u^{(\lambda_1+\lambda_2+\cdots+\lambda_r)+\frac{\sum_{i=1}^r(1-n\omega_i)}{n-1}}\right)^{\frac{1}{\lambda_1+\lambda_2+\cdots+\lambda_r}},\left(1-\left((1-v^q)^{(\lambda_1+\lambda_2+\cdots+\lambda_r)+\frac{\sum_{i=1}^r(1-n\omega_i)}{n-1}}\right)^{\frac{1}{\lambda_1+\lambda_2+\cdots+\lambda_r}}\right)^{1/q}\right\rangle$$

因为 $r=n$ 和 $\sum_{i=1}^n\omega_i=1$，所以可得 $\sum_{i=1}^r(1-n\omega_i)=n-n\sum_{i=1}^n\omega_i=0$，进而上述等式可化简变为

$$\left\langle(u^{\lambda_1+\lambda_2+\cdots+\lambda_r})^{\frac{1}{\lambda_1+\lambda_2+\cdots+\lambda_r}},\left(1-((1-v^q)^{\lambda_1+\lambda_2+\cdots+\lambda_r})^{\frac{1}{\lambda_1+\lambda_2+\cdots+\lambda_r}}\right)^{1/q}\right\rangle$$

$$=\langle u,(1-(1-v^q))^{1/q}\rangle=\langle u,v\rangle$$

综上可得 $\text{q-ROFWGMSM}(Q_1,Q_2,\cdots,Q_n)=Q$，证毕。

**性质 5-16（单调性）**　假设 $\{Q_1,Q_2,\cdots,Q_n\}$ 和 $\{\hat{Q}_1,\hat{Q}_2,\cdots,\hat{Q}_n\}$ 是两组 Q 阶序对模糊数集合，$Q_i=\langle u_i,v_i\rangle$，$\hat{Q}_i=\langle \hat{u}_i,\hat{v}_i\rangle$，且 $i=1,2,\cdots,n$，$q\geqslant 1$。如果对于两组集合中所有的 $i$ 都存在 $u_i\geqslant\hat{u}_i$ 和 $v_i\leqslant\hat{v}_i$，则

$$\text{q-ROFWGMSM}^{(r,\lambda_1,\lambda_2,\cdots,\lambda_r)}(Q_1,Q_2,\cdots,Q_n)\geqslant\text{q-ROFWGMSM}^{(r,\lambda_1,\lambda_2,\cdots,\lambda_r)}(\hat{Q}_1,\hat{Q}_2,\cdots,\hat{Q}_n)\tag{5-41}$$

**证明：** 令 $\text{q-ROFWGMSM}^{(r,\lambda_1,\lambda_2,\cdots,\lambda_r)}(Q_1,Q_2,\cdots,Q_n)=Q=(u,v)$ 和 $\text{q-ROFWGMSM}^{(r,\lambda_1,\lambda_2,\cdots,\lambda_r)}(\hat{Q}_1,\hat{Q}_2,\cdots,\hat{Q}_n)=\hat{Q}=(\hat{u},\hat{v})$，因为式（5-39）分两部分，所以接下来进行分类讨论。

（1）对于 $1\leqslant r<n$，可得

$$u=\left(\left(1-\prod_{1\leqslant i_1<\cdots<i_r\leqslant n}\left(1-\prod_{j=1}^{r}u_{i_j}^{q\times\lambda_j}\right)^{\frac{1-\sum_{j=1}^{r}\omega_{i_j}}{C_{n-1}^{r}}}\right)^{1/q}\right)^{\frac{1}{\lambda_1+\lambda_2+\cdots+\lambda_r}}$$

$$\hat{u}=\left(\left(1-\prod_{1\leqslant i_1<\cdots<i_r\leqslant n}\left(1-\prod_{j=1}^{r}\hat{u}_{i_j}^{q\times\lambda_j}\right)^{\frac{1-\sum_{j=1}^{r}\omega_{i_j}}{C_{n-1}^{r}}}\right)^{1/q}\right)^{\frac{1}{\lambda_1+\lambda_2+\cdots+\lambda_r}}$$

$$v=\left(1-\left(1-\prod_{1\leqslant i_1<\cdots<i_r\leqslant n}\left(1-\prod_{j=1}^{r}(1-v_{i_j}^{q})^{\lambda_j}\right)^{\frac{1-\sum_{j=1}^{r}\omega_{i_j}}{C_{n-1}^{r}}}\right)^{\frac{1}{\lambda_1+\lambda_2+\cdots+\lambda_r}}\right)^{1/q}$$

$$\hat{v}=\left(1-\left(1-\prod_{1\leqslant i_1<\cdots<i_r\leqslant n}\left(1-\prod_{j=1}^{r}(1-\hat{v}_{i_j}^{q})^{\lambda_j}\right)^{\frac{1-\sum_{j=1}^{r}\omega_{i_j}}{C_{n-1}^{r}}}\right)^{\frac{1}{\lambda_1+\lambda_2+\cdots+\lambda_r}}\right)^{1/q}$$

因为 $u_i\geqslant\hat{u}_i$ 和 $v_i\leqslant\hat{v}_i$，显然可得到以下不等式：

$$\left(\left(1-\prod_{1\leqslant i_1<\cdots<i_r\leqslant n}\left(1-\prod_{j=1}^{r}u_{i_j}^{q\times\lambda_j}\right)^{\frac{1-\sum_{j=1}^{r}\omega_{i_j}}{C_{n-1}^{r}}}\right)^{1/q}\right)^{\frac{1}{\lambda_1+\lambda_2+\cdots+\lambda_r}}$$

$$\geqslant\left(\left(1-\prod_{1\leqslant i_1<\cdots<i_r\leqslant n}\left(1-\prod_{j=1}^{r}\hat{u}_{i_j}^{q\times\lambda_j}\right)^{\frac{1-\sum_{j=1}^{r}\omega_{i_j}}{C_{n-1}^{r}}}\right)^{1/q}\right)^{\frac{1}{\lambda_1+\lambda_2+\cdots+\lambda_r}}$$

和

$$\left(1-\left(1-\prod_{1\leqslant i_1<\cdots<i_r\leqslant n}\left(1-\prod_{j=1}^{r}(1-v_{i_j}^{q})^{\lambda_j}\right)^{\frac{1-\sum_{j=1}^{r}\omega_{i_j}}{C_{n-1}^{r}}}\right)^{\frac{1}{\lambda_1+\lambda_2+\cdots+\lambda_r}}\right)^{1/q}$$

$$\leqslant\left(1-\left(1-\prod_{1\leqslant i_1<\cdots<i_r\leqslant n}\left(1-\prod_{j=1}^{r}(1-\hat{v}_{i_j}^{q})^{\lambda_j}\right)^{\frac{1-\sum_{j=1}^{r}\omega_{i_j}}{C_{n-1}^{r}}}\right)^{\frac{1}{\lambda_1+\lambda_2+\cdots+\lambda_r}}\right)^{1/q}$$

即$u\geqslant\hat{u}$和$v\leqslant\hat{v}$。

因此，可得$S(Q)=u^q-v^q\geqslant S(\hat{Q})=\hat{u}^q-\hat{v}^q$。下面，分两种情形讨论：①若$S(Q)>S(\hat{Q})$，根据定义，则$\hat{Q}<Q$。②若$S(Q)=S(\hat{Q})$，则$u=\hat{u}$和$v=\hat{v}$，所以$H(Q)=u^q+v^q=H(\hat{Q})=\hat{u}^q+\hat{v}^q$，即$Q=\hat{Q}$。综上可得$Q\geqslant\hat{Q}$。

（2）对于$r=n$，其证明过程类似（1），故省略。

综合（1）和（2），可得$Q\geqslant\hat{Q}$，即

$$\text{q-ROFWGMSM}^{(r,\lambda_1,\lambda_2,\cdots,\lambda_r)}(Q_1,Q_2,\cdots,Q_n)\geqslant\text{q-ROFWGMSM}^{(r,\lambda_1,\lambda_2,\cdots,\lambda_r)}(\hat{Q}_1,\hat{Q}_2,\cdots,\hat{Q}_n)$$

证毕。

**性质 5-17（有界性）**　假设$\{Q_1,Q_2,\cdots,Q_n\}$是一组 Q 阶序对模糊数集合，其中$Q_i=\langle u_i,v_i\rangle(i=1,2,\cdots,n)$且$q\geqslant1$。若$Q^-=\min\limits_i Q_i$，$Q^+=\max\limits_i Q_i$，则

$$Q^{-}\leqslant \text{q-ROFWGMSM}^{(r,\lambda_1,\lambda_2,\cdots,\lambda_r)}(Q_1,Q_2,\cdots,Q_n)\leqslant Q^{+} \tag{5-42}$$

同样，类似于 q-ROFWMSM 算子，q-ROFWGMSM 算子随着参数取值的不同，也存在一些特例。下面，我们仅介绍一种特例。

当 $\omega_i=\dfrac{1}{n}(i=1,2,\cdots,n)$ 时，q-ROFWGMSM 算子可退化为 q-ROFGMSM 算子。

**证明：** 根据式（5-39），我们分以下两种情形讨论。

（1）对于 $1\leqslant r<n$，因为 $\omega_i=\dfrac{1}{n}(i=1,2,\cdots,n)$，所以可得

$$\text{q-ROFWGMSM}^{(r,\lambda_1,\lambda_2,\cdots,\lambda_r)}(Q_1,Q_2,\cdots,Q_n)$$

$$=\left\langle\left(\left(1-\prod_{1\leqslant i_1<\cdots<i_r\leqslant n}\left(1-\prod_{j=1}^{r}u_{i_j}^{q\times\lambda_j}\right)^{\frac{1-\sum_{j=1}^{r}\frac{1}{n}}{C_{n-1}^{r}}}\right)^{1/q}\right)^{\frac{1}{\lambda_1+\lambda_2+\cdots+\lambda_r}},\left(1-\left(1-\prod_{1\leqslant i_1<\cdots<i_r\leqslant n}\left(1-\prod_{j=1}^{r}(1-v_{i_j}^{q})^{\lambda_j}\right)^{\frac{1-\sum_{j=1}^{r}\frac{1}{n}}{C_{n-1}^{r}}}\right)^{\frac{1}{\lambda_1+\lambda_2+\cdots+\lambda_r}}\right)^{1/q}\right\rangle$$

$$=\left\langle\left(\left(1-\prod_{1\leqslant i_1<\cdots<i_r\leqslant n}\left(1-\prod_{j=1}^{r}u_{i_j}^{q\times\lambda_j}\right)^{\frac{1-\frac{r}{n}}{C_{n-1}^{r}}}\right)^{1/q}\right)^{\frac{1}{\lambda_1+\lambda_2+\cdots+\lambda_r}},\left(1-\left(1-\prod_{1\leqslant i_1<\cdots<i_r\leqslant n}\left(1-\prod_{j=1}^{r}(1-v_{i_j}^{q})^{\lambda_j}\right)^{\frac{1-\frac{r}{n}}{C_{n-1}^{r}}}\right)^{\frac{1}{\lambda_1+\lambda_2+\cdots+\lambda_r}}\right)^{1/q}\right\rangle$$

$$=\left\langle\left(\left(1-\prod_{1\leqslant i_1<\cdots<i_r\leqslant n}\left(1-\prod_{j=1}^{r}u_{i_j}^{q\times\lambda_j}\right)^{\frac{1}{C_{n-1}^{r}}}\right)^{1/q}\right)^{\frac{1}{\lambda_1+\lambda_2+\cdots+\lambda_r}},\left(1-\left(1-\prod_{1\leqslant i_1<\cdots<i_r\leqslant n}\left(1-\prod_{j=1}^{r}(1-v_{i_j}^{q})^{\lambda_j}\right)^{\frac{1}{C_{n}^{r-1}}}\right)^{\frac{1}{\lambda_1+\lambda_2+\cdots+\lambda_r}}\right)^{1/q}\right\rangle$$

$$=\text{q-ROFGMSM}^{(r,\lambda_1,\lambda_2,\cdots,\lambda_r)}(Q_1,Q_2,\cdots,Q_n)$$

（2）对于 $r=n$，因为 $\omega_i=\dfrac{1}{n}(i=1,2,\cdots,n)$，所以可得

$$\text{q-ROFWGMSM}^{(n,\lambda_1,\lambda_2,\cdots,\lambda_n)}(Q_1,Q_2,\cdots,Q_n)$$

$$=\left\langle\left(\prod_{i=1}^{n}u_i^{\lambda_i+\frac{1-n\times\frac{1}{n}}{n-1}}\right)^{\frac{1}{\lambda_1+\lambda_2+\cdots+\lambda_n}},\left(1-\left(\prod_{i=1}^{n}(1-v_i^{q})^{\lambda_i+\frac{1-n\times\frac{1}{n}}{n-1}}\right)^{\frac{1}{\lambda_1+\lambda_2+\cdots+\lambda_n}}\right)^{1/q}\right\rangle$$

$$=\left\langle\left(\prod_{i=1}^{n}u_i^{\lambda_i}\right)^{\frac{1}{\lambda_1+\lambda_2+\cdots+\lambda_n}},\left(1-\left(\prod_{i=1}^{n}(1-v_i^{q})^{\lambda_i}\right)^{\frac{1}{\lambda_1+\lambda_2+\cdots+\lambda_n}}\right)^{1/q}\right\rangle$$

由定理 5-5 可知

$$\text{q-ROFGMSM}^{(n,\lambda_1,\lambda_2,\cdots,\lambda_n)}(Q_1,Q_2,\cdots,Q_n)=\left\langle\left(\prod_{j=1}^{n}u_{i_j}^{\lambda_j}\right)^{\frac{1}{\lambda_1+\lambda_2+\cdots+\lambda_n}},\left(1-\left(\prod_{j=1}^{n}(1-v_{i_j}^{q})^{\lambda_j}\right)^{\frac{1}{\lambda_1+\lambda_2+\cdots+\lambda_n}}\right)^{1/q}\right\rangle$$

因此，当每个 Q 阶序对模糊数的权重相等时，q-ROFWGMSM 算子可退化为 q-ROFGMSM 算子，证毕。

### 5.2.4 基于 Q 阶序对模糊加权广义 MSM 算子的多属性决策方法

1. 多属性决策问题描述

假设 $A=\{A_1,A_2,\cdots,A_m\}$ 是一个备选方案集合，以及 $C=\{C_1,C_2,\cdots,C_n\}$ 是一个属性指标集合。假设专家给出的关于备选方案 $A_i$ 的属性指标 $C_j$ 的评价值用一个 Q 阶序对模糊数 $Q_{ij}$ 表示，其形式为 $Q_{ij}=\langle u_{ij},v_{ij}\rangle$，其中 $i=1,2,\cdots,m$， $j=1,2,\cdots,n$，并满足 $u_{ij}\subseteq[0,1]$， $v_{ij}\subseteq[0, 1]$， $(u_{ij})^q+(v_{ij})^q\leqslant 1$，且 $q\geqslant 1$。令专家所给决策矩阵为 $Q=[Q_{ij}]_{m\times n}$，属性指标集合 $C=\{C_1,C_2,\cdots,C_n\}$ 的权重向量为 $\omega=(\omega_1,\omega_2,\cdots,\omega_n)^{\mathrm{T}}$，并满足条件 $\omega_j\in[0,1]$， $\sum_{j=1}^{n}\omega_j=1$。根据上述信息，在若干备选方案中选出一个最佳方案作为决策目标。

2. 基于 q-ROFWGMSM 集成算子的多属性决策方法步骤

基于上述理论知识，本部分将针对评价数据为 Q 阶序对模糊数的多属性决策问题，基于 q-ROFWGMSM 集成算子介绍一种新的决策方法，具体决策评价步骤如下所示。

步骤 1：将专家决策矩阵进行标准化处理。

在管理决策问题当中，属性指标分为两类：一类是效益型指标，即越大越好；另一类是成本型指标，即越小越好。所以，在处理属性指标的评价值时，首先需要将评价数据进行标准化，将所有的数据转化为统一形式，本节将所有的数据类型转化为效益型，具体转化方法如下。

$$Q_{ij}=\begin{cases}\langle u_{ij},v_{ij}\rangle, & \text{效益型}\\ \langle v_{ij},u_{ij}\rangle, & \text{成本型}\end{cases}\tag{5-43}$$

步骤 2：利用 q-ROFWGMSM 集成算子将各个备选方案 $A_i\,(i=1,2,\cdots,m)$ 的数据集成为一个综合评价值 $Q_i$。

步骤 3：根据定义 2-9 和定义 2-10，分别计算每个备选方案 $A_i (i=1,2,\cdots,m)$ 的得分函数值 $S(Q_i)$ 和精确函数值 $H(Q_i)$。

步骤 4：根据定义 2-11 和 $S(Q_i)$、$H(Q_i)$ $(i=1,2,\cdots,m)$，对备选方案进行排序，选出最优方案。

### 5.2.5　算例应用

如今，互联网技术已经深入人们的日常生活中，人们可以随时随地通过网购买到自己心仪的东西。特别是随着智能手机的普及以及第五代移动通信技术（简称 5G）的出现，越来越多的消费者开始使用移动支付代替现金支付，智能手机在其中发挥了重要作用。为跟随时代潮流，某名消费者打算购买一部 5G 智能手机。通过浏览收集亚马逊、京东、天猫等网购平台的手机销售评论，其发现大多数消费者主要在以下几个方面对 5G 智能手机进行评价：外观（$C_1$）、像素（$C_2$）、性能（$C_3$）、售后（$C_4$）和价格（$C_5$）。此消费者在畅销手机排行榜中锁定了四款心仪的手机，包括 $A_1$、$A_2$、$A_3$ 和 $A_4$，可视为四个备选项。此外，经过调查和询问，以及结合自己的偏好程度，其将属性权重向量设定为 $\omega=(0.1,0.1,0.3,0.2,0.3)^{\mathrm{T}}$，即外观 $C_1$ 的权重为 0.1，像素 $C_2$ 的权重为 0.1，性能 $C_3$ 的权重为 0.3，售后 $C_4$ 的权重为 0.2 和价格 $C_5$ 的权重为 0.3。假设此消费者所给的评价值采用 Q 阶序对模糊数的形式进行表示，评价矩阵为 $Q=[Q_{ij}]_{4\times5}$，具体数据如表 5-9 所示。

**表 5-9　消费者评价矩阵 $Q$**

| 项目 | $C_1$ | $C_2$ | $C_3$ | $C_4$ | $C_5$ |
|---|---|---|---|---|---|
| $A_1$ | $\langle 0.6, 0.3\rangle$ | $\langle 0.5, 0.4\rangle$ | $\langle 0.8, 0.1\rangle$ | $\langle 0.8, 0.1\rangle$ | $\langle 0.2, 0.5\rangle$ |
| $A_2$ | $\langle 0.7, 0.2\rangle$ | $\langle 0.8, 0.3\rangle$ | $\langle 0.7, 0.2\rangle$ | $\langle 0.9, 0.2\rangle$ | $\langle 0.2, 0.7\rangle$ |
| $A_3$ | $\langle 0.9, 0.2\rangle$ | $\langle 0.6, 0.6\rangle$ | $\langle 0.6, 0.2\rangle$ | $\langle 0.6, 0.3\rangle$ | $\langle 0.2, 0.9\rangle$ |
| $A_4$ | $\langle 0.6, 0.1\rangle$ | $\langle 0.7, 0.5\rangle$ | $\langle 0.7, 0.5\rangle$ | $\langle 0.7, 0.4\rangle$ | $\langle 0.2, 0.9\rangle$ |

1. 决策步骤

步骤 1：将决策矩阵标准化处理。

因为本应用算例中的价格 $C_5$ 为成本型指标，所以根据式（5-43）对其进行标准化，处理后决策矩阵为 $\hat{Q}$，其数据如表 5-10 所示。

表 5-10　标准化后消费者评价矩阵 $\hat{Q}$

| 项目 | $C_1$ | $C_2$ | $C_3$ | $C_4$ | $C_5$ |
|---|---|---|---|---|---|
| $A_1$ | $\langle 0.6, 0.3\rangle$ | $\langle 0.5, 0.4\rangle$ | $\langle 0.8, 0.1\rangle$ | $\langle 0.8, 0.1\rangle$ | $\langle 0.5, 0.2\rangle$ |
| $A_2$ | $\langle 0.7, 0.2\rangle$ | $\langle 0.8, 0.3\rangle$ | $\langle 0.7, 0.2\rangle$ | $\langle 0.9, 0.2\rangle$ | $\langle 0.7, 0.2\rangle$ |
| $A_3$ | $\langle 0.9, 0.2\rangle$ | $\langle 0.6, 0.6\rangle$ | $\langle 0.6, 0.2\rangle$ | $\langle 0.6, 0.3\rangle$ | $\langle 0.9, 0.2\rangle$ |
| $A_4$ | $\langle 0.6, 0.1\rangle$ | $\langle 0.7, 0.5\rangle$ | $\langle 0.7, 0.5\rangle$ | $\langle 0.7, 0.4\rangle$ | $\langle 0.9, 0.2\rangle$ |

步骤 2：利用 q-ROFWGMSM 集成算子将各个备选手机 $A_i(i=1,2,3,4)$ 的评价数据集成一个综合的评价值 $\hat{Q}_i$ 。

考虑到在本算例中，性能与像素之间有一定的关联关系，售后与价格之间有一定的关联关系，所以取 $q=3$ ， $r=2$ ， $\lambda_1=1$ 和 $\lambda_2=2$ ，根据式（5-39），计算得到：

$$\hat{Q}_1=\langle 0.6856, 0.2335\rangle，\ \hat{Q}_2=\langle 0.7854, 0.2219\rangle$$

$$\hat{Q}_3=\langle 0.7655, 0.3150\rangle，\ \hat{Q}_4=\langle 0.6860, 0.3706\rangle$$

步骤 3：根据定义 2-9，计算每个备选手机 $A_i(i=1,2,3,4)$ 的得分函数值 $S(\hat{Q}_i)$ 。

因为此处仅通过得分函数值 $S(\hat{Q}_i)$ 就能比较每个方案的优劣，所以省略计算精确函数 $H(\hat{Q}_i)$，结果如下：

$$S(\hat{Q}_1)=0.3096，\ S(\hat{Q}_2)=0.4736，\ S(\hat{Q}_3)=0.4174，\ S(\hat{Q}_4)=0.2720$$

步骤 4：根据定义 2-11 和 $S(\hat{Q}_i)$（ $i=1,2,3,4$ ），对备选手机进行排序，选出最优方案。

基于得分函数值可得四个备选手机排序为 $A_2 \succ A_3 \succ A_1 \succ A_4$，即方案 $A_2$ 为最佳选择。

2. 参数分析

通常，决策者应该基于自己的实际偏好为参数 $r$ 选取一个合适的取值。如果决策者没有特别的偏好，则 $r$ 取值可为$\lfloor n/2\rfloor$，其中 $n$ 表示属性指标的个数，符号$\lfloor\ \rfloor$表示取整[108]。如果决策者属于乐观者，其选取的 $r$ 可大于$\lfloor n/2\rfloor$，如果决策者属于悲观者，其选取的 $r$ 可小于$\lfloor n/2\rfloor$。在本节算例中，因消费者的态度是中立的，所以我们令参数取值为 $r=2$ 或者 $r=3$ 。下面，分析参数 $\lambda$ 的取值对排序结果的影响，具体结果如表 5-11 和表 5-12 所示。

表 5-11　当参数 $q=3$ ， $r=2$ 时不同参数 $\lambda_1$ 和 $\lambda_2$ 的评价结果

| $\lambda_1$ | $\lambda_2$ | 方案排序 |
|---|---|---|
| $\lambda_1=1$ | $\lambda_2=1$ | $A_2 \succ A_3 \succ A_1 \succ A_4$ |

续表

| $\lambda_1$ | $\lambda_2$ | 方案排序 |
|---|---|---|
| $\lambda_1=1$ | $\lambda_2=2$ | $A_2 \succ A_3 \succ A_1 \succ A_4$ |
| $\lambda_1=1$ | $\lambda_2=3$ | $A_2 \succ A_3 \succ A_1 \succ A_4$ |
| $\lambda_1=1$ | $\lambda_2=4$ | $A_2 \succ A_3 \succ A_1 \succ A_4$ |
| $\lambda_1=1$ | $\lambda_2=5$ | $A_2 \succ A_3 \succ A_1 \succ A_4$ |
| $\lambda_1=2$ | $\lambda_2=1$ | $A_2 \succ A_3 \succ A_1 \succ A_4$ |
| $\lambda_1=3$ | $\lambda_2=1$ | $A_3 \succ A_2 \succ A_1 \succ A_4$ |
| $\lambda_1=4$ | $\lambda_2=1$ | $A_3 \succ A_2 \succ A_1 \succ A_4$ |
| $\lambda_1=5$ | $\lambda_2=1$ | $A_3 \succ A_2 \succ A_1 \succ A_4$ |
| $\lambda_1=0.5$ | $\lambda_2=0.5$ | $A_2 \succ A_3 \succ A_4 \succ A_1$ |
| $\lambda_1=2$ | $\lambda_2=2$ | $A_2 \succ A_3 \succ A_1 \succ A_4$ |
| $\lambda_1=3$ | $\lambda_2=3$ | $A_3 \succ A_2 \succ A_1 \succ A_4$ |
| $\lambda_1=4$ | $\lambda_2=4$ | $A_3 \succ A_2 \succ A_1 \succ A_4$ |
| $\lambda_1=5$ | $\lambda_2=5$ | $A_3 \succ A_2 \succ A_1 \succ A_4$ |
| $\lambda_1=1$ | $\lambda_2=0$ | $A_3 \succ A_2 \succ A_4 \succ A_1$ |
| $\lambda_1=0$ | $\lambda_2=1$ | $A_2 \succ A_3 \succ A_1 \succ A_4$ |

**表 5-12　当参数 $q=3$ ，$r=3$ 时不同参数 $\lambda_1$ 、$\lambda_2$ 和 $\lambda_3$ 的评价结果**

| $\lambda_1$ | $\lambda_2$ | $\lambda_3$ | 方案排序 |
|---|---|---|---|
| $\lambda_1=1$ | $\lambda_2=1$ | $\lambda_3=1$ | $A_2 \succ A_3 \succ A_1 \succ A_4$ |
| $\lambda_1=1$ | $\lambda_2=1$ | $\lambda_3=2$ | $A_2 \succ A_3 \succ A_1 \succ A_4$ |
| $\lambda_1=1$ | $\lambda_2=1$ | $\lambda_3=3$ | $A_2 \succ A_3 \succ A_1 \succ A_4$ |
| $\lambda_1=1$ | $\lambda_2=1$ | $\lambda_3=4$ | $A_2 \succ A_3 \succ A_1 \succ A_4$ |
| $\lambda_1=1$ | $\lambda_2=1$ | $\lambda_3=5$ | $A_2 \succ A_3 \succ A_1 \succ A_4$ |
| $\lambda_1=1$ | $\lambda_2=2$ | $\lambda_3=1$ | $A_2 \succ A_3 \succ A_1 \succ A_4$ |
| $\lambda_1=1$ | $\lambda_2=3$ | $\lambda_3=1$ | $A_2 \succ A_1 \succ A_3 \succ A_4$ |
| $\lambda_1=1$ | $\lambda_2=4$ | $\lambda_3=1$ | $A_2 \succ A_1 \succ A_3 \succ A_4$ |
| $\lambda_1=1$ | $\lambda_2=5$ | $\lambda_3=1$ | $A_2 \succ A_1 \succ A_4 \succ A_3$ |
| $\lambda_1=2$ | $\lambda_2=1$ | $\lambda_3=1$ | $A_2 \succ A_3 \succ A_4 \succ A_1$ |
| $\lambda_1=3$ | $\lambda_2=1$ | $\lambda_3=1$ | $A_3 \succ A_2 \succ A_4 \succ A_1$ |

续表

| $\lambda_1$ | $\lambda_2$ | $\lambda_3$ | 方案排序 |
| --- | --- | --- | --- |
| $\lambda_1=4$ | $\lambda_2=1$ | $\lambda_3=1$ | $A_3 \succ A_2 \succ A_4 \succ A_1$ |
| $\lambda_1=5$ | $\lambda_2=1$ | $\lambda_3=1$ | $A_3 \succ A_2 \succ A_4 \succ A_1$ |
| $\lambda_1=0.5$ | $\lambda_2=0.5$ | $\lambda_3=0.5$ | $A_2 \succ A_3 \succ A_4 \succ A_1$ |
| $\lambda_1=2$ | $\lambda_2=2$ | $\lambda_3=2$ | $A_2 \succ A_3 \succ A_1 \succ A_4$ |
| $\lambda_1=3$ | $\lambda_2=3$ | $\lambda_3=3$ | $A_2 \succ A_3 \succ A_1 \succ A_4$ |
| $\lambda_1=4$ | $\lambda_2=4$ | $\lambda_3=4$ | $A_2 \succ A_3 \succ A_1 \succ A_4$ |
| $\lambda_1=5$ | $\lambda_2=5$ | $\lambda_3=5$ | $A_2 \succ A_3 \succ A_1 \succ A_4$ |
| $\lambda_1=1$ | $\lambda_2=0$ | $\lambda_3=0$ | $A_3 \succ A_2 \succ A_4 \succ A_1$ |
| $\lambda_1=0$ | $\lambda_2=1$ | $\lambda_3=0$ | $A_2 \succ A_1 \succ A_4 \succ A_3$ |
| $\lambda_1=0$ | $\lambda_2=0$ | $\lambda_3=1$ | $A_3 \succ A_2 \succ A_1 \succ A_4$ |

基于表 5-11 和表 5-12 可发现备选项 $A_2$ 或者 $A_3$ 为最佳选择。就表 5-11 而言，当参数 $\lambda_i$ 中的一个被固定时，排序可能会随着另一个参数的改变而改变。同样的现象也发生在表 5-12 中，例如，当 $\lambda_1$ 和 $\lambda_3$ 取 1 时，排序结果会随着参数 $\lambda_2$ 的增加而改变，备选项 $A_3$ 的排序位次逐渐从第二位下降到了最后一位，但最佳选项 $A_2$ 没有变化。这表明 $\lambda_i$ 的取值尽量相同，排序才是相对更合理的。根据实际的需求，通常我们令 $\lambda_i$ 取 1 或者 0.5，因为这不仅简化了所提出方法的运算过程，而且能客观地反映属性之间的关联关系[206]。

## 5.3 本章小结

考虑到 MSM 算子能够考虑属性指标具有关联关系的优点，本章分为两部分进行研究。第一部分是首先将 MSM 算子扩展到 Q 阶序对模糊环境中，提出 q-ROFMSM 算子，其次研究了它的一些性质和特例，然后基于幂平均算子能够处理极端值的优点，将其与 MSM 算子相结合，介绍了 q-ROFPMSM 算子和 q-ROFPWMSM 算子，并研究了它们的一些性质和特例。最后，基于 q-ROFPWMSM 算子，介绍了一种新的多属性群决策方法，并给出其具体实施步骤，又通过应用算例验证了该方法的有效性。第二部分是将广义 MSM 算子扩展到 Q 阶序对模糊环境中，提出 q-ROFGMSM 算子，之后进一步提出了具有加权形式的 q-ROFWGMSM 算子，并研究了它们的一些性质和特例。最后，介绍了一种基于 q-ROFWGMSM 算子的多属性决策方法，给出其具体实施步骤，并通过应用算例验证了该方法的有效性。

# 第6章 基于效用值的Q阶序对模糊多属性决策方法

## 6.1 基于Q阶序对模糊信息的TOPSIS方法

### 6.1.1 经典的TOPSIS方法概述

TOPSIS方法，最先由Hwang和Yoon提出，是一种基于到理想解的距离最近来寻找最优方案的方法，也称作逼近理想解法[116]。它首先确定正理想解和负理想解，然后通过每个备选方案到正负理想解的距离求其到理想解的贴近度，最后基于备选方案到理想解的贴近度对每个备选方案进行排序，选出距离正理想解最近、距离负理想解最远的方案作为最优方案。TOPSIS方法操作简单、易于理解，并且能够充分利用决策者的评价信息，提高决策的准确性。

TOPSIS方法针对的决策问题可做如下描述。

假设存在一种方案集，表示为 $A=\{A_1,A_2,\cdots,A_m\}$，每个方案存在一系列的属性集，表示为 $C=\{C_1,C_2,\cdots,C_n\}$，专家给出的决策矩阵为 $Q=[Q_{ij}]_{m\times n}$，其中 $Q_{ij}$ 表示专家给出的第 $i$ 个方案在第 $j$ 个属性下的评价值，$i=1,2,\cdots,m$，$j=1,2,\cdots,n$，$m$ 表示方案的个数，$n$ 表示属性的个数。属性指标集合 $C=\{C_1,C_2,\cdots,C_n\}$ 的权重向量为 $w=(w_1,w_2,\cdots,w_n)$，并满足条件 $w_j\in[0,1]$ 和 $\sum_{j=1}^{n}w_j=1$。

TOPSIS评价方法的步骤如下[2]。

步骤1：计算加权决策矩阵 $\tilde{Q}$。

$$\tilde{Q}=[w_j\tilde{Q}_{ij}]_{m\times n}=[\tilde{Q}_{ij}]_{m\times n}=\begin{bmatrix}\tilde{Q}_{11} & \tilde{Q}_{12} & \cdots & \tilde{Q}_{1n}\\ \tilde{Q}_{21} & \tilde{Q}_{22} & \cdots & \tilde{Q}_{2n}\\ \vdots & \vdots & & \vdots\\ \tilde{Q}_{m1} & \tilde{Q}_{m2} & \cdots & \tilde{Q}_{mn}\end{bmatrix} \tag{6-1}$$

步骤2：标准化加权决策矩阵。

通常情况下，评价属性存在两种形式：一种是效益型指标，该类型指标下，方案的评价值越大越好；另一种是成本型指标，在该类型指标下，方案的评价值越小越好。为了保证决策时评价数据的一致性，需要对不同评价类型的数据进行标准化，本章介绍文献[208]提出的标准化处理方法，并建立标准化后的决策矩阵为 $R=[r_{ij}]_{m\times n}$。

对于效益型属性值，我们采用式（6-2）进行计算。

$$r_{ij}=\frac{\tilde{Q}_{ij}}{\sqrt{\sum_{i=1}^{m}(\tilde{Q}_{ij})^2}} \tag{6-2}$$

对于成本型属性值，我们采用式（6-3）进行计算。

$$r_{ij}=1-\frac{\tilde{Q}_{ij}}{\sqrt{\sum_{i=1}^{m}(\tilde{Q}_{ij})^2}} \tag{6-3}$$

步骤 3：确定正理想解（$R^+$）和负理想解（$R^-$）。

正、负理想解分别表示为 $R^+=\{r_1^+,r_2^+,\cdots,r_n^+\}$ 和 $R^-=\{r_1^-,r_2^-,\cdots,r_n^-\}$。其中，$r_j^+=\max\limits_{1\leqslant i\leqslant m}\{r_{ij}\}$，$r_j^-=\min\limits_{1\leqslant i\leqslant m}\{r_{ij}\}$，$j=1,2,\cdots,n$。

步骤 4：计算每个备选方案到 $R^+$ 和 $R^-$ 之间的距离。

每个备选方案到正理想解的距离为 $S_i^+$，计算公式为

$$S_i^+=\sqrt{\sum_{j=1}^{n}(r_{ij}-r_j^+)^2},\quad i=1,2,\cdots,m \tag{6-4}$$

每个备选方案到负理想解的距离为 $S_i^-$，计算公式为

$$S_i^-=\sqrt{\sum_{j=1}^{n}(r_{ij}-r_j^-)^2},\quad i=1,2,\cdots,m \tag{6-5}$$

步骤 5：计算每个备选方案 $A_i$ 到理想解的相对贴近度 $\mathrm{RC}_i$。

$$\mathrm{RC}_i=\frac{S_i^-}{S_i^-+S_i^+},\quad i=1,2,\cdots,m \tag{6-6}$$

因为 $S_i^-\geqslant 0$，$S_i^+\geqslant 0$，显然 $\mathrm{RC}_i\in[0,1]$。

步骤 6：对备选方案进行排序。

根据相对贴近度 $\mathrm{RC}_i$ 的大小对方案 $A_i$ 进行排序，$\mathrm{RC}_i$ 越大，方案 $A_i$ 越优。

### 6.1.2　Q 阶序对模糊 TOPSIS 多属性群决策方法

假设 $D=\{D_1,D_2,\cdots,D_p\}$ 是一个专家集合，$A=\{A_1,A_2,\cdots,A_m\}$ 是一个备选方案集合，以及 $C=\{C_1,C_2,\cdots,C_n\}$ 是一个属性指标集合。假设我们将专家 $D_s$ 给出的关于备选方案 $A_i$ 的属性指标 $C_j$ 的评价值用一个 Q 阶序对模糊数 $Q_{ij}^s$ 表示，其形式为 $Q_{ij}^s=\langle u_{ij}^s,v_{ij}^s\rangle$，其中 $s=1,2,\cdots,p$，$i=1,2,\cdots,m$，$j=1,2,\cdots,n$。并满足条件 $u_{ij}^s\subseteq[0,1]$，$v_{ij}^s\subseteq[0,1]$ 和 $(u_{ij}^s)^q+(v_{ij}^s)^q\leqslant 1$，且 $q\geqslant 1$。假设将专家 $D_s$ 所给出的决策矩阵用 $Q^s=[Q_{ij}^s]_{m\times n}$ 来表示，其中专家集合 $D=\{D_1,D_2,\cdots,D_p\}$ 在其各自领域内的重要程度

指数向量为 $\eta=(\eta_1,\eta_2,\cdots,\eta_p)^{\mathrm{T}}$ ，并满足条件 $\eta_s\in[0,1]$ ， $\sum_{s=1}^{p}\eta_s=1$ ，属性指标集合 $C=\{C_1,C_2,\cdots,C_n\}$ 的权重向量为 $\omega=(\omega_1,\omega_2,\cdots,\omega_n)^{\mathrm{T}}$ ，并满足条件 $\omega_j\in[0,1]$ ， $\sum_{j=1}^{n}\omega_j=1$ 。根据上述信息，该决策的目标为在若干备选方案中选出一个最佳的方案，接下来给出了基于改进的 Q 阶序对模糊 TOPSIS 方法的决策过程。

基于改进的 Q 阶序对模糊 TOPSIS 方法将决策过程主要分为三大部分，具体如下。

第一部分：构造加权决策矩阵。

步骤 1：构造规范化决策矩阵。

在管理决策问题当中，属性指标分为两类：效益型指标和成本型指标。在处理属性指标的评价值时，首先要将数据进行标准化处理，将所有的数据转化为统一形式，本章将所有的数据类型转化为效益型，具体转化方法如下所示：

$$\tilde{Q}_{ij}^{s}=\begin{cases}\langle u_{ij}^{s},v_{ij}^{s}\rangle, & \text{效益型}\\ \langle v_{ij}^{s},u_{ij}^{s}\rangle, & \text{成本型}\end{cases} \tag{6-7}$$

其中，$\tilde{Q}_{ij}^{s}$ 表示规范化后的决策矩阵单元，$s=1,2,\cdots,p$ ，$i=1,2,\cdots,m$ ，$j=1,2,\cdots,n$ 。

步骤 2：计算各个专家的属性加权决策矩阵。

各个专家的属性加权决策矩阵用 $R^{s}=[R_{ij}^{s}]_{m\times n}$ 表示，$s=1,2,\cdots,p$ ，$i=1,2,\cdots,m$ ，$j=1,2,\cdots,n$ 。可通过式（6-8）计算得到。

$$R_{ij}^{s}=\omega_j\tilde{Q}_{ij}^{s}=\langle a_{ij}^{s},b_{ij}^{s}\rangle=\langle(1-(1-(u_{ij}^{s})^{q})^{\omega_j})^{1/q},(v_{ij}^{s})^{\omega_j}\rangle \tag{6-8}$$

其中，$R_{ij}^{s}$ 表示加权后的属性评价值；$\omega_j$ 表示第 $j$ 个属性的权重，并满足条件 $\omega_j\in[0,1]$ ，$\sum_{j=1}^{n}\omega_j=1$ 。

第二部分：计算专家决策权重。

专家在进行打分时，往往会出现极端值的情况，当专家权重未知或者默认均等时，通常采取的方法是去掉最高分和最低分，但这种处理方式往往会造成决策信息的失真。为了更完整地保留信息，采用专家评价合理化程度（评价合理度）和个人专业领域重要程度（个人重要度），综合计算各个专家的权重。

步骤 3：计算属性加权决策矩阵中的评价值 $R_{ij}^{s}$ 与 $R_{ij}^{t}$ 的支持度 $\mathrm{Sup}(R_{ij}^{s},R_{ij}^{t})$ 。

$$\mathrm{Sup}(R_{ij}^{s},R_{ij}^{t})=1-d(R_{ij}^{s},R_{ij}^{t}) \tag{6-9}$$

其中，$i=1,2,\cdots,m$ ；$j=1,2,\cdots,n$ ；$s,t=1,2,\cdots,p$ ，且 $s\neq t$ ；$d(R_{ij}^{s},R_{ij}^{t})$ 表示 $R_{ij}^{s}$ 与 $R_{ij}^{t}$ 之间的距离。

步骤 4：计算专家 $D_s$ 的各个评价值 $R_{ij}^s$ 的支持度总和 $T(R_{ij}^s)$。

$$T(R_{ij}^s) = \sum_{t=1;s\neq t}^{p} \mathrm{Sup}(R_{ij}^s, R_{ij}^t) \tag{6-10}$$

其中，$i=1,2,\cdots,m$；$j=1,2,\cdots,n$；$s,t=1,2,\cdots,p$，且 $s\neq t$。

步骤 5：计算专家 $D_s$ 的评价合理度 $\delta_s$。

$$\delta_s = \frac{1}{mn(p-1)}\sum_{i=1}^{m}\sum_{j=1}^{n} T(R_{ij}^s) \tag{6-11}$$

其中，$s=1,2,\cdots,p$；$i=1,2,\cdots,m$；$j=1,2,\cdots,n$；$\delta_s\in[0,1]$。

步骤 6：计算专家 $D_s$ 的综合考量度 $\zeta_s$。

利用专家评价合理度 $\delta_s$ 和个人重要度 $\eta_s$，按照式（6-12）计算专家综合考量度 $\zeta_s$：

$$\zeta_s = \alpha\delta_s + (1-\alpha)\eta_s \tag{6-12}$$

其中，$s=1,2,\cdots,p$；$\delta_s$ 表示第 $s$ 个专家的评价合理度；$\eta_s$ 表示第 $s$ 个专家在其领域内的个人重要度；$\alpha(0\leqslant\alpha\leqslant1)$ 表示调节系数，它的值可根据群决策的现实情境选取，$\alpha$ 取值越大，表示求取专家权重时，专家评价合理度所占比重越大，专家个人重要度所占比重越小。显然，$0\leqslant\zeta_s\leqslant1$。

步骤 7：计算专家 $D_s$ 的权重 $w_s$。

$$w_s = \frac{\zeta_s}{\sum_{s=1}^{p}\zeta_s} \tag{6-13}$$

其中，$s=1,2,\cdots,p$；$0\leqslant w_s\leqslant1$，且 $\sum_{s=1}^{p} w_s = 1$。

第三部分：对备选方案进行排序。

步骤 8：计算专家 $D_s$ 的最终加权决策矩阵 $\tilde{R}^s$。

将专家权重 $w_s$ 分配给各个专家的属性加权决策矩阵。各个专家的最终加权决策矩阵用 $\tilde{R}^s = [\tilde{R}_{ij}^s]_{m\times n}$ 表示，可通过式（6-14）计算得到

$$\tilde{R}_{ij}^s = w_s R_{ij}^s = \langle \tilde{u}_{ij}^s, \tilde{v}_{ij}^s\rangle = \langle (1-(1-(a_{ij}^s)^q)^{\omega_j})^{1/q}, (b_{ij}^s)^{\omega_j}\rangle \tag{6-14}$$

其中，$s=1,2,\cdots,p$；$i=1,2,\cdots,m$；$j=1,2,\cdots,n$；$w_s$ 表示第 $s$ 个专家的权重，并满足条件 $w_s\in[0,1]$ 和 $\sum_{s=1}^{p} w_s = 1$。

步骤 9：转换矩阵。

将各个专家的最终加权决策矩阵 $\tilde{R}^s$ 转换为各个方案的决策矩阵 $\tilde{A}^i$：

$$\tilde{A}^i = [\tilde{A}_{sj}^i]_{p\times n} = \begin{bmatrix} \tilde{A}_{11}^i & \tilde{A}_{12}^i & \cdots & \tilde{A}_{1n}^i \\ \tilde{A}_{21}^i & \tilde{A}_{22}^i & \cdots & \tilde{A}_{2n}^i \\ \vdots & \vdots & & \vdots \\ \tilde{A}_{p1}^i & \tilde{A}_{p2}^i & \cdots & \tilde{A}_{pn}^i \end{bmatrix} \tag{6-15}$$

其中，$s=1,2,\cdots,p$；$i=1,2,\cdots,m$；$j=1,2,\cdots,n$。$\tilde{A}_{sj}^i$ 与步骤 8 中的 $\tilde{R}_{ij}^s$ 是相同的，$\tilde{A}^i$ 为方案决策矩阵。

步骤 10：计算方案的正理想决策矩阵 $\tilde{A}^+$ 和负理想决策矩阵 $\tilde{A}^-$。

方案的正理想决策矩阵应该是所有方案决策 $\tilde{A}^i$ 中最好的决策，所以

$$\tilde{A}^+ = [\tilde{A}_{sj}^+]_{p\times n} = \begin{bmatrix} \tilde{A}_{11}^+ & \tilde{A}_{12}^+ & \cdots & \tilde{A}_{1n}^+ \\ \tilde{A}_{21}^+ & \tilde{A}_{22}^+ & \cdots & \tilde{A}_{2n}^+ \\ \vdots & \vdots & & \vdots \\ \tilde{A}_{p1}^+ & \tilde{A}_{p2}^+ & \cdots & \tilde{A}_{pn}^+ \end{bmatrix} \tag{6-16}$$

其中，$\tilde{A}_{sj}^+ = (\tilde{u}_{sj}^+, \tilde{v}_{sj}^+)$，$\tilde{u}_{sj}^+ = \max\limits_{i=1}^{m}\{\tilde{u}_{sj}^i\}$，$\tilde{v}_{sj}^+ = \min\limits_{i=1}^{m}\{\tilde{v}_{sj}^i\}$，$s=1,2,\cdots,p$，$i=1,2,\cdots,m$，$j=1,2,\cdots,n$。

方案的负理想决策矩阵应该是所有方案决策 $\tilde{A}^i$ 中最差的决策，所以

$$\tilde{A}^- = [\tilde{A}_{sj}^-]_{p\times n} = \begin{bmatrix} \tilde{A}_{11}^- & \tilde{A}_{12}^- & \cdots & \tilde{A}_{1n}^- \\ \tilde{A}_{21}^- & \tilde{A}_{22}^- & \cdots & \tilde{A}_{2n}^- \\ \vdots & \vdots & & \vdots \\ \tilde{A}_{p1}^- & \tilde{A}_{p2}^- & \cdots & \tilde{A}_{pn}^- \end{bmatrix} \tag{6-17}$$

其中，$\tilde{A}_{sj}^- = (\tilde{u}_{sj}^-, \tilde{v}_{sj}^-)$，$\tilde{u}_{sj}^- = \min\limits_{i=1}^{m}\{\tilde{u}_{sj}^i\}$，$\tilde{v}_{sj}^- = \max\limits_{i=1}^{m}\{\tilde{v}_{sj}^i\}$，$s=1,2,\cdots,p$，$i=1,2,\cdots,m$，$j=1,2,\cdots,n$。

步骤 11：分别计算各个方案 $A_i$ 的决策矩阵到正理想决策矩阵 $\tilde{A}^+$ 和负理想决策矩阵 $\tilde{A}^-$ 的距离 $S_i^+$ 和 $S_i^-$。

$$S_i^+ = \frac{1}{2pn}\sum_{s=1}^{p}\sum_{j=1}^{n}(|(\tilde{u}_{sj}^i)^q - (\tilde{u}_{sj}^+)^q| + |(\tilde{v}_{sj}^i)^q - (\tilde{v}_{sj}^+)^q| + |(\pi_{sj}^i)^q - (\pi_{sj}^+)^q|) \tag{6-18}$$

$$S_i^- = \frac{1}{2pn}\sum_{s=1}^{p}\sum_{j=1}^{n}(|(\tilde{u}_{sj}^i)^q - (\tilde{u}_{sj}^-)^q| + |(\tilde{v}_{sj}^i)^q - (\tilde{v}_{sj}^-)^q| + |(\pi_{sj}^i)^q - (\pi_{sj}^-)^q|) \tag{6-19}$$

其中，$\tilde{u}_{sj}^+ = \max\limits_{i=1}^{m}\{\tilde{u}_{sj}^i\}$，$\tilde{v}_{sj}^+ = \min\limits_{i=1}^{m}\{\tilde{v}_{sj}^i\}$，$\tilde{u}_{sj}^- = \min\limits_{i=1}^{m}\{\tilde{u}_{sj}^i\}$，$\tilde{v}_{sj}^- = \max\limits_{i=1}^{m}\{\tilde{v}_{sj}^i\}$，$\pi_{sj}^i = (1-(\tilde{u}_{sj}^i)^q - (\tilde{v}_{sj}^i)^q)^{1/q}$，$\pi_{sj}^+ = (1-(\tilde{u}_{sj}^+)^q - (\tilde{v}_{sj}^+)^q)^{1/q}$，$s=1,2,\cdots,p$，$i=1,2,\cdots,m$，$j=1,2,\cdots,n$。

步骤 12：分别计算各个方案 $A_i$ 的决策矩阵到理想决策矩阵的贴近度 $\mathrm{RC}_i$。

在直觉模糊环境中，原始的贴近度公式存在这样一种缺陷，即所求得的最优

方案距离正理想方案最近的同时并不一定距离负理想方案最远。为此，本章采用文献[42]提出的改进的贴近度公式：

$$\mathrm{RC}_i = \frac{S_i^-}{\max\limits_{i=1}^{m} S_i^-} - \frac{S_i^+}{\min\limits_{i=1}^{m} S_i^+} \tag{6-20}$$

其中，$\mathrm{RC}_i \leqslant 0$，$i=1,2,\cdots,m$。显然，$\mathrm{RC}_i$ 的值越大，方案 $A_i$ 越优，当方案 $A_i$ 同时满足 $S_i^- = \max\limits_{i=1}^{m} S_i^-$ 且 $S_i^+ = \max\limits_{i=1}^{m} S_i^+$，即 $\mathrm{RC}_i = 0$ 时，方案是最理想的，因为它同时满足距离正理想方案最近、距离负理想方案最远的条件。

步骤 13：确定备选方案的排列顺序，并给出最优方案。

依据改进的贴近度公式(6-20)，求取每个备选方案的贴近度值 $\mathrm{RC}_i$，按照 $\mathrm{RC}_i$ 的值越大、备选方案越优的规则进行排序，得到最优方案。

### 6.1.3　实例分析

现有某市在大力开展招商引资，引入了一家投资公司，准备就本市的一些中小型企业进行投资，现有五家中小型企业作为备选方案，分别用 $A_1$、$A_2$、$A_3$、$A_4$ 和 $A_5$ 表示，为了能够做出一个最优的选择，现投资企业召集了三个来自不同领域的专家 $D_1$、$D_2$ 和 $D_3$ 来进行评价打分，他们分别是某省属高校的经济学专家，某省发展和改革委员会的研究员及某企业的高管。经过商定和讨论，现确定通过四个评价指标来进行打分，分别是企业的风险规避能力（$C_1$）、企业的环境（$C_2$）、企业的规模（$C_3$）、企业的成长能力（$C_4$）。其中，根据三个专家的专业知识背景和重要程度，将其重要程度指数向量设定为 $\eta=(0.9,0.95,0.8)^{\mathrm{T}}$，即专家 $D_1$ 的重要程度为 0.9，专家 $D_2$ 的重要程度为 0.95，专家 $D_3$ 的重要程度为 0.8，根据属性指标的重要程度和影响，将四个属性指标的权重向量设定为 $\omega=(0.2,0.1,0.3,0.4)^{\mathrm{T}}$，即属性指标 $C_1$ 的权重为 0.2，属性指标 $C_2$ 的权重为 0.1，属性指标 $C_3$ 的权重为 0.3 和属性指标 $C_4$ 的权重为 0.4。每个专家针对各个方案的属性指标采用 Q 阶序对模糊数的形式给出评价值，即 $Q_{ij}^s = \langle u_{ij}^s, v_{ij}^s \rangle$，其中，$i=1,2,3,4,5$，$j=1,2,3,4$，$s=1,2,3$。来自三个专家的决策矩阵 $Q^1$、$Q^2$ 和 $Q^3$ 分别为 $[Q_{ij}^1]$、$[Q_{ij}^2]$ 和 $[Q_{ij}^3]$，具体数据如表 6-1~表 6-3 所示。

**表 6-1　专家 $D_1$ 的决策矩阵 $Q^1$**

| 项目 | $C_1$ | $C_2$ | $C_3$ | $C_4$ |
|---|---|---|---|---|
| $A_1$ | ⟨0.5,0.4⟩ | ⟨0.5,0.3⟩ | ⟨0.2,0.6⟩ | ⟨0.4,0.4⟩ |
| $A_2$ | ⟨0.7,0.3⟩ | ⟨0.7,0.4⟩ | ⟨0.6,0.2⟩ | ⟨0.6,0.2⟩ |
| $A_3$ | ⟨0.5,0.4⟩ | ⟨0.6,0.4⟩ | ⟨0.6,0.2⟩ | ⟨0.5,0.3⟩ |

续表

| 项目 | $C_1$ | $C_2$ | $C_3$ | $C_4$ |
|---|---|---|---|---|
| $A_4$ | ⟨0.8,0.3⟩ | ⟨0.7,0.2⟩ | ⟨0.4,0.2⟩ | ⟨0.5,0.2⟩ |
| $A_5$ | ⟨0.4,0.3⟩ | ⟨0.5,0.2⟩ | ⟨0.4,0.5⟩ | ⟨0.4,0.6⟩ |

**表 6-2　专家 $D_2$ 的决策矩阵 $Q^2$**

| 项目 | $C_1$ | $C_2$ | $C_3$ | $C_4$ |
|---|---|---|---|---|
| $A_1$ | ⟨0.8,0.5⟩ | ⟨0.6,0.2⟩ | ⟨0.5,0.4⟩ | ⟨0.5,0.3⟩ |
| $A_2$ | ⟨0.5,0.4⟩ | ⟨0.6,0.2⟩ | ⟨0.6,0.3⟩ | ⟨0.7,0.3⟩ |
| $A_3$ | ⟨0.4,0.5⟩ | ⟨0.3,0.5⟩ | ⟨0.4,0.4⟩ | ⟨0.2,0.6⟩ |
| $A_4$ | ⟨0.5,0.4⟩ | ⟨0.7,0.2⟩ | ⟨0.4,0.4⟩ | ⟨0.6,0.2⟩ |
| $A_5$ | ⟨0.6,0.3⟩ | ⟨0.7,0.2⟩ | ⟨0.4,0.2⟩ | ⟨0.5,0.2⟩ |

**表 6-3　专家 $D_3$ 的决策矩阵 $Q^3$**

| 项目 | $C_1$ | $C_2$ | $C_3$ | $C_4$ |
|---|---|---|---|---|
| $A_1$ | ⟨0.4,0.2⟩ | ⟨0.5,0.2⟩ | ⟨0.5,0.3⟩ | ⟨0.5,0.2⟩ |
| $A_2$ | ⟨0.5,0.3⟩ | ⟨0.5,0.3⟩ | ⟨0.6,0.2⟩ | ⟨0.7,0.2⟩ |
| $A_3$ | ⟨0.4,0.4⟩ | ⟨0.3,0.4⟩ | ⟨0.4,0.3⟩ | ⟨0.3,0.3⟩ |
| $A_4$ | ⟨0.5,0.3⟩ | ⟨0.5,0.3⟩ | ⟨0.3,0.5⟩ | ⟨0.5,0.2⟩ |
| $A_5$ | ⟨0.6,0.2⟩ | ⟨0.6,0.5⟩ | ⟨0.4,0.4⟩ | ⟨0.6,0.3⟩ |

### 1. 决策步骤

步骤 1：构造规范化决策矩阵。

因为本应用算例的四个属性指标均为效益型，所以此处不需要将三个专家的决策矩阵 $Q^1$ 、$Q^2$ 和 $Q^3$ 进行标准化，原始决策矩阵即规范化决策矩阵，即 $Q^1=\tilde{Q}^1$ 、$Q^2=\tilde{Q}^2$ 和 $Q^3=\tilde{Q}^3$ 。

步骤 2：计算各个专家的属性加权决策矩阵 $R^s$ 。

为了能够涵盖所有评价值，且具有一般通用性，取 $q=2$ ，利用式（6-8）计算得到 $R_{ij}^s$ ，其中， $s=1,2,3$ ， $i=1,2,3,4,5$ ， $j=1,2,3,4$ 。

专家 $D_1$ 的属性加权决策矩阵为

$$R^1=\begin{bmatrix} \langle 0.24,0.83\rangle & \langle 0.17,0.89\rangle & \langle 0.11,0.86\rangle & \langle 0.26,0.69\rangle \\ \langle 0.35,0.79\rangle & \langle 0.26,0.91\rangle & \langle 0.35,0.62\rangle & \langle 0.40,0.53\rangle \\ \langle 0.24,0.83\rangle & \langle 0.21,0.91\rangle & \langle 0.35,0.62\rangle & \langle 0.33,0.62\rangle \\ \langle 0.43,0.79\rangle & \langle 0.26,0.85\rangle & \langle 0.23,0.62\rangle & \langle 0.33,0.53\rangle \\ \langle 0.19,0.79\rangle & \langle 0.17,0.85\rangle & \langle 0.23,0.81\rangle & \langle 0.26,0.82\rangle \end{bmatrix}$$

专家 $D_2$ 的属性加权决策矩阵为

$$R^2=\begin{bmatrix}\langle 0.43,0.87\rangle & \langle 0.21,0.85\rangle & \langle 0.29,0.76\rangle & \langle 0.33,0.62\rangle\\ \langle 0.24,0.83\rangle & \langle 0.21,0.85\rangle & \langle 0.35,0.70\rangle & \langle 0.49,0.62\rangle\\ \langle 0.19,0.87\rangle & \langle 0.10,0.93\rangle & \langle 0.23,0.76\rangle & \langle 0.13,0.82\rangle\\ \langle 0.24,0.83\rangle & \langle 0.26,0.85\rangle & \langle 0.23,0.76\rangle & \langle 0.40,0.53\rangle\\ \langle 0.29,0.79\rangle & \langle 0.26,0.85\rangle & \langle 0.23,0.62\rangle & \langle 0.33,0.53\rangle\end{bmatrix}$$

专家 $D_3$ 的属性加权决策矩阵为

$$R^3=\begin{bmatrix}\langle 0.19,0.72\rangle & \langle 0.17,0.85\rangle & \langle 0.29,0.70\rangle & \langle 0.33,0.53\rangle\\ \langle 0.24,0.79\rangle & \langle 0.17,0.89\rangle & \langle 0.35,0.62\rangle & \langle 0.49,0.53\rangle\\ \langle 0.19,0.83\rangle & \langle 0.10,0.91\rangle & \langle 0.23,0.70\rangle & \langle 0.19,0.62\rangle\\ \langle 0.24,0.79\rangle & \langle 0.17,0.89\rangle & \langle 0.17,0.81\rangle & \langle 0.33,0.53\rangle\\ \langle 0.29,0.72\rangle & \langle 0.21,0.93\rangle & \langle 0.23,0.76\rangle & \langle 0.40,0.62\rangle\end{bmatrix}$$

步骤 3：计算属性加权决策矩阵中的评价值 $R_{ij}^s$ 与 $R_{ij}^t$ 的支持度 $\mathrm{Sup}(R_{ij}^s,R_{ij}^t)$。

为方便起见，我们用矩阵 $S^{st}$ 表示 $\mathrm{Sup}(R_{ij}^s,R_{ij}^t)$，其中，$s=1,2,3$，$i=1,2,3,4,5$，$j=1,2,3,4$。根据式（6-9）计算得到

$$S^{12}=S^{21}=\begin{bmatrix}0.8064 & 0.9388 & 0.8411 & 0.9012\\ 0.9247 & 0.8708 & 0.8951 & 0.8216\\ 0.9353 & 0.9620 & 0.8037 & 0.7171\\ 0.8711 & 1.0000 & 0.8037 & 0.9452\\ 0.9489 & 0.9632 & 0.7210 & 0.6114\end{bmatrix}$$

$$S^{13}=S^{31}=\begin{bmatrix}0.8105 & 0.9388 & 0.7496 & 0.7955\\ 0.9299 & 0.9167 & 1.0000 & 0.9274\\ 0.9784 & 0.9657 & 0.8951 & 0.9283\\ 0.8711 & 0.9388 & 0.7210 & 1.0000\\ 0.9075 & 0.8389 & 0.9173 & 0.7171\end{bmatrix}$$

$$S^{23}=S^{32}=\begin{bmatrix}0.6169 & 0.9847 & 0.9085 & 0.8943\\ 0.9247 & 0.9388 & 0.8951 & 0.8943\\ 0.9353 & 0.9620 & 0.9085 & 0.7171\\ 0.9247 & 0.9388 & 0.9173 & 0.9452\\ 0.9075 & 0.8542 & 0.8037 & 0.8395\end{bmatrix}$$

步骤 4：计算专家 $D_s$ 的各个评价值 $R_{ij}^s$ 的支持度总和 $T(R_{ij}^s)$。

为方便起见，我们用矩阵 $T^s$ 表示 $T(R_{ij}^s)$，其中，$s=1,2,3$，$i=1,2,3,4,5$，$j=1,2,3,4$。根据式（6-10），计算得到

$$T^1=\begin{bmatrix}1.6169 & 1.8776 & 1.5906 & 1.6967\\ 1.8546 & 1.7874 & 1.8951 & 1.7490\\ 1.9136 & 1.9277 & 1.6988 & 1.6455\\ 1.7422 & 1.9388 & 1.5246 & 1.9452\\ 1.8564 & 1.8022 & 1.6383 & 1.3285\end{bmatrix}$$

$$T^2=\begin{bmatrix}1.4233 & 1.9235 & 1.7496 & 1.7955\\ 1.8493 & 1.8095 & 1.7903 & 1.7159\\ 1.8706 & 1.9240 & 1.7122 & 1.4343\\ 1.7958 & 1.9388 & 1.7210 & 1.8904\\ 1.8564 & 1.8175 & 1.5246 & 1.4509\end{bmatrix}$$

$$T^3=\begin{bmatrix}1.4275 & 1.9235 & 1.6581 & 1.6898\\ 1.8546 & 1.8555 & 1.8951 & 1.8216\\ 1.9136 & 1.9277 & 1.8037 & 1.6455\\ 1.7958 & 1.8776 & 1.6383 & 1.9452\\ 1.8150 & 1.6932 & 1.7210 & 1.5566\end{bmatrix}$$

步骤 5：计算专家 $D_s(s=1,2,3)$ 的总体评价合理度 $\delta_s$。

根据式（6-11），计算得到

$$\delta_1=0.8757\text{，}\quad \delta_2=0.8748\text{，}\quad \delta_3=0.8865$$

步骤 6：计算专家 $D_s(s=1,2,3)$ 的综合考量度 $\zeta_s$。

根据式（6-12），计算得到

$$\zeta_1=0.8379\text{，}\quad \zeta_2=0.9124\text{，}\quad \zeta_3=0.8932$$

步骤 7：计算专家 $D_s(s=1,2,3)$ 的权重 $w_s$。

根据式（6-13），计算得到

$$w_1=0.3170\text{，}\quad w_2=0.3452\text{，}\quad w_3=0.3379$$

步骤 8：计算专家的最终加权决策矩阵 $\tilde{R}^s$。

根据式（6-14），计算得到专家 $D_1$ 的最终加权决策矩阵为

$$\tilde{R}^1=\begin{bmatrix}\langle 0.13,0.94\rangle & \langle 0.10,0.96\rangle & \langle 0.06,0.95\rangle & \langle 0.15,0.89\rangle\\ \langle 0.20,0.93\rangle & \langle 0.15,0.97\rangle & \langle 0.20,0.86\rangle & \langle 0.23,0.82\rangle\\ \langle 0.13,0.94\rangle & \langle 0.12,0.97\rangle & \langle 0.20,0.86\rangle & \langle 0.19,0.86\rangle\\ \langle 0.25,0.93\rangle & \langle 0.15,0.95\rangle & \langle 0.13,0.86\rangle & \langle 0.19,0.82\rangle\\ \langle 0.10,0.93\rangle & \langle 0.10,0.95\rangle & \langle 0.13,0.94\rangle & \langle 0.15,0.94\rangle\end{bmatrix}$$

专家 $D_2$ 的最终加权决策矩阵为

$$\tilde{R}^2=\begin{bmatrix}\langle 0.26,0.95\rangle & \langle 0.12,0.95\rangle & \langle 0.17,0.91\rangle & \langle 0.20,0.85\rangle\\ \langle 0.14,0.94\rangle & \langle 0.12,0.95\rangle & \langle 0.21,0.88\rangle & \langle 0.30,0.85\rangle\\ \langle 0.11,0.95\rangle & \langle 0.06,0.98\rangle & \langle 0.13,0.91\rangle & \langle 0.08,0.93\rangle\\ \langle 0.14,0.94\rangle & \langle 0.15,0.95\rangle & \langle 0.13,0.91\rangle & \langle 0.24,0.80\rangle\\ \langle 0.17,0.92\rangle & \langle 0.15,0.95\rangle & \langle 0.13,0.85\rangle & \langle 0.20,0.80\rangle\end{bmatrix}$$

专家 $D_3$ 的最终加权决策矩阵为

$$\tilde{R}^3=\begin{bmatrix}\langle 0.11,0.90\rangle & \langle 0.10,0.95\rangle & \langle 0.17,0.89\rangle & \langle 0.20,0.80\rangle\\ \langle 0.14,0.92\rangle & \langle 0.10,0.96\rangle & \langle 0.21,0.85\rangle & \langle 0.29,0.80\rangle\\ \langle 0.11,0.94\rangle & \langle 0.06,0.97\rangle & \langle 0.13,0.89\rangle & \langle 0.11,0.85\rangle\\ \langle 0.14,0.92\rangle & \langle 0.10,0.96\rangle & \langle 0.10,0.93\rangle & \langle 0.20,0.80\rangle\\ \langle 0.17,0.90\rangle & \langle 0.12,0.98\rangle & \langle 0.13,0.91\rangle & \langle 0.24,0.85\rangle\end{bmatrix}$$

步骤 9：转换矩阵。

将各个专家最终的加权决策矩阵 $\tilde{R}^s$ 根据式（6-15）转换为各个方案的决策矩阵 $\tilde{A}^i$，得到各个方案的决策矩阵为

$$\tilde{A}^1=\begin{bmatrix}\langle 0.13,0.94\rangle & \langle 0.10,0.96\rangle & \langle 0.06,0.95\rangle & \langle 0.15,0.89\rangle\\ \langle 0.26,0.95\rangle & \langle 0.12,0.95\rangle & \langle 0.17,0.91\rangle & \langle 0.20,0.85\rangle\\ \langle 0.11,0.90\rangle & \langle 0.10,0.95\rangle & \langle 0.17,0.89\rangle & \langle 0.20,0.80\rangle\end{bmatrix}$$

$$\tilde{A}^2=\begin{bmatrix}\langle 0.20,0.93\rangle & \langle 0.15,0.97\rangle & \langle 0.20,0.86\rangle & \langle 0.23,0.82\rangle\\ \langle 0.14,0.94\rangle & \langle 0.12,0.95\rangle & \langle 0.21,0.88\rangle & \langle 0.30,0.85\rangle\\ \langle 0.14,0.92\rangle & \langle 0.10,0.96\rangle & \langle 0.21,0.85\rangle & \langle 0.29,0.80\rangle\end{bmatrix}$$

$$\tilde{A}^3=\begin{bmatrix}\langle 0.13,0.94\rangle & \langle 0.12,0.97\rangle & \langle 0.20,0.86\rangle & \langle 0.19,0.86\rangle\\ \langle 0.11,0.95\rangle & \langle 0.06,0.98\rangle & \langle 0.13,0.91\rangle & \langle 0.07,0.93\rangle\\ \langle 0.11,0.94\rangle & \langle 0.06,0.97\rangle & \langle 0.13,0.89\rangle & \langle 0.11,0.85\rangle\end{bmatrix}$$

$$\tilde{A}^4=\begin{bmatrix}\langle 0.25,0.93\rangle & \langle 0.15,0.95\rangle & \langle 0.13,0.86\rangle & \langle 0.19,0.82\rangle\\ \langle 0.14,0.94\rangle & \langle 0.15,0.95\rangle & \langle 0.13,0.91\rangle & \langle 0.24,0.80\rangle\\ \langle 0.14,0.92\rangle & \langle 0.10,0.96\rangle & \langle 0.10,0.93\rangle & \langle 0.20,0.80\rangle\end{bmatrix}$$

$$\tilde{A}^5=\begin{bmatrix}\langle 0.10,0.93\rangle & \langle 0.10,0.95\rangle & \langle 0.13,0.94\rangle & \langle 0.15,0.94\rangle\\ \langle 0.17,0.92\rangle & \langle 0.15,0.95\rangle & \langle 0.13,0.85\rangle & \langle 0.20,0.80\rangle\\ \langle 0.17,0.90\rangle & \langle 0.12,0.98\rangle & \langle 0.13,0.91\rangle & \langle 0.24,0.85\rangle\end{bmatrix}$$

步骤 10：计算方案的正理想决策矩阵 $\tilde{A}^+$ 和负理想决策矩阵 $\tilde{A}^-$。

方案的正理想决策矩阵 $\tilde{A}^+$ 应该是所有方案决策 $\tilde{A}^i$ 中最好的决策，根据式(6-16)，计算得到

$$\tilde{A}^{+}=\begin{bmatrix}\langle 0.25,0.93\rangle & \langle 0.15,0.95\rangle & \langle 0.20,0.86\rangle & \langle 0.23,0.82\rangle\\ \langle 0.26,0.92\rangle & \langle 0.15,0.95\rangle & \langle 0.21,0.85\rangle & \langle 0.30,0.80\rangle\\ \langle 0.17,0.90\rangle & \langle 0.12,0.95\rangle & \langle 0.21,0.85\rangle & \langle 0.29,0.80\rangle\end{bmatrix}$$

方案的负理想决策矩阵 $\tilde{A}^{-}$ 应该是所有方案决策 $\tilde{A}^{i}$ 中最差的决策，根据式(6-17)，计算得到

$$\tilde{A}^{-}=\begin{bmatrix}\langle 0.10,0.94\rangle & \langle 0.10,0.97\rangle & \langle 0.06,0.95\rangle & \langle 0.15,0.94\rangle\\ \langle 0.11,0.95\rangle & \langle 0.06,0.98\rangle & \langle 0.13,0.91\rangle & \langle 0.07,0.93\rangle\\ \langle 0.11,0.94\rangle & \langle 0.06,0.98\rangle & \langle 0.10,0.93\rangle & \langle 0.11,0.85\rangle\end{bmatrix}$$

步骤 11：分别计算各个方案的决策矩阵到正理想决策矩阵 $\tilde{A}^{+}$ 和负理想决策矩阵 $\tilde{A}^{-}$ 的距离 $\tilde{S}_i^{+}$ 和 $\tilde{S}_i^{-}$。

根据式（6-18）和式（6-19），计算得到

$$S_1^{+}=0.0631,\ S_1^{-}=0.0570,\ S_2^{+}=0.0272,\ S_2^{-}=0.0835,\ S_3^{+}=0.0728$$

$$S_3^{-}=0.0354,\ S_4^{+}=0.0416,\ S_4^{-}=0.0776,\ S_5^{+}=0.0645,\ S_5^{-}=0.0614$$

步骤 12：分别计算各个方案决策矩阵到理想决策矩阵的贴近度 $\mathrm{RC}_i$。

根据式（6-20），计算得到

$\mathrm{RC}_1=-1.6357$，$\mathrm{RC}_2=0$，$\mathrm{RC}_3=-2.2532$，$\mathrm{RC}_4=-0.5979$，$\mathrm{RC}_5=-1.6335$

步骤 13：确定备选方案的最优排列顺序，并给出最优方案的选择。

因为 $\mathrm{RC}_2>\mathrm{RC}_4>\mathrm{RC}_5>\mathrm{RC}_1>\mathrm{RC}_3$，所以可得五个备选方案的排序为 $A_2\succ A_4\succ A_5\succ A_1\succ A_3$，即方案 $A_2$ 为最优方案。

2. 参数分析与讨论

在计算专家 $D_s$ 的综合考量度 $\zeta_s$ 时，$\alpha$ 的取值范围为[0, 1]。为了讨论参数 $\alpha$ 对评价结果的影响，并准确确定 $\alpha$ 的取值范围，我们可以通过改变的 $\alpha$ 值得到如表 6-4 和图 6-1 所示的实验结果。

**表 6-4　不同参数值下的实验结果**

| 情形 | $\alpha$ | 专家权重 | | | 相对贴近度 $\mathrm{RC}_i$ |
|---|---|---|---|---|---|
| | | $D_1$ | $D_2$ | $D_3$ | |
| $A$ | 0 | 0.3019 | 0.3585 | 0.3396 | $\mathrm{RC}_1=-1.5856$，$\mathrm{RC}_2=0$，$\mathrm{RC}_3=-2.2629$，$\mathrm{RC}_4=-0.6017$，$\mathrm{RC}_5=-1.5643$ |
| $B$ | 0.2 | 0.3079 | 0.3532 | 0.3389 | $\mathrm{RC}_1=-1.6056$，$\mathrm{RC}_2=0$，$\mathrm{RC}_3=-2.2590$，$\mathrm{RC}_4=-0.6001$，$\mathrm{RC}_5=-1.5919$ |
| $C$ | 0.4 | 0.3139 | 0.3478 | 0.3382 | $\mathrm{RC}_1=-1.6257$，$\mathrm{RC}_2=0$，$\mathrm{RC}_3=-2.2552$，$\mathrm{RC}_4=-0.5986$，$\mathrm{RC}_5=-1.6196$ |
| $D$ | 0.6 | 0.3200 | 0.3425 | 0.3375 | $\mathrm{RC}_1=-1.6458$，$\mathrm{RC}_2=0$，$\mathrm{RC}_3=-2.2513$，$\mathrm{RC}_4=-0.5972$，$\mathrm{RC}_5=-1.6475$ |
| $E$ | 0.8 | 0.3260 | 0.3371 | 0.3369 | $\mathrm{RC}_1=-1.6660$，$\mathrm{RC}_2=0$，$\mathrm{RC}_3=-2.2474$，$\mathrm{RC}_4=-0.5959$，$\mathrm{RC}_5=-1.6756$ |
| $F$ | 1 | 0.3321 | 0.3317 | 0.3362 | $\mathrm{RC}_1=-1.6862$，$\mathrm{RC}_2=0$，$\mathrm{RC}_3=-2.2436$，$\mathrm{RC}_4=-0.5946$，$\mathrm{RC}_5=-1.7038$ |

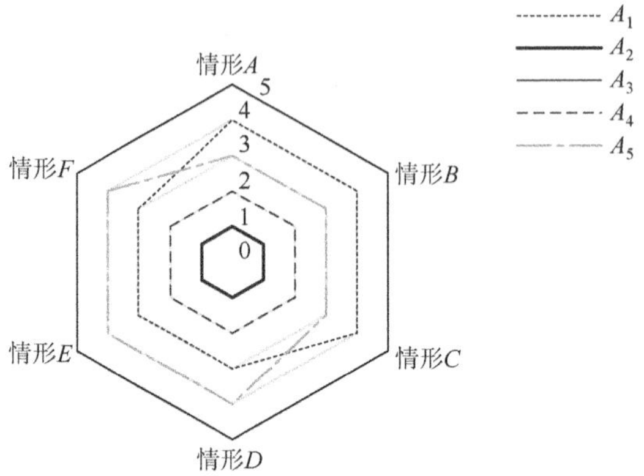


图 6-1　不同参数值下的方案排序结果

由表 6-4 和图 6-1 可以看出，随着参数 $\alpha$ 的增大，可选方案 $A_3$ 和 $A_4$ 的相对接近度越来越大，而可选方案 $A_1$ 和 $A_5$ 的相对接近度越来越小。因此，随着参数的变化，排序结果可能会发生变化。实验结果验证了这一结论。当 $\alpha$ 从 0 增加到 0.6 时，备选方案的排名结果从 $A_2 \succ A_4 \succ A_5 \succ A_1 \succ A_3$ 变化到 $A_2 \succ A_4 \succ A_1 \succ A_5 \succ A_3$，但最佳备选方案相同。这是因为当 $\alpha = 0$ 时，专家权重只取决于专家的重要程度；当 $\alpha$ 逐渐增大时，专家权重既受专家重要性程度的影响，又受专家评价合理性的影响；当 $\alpha = 1$ 时，专家权重仅受专家评价合理性程度的影响。为了使决策评价结果更加客观和准确，一般建议将 $\alpha$ 的值设为[0.4, 0.6]。此外，可以根据不同的决策情况赋予 $\alpha$ 不同的价值。例如，由于前期准备不足，或者没有足够的证据来获得专家的重视程度，可以取 $\alpha$ 为 1。当专家意见分歧较大，或者决策更加强调专家评价的合理性时，可以给 $\alpha$ 赋较大值。因此，对于该参数，决策者可以根据实际决策情况灵活赋值，充分体现了所提方法的灵活性和适用性。

在 Q 阶序对模糊环境下，本章提出了一种改进的 TOPSIS 多属性群决策方法。首先通过专家所在专业领域的个人重要度和评价合理度，求取专家的组合权重，然后通过改进的 TOPSIS 方法综合处理多个专家多个属性的决策数据，通过寻找正理想方案和负理想方案，进而计算出每个决策方案到它们的距离，最后通过方案的贴近度进行排序找出最优方案，有效地减少了决策信息的损失。同时，该方法还采用了新的求取方案贴近度的公式，解决了传统 TOPSIS 方法中最优方案距离负理想解远的同时不一定距离正理想解近的问题。最后，我们用一个实际算例验证了所提方法的有效性。

# 6.2　基于 Q 阶序对模糊信息的前景 MABAC 方法

## 6.2.1　经典的前景理论

前景理论最初由 Kahneman 和 Tversky 提出，它是描述性范式的一个决策模型，包括价值函数和概率权重函数，反映了决策者在风险和不确定性下的行为，是处理行为特征的一种高效实用的工具[209]。前景理论认为，人们根据损失和收益的潜在价值而不是最终结果来决定方案，其决策过程主要分为两个阶段：在编辑阶段，根据参考点和效用函数对结果进行排序；在评价阶段，利用价值函数和权重函数对编辑后的前景值进行评价，选择价值高的前景。前景理论根据所有方案的前景值选择最优方案，并通过价值函数和概率权重函数共同确定前景值。

价值函数是相对于参考点形成的收益和损失，取代了传统期望效用理论中的效用函数，能够体现决策者的三种特征：面对损失时是风险偏好的；面对收益时是风险规避的；对待损失比对待收益更加敏感[4]。因此，人们倾向采取冒险行为来减少损失，而采取保守行为来保证收益。这主要是因为损失时的痛苦感要远远高于等量收益时的快乐感。概率权重函数用于计算概率权重，主要是将事件发生的概率转化为概率权重的形式，且具有高估小概率事件，低估中、高概率事件的特点。

1. 价值函数[209, 210]

价值函数 $v(x)$ 中 $x$ 表示结果相对于参考点的收益或损失，$x \geqslant 0$ 表示收益，$x < 0$ 表示损失，$v(x)$ 的具体形式如下所示：

$$v(x)=\begin{cases}x^{\alpha}, & x \geqslant 0\\ -\lambda(-x)^{\beta}, & x<0\end{cases} \tag{6-21}$$

其中，$\alpha$ 和 $\beta$ 表示相对于收益或相对于损失增减时决策者的风险敏感程度系数，反映决策者敏感性递减的速率，即价值函数图像，如图 6-2 所示。在收益或损失时的凹凸程度，满足 $0 \leqslant \alpha,\beta \leqslant 1$。$\lambda > 1$ 表示损失规避程度系数，决策者对损失的敏感程度随 $\lambda$ 的增大而增大。

从图 6-2 可以发现价值函数具有如下特点。

（1）在收益部分价值函数是凹函数，在损失部分价值函数是凸函数，这表明决策者在面对收益时是风险规避的，在面对损失时是风险偏好的。

（2）价值函数在损失部分比在收益部分更加陡峭。如图 6-2 所示，对收益 $x$ 和等量的损失 $-x$，具有 $v(x) \leqslant |v(-x)|$，这说明收益决策者往往对损失更加敏感。

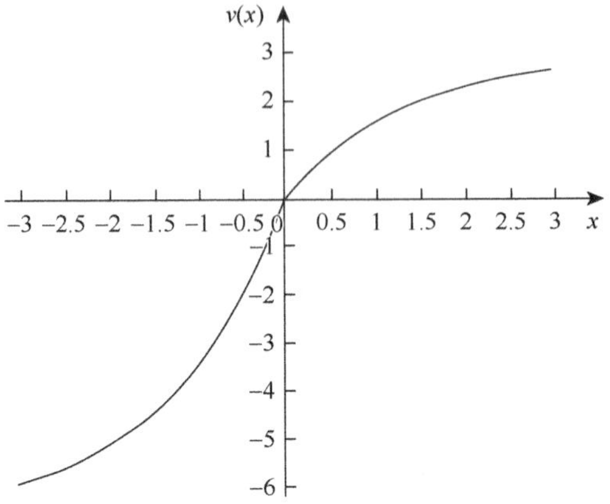

图 6-2　价值函数

2. 概率权重函数[209, 210]

概率权重函数 $\pi(p)$ 中 $p$ 表示事件发生的概率，$\pi(p)$ 表示 $p$ 对应的概率权重，$\pi(p)$ 的具体形式如下所示：

$$\pi(p)=\begin{cases}\dfrac{p^{\delta}}{[p^{\delta}+(1-p)^{\delta}]^{1/\delta}}, & x\geqslant 0\\ \dfrac{p^{\gamma}}{[p^{\gamma}+(1-p)^{\gamma}]^{1/\gamma}}, & x<0\end{cases} \tag{6-22}$$

其中，$\delta$ 表示心理预期为收益时的风险态度系数，$\gamma$ 表示心理预期为损失时的风险态度系数，满足 $0<\delta<1$，$0<\gamma<1$。

从图 6-3 可以发现概率权重函数具有如下特点。

（1）高估低概率事件。当 $p$ 较大时，$\pi(p)<p$；当 $p$ 较小时，$\pi(p)>p$。换言之，决策者对小概率事件发生的可能性容易产生过高的估计，认为其总是可能发生的。

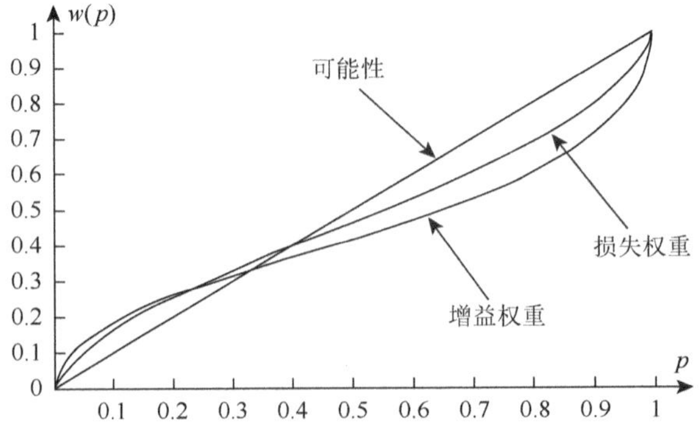


图 6-3　概率权重函数

（2）次可加性。当 $p$ 较小时，$\pi(p)$ 是 $p$ 的一个次可加性函数。

3. 前景值[209, 210]

基于价值函数 $v(x)$ 和概率权重函数 $\pi(p)$，前景值如下所示：

$$V(x)=v(x)\pi(p) \tag{6-23}$$

通常情况下，$V(x)$ 越大，则认为方案的前景越好，因此决策者一般会选择综合前景值最大的方案。

### 6.2.2　经典的 MABAC 方法概述

MABAC 方法最先由 Pamučar 和 Ćirović 发现，他们最先提出了 DEMATEL-MABAC 模型并将其应用在物流中心运输和处理资源的选择中[138]。该方法将每个标准下的备选方案划分为三个近似区域，分别为上近似区域、边界近似区域和下近似区域，并考虑了备选方案与边界近似区域之间的距离，可以满足有效的优先化工具的需求，在处理复杂的多属性决策问题中具有广泛的应用。MABAC 方法主要有以下几个优点：①MABAC 方法是一个简单且稳定的数学工具，可以与其他方法集成；②综合效果容易用该方法得到，因为它考虑了潜在的损益价值，收益和损失都被考虑在内，所以最终结果相对全面。

针对 MABAC 方法的决策问题可以做出如下描述：$A=\{A_1,A_2,\cdots,A_m\}$ 是方案的一个有限集合，而 $C=\{C_1,C_2,\cdots,C_n\}$ 是每个方案的属性集合，属性集合 $C=\{C_1,C_2,\cdots,C_n\}$ 中所有属性的权重向量为 $w=(w_1,w_2,\cdots,w_n)^{\mathrm{T}}$，并满足条件 $w_j\in[0,1](j=1,2,\cdots,n)$ 和 $\sum_{j=1}^{n}w_j=1$。专家给出的第 $i$ 个方案在第 $j$ 个属性下的属性评价值 $q_{ij}$ 构成了初始的决策矩阵 $Q=[q_{ij}]_{m\times n}$。其中，$i=1,2,\cdots,m$，$j=1,2,\cdots,n$，$m$ 代表方案的个数，$n$ 代表属性的个数。为了方便起见，令 $M=\{1,2,\cdots,m\}$，$N=\{1,2,\cdots,n\}$。

经典的 MABAC 方法的步骤如下[138]。

步骤 1：识别初始决策矩阵 $Q=[q_{ij}]_{m\times n}$，并构造规范化的决策矩阵 $\tilde{Q}=[\tilde{q}_{ij}]_{m\times n}$ $i=1,2,\cdots,m$，$j=1,2,\cdots,n$。

在实际的决策问题中，方案的属性主要分为效益型和成本型两种类型。为了保证决策过程中评价数据的一致性，避免不同类型数据之间相互影响，需要对不同类型的数据进行标准化，标准化后的决策矩阵为

$$\tilde{Q}=[\tilde{q}_{ij}]_{m\times n}=\begin{bmatrix}\tilde{q}_{11} & \tilde{q}_{12} & \cdots & \tilde{q}_{1n}\\ \tilde{q}_{21} & \tilde{q}_{22} & \cdots & \tilde{q}_{2n}\\ \vdots & \vdots & & \vdots\\ \tilde{q}_{m1} & \tilde{q}_{m2} & \cdots & \tilde{q}_{mn}\end{bmatrix} \tag{6-24}$$

对于效益型属性值，采用式（6-25）进行计算：

$$\tilde{q}_{ij}=q_{ij}\Big/\sqrt{\sum_{i=1}^{m}q_{ij}^2},\quad i\in M,\ j\in N \tag{6-25}$$

对于成本型属性值，我们采用式（6-26）进行计算：

$$\tilde{q}_{ij}=(1/q_{ij})\Big/\sqrt{\sum_{i=1}^{m}(1/q_{ij})^2},\quad i\in M,\ j\in N \tag{6-26}$$

步骤 2：根据式（6-27），计算加权矩阵 $T$。

$$t_{ij}=w_j\cdot(\tilde{q}_{ij}+1) \tag{6-27}$$

其中，$\tilde{q}_{ij}$ 表示标准化矩阵 $\tilde{Q}$ 中的元素；$w_j$ 表示属性的权重系数。

$$T=\begin{bmatrix}t_{11} & t_{12} & \cdots & t_{1n}\\ t_{21} & t_{22} & \cdots & t_{2n}\\ \vdots & \vdots & & \vdots\\ t_{m1} & t_{m2} & \cdots & t_{mn}\end{bmatrix}=\begin{bmatrix}w_1(\tilde{q}_{11}+1) & w_2(\tilde{q}_{12}+1) & \cdots & w_n(\tilde{q}_{1n}+1)\\ w_1(\tilde{q}_{21}+1) & w_2(\tilde{q}_{22}+1) & \cdots & w_n(\tilde{q}_{2n}+1)\\ \vdots & \vdots & & \vdots\\ w_1(\tilde{q}_{m1}+1) & w_2(\tilde{q}_{m2}+1) & \cdots & w_n(\tilde{q}_{mn}+1)\end{bmatrix} \tag{6-28}$$

其中，$m$ 表示方案的个数；$n$ 表示属性的个数。

步骤 3：根据式（6-29）计算每一个属性的边界近似区域，得到边界近似区域矩阵 $G=[g_1,g_2,\cdots,g_n]$。

$$g_j=\left(\prod_{i=1}^{m}t_{ij}\right)^{1/m} \tag{6-29}$$

其中，$t_{ij}$ 表示加权矩阵 $T$ 中的元素，$i=1,2,\cdots,m$，$j=1,2,\cdots,n$。

步骤 4：计算加权矩阵 $T$ 和边界近似区域矩阵 $G$ 的距离矩阵 $D=[d_{ij}]_{m\times n}$。

$$D=T-G=\begin{bmatrix}t_{11} & t_{12} & \cdots & t_{1n}\\ t_{21} & t_{22} & \cdots & t_{2n}\\ \vdots & \vdots & & \vdots\\ t_{m1} & t_{m2} & \cdots & t_{mn}\end{bmatrix}-\begin{bmatrix}g_1 & g_2 & \cdots & g_n\\ g_1 & g_2 & \cdots & g_n\\ \vdots & \vdots & & \vdots\\ g_1 & g_2 & \cdots & g_n\end{bmatrix} \tag{6-30}$$

$$D=\begin{bmatrix}t_{11}-g_1 & t_{12}-g_2 & \cdots & t_{1n}-g_n\\ t_{21}-g_1 & t_{22}-g_2 & \cdots & t_{2n}-g_n\\ \vdots & \vdots & & \vdots\\ t_{m1}-g_1 & t_{m2}-g_2 & \cdots & t_{mn}-g_n\end{bmatrix}=\begin{bmatrix}d_{11} & d_{12} & \cdots & d_{1n}\\ d_{21} & d_{22} & \cdots & d_{2n}\\ \vdots & \vdots & & \vdots\\ d_{m1} & d_{m2} & \cdots & d_{mn}\end{bmatrix} \tag{6-31}$$

其中，$d_{ij}$ 表示备选方案 $i$ 到各属性边界近似区域 $g_j$ 的距离，$i=1,2,\cdots,m$，

$j=1,2,\cdots,n$，$m$ 表示方案的个数，$n$ 表示属性的个数；$g_j$ 表示属性 $C_j$ 下的边界近似区域；$t_{ij}$ 表示加权矩阵 $T$ 中的元素。

根据式（6-32）决定备选方案 $A_i$ 属于边界近似区域 $G$、上近似区域 $G^+$ 或下近似区域 $G^-$，即 $A_i \in \{G \cup G^+ \cup G^-\}$：

$$A_i \in \begin{cases} G^+, & d_{ij} > 0 \\ G, & d_{ij} = 0 \\ G^-, & d_{ij} < 0 \end{cases} \tag{6-32}$$

上近似区域 $G^+$ 是包含理想备选方案 $A^+$ 的区域，下近似区域 $G^-$ 是包含负理想备选方案 $A^-$ 的区域，如图 6-4 所示，决策过程中，在上近似区域中选择最优备选方案 $A_{\text{best}}$。

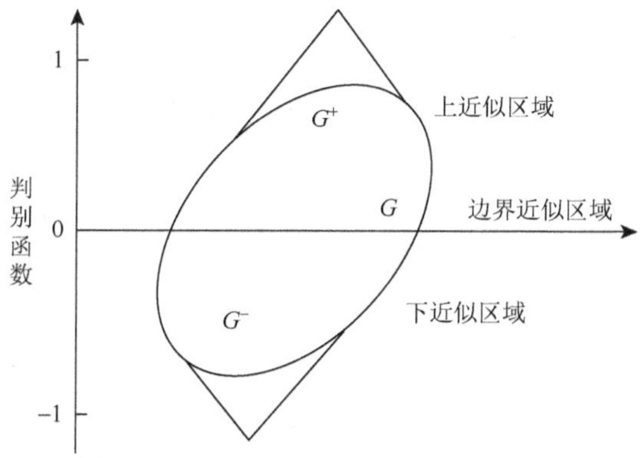


图 6-4　边界近似区域 $G$、上近似区域 $G^+$ 和下近似区域 $G^-$

步骤 5：对矩阵 $D$ 中每一行元素求和，得到备选方案最终的准则函数值，对备选方案进行排序。

$$S_i = \sum_{j=1}^{n} d_{ij},\quad i \in M,\ j \in N \tag{6-33}$$

根据 $S_i$ 的大小对方案 $A_i$ 进行排序，$S_i$ 越大，方案 $A_i$ 越优。

### 6.2.3　Q 阶序对模糊前景 MABAC 多属性决策方法

假设 $A=\{A_1,A_2,\cdots,A_m\}$ 为方案的一个有限集合，$C=\{C_1,C_2,\cdots,C_n\}$ 为每个方案的属性集合，属性的权重向量为 $w=\{w_1,w_2,\cdots,w_n\}$，并满足条件 $w_j \in [0,1]$ 且 $\sum_{j=1}^{n} w_j = 1$。专家给出的关于备选方案 $A_i$ 在属性指标 $C_j$ 的评价值用一个 Q 阶序对模

糊数 $Q_{ij}$ 表示，其形式为 $Q_{ij}=\langle u_{ij},v_{ij}\rangle$，其中，$i=1,2,\cdots,m$，$j=1,2,\cdots,n$，并满足条件 $u_{ij}\subseteq[0,1]$，$v_{ij}\subseteq[0,1]$，$(u_{ij})^q+(v_{ij})^q\leqslant 1$，且 $q\geqslant 1$。根据上述信息，在若干备选方案中选出一个最佳的方案是决策的目标。

基于 Q 阶序对模糊信息的前景 MABAC 方法具体步骤如下。

步骤 1：构造规范化决策矩阵。

在管理决策问题当中，属性指标分为两类：一类是效益型指标，该类型指标下方案的评价值越大越好；另一类是成本型指标，在该类型指标下方案的评价值越小越好。所以，在处理属性指标的评价值时，首先要将数据进行标准化处理，将所有的数据转化为统一形式，本章将所有的数据类型转化为效益型，具体转化方法如下所示：

$$\tilde{Q}_{ij}=\begin{cases}\langle u_{ij}^s,v_{ij}^s\rangle, & \text{效益型}\\ \langle v_{ij}^s,u_{ij}^s\rangle, & \text{成本型}\end{cases} \tag{6-34}$$

其中，$\tilde{Q}_{ij}$ 表示标准化后的决策矩阵单元，$i=1,2,\cdots,m$，$j=1,2,\cdots,n$。

步骤 2：确定属性权重。

步骤 3：计算 Q 阶序对模糊前景决策矩阵 $V=[v_{ij}]_{m\times n}$。给定一个参考点 $\bar{\tilde{Q}}_j$，该参考点是属性 $C_j$ 下所有方案 $A_i$ 的平均值。

$$v_{ij}=\pi(p_j)v(\tilde{Q}_{ij}) \tag{6-35}$$

其中，

$$\pi(p_j)=\begin{cases}\dfrac{p_j^\gamma}{(p_j^\gamma+(1-p_j)^\gamma)^{\frac{1}{\gamma}}}, & S(\tilde{Q}_{ij})-S(\bar{\tilde{Q}}_j)\geqslant 0\\ \dfrac{p_j^\sigma}{(p_j^\sigma+(1-p_j)^\sigma)^{\frac{1}{\sigma}}}, & S(\tilde{Q}_{ij})-S(\bar{\tilde{Q}}_j)<0\end{cases} \tag{6-36}$$

$$v(\tilde{Q}_{ij})=\begin{cases}(d(\tilde{Q}_{ij},\bar{\tilde{Q}}_j))^\alpha, & S(\tilde{Q}_{ij})-S(\bar{\tilde{Q}}_j)\geqslant 0\\ -\lambda(d(\tilde{Q}_{ij},\bar{\tilde{Q}}_j))^\beta, & S(\tilde{Q}_{ij})-S(\bar{\tilde{Q}}_j)<0\end{cases} \tag{6-37}$$

其中，$v_{ij}$ 表示 $\tilde{Q}_{ij}$ 的前景值；$\bar{\tilde{Q}}_j$ 表示属性 $C_j$ 下的参考点；$S(\tilde{Q}_{ij})$ 和 $S(\bar{\tilde{Q}}_j)$ 分别表示 $\tilde{Q}_{ij}$ 和 $\bar{\tilde{Q}}_j$ 的得分函数值；$d(\tilde{Q}_{ij},\bar{\tilde{Q}}_j)$ 表示 $\tilde{Q}_{ij}$ 和 $\bar{\tilde{Q}}_j$ 之间的距离，$d(\tilde{Q}_{ij},\bar{\tilde{Q}}_j)=\dfrac{|u_{ij}^q-u_j^q|+|v_{ij}^q-v_j^q|+|\pi_{ij}^q-\pi_j^q|}{2}$。这里，采用 Tversky 和 Kahneman 通过实验验证得出的结果：$\alpha=\beta=0.88$，$\lambda=2.25$，$\gamma=0.61$，$\sigma=0.69$[210]。

步骤 4：计算加权矩阵 $T$，其中矩阵 $T$ 中的每一个元素计算如下。

$$t_{ij}=w_j v_{ij} \tag{6-38}$$

其中，$w_j$ 表示属性的权重系数。

$$T=\begin{bmatrix} t_{11} & t_{12} & \cdots & t_{1n} \\ t_{21} & t_{22} & \cdots & t_{2n} \\ \vdots & \vdots & & \vdots \\ t_{m1} & t_{m2} & \cdots & t_{mn} \end{bmatrix}=\begin{bmatrix} w_1 v_{11} & w_2 v_{12} & \cdots & w_n v_{1n} \\ w_1 v_{21} & w_2 v_{22} & \cdots & w_n v_{2n} \\ \vdots & \vdots & & \vdots \\ w_1 v_{m1} & w_2 v_{m2} & \cdots & w_n v_{mn} \end{bmatrix} \tag{6-39}$$

其中，$m$ 表示方案的个数；$n$ 表示属性的个数。

步骤 5：根据式（6-39）计算每一个属性的边界近似区域，得到边界近似区域矩阵 $G=[g_1,g_2,\cdots,g_n]$。

$$g_j=\left(\prod_{i=1}^{m} t_{ij}\right)^{1/m} \tag{6-40}$$

其中，$t_{ij}$ 表示加权矩阵 $T$ 中的元素；$m$ 表示方案的个数。

步骤 6：计算加权矩阵 $T$ 和边界近似区域矩阵 $G$ 的距离矩阵 $D=[d_{ij}]_{m\times n}$。

$$D=T-G=\begin{bmatrix} t_{11} & t_{12} & \cdots & t_{1n} \\ t_{21} & t_{22} & \cdots & t_{2n} \\ \vdots & \vdots & & \vdots \\ t_{m1} & t_{m2} & \cdots & t_{mn} \end{bmatrix}-\begin{bmatrix} g_1 & g_2 & \cdots & g_n \\ g_1 & g_2 & \cdots & g_n \\ \vdots & \vdots & & \vdots \\ g_1 & g_2 & \cdots & g_n \end{bmatrix} \tag{6-41}$$

$$D=\begin{bmatrix} t_{11}-g_1 & t_{12}-g_2 & \cdots & t_{1n}-g_n \\ t_{21}-g_1 & t_{22}-g_2 & \cdots & t_{2n}-g_n \\ \vdots & \vdots & & \vdots \\ t_{m1}-g_1 & t_{m2}-g_2 & \cdots & t_{mn}-g_n \end{bmatrix}=\begin{bmatrix} d_{11} & d_{12} & \cdots & d_{1n} \\ d_{21} & d_{22} & \cdots & d_{2n} \\ \vdots & \vdots & & \vdots \\ d_{m1} & d_{m2} & \cdots & d_{mn} \end{bmatrix} \tag{6-42}$$

其中，$g_j$ 表示属性 $C_j$ 下的边界近似区域；$t_{ij}$ 表示加权矩阵 $T$ 中的元素；$m$ 表示方案的个数；$n$ 表示属性的个数。

步骤 7：对矩阵 $D$ 中每一行的元素求和，得到备选方案最终的准则函数值，对备选方案进行排序。

$$S_N(A_i)=\sum_{j=1}^{n} d_{ij},\quad i\in M,\ j\in N \tag{6-43}$$

步骤 8：根据 $S_N(A_i)$ 的大小，对备选方案进行排序。

### 6.2.4　算例应用

我国自 2001 年加入世界贸易组织后，对高层次人才提出了更高的要求，而世界贸易组织也为我国经济发展和人才素质的提升带来了新的机遇。国际上人才竞争逐渐加剧，尤其是高层次人才的竞争已经进入白热化的状态。因此，建立高层次人才评价指标体系，有利于现有高层次人才资源的调查和人才库的建设。为了进一步提高我国高层次人才培养的质量，在 $A_1, A_2, A_3, A_4$ 四个地区开展了高层次人才培养，并考虑以下五个评价指标：知识水平（$C_1$）、基本素质（$C_2$）、能力水平（$C_3$）、绩效成果（$C_4$）、心智模式（$C_5$）。决策者以 Q 阶模糊信息的形式给出评价信息，如表 6-5 所示。

**表 6-5　专家给定的决策矩阵 $Q$**

| 项目 | $C_1$ | $C_2$ | $C_3$ | $C_4$ | $C_5$ |
| --- | --- | --- | --- | --- | --- |
| $A_1$ | 〈0.5，0.4〉 | 〈0.5，0.3〉 | 〈0.2，0.6〉 | 〈0.4，0.4〉 | 〈0.4，0.4〉 |
| $A_2$ | 〈0.7，0.3〉 | 〈0.7，0.4〉 | 〈0.5，0.2〉 | 〈0.6，0.2〉 | 〈0.6，0.2〉 |
| $A_3$ | 〈0.5，0.4〉 | 〈0.6，0.3〉 | 〈0.6，0.2〉 | 〈0.5，0.4〉 | 〈0.6，0.3〉 |
| $A_4$ | 〈0.7，0.1〉 | 〈0.4，0.4〉 | 〈0.2，0.4〉 | 〈0.5，0.2〉 | 〈0.3，0.5〉 |

1. 决策步骤

步骤 1：构造规范化决策矩阵。

因为本应用算例的四个属性指标均为效益型，所以此处我们不需要将专家的决策矩阵进行标准化，原始决策矩阵即规范化决策矩阵，即 $Q = \tilde{Q}$。

步骤 2：五个评价指标的权重向量为 $w = (0.3, 0.2, 0.1, 0.1, 0.3)^{\mathrm{T}}$。

步骤 3：给定所有属性 $C_j$ 下的参考点 $\bar{\tilde{Q}}_j$，令 $\alpha = \beta = 0.88$，$\lambda = 2.25$，$\gamma = 0.61$，$\sigma = 0.69$ 和 $p = (0.0363, 0.5031, 0.1511, 0.1370, 0.1724)$。这里取 $q = 3$，通过计算 $v_{ij}$ 得到 Q 阶序对模糊前景决策矩阵 $V = [v_{ij}]_{m\times n}$，如表 6-6 所示。

**表 6-6　Q 阶序对模糊前景决策矩阵 $V = [v_{ij}]_{m\times n}$**

| 项目 | $C_1$ | $C_2$ | $C_3$ | $C_4$ | $C_5$ |
| --- | --- | --- | --- | --- | --- |
| $A_1$ | −0.1078 | −0.0944 | −0.0585 | −0.0440 | −0.1261 |
| $A_2$ | 0.0113 | 0.0022 | 0.0388 | 0.0104 | 0.0545 |
| $A_3$ | −0.1078 | 0.0299 | 0.0314 | −0.0315 | 0.0347 |
| $A_4$ | 0.0152 | −0.1022 | −0.0769 | 0.0187 | −0.1162 |

步骤 4：通过计算 $t_{ij}$ 得到加权矩阵 $T$，如表 6-7 所示。

表 6-7　加权矩阵 $T=[t_{ij}]_{m\times n}$

| 项目 | $C_1$ | $C_2$ | $C_3$ | $C_4$ | $C_5$ |
|---|---|---|---|---|---|
| $A_1$ | −0.0323 | −0.0189 | −0.0058 | −0.0044 | −0.0378 |
| $A_2$ | 0.0034 | 0.0004 | 0.0039 | 0.0010 | 0.0163 |
| $A_3$ | −0.0323 | 0.0060 | 0.0031 | −0.0031 | 0.0104 |
| $A_4$ | 0.0046 | −0.0204 | −0.0077 | 0.0019 | −0.0348 |

步骤 5：根据式（6-40）计算每一个属性的边界近似区域，得到边界近似区域矩阵。

$$G=(g_1,g_2,g_3,g_4,g_5)=(0.0113,0.0057,0.0048,0.0023,0.0218)$$

步骤 6：计算加权矩阵 $T$ 和边界近似区域矩阵 $G$ 的距离矩阵 $D=[d_{ij}]_{m\times n}$，如表 6-8 所示。

表 6-8　距离矩阵 $D=[d_{ij}]_{m\times n}$

| 项目 | $C_1$ | $C_2$ | $C_3$ | $C_4$ | $C_5$ |
|---|---|---|---|---|---|
| $A_1$ | −0.0436 | −0.0246 | −0.0107 | −0.0067 | −0.0596 |
| $A_2$ | −0.0079 | −0.0052 | −0.0010 | −0.0012 | −0.0054 |
| $A_3$ | −0.0436 | 0.0003 | −0.0017 | −0.0054 | −0.0114 |
| $A_4$ | −0.0067 | −0.0261 | −0.0125 | −0.0004 | −0.0566 |

步骤 7：对矩阵 $D$ 中每一行元素求和，得到备选方案最终的准则函数值。

$S_N(A_1)=-0.1451$，$S_N(A_2)=-0.0207$，$S_N(A_3)=-0.0618$，$S_N(A_4)=-0.1024$

步骤 8：根据 $S_N(A_i)$ 的大小，对备选方案进行排序。

$$A_2\succ A_3\succ A_4\succ A_1$$

2. 参数分析与讨论

参数的灵敏度分析可以帮助我们更好地解决多属性决策问题，因此我们来调整参数 $\lambda$ 以讨论其对最终的方案排序结果的影响，不同参数值下各备选方案的得分函数值和最终的排序结果如表 6-9 所示。这里，根据 Tversky 和 Kahneman 的实验结果，令 $\alpha=\beta=0.88$，$\lambda=2.25$，$\gamma=0.61$，$\sigma=0.69$[210]。参数 $\lambda$ 取 1～30，为了更清楚地表示参数值的不同对方案排序的影响，我们将表 6-9 绘制成图，得分函数值和方案排序分别如图 6-5 和图 6-6 所示。

**表 6-9　不同参数 $\lambda$ 下的方案排序**

| 方案 | $\lambda=1$ | | $\lambda=1.25$ | | $\lambda=1.5$ | | $\lambda=1.75$ | | $\lambda=2$ | |
|---|---|---|---|---|---|---|---|---|---|---|
| | $S_N(A_i)$ | 排序 | $S_N(A_i)$ | 排序 | $S_N(A_i)$ | 排序 | $S_N(A_i)$ | 排序 | $S_N(A_i)$ | 排序 |
| $A_1$ | −0.0747 | 4 | −0.0893 | 4 | −0.1036 | 4 | −0.1176 | 4 | −0.1315 | 4 |
| $A_2$ | −0.0055 | 1 | −0.0091 | 1 | −0.0123 | 1 | −0.0153 | 1 | −0.0181 | 1 |
| $A_3$ | −0.0268 | 2 | −0.0343 | 2 | −0.0415 | 2 | −0.0485 | 2 | −0.0552 | 2 |
| $A_4$ | −0.0521 | 3 | −0.0627 | 3 | −0.0730 | 3 | −0.0830 | 3 | −0.0927 | 3 |
| 方案 | $\lambda=2.25$ | | $\lambda=2.5$ | | $\lambda=2.75$ | | $\lambda=3$ | | $\lambda=30$ | |
| | $S_N(A_i)$ | 排序 | $S_N(A_i)$ | 排序 | $S_N(A_i)$ | 排序 | $S_N(A_i)$ | 排序 | $S_N(A_i)$ | 排序 |
| $A_1$ | −0.1451 | 4 | −0.1586 | 4 | −0.1720 | 4 | −0.1853 | 4 | −1.4912 | 4 |
| $A_2$ | −0.0207 | 1 | −0.0232 | 1 | −0.0256 | 1 | −0.0278 | 1 | −0.1422 | 1 |
| $A_3$ | −0.0608 | 2 | −0.0682 | 2 | −0.0745 | 2 | −0.0807 | 2 | −0.6208 | 2 |
| $A_4$ | −0.1024 | 3 | −0.1118 | 3 | −0.1212 | 3 | −0.1304 | 3 | −1.0005 | 3 |

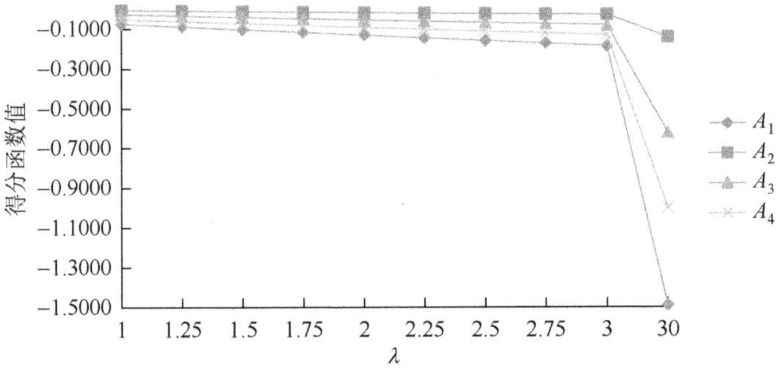


图 6-5　不同参数 $\lambda$ 下的各方案得分函数值

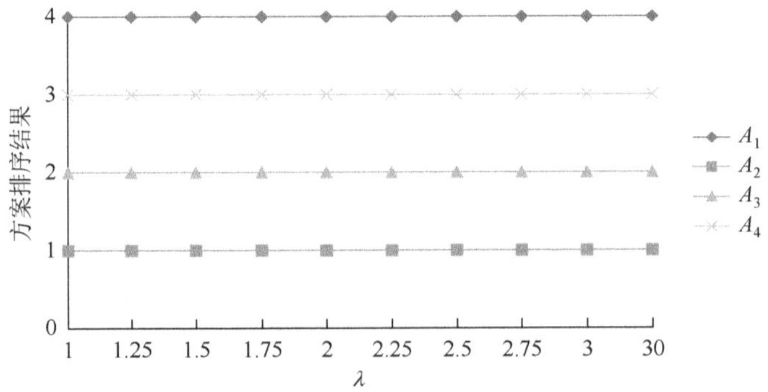


图 6-6　不同参数 $\lambda$ 下的各方案排序结果

由图 6-5 可知，各备选方案的得分函数值随着参数 $\lambda$ 的增大而减小。在 1～30

区间内，各方案的排序结果都没有发生变化，但方案 $A_1$ 和 $A_4$ 之间的数值差距趋于扩大。根据前景理论，随着参数 $\lambda$ 的增加，损失值增加，决策者的风险规避程度增加，最优方案选择倾向使损失最小化。从图 6-6 可以看出，最优方案没有变化。当参数显著增加时，方案的排序结果没有改变，说明其对决策者的行为不敏感。对于该参数，决策者可以根据实际决策情况灵活赋值，充分体现了所提方法的灵活性和适用性。

在 Q 阶序对模糊环境下，本章提出的 Q 阶序对模糊前景 MABAC 方法不仅可以通过调整参数来考虑决策者的心理行为，而且考虑备选方案与边界近似区域之间的距离，计算过程简单、结果稳定。以上几个方面的优势充分证明了本章所提方法的优势。最后，用一个实际算例验证了其有效性。

## 6.3　基于 Q 阶序对模糊信息的 Taxonomy 方法

### 6.3.1　经典的 Taxonomy 方法概述

Taxonomy 方法由 Adanson 于 1763 年首次提出，并于 1950 年由一群来自波兰的数学家扩展[150]。起初，Taxonomy 方法作为分类和评估发展水平的工具，被应用于人力评价、国家类型划分和社会经济发展情况评估等问题中[149, 211]。该方法根据各属性下评价对象的发展水平进行最终排序，适用于不同备选方案的分类和比较。最近，Taxonomy 方法也作为多属性决策方法被扩展到模糊信息环境中[151]。

经典的 Taxonomy 方法解决实际问题的步骤如下。

步骤 1：计算每个属性下评价值的均值 $\overline{x}_j$ 和标准差 $s_j$。

$$\overline{x}_j=\frac{1}{m}\sum_{i=1}^{m}x_{ij} \tag{6-44}$$

$$s_j=\sqrt{\frac{1}{m}\sum_{i=1}^{m}(x_{ij}-\overline{x}_j)^2} \tag{6-45}$$

其中，$x_{ij}$ 表示第 $i$ 个方案在第 $j$ 个属性下的评价值，$i=1,2,\cdots,m$，$j=1,2,\cdots,n$。

步骤 2：建立标准值矩阵 $Z=[z_{ij}]_{m\times n}$：

$$z_{ij}=\frac{x_{ij}-\overline{x}_j}{s_j} \tag{6-46}$$

步骤 3：建立复合决策矩阵 $C=[c_{ab}]_{m\times m}$，$c_{ab}$ 表示第 $a$ 个方案与第 $b$ 个方案之间的距离：

$$c_{ab}=\sqrt{\sum_{j=1}^{n}(z_{aj}-z_{bj})^2} \tag{6-47}$$

步骤 4：同质化备选方案。首先，找到矩阵 $C=[c_{ab}]_{m\times m}$ 中每一行的最小距离，用 $O_i$ 表示，然后计算所有最小距离的均值和标准差，分别用 $\bar{O}$ 和 $S_O$ 表示：

$$\bar{O}=\frac{1}{m}\sum_{i=1}^{m}O_i \tag{6-48}$$

$$S_O=\sqrt{\frac{1}{m}\sum_{i=1}^{m}(O_i-\bar{O})^2} \tag{6-49}$$

则同质区间可以表示为

$$O=\bar{O}\pm 2S_O \tag{6-50}$$

如果最小距离不在区间 $[\bar{O}-2S_O,\bar{O}+2S_O]$ 内，则该方案为异质方案，剔除后重新计算均值和标准差。

步骤 5：确定发展模式。基于标准值矩阵 $Z=[z_{ij}]_{m\times n}$，计算第 $i$ 个矩阵的发展模式：

$$C_{iO}=\sqrt{\sum_{j=1}^{n}(z_{ij}-z_{Oj})^2} \tag{6-51}$$

其中，$z_{Oj}$ 表示第 $j$ 个属性的最理想评价值，对于效益型属性，$z_{Oj}=\max_i\{z_{ij}\}$；对于成本型属性，$z_{Oj}=\min_i\{z_{ij}\}$，$j=1,2,\cdots,n$。

步骤 6：对备选方案进行排序。首先，计算出发展上限 $C_O$：

$$C_O=\bar{C}_{iO}+2S_{C_{iO}} \tag{6-52}$$

其中，$\bar{C}_{iO}$ 和 $S_{C_{iO}}$ 分别表示发展模式 $C_{iO}$ 的均值和标准差，$i=1,2,\cdots,m$。

计算每个备选方案的发展指标值：

$$F_i=1-\frac{C_{iO}}{C_O} \tag{6-53}$$

根据 $F_i$ 的值对方案进行排序，$i=1,2,\cdots,m$。$F_i$ 的值介于 0～1，$F_i$ 越接近 1，意味着第 $i$ 个方案越具有更好的发展水平和更高的排序，相反，$F_i$ 接近 0 意味着较低的排序。

### 6.3.2　Q 阶序对模糊 Taxonomy 多属性决策方法

考虑如下多属性群决策问题：设 $A=\{A_1,A_2,\cdots,A_m\}$ 为有限备选方案集，$C=\{C_1,C_2,\cdots,C_n\}$ 为属性集，属性权重向量为 $w=(w_1,w_2,\cdots,w_n)^{\mathrm{T}}$，满足 $w_j\in[0,1]$ 且 $\sum_{j=1}^{n}w_j=1$。设专家集合为 $D=\{D_1,D_2,\cdots,D_p\}$，对应的权重向量为 $\omega=(\omega_1,\omega_2,\cdots,\omega_p)^{\mathrm{T}}$，满足 $\omega_s\in[0,1]$ 且 $\sum_{s=1}^{p}w_s=1$。假设第 $s$ 个专家所给出的第 $i$ 个方案在第 $j$ 个属性下的

评价值采用 Q 阶序对模糊数 $Q_{ij}^s=\langle u_{ij}^s,v_{ij}^s\rangle$ 表示，则专家 $D_s$ 给出的决策矩阵可表示为

$$Q^s=[Q_{ij}^s]_{m\times n}=\begin{bmatrix}\langle u_{11}^s,v_{11}^s\rangle & \langle u_{12}^s,v_{12}^s\rangle & \cdots & \langle u_{1n}^s,v_{1n}^s\rangle\\ \langle u_{21}^s,v_{21}^s\rangle & \langle u_{22}^s,v_{22}^s\rangle & \cdots & \langle u_{2n}^s,v_{2n}^s\rangle\\ \vdots & \vdots & & \vdots\\ \langle u_{m1}^s,v_{m1}^s\rangle & \langle u_{m2}^s,v_{m2}^s\rangle & \cdots & \langle u_{mn}^s,v_{mn}^s\rangle\end{bmatrix},\quad s=1,2,\cdots,p$$

步骤 1：利用 Q 阶序对模糊加权平均算子对所有专家给出的评价信息进行集成，得到群体决策矩阵 $Q=[Q_{ij}]_{m\times n}$，其中

$$Q_{ij}=\omega_1Q_{ij}^1\oplus\omega_2Q_{ij}^2\oplus\cdots\oplus\omega_pQ_{ij}^p=\left\langle\left(1-\prod_{s=1}^{p}(1-(u_{ij}^s)^q)^{\omega_s}\right)^{1/q},\prod_{s=1}^{p}(v_{ij}^s)^{\omega_s}\right\rangle \tag{6-54}$$

步骤 2：利用 3.2.1 节提出的 Q 阶序对模糊熵权法求出属性的权重。

$$w_j=\frac{1-\zeta_j}{\sum_{j=1}^{n}(1-\zeta_j)} \tag{6-55}$$

其中，$\zeta_j=\dfrac{\sum_{i=1}^{m}\mathrm{EN}_{ij}}{\sum_{i=1}^{m}\sum_{j=1}^{n}\mathrm{EN}_{ij}}$ 表示归一化 Q 阶序对模糊熵值，$\mathrm{EN}_{ij}$ 表示 $Q_{ij}$ 基于知识测度的 Q 阶熵测度，$i=1,2,\cdots,m$，$j=1,2,\cdots,n$。

步骤 3：计算群决策矩阵中每个属性下的评价值的均值 $\bar{Q}_j$ 和标准差 $S_j$。

$$\bar{Q}_j=\frac{1}{m}\sum_{i=1}^{m}Q_{ij} \tag{6-56}$$

$$S_j=\sqrt{\frac{1}{m}\sum_{i=1}^{m}d^2(Q_{ij},\bar{Q}_j)} \tag{6-57}$$

其中，$j=1,2,\cdots,n$。

步骤 4：建立标准值矩阵 $Z=[z_{ij}]_{m\times n}$：

$$z_{ij}=\begin{cases}\dfrac{d(Q_{ij},\bar{Q}_j)}{S_j}, & Q_{ij}>\bar{Q}_j\\ 0, & Q_{ij}=\bar{Q}_j\\ -\dfrac{d(Q_{ij},\bar{Q}_j)}{S_j}, & Q_{ij}<\bar{Q}_j\end{cases} \tag{6-58}$$

其中，$d(Q_{ij},\bar{Q}_j)$ 表示 $Q_{ij}$ 和 $\bar{Q}_j$ 之间的欧几里得距离，$i=1,2,\cdots,m$，$j=1,2,\cdots,n$。

步骤 5：建立复合决策矩阵 $C=[c_{ab}]_{m\times m}$，$c_{ab}$ 表示第 $a$ 个方案与第 $b$ 个方案之间的距离。

$$c_{ab}=\sqrt{\sum_{j=1}^{n}w_j(z_{aj}-z_{bj})^2} \tag{6-59}$$

步骤 6：同质化备选方案。首先找到矩阵 $C=[c_{ab}]_{m\times m}$ 中每一行的最小距离，用 $O_i$ 表示，然后计算所有最小距离的均值和标准差，分别用 $\bar{O}$ 和 $S_O$ 表示：

$$\bar{O}=\frac{1}{m}\sum_{i=1}^{m}O_i \tag{6-60}$$

$$S_O=\sqrt{\frac{1}{m}\sum_{i=1}^{m}(O_i-\bar{O})^2} \tag{6-61}$$

则同质区间可以表示为

$$O=\bar{O}\pm 2S_O \tag{6-62}$$

如果最小距离不在区间 $[\bar{O}-2S_O,\bar{O}+2S_O]$ 内，则该方案为异质方案，剔除后重新计算均值和标准差。

步骤 7：确定发展模式。基于标准值矩阵 $Z=[z_{ij}]_{m\times n}$，计算方案 $A_i$ $(i=1,2,\cdots,m)$ 的发展模式（加权形式）：

$$C_{iO}=\sqrt{\sum_{j=1}^{n}w_j(z_{ij}-z_{Oj})^2} \tag{6-63}$$

其中，$z_{Oj}$ 表示第 $j$ 个属性的最理想评价值，取决于该属性是成本型还是效益型。

步骤 8：根据发展指标值对备选方案进行排序。首先，计算出发展上限 $C_O$：

$$C_O=\bar{C}_{iO}+2S_{C_{iO}},\quad i=1,2,\cdots,m \tag{6-64}$$

其中，$\bar{C}_{iO}$ 和 $S_{C_{iO}}$ 分别表示发展模式 $C_{iO}$ 的均值和标准差，$i=1,2,\cdots,m$。

每个备选方案的发展指标值为

$$F_i=1-\frac{C_{iO}}{C_O},\quad i=1,2,\cdots,m \tag{6-65}$$

根据 $F_i$ 的值对方案进行排序。$F_i$ 越大，意味着方案 $A_i$ 越具有更好的发展水平和更高的排序，反之，意味着方案 $A_i$ 具有较低的排序。

### 6.3.3　算例应用

接下来通过一个实例来说明基于 Q 阶序对模糊信息的 Taxonomy 多属性群决策过程。现需要从 5 家备选公司 $A_1,A_2,A_3,A_4,A_5$ 中选择最优者进行投资，假设有

三个专家 $D_1,D_2,D_3$ 根据企业管理水平（$C_1$）、业务增长能力（$C_2$）、经济效益（$C_3$）、企业声誉（$C_4$）四个属性对这 5 家公司进行评估。假设专家的权重向量为 $\omega=(0.35,0.40,0.25)^{\mathrm{T}}$。专家 $D_p(p=1,2,3)$ 使用 Q 阶序对模糊数对公司 $A_i(i=1,2,3,4,5)$ 针对属性 $C_j(j=1,2,3,4)$ 进行评估，三个专家给出的评价矩阵分别为 $Q^1$、$Q^2$ 和 $Q^3$，分别如表 6-10、表 6-11、表 6-12 所示（假设 $q=2$）。

**表 6-10　专家 $D_1$ 给出的 Q 阶序对模糊评价矩阵 $Q^1$**

| 项目 | $C_1$ | $C_2$ | $C_3$ | $C_4$ |
| --- | --- | --- | --- | --- |
| $A_1$ | $\langle 0.2,0.5\rangle$ | $\langle 0.4,0.6\rangle$ | $\langle 0.4,0.3\rangle$ | $\langle 0.5,0.2\rangle$ |
| $A_2$ | $\langle 0.6,0.3\rangle$ | $\langle 0.4,0.2\rangle$ | $\langle 0.5,0.1\rangle$ | $\langle 0.5,0.2\rangle$ |
| $A_3$ | $\langle 0.4,0.2\rangle$ | $\langle 0.5,0.2\rangle$ | $\langle 0.5,0.3\rangle$ | $\langle 0.4,0.3\rangle$ |
| $A_4$ | $\langle 0.5,0.3\rangle$ | $\langle 0.3,0.5\rangle$ | $\langle 0.5,0.2\rangle$ | $\langle 0.5,0.2\rangle$ |
| $A_5$ | $\langle 0.6,0.1\rangle$ | $\langle 0.4,0.4\rangle$ | $\langle 0.6,0.2\rangle$ | $\langle 0.6,0.1\rangle$ |

**表 6-11　专家 $D_2$ 给出的 Q 阶序对模糊评价矩阵 $Q^2$**

| 项目 | $C_1$ | $C_2$ | $C_3$ | $C_4$ |
| --- | --- | --- | --- | --- |
| $A_1$ | $\langle 0.3,0.6\rangle$ | $\langle 0.2,0.7\rangle$ | $\langle 0.5,0.4\rangle$ | $\langle 0.5,0.3\rangle$ |
| $A_2$ | $\langle 0.5,0.1\rangle$ | $\langle 0.5,0.3\rangle$ | $\langle 0.6,0.2\rangle$ | $\langle 0.4,0.3\rangle$ |
| $A_3$ | $\langle 0.5,0.3\rangle$ | $\langle 0.6,0.2\rangle$ | $\langle 0.6,0.1\rangle$ | $\langle 0.5,0.4\rangle$ |
| $A_4$ | $\langle 0.5,0.4\rangle$ | $\langle 0.2,0.6\rangle$ | $\langle 0.5,0.1\rangle$ | $\langle 0.6,0.3\rangle$ |
| $A_5$ | $\langle 0.7,0.2\rangle$ | $\langle 0.4,0.3\rangle$ | $\langle 0.6,0.3\rangle$ | $\langle 0.6,0.2\rangle$ |

**表 6-12　专家 $D_3$ 给出的 Q 阶序对模糊评价矩阵 $Q^3$**

| 项目 | $C_1$ | $C_2$ | $C_3$ | $C_4$ |
| --- | --- | --- | --- | --- |
| $A_1$ | $\langle 0.2,0.7\rangle$ | $\langle 0.5,0.4\rangle$ | $\langle 0.4,0.5\rangle$ | $\langle 0.2,0.6\rangle$ |
| $A_2$ | $\langle 0.5,0.2\rangle$ | $\langle 0.6,0.4\rangle$ | $\langle 0.5,0.3\rangle$ | $\langle 0.4,0.1\rangle$ |
| $A_3$ | $\langle 0.6,0.3\rangle$ | $\langle 0.5,0.2\rangle$ | $\langle 0.5,0.3\rangle$ | $\langle 0.5,0.4\rangle$ |
| $A_4$ | $\langle 0.4,0.5\rangle$ | $\langle 0.5,0.4\rangle$ | $\langle 0.6,0.2\rangle$ | $\langle 0.5,0.2\rangle$ |
| $A_5$ | $\langle 0.6,0.3\rangle$ | $\langle 0.5,0.1\rangle$ | $\langle 0.6,0.4\rangle$ | $\langle 0.6,0.1\rangle$ |

步骤 1：集成三个专家给出的评价信息，得到群体决策矩阵 $Q$，如表 6-13 所示。

**表 6-13　专家群体 Q 阶序对模糊评价矩阵 $Q$**

| 项目 | $C_1$ | $C_2$ | $C_3$ | $C_4$ |
|---|---|---|---|---|
| $A_1$ | $\langle 0.1137,0.5944\rangle$ | $\langle 0.2250,0.5518\rangle$ | $\langle 0.2200,0.3915\rangle$ | $\langle 0.2863,0.3302\rangle$ |
| $A_2$ | $\langle 0.3378,0.1817\rangle$ | $\langle 0.2103,0.2884\rangle$ | $\langle 0.2676,0.1817\rangle$ | $\langle 0.2853,0.1817\rangle$ |
| $A_3$ | $\langle 0.2103,0.2621\rangle$ | $\langle 0.2676,0.2000\rangle$ | $\langle 0.2676,0.2080\rangle$ | $\langle 0.2159,0.3634\rangle$ |
| $A_4$ | $\langle 0.2800,0.3915\rangle$ | $\langle 0.1665,0.4932\rangle$ | $\langle 0.2676,0.1587\rangle$ | $\langle 0.2676,0.2289\rangle$ |
| $A_5$ | $\langle 0.3085,0.1817\rangle$ | $\langle 0.2200,0.2289\rangle$ | $\langle 0.3204,0.2884\rangle$ | $\langle 0.3204,0.1260\rangle$ |

步骤 2：根据式（6-55）得到属性权重向量为 $w=(0.2521,0.2518,0.2479,0.2482)^{\mathrm{T}}$。

步骤 3：计算群决策矩阵中每个属性下的评价值的均值和标准差。

$$\bar{Q}_1=\langle 0.2255,0.4064\rangle,\quad \bar{Q}_2=\langle 0.1978,0.4357\rangle$$

$$\bar{Q}_3=\langle 0.2303,0.2980\rangle,\quad \bar{Q}_4=\langle 0.2383,0.3465\rangle$$

$$S_1=0.1157,\quad S_2=0.1133,\quad S_3=0.0516,\quad S_4=0.0610$$

步骤 4：建立标准值矩阵 $Z$。

$$Z=\begin{bmatrix} -1.4897 & -1.0663 & -1.2079 & 0.3579 \\ 0.9892 & 0.9197 & 0.9539 & 1.2736 \\ 0.8638 & 1.2053 & 0.7688 & -0.1842 \\ 0.2067 & -0.4305 & 1.0984 & 1.0094 \\ 1.0066 & 1.1743 & 0.9129 & 1.4822 \end{bmatrix}$$

步骤 5：建立复合决策矩阵 $C$。

$$C=\begin{bmatrix} - & 1.9771 & 1.9332 & 1.5004 & 2.0649 \\ 1.9771 & - & 0.7487 & 0.7975 & 0.1662 \\ 1.9332 & 0.7487 & - & 1.0785 & 0.8366 \\ 1.5004 & 0.7975 & 1.0785 & - & 0.9348 \\ 2.0649 & 0.1662 & 0.8366 & 0.9348 & - \end{bmatrix}$$

步骤 6：同质化备选方案。计算得到所有最小距离的均值 $\bar{O}$ 和标准差 $S_O$：

$$\bar{O}=0.6758$$

$$S_O=0.4939$$

则同质区间可以表示为

$$O=[-0.312,1.6636]$$

显然所有的最小距离都位于同质区间内。

步骤 7：计算得到各方案的发展模式。

$$C_{1O}=2.1219,\quad C_{2O}=0.1913,\quad C_{3O}=0.8493,\quad C_{4O}=0.9437,\quad C_{5O}=0.0936$$

步骤 8：根据发展指标值对备选方案进行排序。

$$F_1=0.0738,\quad F_2=0.9165,\quad F_3=0.6293,\quad F_4=0.5881,\quad F_5=0.9591$$

因此，评价结果为 $A_5 \succ A_2 \succ A_3 \succ A_4 \succ A_1$，即选择 $A_5$ 进行投资为最理想方案。

## 6.4 本章小结

本章主要介绍了 Q 阶序对模糊环境下基于效用值的多属性决策方法。首先，通过专家的评价合理度和个人重要度求取专家权重，并在此基础上提出了改进的 Q 阶序对模糊 TOPSIS 方法。随后，将 MABAC 方法与前景理论结合，提出了考虑决策者心理行为的 Q 阶序对模糊前景 MABAC 多属性决策方法。最后针对属性权重未知的多属性群决策问题，提出了改进的 Q 阶序对模糊 Taxonomy 方法。同时，针对每种决策方法均给出了应用算例展示各种方法的计算过程。

# 第7章 基于优先关系的Q阶序对模糊多属性决策方法

## 7.1 基于Q阶序对模糊信息的PROMETHEE方法

### 7.1.1 经典的PROMETHEE方法概述

PROMETHEE 方法由 Brans 和 Vincke[212]于 1985 年首次提出。传统的 PROMETHEE 方法非常重视专家提供的评价信息，该方法根据每一方案在各属性的满足程度上的差异来刻画各方案之间的差异，并且可以同时对不同类型的属性进行研究。在整个 PROMETHEE 家族中，PROMETHEE Ⅰ方法只对得到的输出流和输入流进行检验，对可选方案进行部分排序，PROMETHEE Ⅱ具有对多个备选项进行完整排序的能力。与其他方法相比，PROMETHEE Ⅱ在决策过程中的突出优势在于其计算比较简便。

步骤 1：得到各个备选方案 $A_i(i=1,2,\cdots,m)$ 在属性 $C_j(j=1,2,\cdots,n)$ 下的评估值，并确定每个属性下方案 $A_i$ 对方案 $A_k(k=1,2,\cdots,m)$ 的偏好。

$$P_j(A_i,A_k)=f(d_j(A_i,A_k)) \tag{7-1}$$

其中，$d_j(A_i,A_k)$ 表示方案 $A_i$ 与方案 $A_k$ 在属性 $C_j$ 下的评估值的差异。

在实际构造偏好函数时，有六种常用的一般性准则，如图 7-1 所示，决策者可以根据其偏好选择使用[213]。

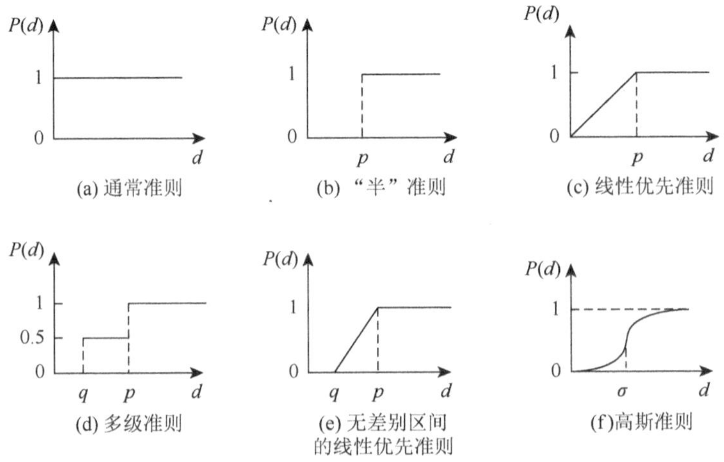


图 7-1 PROMETHEE 方法中常见的一般准则

（1）在通常准则中：

$$P(d)=\begin{cases}1, & d>0\\ 0, & d\leqslant 0\end{cases}$$

（2）在“半”准则中：

$$P(d)=\begin{cases}1, & d>p\\ 0, & d\leqslant p\end{cases}$$

（3）在线性优先准则中：

$$P(d)=\begin{cases}1, & d>p\\ d/p, & 0<d\leqslant p\\ 0, & d\leqslant 0\end{cases}$$

（4）在多级准则中：

$$P(d)=\begin{cases}0, & d\leqslant q\\ 0.5, & q<d\leqslant p\\ 1, & d>p\end{cases}$$

（5）在无差别区间的线性优先准则中：

$$P(d)=\begin{cases}0, & d\leqslant q\\ (d-q)/(p-q), & q<d\leqslant p\\ 1, & d>p\end{cases}$$

（6）在高斯准则中：

$$P(d)=\begin{cases}1-\mathrm{e}^{-d^2/2\sigma^2}, & d>0\\ 0, & d\leqslant 0\end{cases}$$

步骤 2：计算整体偏好指数。

$$\pi(A_i,A_k)=\sum_{j=1}^{n}P_j(A_i,A_k)\cdot w_j \tag{7-2}$$

其中，$w_j$ 表示属性 $C_j$ 的权重，$w_j\in[0,1]$ 且 $\sum_{j=1}^{n}w_j=1$。

步骤 3：计算每个方案的正、负占优流。

$$\varphi^+(A_i)=\frac{1}{m-1}\sum_{A_k\in A}\pi(A_i,A_k) \tag{7-3}$$

$$\varphi^-(A_i)=\frac{1}{m-1}\sum_{A_k\in A}\pi(A_k,A_i) \tag{7-4}$$

步骤 4：计算每个方案的净占优流，并根据净占优流得到方案的完备排序。

$$\varphi(A_i)=\varphi^+(A_i)-\varphi^-(A_i) \tag{7-5}$$

### 7.1.2 Q阶序对模糊PROMETHEE多属性决策方法

考虑如下多属性群决策问题：设 $A=\{A_1,A_2,\cdots,A_m\}$ 为有限备选方案集，$C=\{C_1,C_2,\cdots,C_n\}$ 为属性集，属性权重未知。假设专家给出的第 $i$ 个方案在第 $j$ 个属性下的评价值用Q阶序对模糊数 $Q_{ij}=\langle u_{ij},v_{ij}\rangle$ 表示，则初始决策矩阵可表示为

$$Q=[Q_{ij}]_{m\times n}=\begin{bmatrix}\langle u_{11},v_{11}\rangle & \langle u_{12},v_{12}\rangle & \cdots & \langle u_{1n},v_{1n}\rangle \\ \langle u_{21},v_{21}\rangle & \langle u_{22},v_{22}\rangle & \cdots & \langle u_{2n},v_{2n}\rangle \\ \vdots & \vdots & & \vdots \\ \langle u_{m1},v_{m1}\rangle & \langle u_{m2},v_{m2}\rangle & \cdots & \langle u_{mn},v_{mn}\rangle\end{bmatrix}$$

利用Q阶序对模糊PROMETHEE方法解决多属性决策问题的具体步骤如下[79]。

步骤1：利用3.1节提出的Q阶序对模糊BWM确定属性主观权重。

步骤2：利用3.2.2节提出的基于变异系数的方法确定属性客观权重。

步骤3：利用3.3.3节提出的博弈论组合赋权方法确定属性组合权重。

步骤4：将原始决策矩阵 $Q=[Q_{ij}]_{m\times n}$ 规范化为 $\tilde{Q}=[\tilde{Q}_{ij}]_{m\times n}$。

（1）对于效益型属性，有

$$\tilde{Q}_{ij}=Q_{ij}=\langle u_{ij},v_{ij}\rangle \tag{7-6}$$

（2）对于成本型属性，有

$$\tilde{Q}=\langle v_{ij},u_{ij}\rangle \tag{7-7}$$

步骤5：根据广义 $p$-范数知识得分函数计算每对方案间的偏差：

$$d_j(A_i,A_k)=\mathrm{Sco}_F(A_i)-\mathrm{Sco}_F(A_k) \tag{7-8}$$

步骤6:计算属性 $C_j$ 下方案 $A_i$ 对方案 $A_k$ 的偏好。为了更好地匹配属性的特性，采用7.1.1节中的通常准则偏好函数，即

$$p_j(A_i,A_k)=F_j[d_j(A_i,A_k)]=d_j(A_i,A_k)=\mathrm{Sco}_F(A_i)-\mathrm{Sco}_F(A_k) \tag{7-9}$$

步骤7：计算整体偏好指数。

$$\pi(A_i,A_k)=\sum_{j=1}^{n}p_j(A_i,A_k)w_j \tag{7-10}$$

步骤8：计算正、负占优流。

$$\varphi^+(A_i)=\frac{1}{m-1}\sum_{A_k\in A}\pi(A_i,A_k) \tag{7-11}$$

$$\varphi^-(A_i)=\frac{1}{m-1}\sum_{A_k\in A}\pi(A_k,A_i) \tag{7-12}$$

步骤9：计算每个方案的净占优流 $\varphi(A_i)$，并根据净占优流对方案进行排序。

$$\varphi(A_i) = \varphi^+(A_i) - \varphi^-(A_i) \tag{7-13}$$

### 7.1.3　算例应用

青岛渤海农业发展有限公司是山东渤海实业股份有限公司下属的一家集粮油加工、国际贸易、仓储物流为一体的粮油加工企业。公司以“服务三农，造福社会”为使命，不断汇聚全球产业优势资源，在农业产业化进程中逐步成长。此外，其深加工领域包括大豆、油菜籽、谷物、油类和植物纤维。为了更好地深加工优质大豆，管理委员会希望选择一家优质大豆供应商。4 家有能力满足公司要求的大豆供应商 $A_1, A_2, A_3, A_4$ 被列为备选项。根据现有的绿色供应商选择文献，并结合公司实际情况总结出来的最具代表性的 6 个评价属性分别为[214, 215]：绿色农产品价格（$C_1$）、绿色农产品质量（$C_2$）、生产能力和技术（$C_3$）、交付（$C_4$）、环境管理（$C_5$）和环境设计（$C_6$）。专家以 Q 阶序对模糊信息的形式给出评价信息，如表 7-1 所示。

**表 7-1　专家给出的 Q 阶序对模糊评价矩阵**

| 项目 | $C_1$ | $C_2$ | $C_3$ | $C_4$ | $C_5$ | $C_6$ |
|---|---|---|---|---|---|---|
| $A_1$ | $\langle 0.2,0.3\rangle$ | $\langle 0.3,0.5\rangle$ | $\langle 0.6,0.5\rangle$ | $\langle 0.1,0.3\rangle$ | $\langle 0.4,0.2\rangle$ | $\langle 0.2,0.9\rangle$ |
| $A_2$ | $\langle 0.7,0.3\rangle$ | $\langle 0.3,0.4\rangle$ | $\langle 0.3,0.3\rangle$ | $\langle 0.3,0.8\rangle$ | $\langle 0.7,0.3\rangle$ | $\langle 0.8,0.3\rangle$ |
| $A_3$ | $\langle 0.2,0.4\rangle$ | $\langle 0.8,0.3\rangle$ | $\langle 0.2,0.3\rangle$ | $\langle 0.5,0.1\rangle$ | $\langle 0.5,0.5\rangle$ | $\langle 0.4,0.2\rangle$ |
| $A_4$ | $\langle 0.4,0.4\rangle$ | $\langle 0.2,0.4\rangle$ | $\langle 0.2,0.6\rangle$ | $\langle 0.7,0.3\rangle$ | $\langle 0.6,0.3\rangle$ | $\langle 0.4,0.5\rangle$ |

步骤 1：利用 BWM 计算主观权重。

（1）确定最好属性 $C_1$ 和最差属性 $C_4$。

（2）进行成对比较，获得最好属性和其他属性的 Q 阶序对模糊比较向量、其他属性和最差属性的 Q 阶序对模糊比较向量，如表 7-2 和表 7-3 所示。

**表 7-2　最好属性和其他属性的 Q 阶序对模糊比较向量**

| 项目 | $C_2$ | $C_3$ | $C_4$ | $C_5$ | $C_6$ |
|---|---|---|---|---|---|
| 最好属性 $C_1$ | $\langle 0.6,0.1\rangle$ | $\langle 0.8,0.3\rangle$ | $\langle 0.9,0.1\rangle$ | $\langle 0.8,0.2\rangle$ | $\langle 0.6,0.3\rangle$ |

**表 7-3　其他属性和最差属性的 Q 阶序对模糊比较向量**

| 项目 | $C_1$ | $C_2$ | $C_3$ | $C_5$ | $C_6$ |
|---|---|---|---|---|---|
| 最差属性 $C_4$ | $\langle 0.9,0.1\rangle$ | $\langle 0.6,0.1\rangle$ | $\langle 0.2,0.1\rangle$ | $\langle 0.5,0.2\rangle$ | $\langle 0.5,0.1\rangle$ |

（3）根据式（3-2）计算得分函数，再通过式（3-3）转化为值域区间为[1/9,9]的数值，如表 7-4 和表 7-5 所示。

**表 7-4　最好属性和其他属性的实数成对比较向量**

| 属性 | 最好属性 $C_1$ 的得分函数 | 转化后的数值 |
|---|---|---|
| $C_2$ | 0.2163 | 1.61 |
| $C_3$ | 0.5199 | 3.13 |
| $C_4$ | 0.7293 | 4.97 |
| $C_5$ | 0.5143 | 3.10 |
| $C_6$ | 0.2239 | 1.64 |

**表 7-5　其他属性和最差属性的实数成对比较向量**

| 属性 | 最差属性 $C_4$ 的得分函数 | 转化后的数值 |
|---|---|---|
| $C_1$ | 0.7293 | 4.97 |
| $C_2$ | 0.2163 | 1.61 |
| $C_3$ | 0.0028 | 1.01 |
| $C_5$ | 0.1273 | 1.32 |
| $C_6$ | 0.2163 | 1.61 |

（4）根据模型（3-5）得到

$$\min\zeta$$

$$\text{s.t.}\begin{cases}\eta_1-1.61\eta_2\leqslant\zeta,\quad \eta_1-1.61\eta_2\geqslant-\zeta,\quad \eta_1-3.13\eta_3\leqslant\zeta\\ \eta_1-3.13\eta_3\geqslant-\zeta,\quad \eta_1-4.97\eta_4\leqslant\zeta,\quad \eta_1-4.97\eta_4\geqslant-\zeta\\ \eta_1-3.10\eta_5\leqslant\zeta,\quad \eta_1-3.10\eta_5\geqslant-\zeta,\quad \eta_1-1.64\eta_6\leqslant\zeta\\ \eta_1-1.64\eta_6\geqslant-\zeta,\quad \eta_2-1.61\eta_4\leqslant\zeta,\quad \eta_2-1.61\eta_4\geqslant-\zeta\\ \eta_3-1.01\eta_4\leqslant\zeta,\quad \eta_3-1.01\eta_4\geqslant-\zeta,\quad \eta_5-1.32\eta_4\leqslant\zeta\\ \eta_5-1.32\eta_4\geqslant-\zeta,\quad \eta_6-1.61\eta_4\leqslant\zeta,\quad \eta_6-1.61\eta_4\geqslant-\zeta\\ \eta_1+\eta_2+\eta_3+\eta_4+\eta_5+\eta_6=1\\ \eta_1,\eta_2,\eta_3,\eta_4,\eta_5,\eta_6\geqslant0\end{cases}$$

解得：$\eta_1=0.3306$，$\eta_2=0.174$，$\eta_3=0.1218$，$\eta_4=0.0767$，$\eta_5=0.1229$，$\eta_6=0.174$。

步骤 2：利用变异系数法计算客观权重。

（1）根据规范化 Q 阶序对模糊评价矩阵和式（3-2）计算得分函数，如表 7-6 所示。

**表 7-6　得分函数**

| 项目 | $C_1$ | $C_2$ | $C_3$ | $C_4$ | $C_5$ | $C_6$ |
|---|---|---|---|---|---|---|
| $A_1$ | 0.0217 | −0.1328 | 0.2162 | −0.1145 | 0.0659 | −0.7313 |
| $A_2$ | −0.3509 | −0.0680 | 0.0003 | −0.5199 | 0.5940 | 0.0274 |
| $A_3$ | 0.5106 | 0.0715 | −0.0942 | 0.0273 | 0.0014 | 0.1264 |
| $A_4$ | 0.0007 | −0.0645 | −0.3453 | 0.2239 | 0.2343 | −0.1322 |

（2）根据变异系数原理，将得分函数转化为正数后，再根据式（3-10）计算第 $j$ 个属性下评价值的均值，如表 7-7 所示。

**表 7-7　属性的均值**

| 项目 | $C_1$ | $C_2$ | $C_3$ | $C_4$ | $C_5$ | $C_6$ |
|---|---|---|---|---|---|---|
| 均值 | 0.5227 | 0.4758 | 0.4721 | 0.4521 | 0.6119 | 0.4113 |

（3）根据式（3-11）计算第 $j$ 个属性下评价值的均方差，如表 7-8 所示。

**表 7-8　属性的均方差**

| 项目 | $C_1$ | $C_2$ | $C_3$ | $C_4$ | $C_5$ | $C_6$ |
|---|---|---|---|---|---|---|
| 均方差 | 0.1770 | 0.0429 | 0.1164 | 0.1575 | 0.1328 | 0.1922 |

（4）计算第 $j$ 个属性的变异系数，如表 7-9 所示。

**表 7-9　属性的变异系数**

| 项目 | $C_1$ | $C_2$ | $C_3$ | $C_4$ | $C_5$ | $C_6$ |
|---|---|---|---|---|---|---|
| 变异系数 | 0.3386 | 0.0903 | 0.2465 | 0.3483 | 0.2170 | 0.4672 |

（5）计算得到各属性的客观权重：

$\omega_1 = 0.1983$,　$\omega_2 = 0.0529$,　$\omega_3 = 0.1443$,　$\omega_4 = 0.2039$,　$\omega_5 = 0.1270$,　$\omega_6 = 0.2736$

步骤 3：根据基于博弈论的组合权重方法计算组合权重。

（1）根据式（3-30）得到

$$\begin{cases} 0.2057\alpha_1 + 0.1712\alpha_2 = 0.2057 \\ 0.1712\alpha_1 + 0.1955\alpha_2 = 0.1955 \end{cases}$$

解得：$\alpha_1 = 0.6185$，$\alpha_2 = 0.4584$。

（2）进行归一化处理得到$\alpha_1^* = 0.5743$，$\alpha_2^* = 0.4257$。

（3）根据式（3-32）计算得到最优组合权重：

$$w_1^* = 0.2743,\quad w_2^* = 0.1224,\quad w_3^* = 0.1314,\quad w_4^* = 0.1309,\quad w_5^* = 0.1246,\quad w_6^* = 0.2164$$

步骤 4：规范化专家给出的 Q 阶评价矩阵。$C_1$ 为成本型属性，其余属性为效益型，于是可得到规范化后的评价矩阵如表 7-10 所示。

**表 7-10　规范化 Q 阶序对模糊评价矩阵**

| 项目 | $C_1$ | $C_2$ | $C_3$ | $C_4$ | $C_5$ | $C_6$ |
|---|---|---|---|---|---|---|
| $A_1$ | $\langle 0.3, 0.2\rangle$ | $\langle 0.3, 0.5\rangle$ | $\langle 0.6, 0.5\rangle$ | $\langle 0.1, 0.3\rangle$ | $\langle 0.4, 0.2\rangle$ | $\langle 0.2, 0.9\rangle$ |
| $A_2$ | $\langle 0.3, 0.2\rangle$ | $\langle 0.3, 0.4\rangle$ | $\langle 0.3, 0.3\rangle$ | $\langle 0.3, 0.8\rangle$ | $\langle 0.7, 0.3\rangle$ | $\langle 0.8, 0.3\rangle$ |
| $A_3$ | $\langle 0.4, 0.2\rangle$ | $\langle 0.8, 0.3\rangle$ | $\langle 0.2, 0.3\rangle$ | $\langle 0.5, 0.1\rangle$ | $\langle 0.5, 0.5\rangle$ | $\langle 0.4, 0.2\rangle$ |
| $A_4$ | $\langle 0.4, 0.4\rangle$ | $\langle 0.2, 0.4\rangle$ | $\langle 0.2, 0.6\rangle$ | $\langle 0.7, 0.3\rangle$ | $\langle 0.6, 0.3\rangle$ | $\langle 0.4, 0.5\rangle$ |

步骤 5：计算每个属性下每对方案间的偏差（假设 $p=2$，$q=3$，$C=100$，$\delta=0.01$）。

$$d_1(A_i, A_k) = \begin{bmatrix} - & 0.1615 & -0.0378 & 0.2160 \\ -0.1615 & - & -0.1993 & 0.0545 \\ 0.0378 & 0.1993 & - & 0.2538 \\ -0.2160 & -0.0545 & -0.2538 & - \end{bmatrix}$$

$$d_2(A_i, A_k) = \begin{bmatrix} - & -0.0352 & -0.0402 & 0.1089 \\ 0.0352 & - & -0.0051 & 0.1441 \\ 0.0402 & 0.0051 & - & 0.1492 \\ -0.1089 & -0.1441 & -0.1492 & - \end{bmatrix}$$

$$d_3(A_i, A_k) = \begin{bmatrix} - & 0.3810 & 0.3952 & 1.0291 \\ -0.3810 & - & 0.0141 & 0.6481 \\ -0.3952 & -0.0141 & - & 0.6340 \\ -1.0291 & -0.6481 & -0.6340 & - \end{bmatrix}$$

$$d_4(A_i, A_k) = \begin{bmatrix} - & -0.1991 & -0.2600 & -0.0738 \\ 0.1991 & - & -0.0610 & 0.1252 \\ 0.2600 & 0.0610 & - & 0.1862 \\ 0.0738 & -0.1252 & -0.1862 & - \end{bmatrix}$$

$$d_5(A_i,A_k)=\begin{bmatrix} - & -0.0183 & -0.0576 & 0.0044 \\ 0.0183 & - & -0.0393 & 0.0227 \\ 0.0576 & 0.0393 & - & 0.0620 \\ -0.0044 & -0.0227 & -0.0620 & - \end{bmatrix}$$

$$d_6(A_i,A_k)=\begin{bmatrix} - & -0.3301 & -0.1425 & -0.1909 \\ 0.3301 & - & 0.1876 & 0.1392 \\ 0.1425 & -0.1876 & - & -0.0484 \\ 0.1909 & -0.1392 & 0.0484 & - \end{bmatrix}$$

步骤 6：由于确定的偏好函数 $p_j(A_i,A_k)=d_j(A_i,A_k)$，故计算方案间偏好的具体步骤可省略。

步骤 7：计算整体偏好指数。

$$\pi(A_i,A_k)=\begin{bmatrix} - & -0.0097 & -0.0354 & 0.1574 \\ 0.0097 & - & -0.0257 & 0.1671 \\ 0.0354 & 0.0257 & - & 0.1928 \\ -0.1574 & -0.1671 & -0.1928 & - \end{bmatrix}$$

步骤 8：计算每个方案的正、负占优流。

$$\varphi^+(A_1)=0.0374,\quad \varphi^+(A_2)=0.0504,\quad \varphi^+(A_3)=0.0847,\quad \varphi^+(A_4)=-0.1724$$

$$\varphi^-(A_1)=-0.0374,\quad \varphi^-(A_2)=-0.0504,\quad \varphi^-(A_3)=-0.0847,\quad \varphi^-(A_4)=0.1724$$

步骤 9：根据得到的净占优流对所有方案进行排序。

$$\varphi(A_1)=0.0748,\quad \varphi(A_2)=0.1008,\quad \varphi(A_3)=0.1694,\quad \varphi(A_4)=-0.3448$$

最终得到的方案排序为 $A_3 \succ A_2 \succ A_1 \succ A_4$，应选择公司 $A_3$ 作为大豆供应商。

## 7.2　基于 Q 阶序对模糊信息的拓展 QUALIFLEX 方法

QUALIFLEX 方法[152]是经典的基于优先关系的多属性决策方法，传统的 QUALIFLEX 方法的核心在于将评价方案排序的所有可能的结果都进行测试。在测试过程中，每次选择一个可能排序，对该可能排序下的评价方案基于每个评价属性进行两两比较，看其是否符合一致性，然后计算出一致性指标，利用综合一致性指标选择最优的排序结果。QUALIFLEX 方法遍历了全部的排序可能性，计算全面且可信度高。在 QUALIFLEX 方法提出后，很多研究者都对该方法比较时的一致性指数进行了创新研究，例如，Zhang[216]利用基于似然度的比较方法建立了一致性指数，并应用在区间犹豫模糊 QUALIFLEX 方法中解决多属性决策问题；Dong 等[217]调整了犹豫模糊语言术语集的余弦相似度，并利用相似度来计算 QUALIFLEX 方法中两两比较的一致性指数；Feng 等[218]将概率语言的可能度应用在概率语言 QUALIFLEX 方法的一致性指数的计算中，很好地解决了概率语言和 QUALIFLEX 方法相结合解决多属性决策的问题；Song 等[219]利用各地址到理想点的距离来建立标号系数，并根据系数建立一致性指数用于 QUALIFLEX 方法的比较计算，利用距离计算一致性指数是 QUALIFLEX 方法计算一致性指数较为常见的一种；Banerjee 等[220]使用双极 Choquet 积分的概念对准则之间的相互作用进行建模，并计算 QUALIFLEX 方法中的一致性指数，简化了 QUALIFLEX 方法的比较过程；Tian 等[221]利用不确定语言 Z 数的似然度和差异度建立期望决策矩阵，并利用期望值计算 QUALIFLEX 方法的一致性指数。由上述研究发现，在 QUALIFLEX 方法中一致性指数的建立是至关重要的一步，也是优化 QUALIFLEX 方法的常用手段，该方法可以简化 QUALIFLEX 方法的计算步骤，使其计算效率得到提升。2018 年，Liang 等[222]利用 VIKOR 方法计算语言中智环境下的一致性指数，由于 VIKOR 方法[223]的计算步骤简单且有效，且在决策过程中考虑了群体效用最大化和个体遗憾值最小化，融入了决策者的主观态度，在一定程度上克服了 QUALIFLEX 方法缺少主观能动性的缺点，QUALIFLEX 方法基于优先级别关系，遍历全部可能的排序结果，增加了结果的可信度，受此启发，我们将逼近理想解的 VIKOR 方法和基于优先级别关系的 QUALIFLEX 方法结合起来，并将 Q 阶序对模糊信息 $Q_{ij}=\langle u_{ij},v_{ij}\rangle$ 用于专家基于评价属性对备选方案的评价信息的表达中，提出 Q 阶序对模糊环境下的拓展 QUALIFLEX 方法，提高了 QUALIFLEX 方法的运行效率。

### 7.2.1　经典 VIKOR 方法概述

VIKOR 方法是在 1998 年由 Opricovic[223]提出的一种经典且应用广泛的逼近理想解的多属性决策方法，该方法最大的特点是融入了决策者的主观态度，同时综合考虑最大群体效益值和最小个体遗憾值，利用各个评价方案和正、负理想解的贴近程度，在可接受优势度和决策过程稳定条件下进行方案的择优。因此，VIKOR 方法得到的往往是折中解，其思想是利用折中规划计算折中测度 $L_{p^-}$，如下所示：

$$L_{pj}=\left\{\sum_{j=1}^{n}\left[\frac{w_j(f_j^+-f_{ij})}{f_j^+-f_j^-}\right]^p\right\}^{\frac{1}{p}} \tag{7-14}$$

其中，$p\in(0,+\infty)$；$L_{1r}$ 表示群体效用值；$L_{\infty r}$ 表示个体遗憾值。将这两个测度作为排序依据，可以得到折中解 $F^c$。相较于 TOPSIS 方法，VIKOR 方法对评价方案进行直接排序，不需要考虑最优评价方案是否离正理想解最近同时离负理想解的距离最远的问题，避免了逆序的产生。总结 VIKOR 方法的决策步骤如下[223]。

假设存在 $A=\{A_1,A_2,\cdots,A_m\}$ 共 $m$ 个评价对象，$n$ 个属性 $C=\{C_1,C_2,\cdots,C_n\}$，$w=\{w_1,w_2,\cdots,w_n\}$ 表示属性对应的权重，满足条件：$0\leqslant w_j\leqslant 1$，$\sum_{j=1}^{n}w_j=1$。专家根据 $n$ 个评价属性对 $m$ 个评价对象做出评价，$Q_{ij}$ 表示方案 $A_i$ 在属性 $C_j$ 下的评价信息，其评价信息组成决策矩阵 $Q=[Q_{ij}]_{m\times n}(i=1,2,\cdots,m，j=1,2,\cdots,n)$。

步骤 1：确定正理想解和负理想解。假设 $Q_j^+$ 为方案在属性 $C_j$ 下的正理想解，$Q_j^-$ 为方案在属性 $C_j$ 下的负理想解，则有

$$Q_j^+=\left\{\max_i Q_{ij},j\in T_1;\min_i Q_{ij},j\in T_2\right\} \tag{7-15}$$

$$Q_j^-=\left\{\min_i Q_{ij},j\in T_1;\max_i Q_{ij},j\in T_2\right\} \tag{7-16}$$

其中，$T_1$ 和 $T_2$ 分别表示效益型属性和成本型属性构成的集合。

步骤 2：计算各个评价方案的群体效用值 $S_i(i=1,2,\cdots,m)$ 和个体遗憾值 $\varOmega_i(i=1,2,\cdots,m)$。

$$S_i=\sum_{j=1}^{n}\frac{w_j d(Q_j^+,Q_{ij})}{d(Q_j^+,Q_j^-)},\quad i=1,2,\cdots,m \tag{7-17}$$

$$\varOmega_i=\max_j\left\{\frac{w_j d(Q_j^+,Q_{ij})}{d(Q_j^+,Q_j^-)}\right\},\quad i=1,2,\cdots,m，j=1,2,\cdots,n \tag{7-18}$$

步骤 3：计算各个方案的折中值 $\pi_i$。

$$\pi_i=\rho\frac{S_i-S^+}{S^--S^+}+(1-\rho)\frac{\varOmega_i-\varOmega^+}{\varOmega^--\varOmega^+},\quad i=1,2,\cdots,m \tag{7-19}$$

其中，$S^+=\min_i\{S_i\}$，$S^-=\max_i\{S_i\}$，$\varOmega^+=\min_i\{\varOmega_i\}$，$\varOmega^-=\max_i\{\varOmega_i\}$。$\rho$ 为“大多数属性”策略的决策机制系数，表示群体效用的权重，$1-\rho$ 表示个人后悔的权重。当 $\rho>0.5$ 时，表示决策者倾向最大化群体效用；当 $\rho=0.5$ 时，表示群效应和个人后悔同等重要；当 $\rho<0.5$ 时，表示决策者偏好于个人后悔最小化。

步骤 4：依据 $S_i$、$\varOmega_i$、$\pi_i$ $(i=1,2,\cdots,m)$ 的取值对评价方案进行排序，对应的数值越小，评价方案越优。

步骤 5：确定折中方案。根据 $\pi_i(i=1,2,\cdots,m)$ 升序的排序结果为 $\pi_1,\pi_2,\cdots,\pi_m$。如果 $\pi_i$ 的最小值 $\pi_1$ 同时满足以下两个条件，则 $A_1$ 为折中方案。

（1）可接受优势度：$\pi(A_2)-\pi(A_1)\geqslant\dfrac{1}{m-1}$，其中 $A_2$ 表示根据 $\pi_i$ 排序第二的方案。

（2）可接受稳定度：在按照 $S_i$、$R_i$ 进行排序时，$A_1$ 至少有一个排在首位。

如果上述条件不能同时满足，则可根据下列情况分别得到折中方案：①如果不能满足条件（2），则方案 $A_1$ 和 $A_2$ 均是折中方案；②如果不满足条件（1），则折

中方案为 $A_1, A_2, \cdots, A_d$，其中 $A_d$ 满足 $\pi(A_d) - \pi(A_1) < \dfrac{1}{m-1}$。

### 7.2.2　经典 QUALIFLEX 决策方法概述

QUALIFLEX 方法适用于方案个数远小于评价属性个数的情况，并且其遍历了全部的排序可能性，计算全面且可信度高。假设存在 $A = \{A_1, A_2, \cdots, A_m\}$ 共 $m$ 个评价对象，$n$ 个属性 $C = \{C_1, C_2, \cdots, C_n\}$，$w = \{w_1, w_2, \cdots, w_n\}$ 表示属性对应的权重，满足条件：$0 \leqslant w_j \leqslant 1$，$\sum_{j=1}^{n} w_j = 1$。专家根据 $n$ 个评价指标对 $m$ 个评价对象做出评价，$Q_{ij} = \langle u_{ij}, v_{ij} \rangle$ 表示方案 $A_i$ 在属性 $C_j$ 下的评价信息，其评价信息组成决策矩阵 $Q = [Q_{ij}]_{m \times n} (i = 1, 2, \cdots, m,\ j = 1, 2, \cdots, n)$，则传统的 QUALIFLEX 方法的决策步骤如下所示[152]。

步骤 1：确定 $m$ 个评价方案的所有可能的排列。假设 $P_\lambda$ 表示第 $\lambda$ 个可能的排序结果，那么 $m!$ 种排列可以表示为

$$P_\lambda = (\cdots, A_x, \cdots, A_y, \cdots), \quad \lambda = 1, 2, \cdots, m! \tag{7-20}$$

其中，$A_x, A_y \in A_i (i = 1, 2, \cdots, m)$，$A_x$ 在方案集 $A = \{A_1, A_2, \cdots, A_m\}$ 的排序优于或等于 $A_y$。

步骤 2: 计算每一个可能排列 $P_\lambda (\lambda = 1, 2, \cdots, m!)$ 中评价方案 $(A_x, A_y)$ 两两比较的综合一致性指数 $I_j^{P_\lambda}(A_x, A_y)$，计算公式如下所示。

$$I_j^{P_\lambda}(A_x, A_y) = \begin{cases} +1, & A_x > A_y \Rightarrow \text{一致} \\ 0, & A_x = A_y \Rightarrow \text{相等} \\ -1, & A_x < A_y \Rightarrow \text{不一致} \end{cases} \tag{7-21}$$

步骤 3：计算每一个排列 $P_\lambda (\lambda = 1, 2, \cdots, m!)$ 的加权一致性指数 $I^{P_\lambda}(A_x, A_y)$。

$$I^{P_\lambda}(A_x, A_y) = \sum_{j=1}^{n} I_j^{P_\lambda}(A_x, A_y) \times w_j, \quad \lambda = 1, 2, \cdots, m! \tag{7-22}$$

步骤 4: 选择最大的组合加权一致性指数 $I^{P_\lambda} (\lambda = 1, 2, \cdots, m!)$ 对应的排列作为最优的排列，即最优的排序结果，其中组合加权一致性指数计算公式如下。

$$I^{P_\lambda} = \sum_{x, y = 1, 2, \cdots, m} I^{P_\lambda}(A_x, A_y), \quad \lambda = 1, 2, \cdots, m! \tag{7-23}$$

### 7.2.3　Q 阶序对模糊 VIKOR-QUALIFLEX 多属性决策方法

本节将建立 Q 阶序对模糊 VIKOR-QUALIFLEX 多属性决策方法，首先利用

BWM 计算主观权重 $\eta = (\eta_1, \eta_2, \cdots, \eta_n)^{\mathrm{T}}$，满足 $0 \leqslant \eta_j \leqslant 1$，$\sum_{j=1}^{n} \eta_j = 1$，同时利用熵权法计算客观权重 $\omega = (\omega_1, \omega_2, \cdots, \omega_n)^{\mathrm{T}}$，满足 $0 \leqslant \omega_j \leqslant 1$，$\sum_{j=1}^{n} \omega_j = 1$，利用相对熵组合权重方法计算组合权重 $w = (w_1, w_2, \cdots, w_n)^{\mathrm{T}}$，满足 $0 \leqslant w_j \leqslant 1$，$\sum_{j=1}^{n} w_j = 1$，并将 Q 阶序对模糊信息 $Q_{ij} = \langle u_{ij}, v_{ij} \rangle$ 用于表达专家根据评价属性给出的备选方案的评价信息，利用基于组合权重和 Q 阶序对模糊信息的 VIKOR 方法计算备选方案两两比较一致性指数的折中值，并将其应用在 QUALIFLEX 方法的决策中。其决策步骤可以总结如下。

步骤 1：建立决策矩阵 $Q = [Q_{ij}]_{m \times n} (i = 1, 2, \cdots, m,\ j = 1, 2, \cdots, n)$，根据属性为效益型属性或成本型属性对决策单元 $Q_{ij}$ 进行标准化处理，该步骤可以将全部评价信息进行无量纲化处理，建立标准化矩阵 $N = [N_{ij}]_{m \times n} (i = 1, 2, \cdots, m,\ j = 1, 2, \cdots, n)$。

属性为效益型属性：

$$N_{ij} = Q_{ij} = (u_{ij}, v_{ij}), \quad i = 1, 2, \cdots, m,\ j = 1, 2, \cdots, n \tag{7-24}$$

属性为成本型属性：

$$N_{ij} = (Q_{ij})^c = (v_{ij}, u_{ij}), \quad i = 1, 2, \cdots, m,\ j = 1, 2, \cdots, n \tag{7-25}$$

步骤 2：利用权重计算模型计算得到属性的权重向量。

（1）利用 BWM 计算主观权重 $\eta = (\eta_1, \eta_2, \cdots, \eta_n)^{\mathrm{T}}$。

（2）利用熵权法计算客观权重 $\omega = (\omega_1, \omega_2, \cdots, \omega_n)^{\mathrm{T}}$。

（3）利用相对熵组合权重方法计算组合权重 $w = (w_1, w_2, \cdots, w_n)^{\mathrm{T}}$。

步骤 3：分别确定正理想解 $Q_j^+$ 和负理想解 $Q_j^-$ $(j = 1, 2, \cdots, n)$。

步骤 4：计算各个评价方案的群体效用值 $S_i (i = 1, 2, \cdots, m)$ 和个体遗憾值 $\varOmega_i (i = 1, 2, \cdots, m)$。

步骤 5：列出 $m$ 个评价方案的所有可能的排列 $P_\lambda (\lambda = 1, 2, \cdots, m!)$。

步骤 6：对每个可能性排列 $P_\lambda (\lambda = 1, 2, \cdots, m!)$ 中的方案按顺序进行两两比较，计算每次比较的一致性指数 $I_{ik} (i, k = 1, 2, \cdots, m)$，根据一致性指数建立一致性矩阵 $I = [I_{ik}]_{m \times m} (i, k = 1, 2, \cdots, m)$。

$$I_{ik} = \rho \frac{S_k - S_i}{S_i^+ - S_i^-} + (1 - \rho) \frac{\varOmega_k - \varOmega_i}{\varOmega_i^+ - \varOmega_i^-}, \quad i, k = 1, 2, \cdots, m \tag{7-26}$$

其中，$I_{ik} (i, k = 1, 2, \cdots, m)$ 表示方案 $A_i (i = 1, 2, \cdots, m)$ 相对于方案 $A_k (k = 1, 2, \cdots, m)$ 更符合排列顺序的一致性的折中值。

步骤 7：计算每一个可能性排列的整体一致性指数 $I^{P_\lambda}(\lambda=1,2,\cdots,m!)$，选择一致性指数最大的排列作为最优排序结果。

$$I^{P_\lambda}=\sum_{i=1}^{m!-1}\sum_{k=i+1}^{m!}I_{ik},\quad \lambda=1,2,\cdots,m! \tag{7-27}$$

### 7.2.4　算例应用

接下来，通过一个算例来演示基于 Q 阶序对模糊信息的拓展 QUALIFLEX 方法的实现过程。考虑一个经典的多属性决策问题，假设一个消费者购买手机的备选方案为 4 种品牌的手机 $A_1,A_2,A_3,A_4$，该消费者从 5 个属性对这 4 个备选方案进行评估，分别为外观（$C_1$）、颜色（$C_2$）、性能（$C_3$）、像素（$C_4$）和价格（$C_5$）。其中，$C_5$ 是成本型属性，其余属性均为效益型属性。消费者根据手机的 5 个属性对 4 个备选方案进行评价，评价信息由 Q 阶序对模糊数 $Q_{ij}=\langle u_{ij},v_{ij}\rangle$ 表示，然后建立评价矩阵 $Q=[Q_{ij}]_{4\times5}(i=1,2,3,4,\ j=1,2,3,4,5)$，如表 7-11 所示。计算时让参数 $q=3$，该决策的目的是对 4 个方案进行排序，选择性价比最高的手机。

**表 7-11　消费者给出的评价信息矩阵 $Q$**

| 项目 | $C_1$ | $C_2$ | $C_3$ | $C_4$ | $C_5$ |
|---|---|---|---|---|---|
| $A_1$ | $\langle 0.6,0.3\rangle$ | $\langle 0.5,0.4\rangle$ | $\langle 0.8,0.1\rangle$ | $\langle 0.8,0.1\rangle$ | $\langle 0.5,0.2\rangle$ |
| $A_2$ | $\langle 0.7,0.2\rangle$ | $\langle 0.8,0.3\rangle$ | $\langle 0.7,0.2\rangle$ | $\langle 0.9,0.2\rangle$ | $\langle 0.7,0.2\rangle$ |
| $A_3$ | $\langle 0.9,0.2\rangle$ | $\langle 0.6,0.6\rangle$ | $\langle 0.6,0.2\rangle$ | $\langle 0.6,0.3\rangle$ | $\langle 0.9,0.2\rangle$ |
| $A_4$ | $\langle 0.6,0.1\rangle$ | $\langle 0.7,0.5\rangle$ | $\langle 0.7,0.5\rangle$ | $\langle 0.7,0.4\rangle$ | $\langle 0.7,0.2\rangle$ |

步骤 1：建立标准化矩阵 $N=[N_{ij}]_{4\times5}(i=1,2,3,4,\ j=1,2,3,4,5)$，如表 7-12 所示。

**表 7-12　标准化的评价信息矩阵 $N$**

| 项目 | $C_1$ | $C_2$ | $C_3$ | $C_4$ | $C_5$ |
|---|---|---|---|---|---|
| $A_1$ | $\langle 0.6,0.3\rangle$ | $\langle 0.5,0.4\rangle$ | $\langle 0.8,0.1\rangle$ | $\langle 0.8,0.1\rangle$ | $\langle 0.2,0.5\rangle$ |
| $A_2$ | $\langle 0.7,0.2\rangle$ | $\langle 0.8,0.3\rangle$ | $\langle 0.8,0.2\rangle$ | $\langle 0.9,0.2\rangle$ | $\langle 0.2,0.7\rangle$ |
| $A_3$ | $\langle 0.9,0.2\rangle$ | $\langle 0.6,0.3\rangle$ | $\langle 0.6,0.2\rangle$ | $\langle 0.6,0.3\rangle$ | $\langle 0.2,0.9\rangle$ |
| $A_4$ | $\langle 0.6,0.1\rangle$ | $\langle 0.7,0.5\rangle$ | $\langle 0.7,0.2\rangle$ | $\langle 0.7,0.4\rangle$ | $\langle 0.2,0.7\rangle$ |

步骤 2：计算属性权重。

（1）利用 BWM 计算主观权重。

第一，确定最好属性 $C_3$ 和最差属性 $C_2$ 。

第二，进行成对比较，获得最好属性和其他属性的 Q 阶序对模糊比较向量，其他属性和最差属性的 Q 阶序对模糊比较向量，如表 7-13 和表 7-14 所示。

**表 7-13　最好属性和其他属性的 Q 阶序对模糊比较向量**

| 项目 | $C_1$ | $C_2$ | $C_4$ | $C_5$ |
|---|---|---|---|---|
| 最好属性 $C_3$ | $\langle 0.8,0.3\rangle$ | $\langle 0.8,0.1\rangle$ | $\langle 0.5,0.2\rangle$ | $\langle 0.4,0.3\rangle$ |

**表 7-14　其他属性和最差属性的 Q 阶序对模糊比较向量**

| 项目 | $C_1$ | $C_3$ | $C_4$ | $C_5$ |
|---|---|---|---|---|
| 最差属性 $C_2$ | $\langle 0.4,0.3\rangle$ | $\langle 0.8,0.1\rangle$ | $\langle 0.5,0.2\rangle$ | $\langle 0.8,0.1\rangle$ |

第三，根据式（3-2）计算得分函数，再通过式（3-3）转化为值域区间为[1/9,9]的数值，如表 7-15 和表 7-16 所示。

**表 7-15　最好属性和其他属性的实数成对比较向量**

| 属性 | 最好属性 $C_3$ 得分函数 | 转化后的数值 |
|---|---|---|
| $C_1$ | 0.5199 | 1.16 |
| $C_2$ | 0.5123 | 3.08 |
| $C_4$ | 0.1273 | 1.32 |
| $C_5$ | 0.0680 | 3.08 |

**表 7-16　其他属性和最差属性的实数成对比较向量**

| 属性 | 最差属性 $C_2$ 得分函数 | 转化后的数值 |
|---|---|---|
| $C_1$ | 0.0680 | 1.16 |
| $C_3$ | 0.5123 | 3.08 |
| $C_4$ | 0.1273 | 1.32 |
| $C_5$ | 0.5123 | 3.08 |

第四，根据模型（3-5）得到

$$\min \xi$$

$$\text{s.t.}\begin{cases}\eta_3-3.13\eta_1\leqslant\xi,\quad \eta_3-3.13\eta_1\geqslant-\xi,\quad \eta_3-3.08\eta_2\leqslant\xi,\quad \eta_3-3.08\eta_2\geqslant-\xi\\ \eta_3-1.32\eta_4\leqslant\xi,\quad \eta_3-1.32\eta_4\geqslant-\xi,\quad \eta_3-1.16\eta_5\leqslant\xi,\quad \eta_3-1.16\eta_5\geqslant-\xi\\ \eta_1-1.16\eta_2\leqslant\xi,\quad \eta_1-1.16\eta_2\geqslant-\xi,\quad \eta_4-1.32\eta_2\leqslant\xi,\quad \eta_4-1.32\eta_2\geqslant-\xi\\ \eta_5-3.08\eta_2\leqslant\xi,\quad \eta_5-3.08\eta_2\geqslant-\xi\\ \eta_1+\eta_2+\eta_3+\eta_4+\eta_5=1\\ \eta_1,\eta_2,\eta_3,\eta_4,\eta_5\geqslant 0\end{cases}$$

解得：$\eta_1=0.109$，$\eta_2=0.1101$，$\eta_3=0.2963$，$\eta_4=0.1904$，$\eta_5=0.2942$。

（2）利用熵权法计算客观权重。

第一，根据式（3-8）计算 Q 阶序对模糊熵测度，如表 7-17 所示。

**表 7-17　Q 阶序对模糊熵测度**

| 项目 | $C_1$ | $C_2$ | $C_3$ | $C_4$ | $C_5$ |
|---|---|---|---|---|---|
| $A_1$ | 0.7693 | 0.8335 | 0.4875 | 0.4875 | 0.8708 |
| $A_2$ | 0.6529 | 0.4740 | 0.6529 | 0.2670 | 0.6529 |
| $A_3$ | 0.2670 | 0.6259 | 0.7799 | 0.7693 | 0.2670 |
| $A_4$ | 0.7835 | 0.5803 | 0.5803 | 0.6209 | 0.6529 |

第二，根据式（3-9）计算最优客观权重：

$$\omega_1=0.1988,\quad \omega_2=0.1980,\quad \omega_3=0.1982,\quad \omega_4=0.2056,\quad \omega_5=0.1944$$

（3）利用相对熵组合权重方法计算组合权重。

根据式（3-35）计算最终组合权重：

$$w_1=0.1084,\quad w_2=0.1090,\quad w_3=0.2936,\quad w_4=0.1957,\quad w_5=0.2933$$

步骤 3：确定正理想解 $Q_j^+ (j=1,2,3,4,5)$ 和负理想解 $Q_j^- (j=1,2,3,4,5)$。

$$Q^+=[\langle 0.9,0.2\rangle,\langle 0.8,0.3\rangle,\langle 0.8,0.1\rangle,\langle 0.9,0.3\rangle,\langle 0.2,0.9\rangle]$$

$$Q^-=[\langle 0.6,0.3\rangle,\langle 0.6,0.6\rangle,\langle 0.6,0.2\rangle,\langle 0.5,0.1\rangle,\langle 0.2,0.5\rangle]$$

步骤 4：确定群体效用值 $S_i (i=1,2,3,4)$ 和个体遗憾值 $\Omega_i (i=1,2,3,4)$，如表 7-18 所示。

**表 7-18　群体效用值 $S$ 和个体遗憾值 $\Omega$**

| 项目 | $A_1$ | $A_2$ | $A_3$ | $A_4$ | 最大值 | 最小值 |
|---|---|---|---|---|---|---|
| $S_i$ | 0.7884 | 0.7255 | 0.7541 | 0.8760 | 0.8760 | 0.7255 |
| $\Omega_i$ | 0.3503 | 0.3508 | 0.3515 | 0.3508 | 0.3515 | 0.3503 |

从表 7-18 中得到，群体效用值 $S^+ = 0.7255$， $S^- = 0.8760$，个体遗憾值 $\Omega^+ = 0.3503$， $\Omega^- = 0.3515$。

步骤 5：列出 4 个方案的所有可能的排列 $P_\lambda(\lambda = 1,2,\cdots,4!)$，共 24 种。

$P_1 = (A_1, A_2, A_3, A_4)$， $P_2 = (A_1, A_2, A_4, A_3)$， $P_3 = (A_1, A_3, A_2, A_4)$， $P_4 = (A_1, A_3, A_4, A_2)$

$P_5 = (A_1, A_4, A_2, A_3)$， $P_6 = (A_1, A_4, A_3, A_2)$， $P_7 = (A_2, A_1, A_4, A_3)$， $P_8 = (A_2, A_1, A_3, A_4)$

$P_9 = (A_2, A_3, A_1, A_4)$， $P_{10} = (A_2, A_3, A_4, A_1)$， $P_{11} = (A_2, A_4, A_1, A_3)$， $P_{12} = (A_2, A_4, A_3, A_1)$

$P_{13} = (A_3, A_1, A_2, A_4)$， $P_{14} = (A_3, A_1, A_4, A_2)$， $P_{15} = (A_3, A_2, A_1, A_4)$， $P_{16} = (A_3, A_2, A_4, A_1)$

$P_{17} = (A_3, A_4, A_1, A_2)$， $P_{18} = (A_3, A_4, A_2, A_1)$， $P_{19} = (A_4, A_1, A_2, A_3)$， $P_{20} = (A_4, A_1, A_3, A_2)$

$P_{21} = (A_4, A_2, A_1, A_3)$， $P_{22} = (A_4, A_2, A_3, A_1)$， $P_{23} = (A_4, A_3, A_1, A_2)$， $P_{24} = (A_4, A_3, A_2, A_1)$

步骤 6：选取任意一个可能的排列，对该排列的方案按顺序进行两两比较，计算每一次两两比较的一致性指数 $I_{ik}(i,k = 1,2,3,4)$，建立一致性矩阵 $I = [I_{ik}]_{4\times4}(i,k = 1,2,3,4)$，如表 7-19 所示。

**表 7-19 两两比较的一致性指数 $I_{ik}$**

| 项目 | $A_1$ | $A_2$ | $A_3$ | $A_4$ |
|---|---|---|---|---|
| $A_1$ | 0 | −0.0286 | 0.3860 | 0.4714 |
| $A_2$ | 0.0286 | 0 | 0.4146 | 0.5000 |
| $A_3$ | −0.3860 | −0.4146 | 0 | 0.0854 |
| $A_4$ | −0.4710 | −0.5000 | −0.0854 | 0 |

步骤 7：计算每个可能排列的整体一致性指数 $I^{P_\lambda}(\lambda = 1,2,\cdots,4!)$，计算结果如表 7-20 所示。

**表 7-20 排列的整体一致性指数 $I^{P_\lambda}$**

| 项目 | $I^{P_1}$ | $I^{P_2}$ | $I^{P_3}$ | $I^{P_4}$ | $I^{P_5}$ | $I^{P_6}$ | $I^{P_7}$ | $I^{P_8}$ |
|---|---|---|---|---|---|---|---|---|
| 数值 | 1.9430 | 1.7671 | 1.1190 | 0.1190 | 0.7671 | −0.5670 | 1.7464 | 1.9224 |
| 项目 | $I^{P_9}$ | $I^{P_{10}}$ | $I^{P_{11}}$ | $I^{P_{12}}$ | $I^{P_{13}}$ | $I^{P_{14}}$ | $I^{P_{15}}$ | $I^{P_{16}}$ |
| 数值 | 1.0776 | 0.0570 | 0.7258 | −0.1190 | 0.2742 | −0.7258 | 0.2536 | −0.7671 |
| 项目 | $I^{P_{17}}$ | $I^{P_{18}}$ | $I^{P_{19}}$ | $I^{P_{20}}$ | $I^{P_{21}}$ | $I^{P_{22}}$ | $I^{P_{23}}$ | $I^{P_{24}}$ |
| 数值 | −1.7464 | −1.7671 | −0.2536 | −1.0776 | −0.2742 | −1.1190 | −1.9228 | −1.9430 |

由表 7-20 可得，排列 $P_1 = (A_1, A_2, A_3, A_4)$ 的一致性指数 $I^{P_1} = 1.9430$ 是最大的，则排列 $P_1 = (A_1, A_2, A_3, A_4)$ 是最可能的方案的排序，即 $A_1 \succ A_2 \succ A_3 \succ A_4$，方案 $A_1$ 是最优的方案，因此消费者会购买 $A_1$。

# 7.3　基于 S 形效用函数的 Q 阶序对模糊信息 ELECTRE Ⅱ 方法

## 7.3.1　S 形效用函数

S 形效用函数因其整体的函数形状与字母“S”相似而得名，如图 7-2 所示，S 形效用函数是指相对于某一财富水平而言，当高于该财富水平时，效用函数表现为凹函数，在低于该财富水平时，效用函数表现为凸函数，S 形效用函数的一般形式为

$$\theta(x)=\begin{cases}\theta_1(x-b), & x \geqslant b \\ -\theta_2(b-x), & x < b\end{cases} \tag{7-28}$$

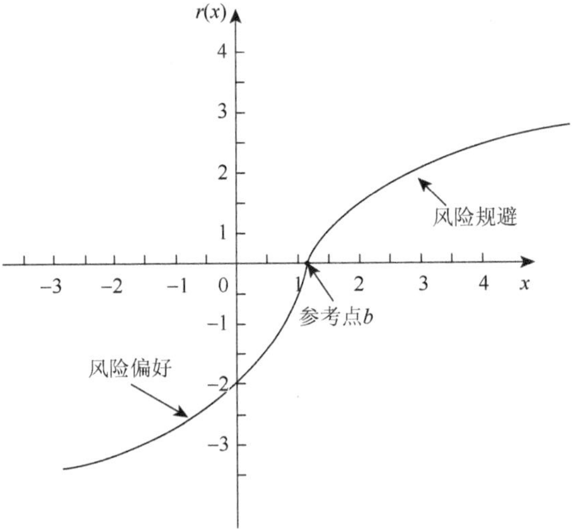


图 7-2　S 形效用函数

S 形效用函数很好地刻画了决策者的行为特征，认为在财富较多时，决策者的心理是风险规避的，当财富较少时，决策者是风险偏好的[224]。事实上，前景价值函数作为前景函数的假设之一，可以看作 S 形效用函数的幂效用函数形式，是 S 形效用函数的一个特例。这个与 Tversky 和 Kahneman[210]在提出前景价值函数时认为前景价值函数的函数形状是类似于字母“S”的 S 形曲线的观点相符，价值函数是相对于参考点形成的收益和损失，取代了传统期望效用理论中的效用函数，能够体现决策者的三种特征：面对损失时是风险偏好的；面对收益时是风险规避的；对待损失比对待收益更加敏感。因此，人们倾向采取冒险行为来减少损失，而采取保守行为来保证收益。这主要是因为损失时的痛苦感要远

远高于等量收益时的快乐感。因此，Tversky 和 Kahneman 给出了价值函数的具体形式[209, 210]：

$$r(x)=\begin{cases}x^{\alpha}, & x\geqslant 0\\ -\ell(-x)^{\beta}, & x<0\end{cases} \tag{7-29}$$

其中，$x$ 表示结果相对于参考点的收益或损失，$x\geqslant 0$ 表示收益，$x<0$ 表示损失；$\alpha$ 和 $\beta$ 表示相对于收益或相对于损失增减时，决策者的风险敏感程度系数，反映决策者敏感性递减的速率，在收益或损失时的凹凸程度，满足 $0\leqslant\alpha,\beta\leqslant 1$；$\ell>1$ 表示损失规避程度系数，决策者对损失的敏感程度随 $\ell$ 的增大而增大。

### 7.3.2　经典 ELECTRE Ⅱ 决策方法概述

ELECTRE 是由 Benayoun 和 Roy 在 20 世纪 60 年代提出的，后来被广泛了解的是改进的 ELECTRE Ⅰ 方法[162]，其由 Roy 提出，被用来计算部分优先级和挑选出一组潜在的方案，在 20 世纪 70 年代，Roy 和 Bertier[225]对 ELECTRE 方法进行改进，提出了 ELECTRE Ⅱ 方法，该方法首次可以对评价方案从优到劣进行完全排序。相较于 ELECTRE 方法，ELECTRE Ⅱ 方法在一致性条件中考虑到了两种内置的优先级别关系。为了更好地表达 ELECTRE Ⅱ 方法的决策步骤，首先假设存在 $A=\{A_1,A_2,\cdots,A_m\}$ 共 $m$ 个评价对象，$n$ 个属性 $C=\{C_1,C_2,\cdots,C_n\}$，$w=(w_1,w_2,\cdots,w_n)$ 表示属性对应的权重，满足条件 $0\leqslant w_j\leqslant 1$ 且 $\sum_{j=1}^{n}w_j=1$。专家根据 $n$ 个评价指标对 $m$ 个评价对象做出评价，$Q_{ij}=\langle u_{ij},v_{ij}\rangle$ 表示方案 $A_i$ 在属性 $C_j$ 下的评价信息。其评价信息组成决策矩阵 $Q=[Q_{ij}]_{m\times n}(i=1,2,\cdots,m,\ j=1,2,\cdots,n)$，其决策步骤总结如下所示[226-228]。

步骤 1：建立标准化决策矩阵 $N=[N_{ij}]_{m\times n}(i=1,2,\cdots,m,\ j=1,2,\cdots,n)$，对决策矩阵 $Q=[Q_{ij}]_{m\times n}(i=1,2,\cdots,m,\ j=1,2,\cdots,n)$ 的每一个决策单元按照决策属性的类型进行标准化处理。

步骤 2：确定每个标准评价信息的隶属度值 $u_{ij}(i=1,2,\cdots,m,\ j=1,2,\cdots,n)$、非隶属度值 $v_{ij}(i=1,2,\cdots,m,\ j=1,2,\cdots,n)$ 和不确定度值 $h_{ij}(i=1,2,\cdots,m,\ j=1,2,\cdots,n)$。

步骤 3：按照 $u_{ij}(i=1,2,\cdots,m,\ j=1,2,\cdots,n)$，$v_{ij}(i=1,2,\cdots,m,\ j=1,2,\cdots,n)$ 和 $h_{ij}(i=1,2,\cdots,m,\ j=1,2,\cdots,n)$ 将所有方案在每个属性下进行两两比较，将决策属性标号集 $J=\{j\mid j=1,2,\cdots,n\}$ 划分为三个不同的一致性子集，$A_k$ 和 $A_l$ 的一致性集由所有偏好 $A_k$ 优于 $A_l$ 的属性组成，划分方法如下所示。

强一致集 $J_{\zeta_{kl}}$：

$$J_{\zeta_{kl}}=\{j\mid u_{kj}\geqslant u_{lj},v_{kj}<v_{lj}\text{和}h_{kj}<h_{lj}\},\quad j\in J,\ k,l=1,2,\cdots,m,\ k\neq l \tag{7-30}$$

中等一致集 $J_{\zeta'_{kl}}$：

$$J_{\zeta'_{kl}}=\{j\,|\,u_{kj}\geqslant u_{lj},v_{kj}<v_{lj}\text{和}h_{kj}\geqslant h_{lj}\},\quad j\in J,\ k,l=1,2,\cdots,m,\ k\neq l \tag{7-31}$$

弱一致集 $J_{\zeta''_{kl}}$：

$$J_{\zeta''_{kl}}=\{j\,|\,u_{kj}\geqslant u_{lj},v_{kj}\geqslant v_{lj}\},\quad j\in J,\ k,l=1,2,\cdots,m,\ k\neq l \tag{7-32}$$

步骤 4：与步骤 3 相似，将决策属性标号集 $J=\{j\,|\,j=1,2,\cdots,n\}$ 划分为三个不同的一致性子集，$A_k$ 和 $A_l$ 的一致性集由所有偏好 $A_k$ 劣于 $A_l$ 的属性组成，划分方法如下所示。

强不一致集 $J_{D_{kl}}$：

$$J_{D_{kl}}=\{j\,|\,u_{kj}<u_{lj},v_{kj}\geqslant v_{lj}\text{和}h_{kj}\geqslant h_{lj}\},\quad j\in J,\ k,l=1,2,\cdots,m,\ k\neq l \tag{7-33}$$

中等不一致集 $J_{D'_{kl}}$：

$$J_{D'_{kl}}=\{j\,|\,u_{kj}<u_{lj},v_{kj}\geqslant v_{lj}\text{和}h_{kj}<h_{lj}\},\quad j\in J,\ k,l=1,2,\cdots,m,\ k\neq l \tag{7-34}$$

弱不一致集 $J_{D''_{kl}}$：

$$J_{D''_{kl}}=\{j\,|\,u_{kj}<u_{lj},v_{kj}<v_{lj}\},\quad j\in J,\ k,l=1,2,\cdots,m,\ k\neq l \tag{7-35}$$

专家根据这些子集的重要性程度赋予它们权重，分别为 $\omega_{\zeta}$、$\omega_{\zeta'}$、$\omega_{\zeta''}$ 和 $\omega_D$、$\omega_{D'}$、$\omega_{D''}$。

步骤 5：计算一致性指数 $\zeta_{kl}$ 并建立一致性矩阵 $\mathrm{CM}=[\zeta_{kl}]_{m\times m}(k,l=1,2,\cdots,m)$。

$$\zeta_{kl}=\frac{\omega_{\zeta}\sum\limits_{j\in J_{\zeta_{kl}}}w_j+\omega_{\zeta'}\sum\limits_{j\in J_{\zeta'_{kl}}}w_j+\omega_{\zeta''}\sum\limits_{j\in J_{\zeta''_{kl}}}w_j}{\sum\limits_{j=1}^{n}w_j}=\omega_{\zeta}\sum_{j\in J_{\zeta_{kl}}}w_j+\omega_{\zeta'}\sum_{j\in J_{\zeta'_{kl}}}w_j+\omega_{\zeta''}\sum_{j\in J_{\zeta''_{kl}}}w_j \tag{7-36}$$

其中，$\omega_{\zeta}$、$\omega_{\zeta'}$、$\omega_{\zeta''}$ 分别表示决策者对三种类型的一致集的态度权重；$\zeta_{kl}$ 反映了方案 $A_k$ 相对于方案 $A_l$ 的重要性，满足条件 $0\leqslant\zeta_{kl}\leqslant1$，计算得到的一致性指标值 $\zeta_{kl}(k,l=1,2,\cdots,m,\ k\neq l)$ 构成了一致性矩阵 $\mathrm{CM}=[\zeta_{kl}]_{m\times m}(k,l=1,2,\cdots,m)$ 的矩阵单元。

步骤 6：计算不一致性指数 $D_{kl}$ 并建立不一致性矩阵 $\mathrm{DM}=[D_{kl}]_{m\times m}(k,l=1,2,\cdots,m)$。

$$D_{kl}=\frac{\max\left\{\begin{aligned}&\omega_D\times\max\left\{\underset{j\in J_{D_{kl}}}{d}(w_jN_{kj},w_jN_{lj})\right\},\omega_{D'}\times\max\left\{\underset{j\in J_{D'_{kl}}}{d}(w_jN_{kj},w_jN_{lj})\right\},\\&\omega_{D''}\times\max\left\{\underset{j\in J_{D''_{kl}}}{d}(w_jN_{kj},w_jN_{lj})\right\}\end{aligned}\right\}}{\max\limits_{j\in J}d(w_jN_{kj},w_jN_{lj})} \tag{7-37}$$

其中，$\omega_D$、$\omega_{D'}$、$\omega_{D''}$ 分别表示决策者对三种不同类型的不一致集的态度权重，方案成对比较的不一致指数值 $D_{kl}(k,l=1,2,\cdots,m,\ k\neq l)$ 构成了不一致性矩阵 $\mathrm{DM}=[D_{kl}]_{m\times m}(k,l=1,2,\cdots,m)$ 的元素。不一致矩阵 $D$ 代表了加权的Q阶序对模糊信息在所有的不一致指标上的相对差异性。

步骤7：计算一致性水平 $\bar{\zeta}$，根据 $\bar{\zeta}$ 与一致性指标值 $\zeta_{kl}(k,l=1,2,\cdots,m,\ k\neq l)$ 建立一致性布尔矩阵 $\mathrm{CB}=[e_{kl}]_{m\times m}(k,l=1,2,\cdots,m,\ k\neq l)$。

$$\bar{\zeta}=\sum_{k=1}^{m}\sum_{l=1}^{m}\frac{\zeta_{kl}}{m(m-1)} \tag{7-38}$$

$e_{kl}$ 是值为0或者1的二进制变量，当 $\zeta_{kl}\geqslant\bar{\zeta}\Leftrightarrow e_{kl}=1$，$\zeta_{kl}<\bar{\zeta}\Leftrightarrow e_{kl}=0$ 时，建立一致性布尔矩阵 $\mathrm{CB}=[e_{kl}]_{m\times m}(k,l=1,2,\cdots,m,\ k\neq l)$。当 $e_{kl}=1$ 时，我们认为方案 $A_k$ 是优于方案 $A_l$ 的。

步骤8：计算不一致水平 $\bar{D}$，根据 $\bar{D}$ 与不一致性指标值 $D_{kl}(k,l=1,2,\cdots,m,\ k\neq l)$ 建立不一致性布尔矩阵 $\mathrm{DB}=[f_{kl}]_{m\times m}(k,l=1,2,\cdots,m,\ k\neq l)$。

$$\bar{D}=\sum_{k=1}^{m}\sum_{l=1}^{m}\frac{D_{kl}}{m(m-1)} \tag{7-39}$$

$f_{kl}$ 是值为0或者1的二进制变量，当 $D_{kl}<\bar{D}\Leftrightarrow f_{kl}=1$，$D_{kl}\geqslant\bar{D}\Leftrightarrow f_{kl}=0$ 时，同样的原理，建立不一致性布尔矩阵 $\mathrm{DB}=[f_{kl}]_{m\times m}(k,l=1,2,\cdots,m,\ k\neq l)$。如果超过了不一致性水平，那么意味着方案 $A_k$ 相比于方案 $A_l$ 有明显的劣势。

步骤9：建立全局矩阵 $G=[g_{kl}]_{m\times m}(k,l=1,2,\cdots,m,\ k\neq l)$，我们将一致性布尔矩阵 $\mathrm{CB}=[e_{kl}]_{m\times m}(k,l=1,2,\cdots,m,\ k\neq l)$ 和不一致性布尔矩阵 $\mathrm{DB}=[f_{kl}]_{m\times m}(k,l=1,2,\cdots,m,\ k\neq l)$ 对应位置的元素相乘，即

$$g_{kl}=e_{kl}\times f_{kl},\quad k,l=1,2,\cdots,m,\ k\neq l \tag{7-40}$$

计算得到全局矩阵的元素 $g_{kl}$，只有当 $e_{kl}$ 和 $f_{kl}$ 均为1时，全局元素 $g_{kl}=1$，才能保证方案 $A_k$ 严格优于方案 $A_l$。当 $g_{kl}=0$ 时，根据全局矩阵无法判断方案 $A_k$ 与方案 $A_l$ 的关系，需根据 $e_{kl}$ 与 $f_{kl}$ 来判断方案的优劣关系，当 $e_{kl}=1$，$f_{kl}=0$ 时，方案 $A_k$ 优于方案 $A_l$；当 $e_{kl}=0$，$f_{kl}=1$ 时，方案 $A_k$ 劣于方案 $A_l$。

步骤10：绘制强优先关系图和弱优先关系图，并给出方案的最终排序。

### 7.3.3　基于S形效用函数的Q阶序对模糊信息ELECTRE Ⅱ多属性决策方法

将ELECTRE Ⅱ方法[225, 227]和S形效用函数结合起来应用在Q阶序对模糊环境中，首先计算S形效用函数的效用值，再利用权重计算模型计算得到各属性对应的权重，将属性权重和S形效用值结合起来计算综合S形效用函数值，并将该综合效用值应用在传统的一致性指数和不一致性指数的计算过程中，达到符合决策者心理预期的目的，增加决策的正确性，拓展ELECTRE Ⅱ方法的应用范围。这里假

设存在 $A=\{A_1,A_2,\cdots,A_m\}$ 共 $m$ 个评价对象，$n$ 个属性 $C=\{C_1,C_2,\cdots,C_n\}$，$w=\{w_1,w_2,\cdots,w_n\}$ 表示属性对应的权重，满足条件 $0\leqslant w_j\leqslant 1$，$\sum_{j=1}^{n} w_j=1$。专家根据 $n$ 个评价指标对 $m$ 个评价对象做出评价，$Q_{ij}=\langle u_{ij},v_{ij}\rangle$ 表示方案 $A_i$ 在属性 $C_j$ 下的评价信息，具体计算时本书采用 S 形效用函数的幂效用函数形式，即前景价值函数，其决策步骤总结如下。

步骤 1：建立评价矩阵 $Q=[Q_{ij}]_{m\times n}(i=1,2,\cdots,m,\ j=1,2,\cdots,n)$，并对矩阵单元进行标准化，建立标准化矩阵 $N=[N_{ij}]_{m\times n}(i=1,2,\cdots,m,\ j=1,2,\cdots,n)$。

属性为效益型属性：

$$N_{ij}=Q_{ij}=(u_{ij},v_{ij}),\quad i=1,2,\cdots,m,\ j=1,2,\cdots,n \tag{7-41}$$

属性为成本型属性：

$$N_{ij}=(Q_{ij})^c=(v_{ij},u_{ij}),\quad i=1,2,\cdots,m,\ j=1,2,\cdots,n \tag{7-42}$$

步骤 2：确定属性权重 $\{w_1,w_2,\cdots,w_n\}$ 以及不同类型的一致性集和不一致性集的态度权重 $\{\omega_{\zeta},\omega_{\zeta'},\omega_{\zeta''}\}$ 和 $\{\omega_D,\omega_{D'},\omega_{D''}\}$。

步骤 3：利用 S 形效用函数的幂效用函数形式，即前景价值函数，计算 S 形幂效用函数值。利用式（7-43）计算 S 形幂效用函数值 $r_{ij}$ 并建立 S 形幂效用函数值矩阵 $r=[r_{ij}]_{m\times n}(i=1,2,\cdots,m,\ j=1,2,\cdots,n)$。

$$r(d(N_{ij},N_j^*))=\begin{cases}(d(N_{ij},N_j^*))^{\alpha}, & N_{ij}\succ N_j^*,\\ 0, & N_{ij}\approx N_j^*,\\ -\ell(d(N_{ij},N_j^*))^{\beta}, & N_{ij}\prec N_j^*,\end{cases}\quad i=1,2,\cdots,m,\ j=1,2,\cdots,n \tag{7-43}$$

其中，$N_j^*$ 表示第 $j$ 个属性下的参考点，由各个方案在属性 $j$ 下的评价信息值的均值构成，即 $N_j^*=\frac{1}{m}\bigoplus_{i=1}^{m}N_{ij}(i=1,2,\cdots,m,\ j=1,2,\cdots,n)$，$d(N_{ij},N_j^*)$ 表示在属性 $C_j$ 下的各点到参考点的距离。参数 $\alpha$ 和 $\beta$ 分别表示 S 形幂效用函数在收益和损失部分的凹凸程度，即风险规避和风险偏好时的敏感程度系数，参数 $\ell$ 表示损失规避程度系数。

步骤 4：利用权重计算模型计算得到各属性对应权重 $w_j(j=1,2,\cdots,n)$。

步骤 5：计算综合 S 形幂效用函数值，建立综合 S 形幂效用函数值矩阵 $R=[R_{ij}]_{m\times n}(i=1,2,\cdots,m,\ j=1,2,\cdots,n)$，各个矩阵单元的计算公式如下。

$$R_{ij}=r(d(N_{ij},N_j^*))\tau(w_j) \tag{7-44}$$

其中，$r(d(N_{ij},N_j^*))$ 表示 S 形幂效用函数值；$\tau(w_j)$ 表示权重 $w_j(j=1,2,\cdots,n)$ 的概率权重，通过式（7-45）计算，计算结果总结在概率权重矩阵 $\tau=[\tau_{ij}]_{m\times n}(i=1,2,\cdots,m,\ j=1,2,\cdots,n)$ 中。

$$\tau(w_j)=\begin{cases}\dfrac{w_j^{\delta}}{(w_j^{\delta}+(1-w_j)^{\delta})^{1/\delta}}, & N_{ij}\succ N_j^*,\\ \dfrac{w_j^{\gamma}}{(w_j^{\gamma}+(1-w_j)^{\gamma})^{1/\gamma}}, & \text{其他},\end{cases}\quad i=1,2,\cdots,m,\ j=1,2,\cdots,n,\ 0<\delta,\gamma<1 \tag{7-45}$$

其中，$w_j$ 表示属性 $C_j$ 的权重；参数 $\delta$ 和 $\gamma$ 分别表示心理预期为收益或者损失时的风险态度系数。

步骤 6：计算每个标准评价信息的隶属度值 $u_{ij}(i=1,2,\cdots,m,\ j=1,2,\cdots,n)$，非隶属度值 $v_{ij}(i=1,2,\cdots,m,\ j=1,2,\cdots,n)$ 和不确定度值 $h_{ij}(i=1,2,\cdots,m,\ j=1,2,\cdots,n)$。

步骤 7：将属性标号集划分为三个不同类型的一致集，分别为强一致集、中等一致集和弱一致集。

步骤 8：将属性标号集划分为三个不同类型的不一致集，分别为强不一致集、中等不一致集和弱不一致集。

步骤 9：计算一致性指数 $\zeta_{kl}$ 并建立一致性矩阵 $\mathrm{CM}=[\zeta_{kl}]_{m\times m}(k,l=1,2,\cdots,m)$。

$$\zeta_{kl}=\omega_{\zeta}\sum_{j\in J_{\zeta_{kl}}}w_j(R_{kj}-R_{lj})+\omega_{\zeta'}\sum_{j\in J_{\zeta'_{kl}}}w_j(R_{kj}-R_{lj})+\omega_{\zeta''}\sum_{j\in J_{\zeta''_{kl}}}w_j(R_{kj}-R_{lj}) \tag{7-46}$$

其中，$\omega_{\zeta}$、$\omega_{\zeta'}$、$\omega_{\zeta''}$ 分别表示强一致集、中等一致集和弱一致集的矩阵的重要性程度；$w_j(j=1,2,\cdots,n)$ 表示各属性对应的权重；$R_{kj}$、$R_{lj}(k,l=1,2,\cdots,m,\ k\neq l,\ j=1,2,\cdots,n)$ 分别表示方案 $A_k$ 和方案 $A_l$ 在第 $j$ 个属性下的 S 形幂效用函数值；$R_{kj}-R_{lj}$ 表示方案 $A_k$ 与方案 $A_l$ 在相同的属性下比较的差异性。$R_{kj}-R_{lj}>0$，说明方案 $A_k$ 在第 $j$ 个属性下相比方案 $A_l$ 重要，且一致性也是在差异性的比较下得到的，反映了方案 $A_k$ 比方案 $A_l$ 重要，$R_{kj}-R_{lj}$ 与此理念不谋而合。方案 $A_k$ 与方案 $A_l$ 在相同的属性下比较的差异性越明显，则该集合的一致性程度越高。传统的 ELECTRE Ⅱ 方法仅考虑了一致性集合中属性标号对应的决策属性的权重，并没有考虑到属性权重分配的区分度问题，这里对该缺陷进行了改进。

步骤 10：计算不一致性指数 $D_{kl}$ 并建立不一致性矩阵 $\mathrm{DM}=[D_{kl}]_{m\times m}(k,l=1,2,\cdots,m)$。

$$D_{kl}=\frac{\max\left\{\begin{array}{l}\omega_D\times\max\left\{\underset{j\in J_{D_{kl}}}{d}(w_j\times R_{kj}\times N_{kj},w_j\times R_{lj}\times N_{lj})\right\},\\ \omega_{D'}\times\max\left\{\underset{j\in J_{D'_{kl}}}{d}(w_j\times R_{kj}\times N_{kj},w_j\times R_{lj}\times N_{lj})\right\},\\ \omega_{D''}\times\max\left\{\underset{j\in J_{D''_{kl}}}{d}(w_j\times R_{kj}\times N_{kj},w_j\times R_{lj}\times N_{lj})\right\}\end{array}\right\}}{\max\limits_{j\in J}d(w_j\times R_{kj}\times N_{kj},w_j\times R_{lj}\times N_{lj})} \tag{7-47}$$

其中，$\omega_D$、$\omega_{D'}$、$\omega_{D''}$分别表示强不一致集、中等不一致集和弱不一致集的重要性程度；$w_j(j=1,2,\cdots,n)$表示各属性对应的权重；$R_{\cdot j}(\cdot=1,2,\cdots,m,\ j=1,2,\cdots,n)$表示各个评价信息的综合S形幂效用函数值。

步骤 11：计算一致性水平$\bar{\zeta}$，根据$\bar{\zeta}$与一致性指标值$\zeta_{kl}(k,l=1,2,\cdots,m,\ k\neq l)$建立一致性布尔矩阵$\mathrm{CB}=[e_{kl}]_{m\times m}(k,l=1,2,\cdots,m,\ k\neq l)$。

步骤 12：计算不一致水平$\bar{D}$，根据$\bar{D}$与不一致性指标值$D_{kl}(k,l=1,2,\cdots,m,\ k\neq l)$建立不一致性布尔矩阵$\mathrm{DB}=[f_{kl}]_{m\times m}(k,l=1,2,\cdots,m,\ k\neq l)$。

步骤 13：建立全局矩阵$G=[g_{kl}]_{m\times m}(k,l=1,2,\cdots,m,\ k\neq l)$，并绘制强优关系图。

步骤 14：根据一致性布尔矩阵和不一致性布尔矩阵元素调整全局矩阵元素，使方案间能够相互比较，并绘制最终优势关系图，给出方案的最终排序。

### 7.3.4　算例应用

假设目前有 6 个绿色供应商$A_1$、$A_2$、$A_3$、$A_4$、$A_5$、$A_6$，某公司雇用专家在 10 个属性下对投资进行评估：产品质量（$C_1$）、产品价格（$C_2$）、利润空间（$C_3$）、运输成本（$C_4$）、交货时间（$C_5$）、绿色制造（$C_6$）、绿色包装（$C_7$）、污染物处理能力（$C_8$）、循环利用（$C_9$）、社会名誉（$C_{10}$）。其中，属性$C_2$、$C_4$及$C_5$为成本型属性，其余属性均为效益型属性，假设$w_j$表示不同属性的权重，满足$0\leqslant w_j\leqslant 1$，$\sum_{j=1}^{n}w_j=1$，$Q_{ij}=\langle u_{ij},v_{ij}\rangle$表示专家在第$j$个属性下对第$i$个方案的评价信息。然后根据评价信息建立评价矩阵$Q=[Q_{ji}]_{10\times 6}(j=1,2,\cdots,10,\ i=1,2,\cdots,6)$，如表 7-21 所示。在该算例中让参数$q=3$。对方案进行排序的目的是选择最优的公司对其进行投资。

**表 7-21　方案在各属性下的评价信息 $Q$**

| 项目 | $A_1$ | $A_2$ | $A_3$ | $A_4$ | $A_5$ | $A_6$ |
|---|---|---|---|---|---|---|
| $C_1$ | $\langle 0.3,0.4\rangle$ | $\langle 0.5,0.2\rangle$ | $\langle 0.4,0.5\rangle$ | $\langle 0.4,0.5\rangle$ | $\langle 0,3,0.6\rangle$ | $\langle 0.8,0.1\rangle$ |
| $C_2$ | $(0.4,0.2)$ | $\langle 0.4,0.3\rangle$ | $\langle 0.4,0.1\rangle$ | $\langle 0.7,0.2\rangle$ | $\langle 0.6,0.1\rangle$ | $\langle 0.6,0.3\rangle$ |
| $C_3$ | $\langle 0.5,0.3\rangle$ | $\langle 0.8,0.2\rangle$ | $\langle 0.5,0.3\rangle$ | $\langle 0.6,0.1\rangle$ | $\langle 0.4,0.4\rangle$ | $\langle 0.6,0.3\rangle$ |
| $C_4$ | $\langle 0.7,0.2\rangle$ | $\langle 0.8,0.6\rangle$ | $\langle 0.6,0.5\rangle$ | $\langle 0.7,0.2\rangle$ | $\langle 0.7,0.1\rangle$ | $\langle 0.9,0.2\rangle$ |
| $C_5$ | $\langle 0.8,0.2\rangle$ | $\langle 0.6,0.3\rangle$ | $\langle 0.5,0.4\rangle$ | $\langle 0.5,0.4\rangle$ | $\langle 0.7,0.2\rangle$ | $\langle 0.7,0.6\rangle$ |
| $C_6$ | $\langle 0.5,0.4\rangle$ | $\langle 0.6,0.5\rangle$ | $\langle 0.7,0.2\rangle$ | $\langle 0.5,0.4\rangle$ | $\langle 0.8,0.5\rangle$ | $\langle 0.7,0.1\rangle$ |
| $C_7$ | $\langle 0.7,0.1\rangle$ | $\langle 0.6,0.5\rangle$ | $\langle 0.5,0.6\rangle$ | $\langle 0.6,0.3\rangle$ | $\langle 0.7,0.3\rangle$ | $\langle 0.6,0.2\rangle$ |

续表

| 项目 | $A_1$ | $A_2$ | $A_3$ | $A_4$ | $A_5$ | $A_6$ |
|---|---|---|---|---|---|---|
| $C_8$ | $\langle 0.9,0.2\rangle$ | $\langle 0.9,0.1\rangle$ | $\langle 0.8,0.3\rangle$ | $\langle 0.7,0.5\rangle$ | $\langle 0.3,0.5\rangle$ | $\langle 0.8,0.3\rangle$ |
| $C_9$ | $\langle 0.5,0.4\rangle$ | $\langle 0.4,0.7\rangle$ | $\langle 0.6,0.4\rangle$ | $\langle 0.8,0.3\rangle$ | $\langle 0.5,0.2\rangle$ | $\langle 0.5,0.7\rangle$ |
| $C_{10}$ | $\langle 0.6,0.3\rangle$ | $\langle 0.4,0.5\rangle$ | $\langle 0.9,0.1\rangle$ | $\langle 0,6,0.4\rangle$ | $\langle 0.3,0.4\rangle$ | $\langle 0.5,0.5\rangle$ |

在计算过程中，各属性对应权重为$w=(0.14,0.11,0.09,0.13,0.09,0.10,0.08,0.10,0.07,0.09)^{\mathrm{T}}$，决策者给出的强一致集、中等一致集和弱一致集以及强不一致集、中等不一致集和弱不一致集对应的权重为$\{\omega_\zeta,\omega_{\zeta'},\omega_{\zeta''};\omega_D,\omega_{D'},\omega_{D''}\}=\left\{1,\frac{2}{3},\frac{1}{3};1,\frac{2}{3},\frac{1}{3}\right\}$，取参数$q=3$，基于前景理论的 Q 阶序对模糊信息 ELECTRE Ⅱ方法的决策步骤总结如下。

步骤 1：建立标准化矩阵$N=[N_{ji}]_{10\times6}(j=1,2,\cdots,10,\ i=1,2,\cdots,6)$，如表 7-22 所示。

**表 7-22　各方案在各属性下的标准化的评价信息 $N$**

| 项目 | $A_1$ | $A_2$ | $A_3$ | $A_4$ | $A_5$ | $A_6$ |
|---|---|---|---|---|---|---|
| $C_1$ | $\langle 0.3,0.4\rangle$ | $\langle 0.2,0.5\rangle$ | $\langle 0.4,0.5\rangle$ | $\langle 0.5,0.4\rangle$ | $\langle 0,3,0.6\rangle$ | $\langle 0.1,0.8\rangle$ |
| $C_2$ | $(0.4,0.2)$ | $\langle 0.3,0.4\rangle$ | $\langle 0.4,0.1\rangle$ | $\langle 0.2,0.7\rangle$ | $\langle 0.6,0.1\rangle$ | $\langle 0.3,0.6\rangle$ |
| $C_3$ | $\langle 0.5,0.3\rangle$ | $\langle 0.2,0.8\rangle$ | $\langle 0.5,0.3\rangle$ | $\langle 0.1,0.6\rangle$ | $\langle 0.4,0.4\rangle$ | $\langle 0.3,0.6\rangle$ |
| $C_4$ | $\langle 0.7,0.2\rangle$ | $\langle 0.6,0.8\rangle$ | $\langle 0.6,0.5\rangle$ | $\langle 0.7,0.2\rangle$ | $\langle 0.7,0.1\rangle$ | $\langle 0.2,0.9\rangle$ |
| $C_5$ | $\langle 0.8,0.2\rangle$ | $\langle 0.3,0.6\rangle$ | $\langle 0.5,0.4\rangle$ | $\langle 0.4,0.5\rangle$ | $\langle 0.7,0.2\rangle$ | $\langle 0.6,0.7\rangle$ |
| $C_6$ | $\langle 0.5,0.4\rangle$ | $\langle 0.5,0.6\rangle$ | $\langle 0.7,0.2\rangle$ | $\langle 0.4,0.5\rangle$ | $\langle 0.8,0.5\rangle$ | $\langle 0.1,0.7\rangle$ |
| $C_7$ | $\langle 0.7,0.1\rangle$ | $\langle 0.5,0.6\rangle$ | $\langle 0.5,0.6\rangle$ | $\langle 0.3,0.6\rangle$ | $\langle 0.7,0.3\rangle$ | $\langle 0.2,0.6\rangle$ |
| $C_8$ | $\langle 0.9,0.2\rangle$ | $\langle 0.1,0.9\rangle$ | $\langle 0.8,0.3\rangle$ | $\langle 0.5,0.7\rangle$ | $\langle 0.3,0.5\rangle$ | $\langle 0.3,0.8\rangle$ |
| $C_9$ | $\langle 0.5,0.4\rangle$ | $\langle 0.7,0.4\rangle$ | $\langle 0.6,0.4\rangle$ | $\langle 0.3,0.8\rangle$ | $\langle 0.5,0.2\rangle$ | $\langle 0.7,0.5\rangle$ |
| $C_{10}$ | $\langle 0.6,0.3\rangle$ | $\langle 0.5,0.4\rangle$ | $\langle 0.9,0.1\rangle$ | $\langle 0.4,0.6\rangle$ | $\langle 0.3,0.4\rangle$ | $\langle 0.5,0.5\rangle$ |

步骤 2：根据已知信息确定各属性对应权重为$w=(0.14,0.11,0.09,0.13,0.09,0.10,0.08,0.10,0.07,0.09)^{\mathrm{T}}$，强一致集、中等一致集和弱一致集以及强不一致集、中等不一致集和弱不一致集对应的权重为$\{\omega_\zeta,\omega_{\zeta'},\omega_{\zeta''};\omega_D,\omega_{D'},\omega_{D''}\}=\left\{1,\frac{2}{3},\frac{1}{3};1,\frac{2}{3},\frac{1}{3}\right\}$。

步骤 3：建立 S 形幂效用函数值矩阵$r=[r_{ji}]_{10\times6}(j=1,2,\cdots,10,\ i=1,2,\cdots,6)$，取参数$\alpha=0.88,\ \beta=0.88,\ \ell=2.25$，如表 7-23 所示。

**表 7-23　S 形幂效用函数值矩阵 $r$**

| 项目 | $A_1$ | $A_2$ | $A_3$ | $A_4$ | $A_5$ | $A_6$ |
|---|---|---|---|---|---|---|
| $C_1$ | −0.373 57 | −0.184 35 | −0.286 43 | −0.286 43 | −0.500 44 | 0.402 61 |
| $C_2$ | 0.092 12 | 0.087 90 | 0.100 33 | −0.582 69 | −0.269 45 | −0.301 28 |
| $C_3$ | −0.299 36 | 0.331 93 | −0.299 36 | 0.035 02 | −0.454 51 | −0.043 49 |
| $C_4$ | −0.264 09 | 0.280 06 | 0.210 24 | −0.264 09 | −0.279 41 | −0.901 35 |
| $C_5$ | −0.723 92 | −0.193 88 | 0.151 09 | 0.151 09 | −0.315 63 | 0.264 03 |
| $C_6$ | −0.464 35 | −0.263 30 | 0.076 91 | −0.464 35 | 0.335 72 | 0.078 41 |
| $C_7$ | 0.130 09 | −0.273 34 | −0.502 72 | −0.106 55 | 0.129 28 | −0.145 25 |
| $C_8$ | 0.247 45 | 0.250 17 | −0.060 59 | −0.545 81 | −1.214 45 | −0.060 59 |
| $C_9$ | −0.262 67 | −0.783 03 | 0.045 39 | 0.343 56 | −0.322 29 | −0.759 06 |
| $C_{10}$ | −0.231 31 | −0.595 59 | 0.493 13 | −0.221 44 | −0.675 27 | −0.457 52 |

步骤 4：建立概率权重值矩阵 $\tau=[\tau_{ji}]_{10\times6}(j=1,2,\cdots,10,\ i=1,2,\cdots,6)$ 和综合 S 形幂效用函数值矩阵 $R=[R_{ji}]_{10\times6}(j=1,2,\cdots,10,\ i=1,2,\cdots,6)$，取参数 $\delta=0.61$，$\gamma=0.69$，如表 7-24 和表 7-25 所示。

**表 7-24　概率权重值矩阵 $\tau$**

| 项目 | $A_1$ | $A_2$ | $A_3$ | $A_4$ | $A_5$ | $A_6$ |
|---|---|---|---|---|---|---|
| $C_1$ | 0.208 027 | 0.208 027 | 0.208 027 | 0.208 027 | 0.208 027 | 0.219 466 |
| $C_2$ | 0.195 199 | 0.195 199 | 0.195 199 | 0.180 158 | 0.180 158 | 0.180 158 |
| $C_3$ | 0.159 682 | 0.176 891 | 0.159 682 | 0.176 891 | 0.159 682 | 0.159 682 |
| $C_4$ | 0.199 055 | 0.211 727 | 0.211 727 | 0.199 055 | 0.199 055 | 0.199 055 |
| $C_5$ | 0.159 682 | 0.159 682 | 0.176 891 | 0.176 891 | 0.159 682 | 0.176 891 |
| $C_6$ | 0.170 145 | 0.170 145 | 0.186 303 | 0.170 145 | 0.186 303 | 0.186 303 |
| $C_7$ | 0.166 868 | 0.148 693 | 0.148 693 | 0.148 693 | 0.166 868 | 0.148 693 |
| $C_8$ | 0.186 303 | 0.186 303 | 0.170 145 | 0.170 145 | 0.170 145 | 0.170 145 |
| $C_9$ | 0.137 083 | 0.137 083 | 0.156 109 | 0.156 109 | 0.137 083 | 0.137 083 |
| $C_{10}$ | 0.159 682 | 0.159 682 | 0.176 891 | 0.159 682 | 0.159 682 | 0.159 682 |

**表 7-25　综合 S 形幂效用函数值矩阵 $R$**

| 项目 | $A_1$ | $A_2$ | $A_3$ | $A_4$ | $A_5$ | $A_6$ |
|---|---|---|---|---|---|---|
| $C_1$ | −0.077 71 | −0.038 35 | −0.059 59 | −0.059 59 | −0.104 10 | 0.088 36 |
| $C_2$ | 0.017 98 | 0.017 16 | 0.019 58 | −0.104 98 | −0.048 54 | −0.054 28 |
| $C_3$ | −0.047 80 | 0.058 72 | −0.047 80 | 0.006 20 | −0.072 58 | −0.006 94 |
| $C_4$ | −0.052 57 | 0.059 30 | 0.044 51 | −0.052 57 | −0.055 62 | −0.179 42 |
| $C_5$ | −0.115 60 | −0.030 96 | 0.026 73 | 0.026 73 | −0.050 40 | 0.046 71 |
| $C_6$ | −0.079 01 | −0.044 80 | 0.014 33 | −0.079 01 | 0.062 55 | 0.014 61 |
| $C_7$ | 0.021 71 | −0.040 64 | −0.074 75 | −0.015 84 | 0.021 57 | −0.021 60 |
| $C_8$ | 0.046 10 | 0.046 61 | −0.010 31 | −0.092 87 | −0.206 63 | −0.010 31 |
| $C_9$ | −0.036 01 | −0.107 34 | 0.007 09 | 0.053 63 | −0.044 18 | −0.104 05 |
| $C_{10}$ | −0.036 94 | −0.095 11 | 0.087 23 | −0.035 36 | −0.107 83 | −0.073 06 |

步骤 5：将属性标号集划分为三个不同类型的一致集，分别为强一致集 $J_{\zeta_{kl}}$、中等一致集 $J_{\zeta'_{kl}}$ 和弱一致集 $J_{\zeta''_{kl}}$。

$$J_{\zeta_{kl}}=\begin{bmatrix} - & 9 & - & 2,10 & 1,2,7 & 4,9 \\ 5,8 & - & 1 & 1,2 & 1,2,5 & 2,4 \\ 4,5 & 5,9 & - & 4 & 1,2,4,5 & 4,9 \\ 5 & 5,7 & 7 & - & 1,5 & 3,4 \\ 5,9 & 9 & - & - & - & 9 \\ 5 & 7 & 6,7 & 2,7 & - & - \end{bmatrix}$$

$$J_{\zeta'_{kl}}=\begin{bmatrix} - & 7,10 & 7,8 & 7,8 & 3,8,10 & 7,8,10 \\ 1,3 & - & 3,7,8 & 8 & 3,8 & 3,8 \\ 6,9,10 & 6,10 & - & 6,8,10 & 3,8,9,10 & 10 \\ 3,9 & 9,10 & 3 & - & 3 & 9,10 \\ - & 7 & 7 & - & - & - \\ 1,6 & 1,6 & 1 & 1,6,8 & 1,3,8 & - \end{bmatrix}$$

$$J_{\zeta''_{kl}}=\begin{bmatrix} - & 8 & 2,3 & 4,6 & 4,5,9 & - \\ 2,4,6 & - & 2,4 & 3,4,6,7 & 4,10 & 7 \\ 1,3 & - & - & 1,5 & - & 6,8 \\ 1,2,4,6,10 & - & 1,2,5,9 & - & 2,4,8,9,10 & 7 \\ 1,6,7 & 6 & 2,6 & 6,7 & - & 6,7 \\ 2,3,4,9 & 2,5,9,10 & 2,3,5,8 & 3,4,5 & 2,4,5,9,10 & - \end{bmatrix}$$

步骤 6：将属性标号集划分为三个不同类型的不一致集，分别为强不一致集 $J_{D_{kl}}$、中等不一致集 $J_{D'_{kl}}$ 和弱不一致集 $J_{D''_{kl}}$。

$$J_{D_{kl}}=\begin{bmatrix} - & 5 & 4,5 & 5 & - & 5 \\ 9 & - & 5,9 & 5 & 9 & - \\ - & 1,7 & - & 7 & - & 7 \\ - & 1,2 & 4 & - & - & 2 \\ 2 & 1,2,5 & 1,4,5 & 1,5 & - & - \\ - & 4 & 4,9 & - & - & - \end{bmatrix}$$

$$J_{D'_{kl}}=\begin{bmatrix} - & 1,2,3 & 6,9,10 & 3,9 & - & 1,3,6 \\ 7,10 & - & 6,10 & 9,10 & 6,7 & 1,6,9,10 \\ 2,7,8 & 2,3,8 & - & 3 & 7 & 1,3 \\ 7,8 & 8 & 6,8,10 & - & 7 & 1,6,8 \\ 3,4,8,10 & 3,8 & 3,8,9,10 & 3,4,8,10 & - & 1,2,3,5,8 \\ 7,8,10 & 3,8 & 10 & 9,10 & - & - \end{bmatrix}$$

$$J_{D''_{kl}}=\begin{bmatrix} - & 4,6 & 1 & 1 & 6 & 2 \\ - & - & - & - & - & 5 \\ - & 4 & - & 2,9 & 6 & 2,5 \\ - & 3,4,6 & - & - & 6 & 5 \\ - & 4,10 & - & 2,9 & - & 4,10 \\ - & - & - & - & 6,7 & - \end{bmatrix}$$

步骤 7：计算一致性指数 $\zeta_{kl}$ 并建立一致性矩阵 $\mathrm{CM}=[\zeta_{kl}]_{m\times m}(k,l=1,2,\cdots,m)$。

$$\mathrm{CM}=\begin{bmatrix} - & 0.0118 & 0.0088 & 0.0247 & 0.0320 & 0.0295 \\ 0.0237 & - & 0.0155 & 0.0326 & 0.0483 & 0.0461 \\ 0.0420 & 0.0281 & - & 0.0317 & 0.0624 & 0.0465 \\ 0.0166 & 0.0183 & 0.0045 & - & 0.0242 & 0.0274 \\ 0.0088 & 0.0113 & 0.0042 & 0.0057 & - & 0.0069 \\ 0.0278 & 0.0178 & 0.0172 & 0.0254 & 0.0320 & - \end{bmatrix}$$

步骤 8：计算不一致性指数 $D_{kl}$ 并建立不一致性矩阵 $\mathrm{DM}=[D_{kl}]_{m\times m}(k,l=1,2,\cdots,m)$。

$$\mathrm{DM}=\begin{bmatrix} - & 0.6667 & 0.6667 & 0.3280 & 0.1764 & 0.6667 \\ 0.3053 & - & 0.6667 & 0.2806 & 0.1965 & 0.6667 \\ 0.2646 & 0.3850 & - & 0.2112 & 0.1288 & 0.6667 \\ 0.6667 & 0.6667 & 0.6667 & - & 0.3333 & 0.6667 \\ 0.6667 & 0.6667 & 0.6667 & 0.5304 & - & 0.6667 \\ 0.1529 & 0.2183 & 0.4464 & 0.1428 & 0.0465 & - \end{bmatrix}$$

步骤 9：计算一致性水平 $\bar{\zeta}$，并建立一致性布尔矩阵 $\text{CB}=[e_{kl}]_{m\times m}(k,l=1,2,\cdots,m,\ k\neq l)$。

一致性水平 $\bar{\zeta}=\sum_{k=1}^{6}\sum_{l=1}^{6}\frac{\zeta_{kl}}{6\times 5}=0.0244$。

$$\text{CB}=\begin{bmatrix} - & 0 & 0 & 0 & 1 & 1 \\ 0 & - & 0 & 1 & 1 & 1 \\ 1 & 1 & - & 1 & 1 & 1 \\ 0 & 0 & 0 & - & 0 & 1 \\ 0 & 0 & 0 & 0 & - & 0 \\ 1 & 0 & 0 & 1 & 1 & - \end{bmatrix}$$

步骤 10：计算不一致性水平 $\bar{D}$，并建立不一致性布尔矩阵 $\text{DB}=[f_{kl}]_{m\times m}(k,l=1,2,\cdots,m,\ k\neq l)$。不一致性水平 $\bar{D}=\sum_{k=1}^{6}\sum_{l=1}^{6}\frac{D_{kl}}{6\times 5}=0.4493$。

$$\text{DB}=\begin{bmatrix} - & 0 & 0 & 1 & 1 & 0 \\ 1 & - & 0 & 1 & 1 & 0 \\ 1 & 1 & - & 1 & 1 & 0 \\ 0 & 1 & 0 & - & 1 & 0 \\ 0 & 0 & 0 & 0 & - & 0 \\ 1 & 1 & 1 & 1 & 1 & - \end{bmatrix}$$

步骤 11：建立全局矩阵 $G=[g_{kl}]_{m\times m}(k,l=1,2,\cdots,m,\ k\neq l)$ 并绘制完全强优先关系图。

$$G=\begin{bmatrix} - & 0 & 0 & 1 & 1 & 0 \\ 0 & - & 0 & 1 & 1 & 0 \\ 1 & 1 & - & 1 & 1 & 0 \\ 0 & 0 & 0 & - & 0 & 0 \\ 0 & 0 & 0 & 0 & - & 0 \\ 1 & 0 & 0 & 1 & 1 & - \end{bmatrix}$$

根据上述矩阵，我们绘制完全强优先关系图如图 7-3 所示，其中 S 表示在两个方案中存在强优势关系。

步骤 12：完善全局矩阵比较元素，并绘制最终强优先关系图，给出最终方案排序。

在全局矩阵 $G=[g_{kl}]_{m\times m}(k,l=1,2,\cdots,m,\ k\neq l)$ 中，并不是全部的方案都是可以比较的，也就是说所建立的全局矩阵里的元素是不完全的，这里将不能用于方案比较的元素用“*”标注，如下所示：

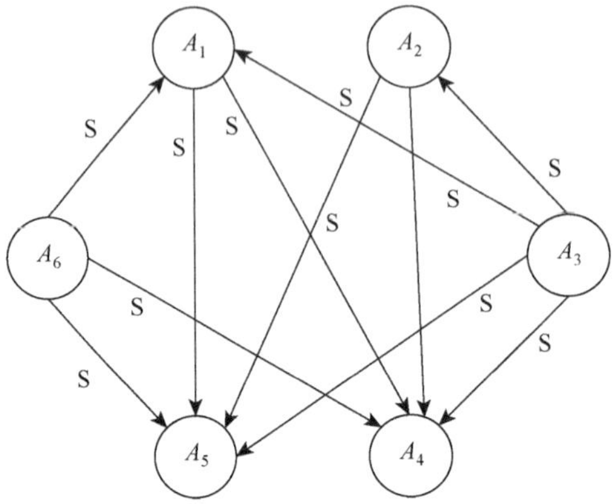


图 7-3　完全强优势关系图

$$G=\begin{bmatrix} - & 0* & 0 & 1 & 1 & 0 \\ 0* & - & 0 & 1 & 1 & 0* \\ 1 & 1 & - & 1 & 1 & 0* \\ 0 & 0 & 0 & - & 0* & 0 \\ 0 & 0 & 0 & 0* & - & 0 \\ 1 & 0* & 0* & 1 & 1 & - \end{bmatrix}$$

将一致性布尔矩阵 $\mathrm{CB}=[e_{kl}]_{m\times m}(k,l=1,2,\cdots,m,\ k\neq l)$ 和不一致性布尔矩阵 $\mathrm{DB}=[f_{kl}]_{m\times m}(k,l=1,2,\cdots,m,\ k\neq l)$ 对应位置上的元素同样用“*”标注，得到

$$\mathrm{CB}=\begin{bmatrix} - & 0* & 0 & 0 & 1 & 1 \\ 1* & - & 0 & 1 & 1 & 1 \\ 1 & 1 & - & 1 & 1 & 1 \\ 0 & 0 & 0 & - & 1* & 1 \\ 0 & 0 & 0 & 0* & - & 0 \\ 1 & 0 & 0 & 1 & 1 & - \end{bmatrix},\quad \mathrm{DB}=\begin{bmatrix} - & 0 & 0 & 1 & 1 & 0 \\ 1 & - & 0 & 1 & 1 & 1* \\ 1 & 1 & - & 1 & 1 & 1* \\ 0 & 1 & 0 & - & 1 & 0 \\ 0 & 0 & 0 & 0 & - & 0 \\ 1 & 0* & 0* & 1 & 1 & - \end{bmatrix}$$

则得到完善后的全局矩阵 $G=[g_{kl}]_{m\times m}(k,l=1,2,\cdots,m,\ k\neq l)$ 如下：

$$G=\begin{bmatrix} - & 0* & 0 & 1 & 1 & 0 \\ 1* & - & 0 & 1 & 1 & 1* \\ 1 & 1 & - & 1 & 1 & 1* \\ 0 & 0 & 0 & - & 1* & 0 \\ 0 & 0 & 0 & 0* & - & 0 \\ 1 & 0* & 0* & 1 & 1 & - \end{bmatrix}$$

更新后全局矩阵对应的最终优势关系图如图 7-4 所示，图中，W 表示在两个方案中存在较弱的比较顺序。

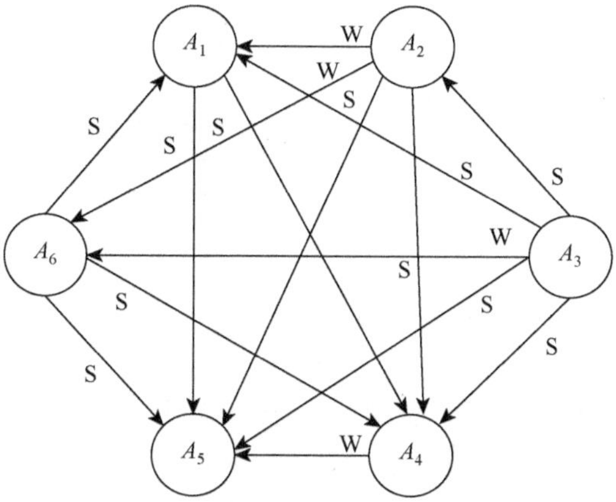


图 7-4　最终优势关系图

根据最终优势关系图 7-4 可得，备选方案 $A_3$ 在该图中的箭头方向均为指出方向，说明方案 $A_3$ 对所有备选方案都具有优势关系，因此备选方案 $A_3$ 是最优的。同理，备选方案 $A_2$ 相对于除备选方案 $A_3$ 之外的所有方案具有优势关系。因此，根据箭头的指出和指入，得到方案的最终排序为 $A_3 \succ A_2 \succ A_1 \succ A_6 \succ A_4 \succ A_5$，故从利润最大化的角度考虑，决策者会选择绿色供应商 $A_3$ 作为长期的合作伙伴，以获得最优的环境效益和经济利润。

## 7.4　本 章 小 结

本章研究了基于优先关系的 Q 阶序对模糊多属性决策方法。首先，针对属性权重未知的多属性决策问题，提出了基于组合赋权的 Q 阶序对模糊 PROMETHEE Ⅱ 方法；其次，考虑到 QUALIFLEX 方法一致性指数计算的重要性，利用 BWM 和熵权法分别计算主观权重和客观权重，并将利用相对熵组合权重方法计算得到的组合权重应用到 Q 阶序对模糊 VIKOR 方法计算一致性指数的过程中，再和 QUALIFLEX 方法结合，进而提出了基于 Q 阶序对模糊信息的拓展 QUALIFLEX 方法；然后，将符合决策者的行为准则的 S 形效用函数和 ELECTRE Ⅱ 方法结合起来，并将其应用在 Q 阶序对模糊环境中。最后，通过算例对三种方法进行了验证，说明了方法的有效性。

# 第8章 总结与展望

## 8.1 研究总结

在有关多属性决策的实际问题中，由于决策环境的随机性、不确定性和矛盾冲突性，决策者在评价备选方案时更偏向于利用模糊数来表达人们主观判断的模糊性，因此，在 Zadeh 首先提出了模糊集的概念并将其应用于决策分析以来，模糊决策得到了国内外学者的广泛关注，并且取得了丰硕的研究成果。同时，为了寻找一种更加有效且精确的信息表达形式来描述这些复杂的决策信息，传统的模糊集已经被扩展到直觉模糊集、毕达哥拉斯模糊集、Q 阶序对模糊集等具有不同空间范围的模糊集合，并围绕着三个基本的模糊集进行了大量的拓展研究。但是由于 Q 阶序对模糊数的新颖性，针对基于 Q 阶序对模糊数的一些集成算子以及多属性决策方法的研究还未形成一个完善的理论体系。Q 阶序对模糊数的优势在于：一方面，Q 阶序对模糊数能够更宽广、更完整地表达模糊决策信息，具有更强的表达模糊信息的能力，因此，在现实的复杂决策环境中，能够减少决策信息的失真，使得决策具有更高的准确性。另一方面，Q 阶序对模糊集包含直觉模糊集、毕达哥拉斯模糊集的概念，相比较而言，其更能够适应决策环境，具有更强的描述不确定性的能力和更好的通用性。因此，本书主要基于 Q 阶序对模糊数的概念，提出了一些集成算子，同时结合不同的多属性决策方法，对 Q 阶序对模糊数在实际决策中的应用进行了深入研究。

本书的主要研究总结如下。

（1）介绍 Q 阶序对模糊集的基本概念，基于 Archimedean 三角模和三角余模，提出 Q 阶序对模糊数的 Archimedean 运算法则及性质、大小比较规则（得分函数和精确函数）与距离测度。其中，所提运算法则能够基于不同的加性生成子函数，派生出 Algebraic、Einstein、Hamacher 和 Frank 四种运算法则，具有较强的通用性和灵活性，可以更好地适应不同复杂决策问题。在此基础上，以 Algebraic 运算法则为例，介绍 Q 阶序对模糊数的加权平均算子及其所具有的一些性质和特例，丰富了 Q 阶序对模糊集的基础理论研究。

（2）考虑到属性权重是多属性决策方法的重要数据，直接影响评价结果。本书研究了综合考虑主观权重和客观权重的组合权重。主观权重方面，建立了基于新型 Q 阶序对模糊数得分函数的 BWM；客观权重方面，建立了基于知识测度的

Q 阶序对模糊熵权法、基于新型 Q 阶序对模糊数得分函数的变异系数法、基于 Q 阶序对模糊数的归一化双向投影方法；组合权重方面，建立了基于新型 Q 阶序对模糊数得分函数的综合评价值最大方法、基于总偏差最小和综合评价值最大的组合权重方法，同时给出了基于博弈论、相对熵的组合权重方法。

（3）针对属性间存在两两关联关系且属性值为 Q 阶序对模糊数的多属性决策问题，分别提出 q-ROFBM 和 q-ROFGBM 及其加权算子（q-ROFWBM 算子、q-ROFWGBM 算子）。针对提高 Q 阶序对模糊数在计算过程中的准确性和灵活性，基于 Archimedean 三角模，提出 q-ROFABM 算子和 q-ROFWABM 算子。考虑到现实决策中可能存在更复杂的决策情况，例如，属性两两之间不是都存在关联关系的情形，即存在分区结构，且相同分区之内属性两两关联，不同分区之间属性相互独立，为了解决这种决策情形，提出 q-ROFPBM 算子及其加权形式（q-ROFWPBM 算子），并基于上述各类算子构建相应的多属性决策方法，又通过实际算例进行有效性验证。

（4）考虑到幂算子能够有效处理偏见专家所给的极端评价数据，以及 MSM 算子能够处理多个属性间具有关联关系的现实决策情形，分别介绍 q-ROFMSM 算子、q-ROFPMSM 算子、q-ROFPWMSM 算子、q-ROFGMSM 算子和 q-ROFWGMSM 算子，并给出其所具有的一些基本性质和特例。然后，分别基于 q-ROFPWMSM 算子和 q-ROFWGMSM 算子，构建两类多属性决策方法，能够灵活解决不同情形的实际决策问题，并分别通过两个应用算例对所提方法的有效性进行验证及对相关参数进行分析。

（5）考虑到基于效用值的模糊多属性决策方法的优势，提出了三种基于效用值的 Q 阶序对模糊多属性决策方法。考虑到属性权重未知的问题，首先通过结合专家个人重要度和评价合理度，提出了一种新的求取专家权重的模型，并引入了一种新的贴近度公式，提出了一种改进的 Q 阶序对模糊 TOPSIS 多属性决策方法。考虑到决策者的心理行为，本书将前景理论和 MABAC 方法结合，提出了一种考虑决策者心理行为的前景 Q 阶序对模糊 MABAC 多属性决策方法。针对属性权重未知的多属性群决策问题，提出了基于 Q 阶序对模糊信息的 Taxonomy 方法，并通过企业投资选择算例，对方法的应用和计算过程进行了说明。

（6）针对属性值为 Q 阶序对模糊数、属性权重未知的多属性决策问题，提出了基于 Q 阶序对模糊信息的扩展 PROMETHEE 方法，其中属性权重由 BWM 模型确定的主观权重与基于变异系数法确定的客观权重组合得到。考虑 QUALIFLEX 方法一致性指数计算的重要性，分别利用 BWM 和熵权法确定了属性的主观权重和客观权重，利用相对熵组合权重方法计算得到组合权重，并将其应用于 Q 阶序对模糊 VIKOR 方法计算一致性指数的过程中，然后与 QUALIFLEX 方法结合，提出了基于 Q 阶序对模糊信息的拓展 QUALIFLEX 方法。将符合决策者行为准则的 S 形效用函数和 ELECTRE Ⅱ 方法相结合，并将其拓展到 Q 阶序对模糊环境中。同时，通过算例对三种方法均进行了分析说明。

## 8.2 研究展望

Q 阶序对模糊信息作为一种信息表示模型，其研究仍在不断地进行中。本书仅仅是对该领域做了初步探索，仍有许多问题需要进一步研究。未来的研究主要包括以下几个方面。

（1）在 Q 阶序对模糊信息基础理论研究方面，本书虽然用到了一些运算法则、大小比较方法和距离测度等基本理论，但是其他的多种距离测度（有序加权距离、Cosine 距离等）、相似性测度以及关联测度等信息测度理论尚未进行系统的研究。作为 Q 阶序对模糊决策方法研究的理论基础，这些内容是后续首先要关注的内容。

（2）本书提出的基于效用值和优先关系的多属性决策方法，分别用到了主观权重确定方法（如 BWM）、客观权重确定方法（如熵权法、变异系数确定方法、归一化双向投影方法）、组合权重确定方法等。显然，本书提出的方法仍具有一定的局限性，下一步将考虑其他的客观权重确定方法，以及更加新颖的组合权重确定方法，以更加合理地进行权重赋值。同时，针对一些复杂决策情况，如何确定折中参数的合理取值，如何在考虑折中的同时考虑决策者其他的心理行为等问题，都需要后续进行深入的思考和研究。

（3）本书提出了两种考虑决策者心理行为的 Q 阶序对模糊信息多属性决策方法，但是更加复杂的考虑决策者心理特征的心理行为理论没有被考虑在内，例如，决策者在决策过程中可能存在损失规避、后悔规避、失望规避等心理行为，在接下来的研究中需要进一步展开系统性的研究，建立综合反映多种心理行为特征的 Q 阶序对模糊多属性决策方法。此外，可以进一步考虑大群体决策行为的特殊性，对专家进行聚类分析，考虑不同的专家群体具有不同心理行为的 Q 阶序对模糊多属性群决策方法。

（4）Q 阶序对模糊集作为一种表达不确定信息的重要工具，具有十分广阔的研究和应用前景。Q 阶序对模糊信息可以应用于许多实际决策问题，如模糊聚类分析、预算分配、共识模型等。另外，在目前的大数据时代，如何将 Q 阶序对模糊集的相关理论应用于大数据相关领域，例如，机器学习、数据挖掘和自然语言处理等，是一个值得关注的研究方向。

# 参 考 文 献


[1] Zadeh L A. Fuzzy sets[J]. Information and Control，1965，8（3）：338-353.

[2] Atanassov K T. Intuitionistic fuzzy sets[J]. Fuzzy Sets and Systems，1986，20（1）：87-96.

[3] Xu Z S. Intuitionistic fuzzy aggregation operators[J]. IEEE Transactions on Fuzzy Systems，2007，15（6）：1179-1187.

[4] 邵良杉，赵琳琳，温廷新，等. 基于前景理论的区间直觉模糊双向投影决策方法[J]. 控制与决策，2016，31（6）：1143-1147.

[5] 高明美，孙涛，朱建军. 基于改进熵和新得分函数的区间直觉模糊多属性决策[J]. 控制与决策，2016，31（10）：1757-1764.

[6] 刘政敏，刘培德. 直觉正态模糊优先集结算子及其在群决策中的应用[J]. 系统工程理论与实践，2016，36（2）：494-504.

[7] Nayagam V L，Jeevaraj S，Sivaraman G. Complete ranking of intuitionistic fuzzy numbers[J]. Fuzzy Information and Engineering，2016，8（2）：237-254.

[8] Deli I，Çağman N. Intuitionistic fuzzy parameterized soft set theory and its decision making [J]. Applied Soft Computing，2015，28：109-113.

[9] Xu Z S，Liao H C. A survey of approaches to decision making with intuitionistic fuzzy preference relations[J]. Knowledge-based Systems，2015，80：131-142.

[10] 周晓辉，姚俭，吴天魁，等. 三角模糊数直觉模糊 Bonferroni 平均算子及其应用[J]. 计算机应用研究，2015，32（2）：434-438.

[11] 余高锋，李登峰，邱锦明. 三角直觉模糊决策的变权方法[J]. 运筹与管理，2015，24（3）：120-126.

[12] 刘满凤，任海平. 基于一类新的直觉模糊熵的多属性决策方法研究[J]. 系统工程理论与实践，2015，35（11）：2909-2916.

[13] Yager R R. Pythagorean membership grades in multicriteria decision making[J]. IEEE Transactions on Fuzzy Systems，2014，22（4）：958-965.

[14] Yager R R. Generalized orthopair fuzzy sets[J]. IEEE Transactions on Fuzzy Systems，2017，25（5）：1222-1230.

[15] Yager R R，Alajlan N. Approximate reasoning with generalized orthopair fuzzy sets[J]. Information Fusion，2017，38：65-73.

[16] Liu P D，Wang P. Some q-rung orthopair fuzzy aggregation operators and their applications to multiple-attribute decision making[J]. International Journal of Intelligent Systems，2018，33（2）：259-280.

[17] De S K，Biswas R，Roy A R. Some operations on intuitionistic fuzzy sets[J]. Fuzzy Sets and Systems，2000，114（3）：477-484.

[18] De S K，Biswas R，Roy A R. An application of intuitionistic fuzzy sets in medical diagnosis[J]. Fuzzy Sets and Systems，2001，117（2）：209-213.

[19] He Y D，He Z，Chen H Y. Intuitionistic fuzzy interaction Bonferroni means and its application to multiple attribute decision making[J]. IEEE Transactions on Cybernetics，2015，45（1）：116-128.

[20] Szmidt E，Jacprzyk J. Distances between intuitionistic fuzzy sets[J]. Fuzzy Sets and Systems，2000，114（3）：505-518.

[21] Szmidit E，Jacprzk J. Intuitionistic fuzzy sets in group decision making[J]. NIFS，1996，2（1）：15-32.

[22] Szmidit E，Jacprzyk J. Remarks on some applications of intuitionistic fuzzy sets in group decision making[J]. NIFS，1996，2（3）：22-31.

[23] Szmidit E，Jacprzyk J. Group decision making via intuitionistic fuzzy set[J]. FUBEST，1996，14（2）：107-112.

[24] Chen S M，Chang C H. A novel similarity measure between Atanassov's intuitionistic fuzzy sets based on transformation techniques with applications to pattern recognition[J]. Information Sciences，2015，291：96-114.

[25] Nguyen H. A new knowledge-based measure for intuitionistic fuzzy sets and its application in multiple attribute group decision making[J]. Expert Systems with Applications，2015，44（22）：8766-8774.

[26] Guo K H，Song Q. On the entropy for Atanassov's intuitionistic fuzzy sets：An interpretation from the perspective of amount of knowledge[J]. Applied Soft Computing，2014，24：328-340.

[27] Atanassov K，Gargov G. Interval-valued intuitionistic fuzzy sets[J]. Fuzzy Sets and Systems，1989，31（3）：343-349.

[28] 刘锋，袁学海. 模糊数直觉模糊集[J]. 模糊系统与数学，2007，21（1）：88-91.

[29] 赵涛，肖建. 二型直觉模糊集[J]. 控制理论与应用，2012，9（29）：1216-1222.

[30] Xu Z S，Yager R R. Some geometric aggregation operators based on intuitionistic fuzzy sets[J]. International Journal of General Systems，2006，35（4）：417-433.

[31] Liu P D. Some Hamacher aggregation operators based on the interval-valued intuitionistic fuzzy numbers and their application to group decision making[J]. IEEE Transactions on Fuzzy Systems，2014，2（1）：83-97.

[32] Zhang X，Liu P D，Wang Y M. Multiple attribute group decision making methods based on intuitionistic fuzzy frank power aggregation operators[J]. Journal of Intelligent & Fuzzy Systems，2015，29（5）：2235-2246.

[33] 徐泽水. 区间直觉模糊信息的集成方法及其在决策中的应用[J]. 控制与决策，2007，22（2）：215-219.

[34] 徐泽水，陈剑. 一种基于区间直觉判断矩阵的群决策方法[J]. 系统工程理论与实践，2007，27（4）：126-133.

[35] 陈东锋，胥林，龙戈农. 两种改进的直觉模糊多属性决策方法[J]. 空军工程大学学报，2008，9（2）：76-79.

[36] 胡辉，徐泽水. 基于 TOPSIS 的区间直觉模糊多属性决策法[J]. 模糊系统与数学，2007，

21（5）：108-112.
[37] Peng J P，Yeh W C，Lai T C，et al. The incorporation of the Taguchi and the VIKOR methods to optimize multi-response problems in intuitionistic fuzzy environments[J]. Journal of the Chinese Institute of Engineers，2015，38（7）：897-907.
[38] Li M，Wu C，Zhang L，et al. An intuitionistic fuzzy-TODIM method to solve distributor evaluation and selection problem[J]. International Journal of Simulation Modelling，2015，14（3）：511-524.
[39] 时恩早，张先哲. 基于直觉模糊偏好关系的多属性决策方法[J]. 控制工程，2017，24（7）：1352-1358.
[40] Yager R R，Abbasov A M. Pythagorean membership grades，complex numbers，and decision making[J]. International Journal of Intelligent Systems，2013，28（5）：436-452.
[41] Peng X D，Yang Y. Some results for Pythagorean fuzzy sets[J]. International Journal of Intelligent Systems，2015，30（11）：1133-1160.
[42] Zhang X L，Xu Z S. Extension of TOPSIS to multiple criteria decision making with Pythagorean fuzzy sets[J]. International Journal of Intelligent Systems，2014，29（12）：1061-1078.
[43] Ren P J，Xu Z S，Gou X J. Pythagorean fuzzy TODIM approach to multi-criteria decision making[J]. Applied Soft Computing，2016，42：246-259.
[44] Garg H. A new generalized Pythagorean fuzzy information aggregation using Einstein operations and its application to decision making[J]. International Journal of Intelligent Systems，2016，31（9）：886-920.
[45] 何霞，杜迎雪，刘卫锋. 毕达哥拉斯模糊幂平均算子[J]. 模糊系统与数学，2016，30（6）：116-124.
[46] 刘卫锋，常娟，何霞. 广义毕达哥拉斯模糊集成算子及其决策应用[J]. 控制与决策，2016，31（12）：2280-2286.
[47] 刘卫锋，杜迎雪，常娟. 毕达哥拉斯模糊交叉影响集成算子及其决策应用[J]. 控制与决策，2017，32（6）：1033-1040.
[48] Wei G W，Wei Y. Similarity measures of Pythagorean fuzzy sets based on the cosine function and their applications[J]. International Journal of Intelligent Systems，2018，33（3）：634-652.
[49] Peng X D，Yang Y. Fundamental properties of interval-valued Pythagorean fuzzy aggregation operators[J]. International Journal of Intelligent Systems，2016，31（5）：444-487.
[50] Garg H. A new improved score function of an interval-valued Pythagorean fuzzy set based TOPSIS method[J]. International Journal for Uncertainty Quantification，2017，7（5）：463-474.
[51] 彭新东，杨勇，宋娟萍，等. 毕达哥拉斯模糊软集及其应用[J]. 计算机工程，2015，41（7）：224-229.
[52] 刘卫锋，何霞. 毕达哥拉斯犹豫模糊集[J]. 模糊系统与数学，2016，30（4）：107-115.
[53] Du Y Q，Hou F J，Zafar W，et al. A novel method for multiattribute decision making with interval-valued pythagorean fuzzy linguistic information[J]. International Journal of Intelligent Systems，2017，32（10）：1085-1112.
[54] Shakeel M，Abdullah S，Khan A W，et al. Induced averaging aggregation operators with interval

Pythagorean trapezoidal fuzzy numbers and their application to group decision making[J]. The Nucleus，2017，54（2）：140-153.
[55] Liu P D，Wang P. Multiple-attribute decision-making based on Archimedean Bonferroni operators of q-rung orthopair fuzzy numbers[J]. IEEE Transactions on Fuzzy Systems，2019，27（5）：834-848.
[56] Liu P D，Chen S M，Wang P. Multiple-attribute group decision-making based on q-rung orthopair fuzzy power Maclaurin symmetric mean operators[J]. IEEE Transactions on Systems，Man，and Cybernetics：Systems，2020，50（10）：3741-3756.
[57] Peng X D，Dai J G，Garg H. Exponential operation and aggregation operator for q-rung orthopair fuzzy set and their decision-making method with a new score function[J]. International Journal of Intelligent Systems，2018，33（11）：2255-2282.
[58] Peng X D，Krishankumar R，Ravichandran K S. Generalized orthopair fuzzy weighted distance-based approximation（WDBA）algorithm in emergency decision-making[J]. International Journal of Intelligent Systems，2019，34（10）：2364-2402.
[59] Peng X D，Liu L. Information measures for q-rung orthopair fuzzy sets[J]. International Journal of Intelligent Systems，2019，34（8）：1795-1834.
[60] Liu D H，Peng D，Liu Z M. The distance measures between q-rung orthopair hesitant fuzzy sets and their application in multiple criteria decision making[J]. International Journal of Intelligent Systems，2019，34（9）：2104-2121.
[61] 臧誉琪，张帅. 面向广义正交模糊分级匹配的服务群推荐研究[J].中国集体经济，2020，17：88-89.
[62] Qin Y C，Qi Q F，Scott P J，et al. Multi-criteria group decision making based on Archimedean power partitioned Muirhead mean operators of q-rung orthopair fuzzy numbers[J]. PloS One，2019，14（9）：e0221759.
[63] Du W S. Weighted power means of q-rung orthopair fuzzy information and their applications in multiattribute decision making[J]. International Journal of Intelligent Systems，2019，34（11）：2835-2862.
[64] Liu P D，Liu J L. Some q-rung orthopai fuzzy Bonferroni mean operators and their application to multi-attribute group decision making[J]. International Journal of Intelligent Systems，2018，33（2）：315-347.
[65] Yang W，Pang Y F. New q-rung orthopair fuzzy Bonferroni mean Dombi operators and their application in multiple attribute decision making[J]. IEEE Access，2020，8：50587-50610.
[66] Wei G W，Gao H，Wei Y. Some q-rung orthopair fuzzy Heronian mean operators in multiple attribute decision making[J]. International Journal of Intelligent Systems，2018，33（7）：1426-1458.
[67] Liu Z M，Wang S Y，Liu P D. Multiple attribute group decision making based on q-rung orthopair fuzzy Heronian mean operators[J]. International Journal of Intelligent Systems，2018，33（12）：2341-2363.
[68] Yang Z L，Ouyang T，Fu X L，et al. A decision-making algorithm for online shopping using deep-learning-based opinion pairs mining and q-rung orthopair fuzzy interaction Heronian

mean operators[J]. International Journal of Intelligent Systems，2020，35（5）：783-825.
[69] Bai K Y, Zhu X M, Wang J, et al. Some partitioned Maclaurin symmetric mean based on q-rung orthopair fuzzy information for dealing with multi-attribute group decision making[J]. SYMMETRY-BASEL，2018，10（9）：383.
[70] Wei G W，Wei C，Wang J，et al. Some q-rung orthopair fuzzy Maclaurin symmetric mean operators and their applications to potential evaluation of emerging technology commercialization[J]. International Journal of Intelligent Systems，2019，34（1）：50-81.
[71] 王军. 基于正交模糊信息集成算子的多属性决策方法研究[D]. 北京：北京交通大学，2019.
[72] 王军，张润彤，朱晓敏. 广义正交模糊 Maclaurin 对称平均算子及其应用[J]. 计算机科学与探索，2019，13（8）：1411-1421.
[73] 司雅雪，李泽锴，林志超，等. q 阶区间 orthopair 模糊 power 平均算子及其应用[J]. 价值工程，2020，39（18）：232-235.
[74] Liu P D，Wang Y M. Multiple attribute decision making based on q-rung orthopair fuzzy generalized Maclaurin symmetic mean operators[J]. Information Sciences，2020，518：181-210.
[75] Liu P Y，Liu P D，Wang P，et al. An extended multiple attribute group decision making method based on q-rung orthopair fuzzy numbers[J]. IEEE Access，2019，7：162050-162061.
[76] Liu D H，Huang A. Consensus reaching process for fuzzy behavioral TOPSIS method with probabilistic linguistic q-rung orthopair fuzzy set based on correlation measure[J]. International Journal of Intelligent Systems，2020，35（3）：494-528.
[77] Mi X M，Li J M，Liao H C，et al. Hospitality brand management by a score-based q-rung orthopair fuzzy VIKOR method integrated with the best worst method[J]. Economic Research-Ekonomska Istraživanja，2019，32（1）：3272-3301.
[78] Wang J，Wei G W，Wei C，et al. MABAC method for multiple attribute group decision making under q-rung orthopair fuzzy environment[J]. Defence Technology，2020，16（1）：208-216.
[79] Liu Z M，Li L，Zhao X L，et al. Selecting the optimal green agricultural products supplier：A novel approach based on GBWM and PROMETHEE II [J]. Sustainability，2020，12（17）：6703.
[80] Liao H C，Zhang H R，Zhang C，et al. A q-rung orthopair fuzzy GLDS method for investment evaluation of BE angel capital in China[J]. Technological and Economic Development of Economy，2020，26（1）：103-134.
[81] 徐玥，刘练珍. q 阶犹豫模糊集及其在决策中的应用[J]. 模式识别与人工智能，2018，31（9）：816-836.
[82] Yager R R. The power average operator[J]. IEEE Transactions on Systems，Man，and Cybernetics-Part A：Systems and Humans，2001，31（6）：724-731.
[83] Yager R R. The power average operator for information fusion[C]//International Conference on Information Processing and Management of Uncertainty in Knowledge-Based Systems. Berlin：Springer，2010.
[84] Xu Z S. Approaches to multiple attribute group decision making based on intuitionistic fuzzy power aggregation operators[J]. Knowledge-Based Systems，2011，24（6）：749-760.
[85] Xu Z S，Yager R R. Power-geometric operators and their use in group decision making[J]. IEEE Transactions on Fuzzy Systems，2010，18（1）：94-105.

[86] 姚平，陈华友，周礼刚. 幂调和平均算子及其在模糊偏好关系群决策中的应用[J]. 运筹与管理，2012，21（5）：85-90.

[87] Zhang Z M. Generalized Atanassov's intuitionistic fuzzy power geometric operators and their application to multiple attribute group decision making[J]. Information Fusion，2013，14（4）：460-486.

[88] Xu Y J，Wang H M. Approaches based on 2-tuple linguistic power aggregation operators for multiple attribute group decision making under linguistic environment[J]. Applied Soft Computing，2011，11（5）：3988-3997.

[89] Wan S P，Dong J Y. Power geometric operators of trapezoidal intuitionistic fuzzy numbers and application to multi-attribute group decision making[J]. Applied Soft Computing，2015，29：153-168.

[90] Wan S P，Yi Z H. Power average of trapezoidal intuitionistic fuzzy numbers using strict t-norms and t-conorms[J]. IEEE Transactions on Fuzzy Systems，2016，24（5）：1035-1047.

[91] Liu P D，Wang Y M. Multiple attribute group decision making methods based on intuitionistic linguistic power generalized aggregation operators[J]. Applied Soft Computing，2014，17：90-104.

[92] Liu P D. Multiple attribute group decision making method based on interval-valued intuitionistic fuzzy power Heronian aggregation operators[J]. Computers & Industrial Engineering，2017，108：199-212.

[93] Liu P D，Li H G. Interval-valued intuitionistic fuzzy power Bonferroni aggregation operators and their application to group decision making[J]. Cognitive Computation，2017，9（4）：494-512.

[94] Wei G W，Lu M. Pythagorean fuzzy power aggregation operators in multiple attribute decision making[J]. International Journal of Intelligent Systems，2018，33（1）：169-186.

[95] Bonferroni C. Sulle medie multiple di potenze[J]. Bollettino dell'Unione Matematica Italiana，1950，5（3/4）：267-270.

[96] Yager R R. On generalized Bonferroni mean operators for multi-criteria aggregation[J]. International Journal of Approximate Reasoning，2009，50（8）：1279-1286.

[97] Xu Z S，Yager R R. Intuitionistic fuzzy Bonferroni means[J]. IEEE Transactions on Systems，Man，and Cybernetics，Part B：Cybernetics，2011，41（2）：568-578.

[98] Zhou W，He J M. Intuitionistic fuzzy geometric Bonferroni means and their application in multicriteria decision making[J]. International Journal of Intelligent Systems，2012，27（12）：995-1019.

[99] Liu P D，Gao H. Some intuitionistic fuzzy power Bonferroni mean operators in the framework of Dempster-Shafer theory and their application to multicriteria decision making[J]. Applied Soft Computing，2019，85：105790.

[100] Liu P D，Liu J L，Chen S M. Some intuitionistic fuzzy Dombi Bonferroni mean operators and their application to multi-attribute group decision making[J]. Journal of the Operational Research Society，2018，69（1）：1-24.

[101] Liang D C，Zhang Y R J，Xu Z S，et al. Pythagorean fuzzy Bonferroni mean aggregation

operator and its accelerative calculating algorithm with the multithreading[J]. International Journal of Intelligent Systems，2018，33（3）：615-633.

[102] Liang D C，Xu Z S，Darko A P. Projection model for fusing the information of Pythagorean fuzzy multicriteria group decision making based on geometric Bonferroni mean[J]. International Journal of Intelligent Systems，2017，32（9）：966-987.

[103] Liang D C，Darko A P，Xu Z S，et al. The linear assignment method for multicriteria group decision making based on interval-valued Pythagorean fuzzy Bonferroni mean[J]. International Journal of Intelligent Systems，2018，33（1）：2101-2138.

[104] Dutta B，Guha D. Partitioned Bonferroni mean based on linguistic 2-tuple for dealing with multi-attribute group decision making[J]. Applied Soft Computing，2015，37：166-179.

[105] Liu P D，Chen S M，Liu J L. Multiple attribute group decision making based on intuitionistic fuzzy interaction partitioned Bonferroni mean operators[J]. Information Sciences，2017，411：98-121.

[106] Liang D C，Darko A P，Xu Z S. Interval-valued Pythagorean fuzzy extended Bonferroni mean for dealing with heterogenous relationship among attributes[J]. International Journal of Intelligent Systems，2018，33（7）：1381-1411.

[107] Yang W，Pang Y F. New q-rung orthopair fuzzy partitioned Bonferroni mean operators and their application in multiple attribute decision making[J]. International Journal of Intelligent Systems，2019，34（3）：439-476.

[108] Qin J D，Liu X W. An approach to intuitionistic fuzzy multiple attribute decision making based on Maclaurin symmetric mean operators[J]. Journal of Intelligent & Fuzzy Systems，2014，27（5）：2177-2190.

[109] Maclaurin C. A second letter to Martin Folkes，Esq concerning the roots of equations，with demonstration of other rules of algebra[J]. Philisophical Transactions of the Royal Society of London Series A，1730，36（408）：59-96.

[110] Liu Z M，Teng F，Liu P D，et al. Interval-valued intuitionistic fuzzy power Maclaurin symmetric mean aggregation operators and their application to multiple attribute group decision making[J]. International Journal for Uncertainty Quantifications，2018，8（3）：211-232.

[111] Wang P，Liu P D. Some Maclaurin symmetric mean aggregation operators based on Schweizer-Sklar operations for intuitionistic fuzzy numbers and their application to decision making[J]. Journal of Intelligent and Fuzzy Systems，2019，36（4）：3801-3824.

[112] Wei G W，Lu M. Pythagorean fuzzy Maclaurin symmetric mean operators in multiple attribute decision making[J]. International Journal of Intelligent Systems，2018，33（5）：1043-1070.

[113] Yang W，Pang Y F. New Pythagorean fuzzy interaction Maclaurin symmetric mean operators and their application in multiple attribute decision making[J]. IEEE Access，2018，6：39241-39260.

[114] Liu P D，Chen S M，Wang Y M. Multiattribute group decision making based on intuitionistic fuzzy partitioned Maclaurin symmetric mean operators[J]. Information Sciences，2020，512：830-854.

[115] Darko A P，Liang D C. Some q-rung orthopair fuzzy Hamacher aggregation operators and their

application to multiple attribute group decision making with modified EDAS method[J]. Engineering Applications of Artificial Intelligence，2020，87：103259.

[116] Hwang C L，Yoon K. Multiple Attribute Decision Making：Methods and Applications[M]. Berlin：Springer-Verlag，1981.

[117] 徐泽水. 一种基于目标贴近度的多目标决策方法[J]. 系统工程理论与实践，2001，21（9）：101-104.

[118] 付亚男，毛军军，徐丹青. 基于区间直觉梯形模糊数的改进 TOPSIS 多属性决策方法[J]. 数学的实践与认识，2014，44（17）：134-140.

[119] 袁华，刘文怡，王肖霞. 基于直觉模糊云模型的 TOPSIS 多属性决策方法[J].计算机工程与科学，2017，39（3）：605-610.

[120] 王应明，阙翠平，蓝以信. 基于前景理论的犹豫模糊 TOPSIS 多属性决策方法[J].控制与决策，2017，32（5）：864-870.

[121] Boran F E，Genç S，Kurt M，et al. A multi-criteria intuitionistic fuzzy group decision making for supplier selection with TOPSIS method[J]. Expert Systems with Applications，2009，36（8）：11363-11368.

[122] Zeng S Z，Xiao Y. TOPSIS method for intuitionistic fuzzy multiple-criteria decision making and its application to investment selection[J]. Kybernetes，2016，45（2）：282-296.

[123] Ye F. An extended TOPSIS method with interval-valued intuitionistic fuzzy numbers for virtual enterprise partner selection[J]. Expert Systems with Applications，2010，37（10）：7050-7055.

[124] Mohagheghi V，Mousavi S M，Vahdani B. Enhancing decision-making flexibility by introducing a new last aggregation evaluating approach based on multi-criteria group decision making and Pythagorean fuzzy sets[J]. Applied Soft Computing，2017，61：527-535.

[125] Opricovic S，Tzeng G H. Compromise solution by MCDM methods：A comparative analysis of VIKOR and TOPSIS[J]. European Journal of Operational Research，2004，156（2）：445-455.

[126] Kaya T，Kahraman C. Multicriteria renewable energy planning using an integrated fuzzy VIKOR & AHP methodology：The case of Istanbul[J]. Energy，2010，35（6）：2517-2527.

[127] Yücenur G N，Demirel N Ç. Group decision making process for insurance company selection problem with extended VIKOR method under fuzzy environment[J]. Expert Systems with Applications，2012，39（3）：3702-3707.

[128] Liu H C，Liu L，Liu N. Risk evaluation in failure mode and effects analysis with extended VIKOR method under fuzzy environment[J]. Expert Systems with Applications，2012，39（17）：12926-12934.

[129] Ju Y B，Wang A H. Extension of VIKOR method for multimulti-criteria group decision making problem with linguistic information[J]. Applied Mathematical Modelling，2013，37（5）：3112-3125.

[130] You X Y，You J X，Liu H C. Group multi-criteria supplier selection using an extended VIKOR method with interval 2-tuple linguistic information[J]. Expert Systems with Applications，2015，42（4）：1906-1916.

[131] Liao H C，Xu Z S，Zeng X J. Hesitant fuzzy linguistic VIKOR method and its application in qualitative multiple criteria decision making[J]. IEEE Transactions on Fuzzy Systems，2015，

23（5）：1343-1355.

[132] 谭春桥，贾媛. 基于证据理论和前景理论的犹豫-直觉模糊语言多准则决策方法[J]. 控制与决策，2017，32（2）：333-339.

[133] Awasthi A，Govindan K，Gold S. Multi-tier sustainable global supplier selection using a fuzzy AHP-VIKOR based approach[J]. International Journal of Production Economics，2018，195：106-117.

[134] Sennaroglu B，Celebi G V. A military airport location selection by AHP integrated PROMETHEE and VIKOR methods[J]. Transportation Research Part D：Transport and Environment，2018，59：160-173.

[135] Abdel-Baset M，Chang V，Gamal A，et al. An integrated neutrosophic ANP and VIKOR method for achieving sustainable supplier selection：A case study in importing field[J]. Computers in Industry，2019，106：94-110.

[136] Zeng S Z，Chen S M，Kuo L W. Multiattribute decision making based on novel score function of intuitionistic fuzzy values and modified VIKOR method[J]. Information Sciences，2019，488：76-92.

[137] Kumar A，Aswin A，Gupta H. Evaluating green performance of the airports using hybrid BWM and VIKOR methodology[J]. Tourism Management，2020，76：103941.

[138] Pamučar D，Ćirović G. The selection of transport and handling resources in logistics centers using multi-attributive border approximation area comparison（MABAC）[J]. Expert Systems with Applications，2015，42（6）：3016-3028.

[139] Peng X D，Yang Y. Pythagorean fuzzy Choquet integral based MABAC method for multiple attribute group decision making[J]. International Journal of Intelligent Systems，2016，31（10）：989-1020.

[140] Xue Y X，You J X，Lai X D. An interval-valued intuitionistic fuzzy MABAC approach for material selection with incomplete weight information[J]. Applied Soft Computing，2016，38：703-713.

[141] Yu S M，Wang J，Wang J Q. An interval type-2 fuzzy likelihood-based MABAC approach and its application in selecting hotels on a tourism website[J]. International Journal of Fuzzy Systems，2017，19（1）：47-61.

[142] Sun R X，Hu J H，Zhou J D，et al. A hesitant fuzzy linguistic projection-based MABAC method for patients' prioritization[J]. International Journal of Fuzzy Systems，2018，20（7）：2144-2160.

[143] Peng X D，Dai J G. Approaches to single-valued neutrosophic MADM based on MABAC，TOPSIS and new similarity measure with score function[J]. Neural Computing and Applications，2018，29（10）：939-954.

[144] Ji P，Zhang H Y，Wang J Q. Selecting an outsourcing provider based on the combined MABAC-ELECTRE method using single-valued neutrosophic linguistic sets[J]. Computers & Industrial Engineering，2018，120：429-441.

[145] Hellwig Z. Application of the taxonomic method to typologic distinction of countries[J]. Przeglagd Statystynczny，1968，15（4）：307-327.

[146] Hellwig Z. Usage of taxonomic methods for the typological divisions countries[J]. Stat

Overview，1968：15（4）：307-327.

[147] Hellwig Z. Procedure of evaluating high level manpower data and typology of countries by means of the taxonomic method（text in Polish）[J]. Statistical Review，1968，15：308-327.

[148] Bienkowska W. Activities of local authorities in promoting entrepreneurship in Poland[C]. Proceedings of the Economic Science for Rural Development Conference，2013，32：26-31.

[149] Jurkowska B. The federal states of Germany—Analysis and measurement of development using taxonomic methods[J]. Oeconomia Copernicana，2014，5（3）：49-73.

[150] Alinezhad A，Khalili J. New Methods and Applications in Multiple Attribute Decision Making（MADM）[M]. Cham：Springer International Publishing，2019.

[151] He T T，Wei G W，Lu J P，et al. Pythagorean 2-tuple linguistic taxonomy method for supplier selection in medical instrument industries[J]. International Journal of Environmental Research and Public Health，2019，16（23）：4875.

[152] Paelinck J H P. Qualiflex：A flexible multiple-criteria method[J]. Economics Letters，1978，1（3）：193-197.

[153] Demirel H，Akyuz E，Celik E，et al. An interval type-2 fuzzy QUALIFLEX approach to measure performance effectiveness of ballast water treatment（BWT）system on-board ship[J]. Ships and Offshore Structures，2019，14（7）：675-683.

[154] Liang W Z，Dai B，Zhao G Y，et al. Assessing the performance of green mines via a hesitant fuzzy ORESTE-QUALIFLEX method [J]. Mathematics，2019，7（9）：788.

[155] Ding X F，Zhu L X，Lu M S，et al. A novel linguistic Z-number QUALIFLEX method and its application to large group emergency decision making[J]. Scientific Programming，2020，(10)：1-12.

[156] Liang Y Y，Qin J D，Martínez L，et al. A heterogeneous QUALIFLEX method with criteria interaction for multi-criteria group decision making[J]. Information Sciences，2020，512：1481-1502.

[157] Liu L M，Bin Z L，Shi B，et al. Sustainable supplier selection based on regret theory and QUALIFLEX method[J]. International Journal of Computational Intelligence Systems，2020，13（1）：1120-1133.

[158] Dincer H，Yuksel S. IT2-based fuzzy hybrid decision making approach to soft computing[J]. IEEE Access，2019，7：15932-15944.

[159] Tian C，Zhang W Y，Zhang S，et al. An extended single-valued neutrosophic projection-based qualitative flexible multi-criteria decision-making method[J]. Mathematics，2019，7（1）：39.

[160] Peng H G，Zhang H Y，Wang J Q. Probability multi-valued neutrosophic sets and its application in multi-criteria group decision-making problems[J]. Neural Computing and Applications，2018，30（2）：563-583.

[161] Li J，Wang J Q. An extended QUALIFLEX method under probability hesitant fuzzy environment for selecting green suppliers[J]. International Journal of Fuzzy Systems，2017，19（6）：1866-1879.

[162] Benayoun R，Roy B，Sussman B. ELECTRE：Une méthode pour guider le choix en présence de points de vue multiples[J]. Note de Travail，1966，49：2-120.

[163] Roy B. Classement et choix en présence de points de vue multiples[J]. Revue Française d'informatique et de Recherche Opérationnelle，1968，2（8）：57-75.

[164] Figueira J R，Mousseau V，Roy B. ELECTRE methods in Multiple criteria decision analysis：The state of the art surveys[M]. New York：Springer-Verlag，2016：155-185.

[165] Govindan K，Jepsen M B. ELECTRE：A comprehensive literature review on methodologies and applications[J]. European Journal of Operational Research，2016，250（1）：1-29.

[166] Chen C T，Hung W Z. Applying fuzzy linguistic variable and ELECTRE method in R&D project evaluation and selection[C]. Industrial Engineering and Engineering Management，IEEM 2008，2008：999-1003.

[167] Hatami-Marbini A，Tavana M. An extension of the Electre I method for group decision-making under a fuzzy environment[J]. Omega，2011，39（4）：373-386.

[168] Hatami-Marbini A，Tavana M，Moradi M，et al. A fuzzy group Electre method for safety and health assessment in hazardous waste recycling facilities[J]. Safety Science，2013，51（1）：414-426.

[169] Wang J Q，Wang J，Chen Q H，et al. An outranking approach for multi-criteria decision-making with hesitant fuzzy linguistic term sets[J]. Information Sciences，2014，280：338-351.

[170] Wan S P，Xu G L，Dong J Y. Supplier selection using ANP and ELECTRE Ⅱ in interval 2-tuple linguistic environment[J]. Information Sciences，2016，385：19-38.

[171] Fei L，Xia J，Feng Y，et al. An ELECTRE-based multiple criteria decision making method for supplier selection using Dempster-Shafer theory[J]. IEEE Access，2019，7：84701-84716.

[172] Chen Z S，Martínez L，Chang J P，et al. Sustainable building material selection：A QFD-and ELECTRE Ⅲ-embedded hybrid MCGDM approach with consensus building[J]. Engineering Applications of Artificial Intelligence，2019，85：783-807.

[173] Akram M，Arshad M. Bipolar fuzzy TOPSIS and bipolar fuzzy ELECTRE- Ⅰ methods to diagnosis[J]. Computational and Applied Mathematics，2020，39（1）：7.

[174] Mishra A R，Singh R K，Motwani D. Intuitionistic fuzzy divergence measure-based ELECTRE method for performance of cellular mobile telephone service providers[J]. Neural Computing and Applications，2020，32（8）：3901-3921.

[175] He S S，Wang Y T，Wang J Q，et al. A novel risk assessment model based on failure mode and effect analysis and probabilistic linguistic ELECTRE Ⅱ method[J]. Journal of Intelligent & Fuzzy Systems，2020，38（4）：4675-4691.

[176] Mareschal B，Brans J P，Vincke P. PROMETHEE：A new family of outranking methods in multicriteria analysis[R]. ULB-Universite Libre de Bruxelles，1984.

[177] Brans J P，Vincke P，Mareschal B. How to select and how to rank projects：The Promethee method[J]. European Journal of Operational Research，1986，24（2）：228-238.

[178] Nassereddine M，Azar A，Rajabzadeh A，et al. Decision making application in collaborative emergency response：A new PROMETHEE preference function[J]. International Journal of Disaster Risk Reduction，2019，38：101221.

[179] Chen T Y. A novel PROMETHEE-based method using a Pythagorean fuzzy combinative distance-based precedence approach to multiple criteria decision making[J]. Applied Soft

Computing，2019，82：105560.
[180] Zhang H J，Zhou Y，Gan Q H. An extended PROMETHEE-Ⅱ-based risk prioritization method for equipment failures in the geothermal power plant[J]. International Journal of Fuzzy Systems，2019，21（8）：2490-2509.
[181] Wan S P，Zou W C，Zhong L G，et al. Some new information measures for hesitant fuzzy PROMETHEE method and application to green supplier selection[J]. Soft Computing，2020，24（12）：9179-9203.
[182] Tian C，Peng J J，Zhang W Y，et al. Tourism environmental impact assessment based on improved AHP and picture fuzzy PROMETHEE Ⅱ methods[J]. Technological and Economic Development of Economy，2019，26（2）：355-378.
[183] Wang X K，Wang Y T，Wang J Q，et al. A TODIM-PROMETHEE Ⅱ based multi-criteria group decision making method for risk evaluation of water resource carrying capacity under probabilistic linguistic Z-number circumstances[J]. Mathematics，2020，8（7）：1190.
[184] Wu Y N，Zhang T，Yi L Q. An internal type-2 trapezoidal fuzzy sets-PROMETHEE-Ⅱ based investment decision framework of compressed air energy storage project in China under the perspective of different investors[J]. Journal of Energy Storage，2020，30：101548.
[185] Tong L Z，Pu Z M，Chen K，et al. Sustainable maintenance supplier performance evaluation based on an extend fuzzy PROMETHEE Ⅱ approach in petrochemical industry[J]. Journal of Cleaner Production，2020，273：122771.
[186] 耿秀丽，周青超. 基于概率语言 BWM 与 PROMETHEE Ⅱ 的多准则决策方法[J].运筹与管理，2020，29（6）：124-129.
[187] 冯坤，杨强，常馨怡，等.基于在线评论和随机占优准则的生鲜电商顾客满意度测[J/OL].中国管理科学：1-12 .[2020-10-12]. https：//doi.org/10.16381/j.cnki.issn1003-207x.2019.2108.
[188] Menger K. Statistical metrics [J]. Proceedings of the National Academy of Sciences，1942，28：535-537.
[189] Schweizer B，Sklar A. Probabilistic Metric Spaces[M]. New York：North-Holland，1983.
[190] Klement E P，Mesiar R，Pap E. Triangular Norms[M]. Dordrecht：Springer Science & Business Media，2013.
[191] Roychowdhury S，Wang B H. On generalized Hamacher families of triangular operators[J]. International Journal of Approximate Reasoning，1998，19（3/4）：419-439.
[192] Klement E P，Mesiar R，Pap E. Triangular norms. Position paper I：Basic analytical and Algebraic properties[J]. Fuzzy Sets and Systems，2004，143（1）：5-26.
[193] Klir G，Yuan B. Fuzzy sets and fuzzy logic[M]. New Jersey：Prentice hall，1995.
[194] Dombi J. A general class of fuzzy operators，the DeMorgan class of fuzzy operators and fuzziness measures induced by fuzzy operators[J]. Fuzzy Sets and Systems，1982，8（2）：149-163.
[195] Klement E P，Mesiar R. Logical，Algebraic，Analytic，and Probabilistic Aspects of Triangular Norms[M]. New York：Elsevier，2005.
[196] Rezaei J. Best-worst multi-criteria decision-making method[J]. Omega，2015，53：49-57.
[197] Liu Z M，Liu P D，Liang X. Multiple attribute decision-making method for dealing with

heterogeneous relationship among attributes and unknown attribute weight information under q-rung orthopair fuzzy environment[J]. International Journal of Intelligent Systems，2018，33（9）：1900-1928.

[198] Chen R，Liu P D，Tang S K. Research on supply-chain supplier selection based on TOPSIS method with interval number and unknown weight[C]. International Conference on Wireless Communications，Networking And Mobile Computing，2008：1-4.

[199] Liu Z M，Wang X Y，Li L，et al. Q-rung orthopair fuzzy multiple attribute group decision-making method based on normalized bidirectional projection model and generalized knowledge-based entropy measure[J]. Journal of Ambient Intelligence and Humanized Computing，2020：1-16.

[200] 刘培德. 基于模糊多属性决策的企业信息化水平评价方法与应用研究[D].北京：北京交通大学，2010.

[201] Wu Y N，Wang J，Ji S Y，et al. Optimal investment selection of industrial and commercial rooftop distributed PV project based on combination weights and cloud-TODIM model from SMEs'Perspectives [J]. Journal of Cleaner Production，2019，234：534-548.

[202] Zhou R X，Pan Z W，Jin J L，et al. Forewarning model of regional water resources carrying capacity based on combination weights and entropy principles[J]. Entropy，2017，19（11）：574.

[203] Zhu B，Xu Z S，Xia M M. Hesitant fuzzy geometric Bonferroni means[J]. Information Sciences，2010，205：72-85.

[204] Dutta B，Guha D，Mesiar R. A model based on linguistic 2-tuples for dealing with heterogeneous relationship among attributes in multi-expert decision making[J]. IEEE Transactions on Fuzzy Systems，2015，23（5）：1817-1831.

[205] Das S，Guha D，Mesiar R. Extended bonferroni mean under intuitionistic fuzzy environment based on a strict t-conorm[J]. IEEE Transactions on Systems，Man，and Cybernetics：Systems，2017，47（8）：2083-2099.

[206] Wang J Q，Yang Y，Li L. Multi-criteria decision-making method based on single-valued neutrosophic linguistic Maclaurin symmetric mean operators[J]. Neural Computing and Applications，2018，30（5）：1529-1547.

[207] Beliakov G，James S，Mordelová J，et al. Generalized Bonferroni mean operators in multi-criteria aggregation[J]. Fuzzy Sets and Systems，2010，161（17）：2227-2242.

[208] Yue Z L. A method for group decision-making based on determining weights of decision makers using TOPSIS[J]. Applied Mathematical Modelling，2011，35（4）：1926-1936.

[209] Kahneman D，Tversky A. Prospect theory：An analysis of decision under risk[J]. Econometrica，1979，47：363-391.

[210] Tversky A，Kahneman D. Advances in prospect theory：Cumulative representation of uncertainty[J]. Journal of Risk and Uncertainty，1992，5（4）：297-323.

[211] Andrusiv U，Simkiv L，Dovgal O，et al. Analysis of economic development of Ukraine regions based on taxonomy method[J]. Management Science Letters，2020，10（3）：515-522.

[212] Brans P，Vincke J P. A preference ranking organization method[J]. Management Science，1985，31（6）：647-656.

[213] 刘培德，关忠良. 基于熵权和 PROMETHEE-II方法的供应链供应商选择研究[J]. 北京交通大学学报：社会科学版，2008，7（2）：33-37.
[214] Ristono A，Santoso P B，Tama I P. A literature review of design of criteria for supplier selection[J]. Journal of Industrial Engineering and Management，2018，11：680-696.
[215] Konys A. Green supplier selection criteria：From a literature review to a comprehensive knowledge base [J]. Sustainability，2019，11：4208.
[216] Zhang Z M. Multi-criteria decision-making using interval-valued hesitant fuzzy QUALIFLEX methods based on a likelihood-based comparison approach[J]. Neural Computing & Applications，2017，28（7）：1835-1854.
[217] Dong J Y，Chen Y，Wan S P. A cosine similarity based QUALIFLEX approach with hesitant fuzzy linguistic term sets for financial performance evaluation[J]. Applied Soft Computing，2018，69：316-329.
[218] Feng X Q，Liu Q，Wei C P. Probabilistic linguistic QUALIFLEX approach with possibility degree comparison[J]. Journal of Intelligent & Fuzzy Systems，2018，36（1）：719-730.
[219] Song S Y，Zhou H，Song W Y. Sustainable shelter-site selection under uncertainty：A rough QUALIFLEX method[J]. Computers & Industrial Engineering，2019，128：371-386.
[220] Banerjee D，Dutta B，Guha D，et al. SMAA-QUALIFLEX methodology to handle multicriteria decision-making problems based on q-rung fuzzy set with hierarchical structure of criteria using bipolar Choquet integral[J]. International Journal of Intelligent Systems，2020，35（3）：401-431.
[221] Tian Z P，Nie R，Wang J Q，et al. A prospect theory-based QUALIFLEX for uncertain linguistic Z-number multi-criteria decision-making with unknown weight information[J]. Journal of Intelligent & Fuzzy Systems Preprint，2020，38（2）：1775-1787.
[222] Liang W Z，Zhao G Y，Hong C S. Performance assessment of circular economy for phosphorus chemical firms based on VIKOR-QUALIFLEX method[J]. Journal of Cleaner Production，2018，196：1365-1378.
[223] Opricovic S. Multicriteria optimization of civil engineering systems[J]. Faculty of Civil Engineering，Belgrade，1998，2（1）：5-21.
[224] Malul M，Rosenboim M，Shavit T. So When are you loss averse？Testing the S-shaped function in pricing and allocation tasks[J]. Journal of Economic Psychology，2013，39（1）：101-112.
[225] Roy B，Bertier P. La methode ELECTRE Ⅱ：Une methode au media-planning//Ross M. Operational Research 1972. North-Holland：Amsterdam，1973：291-302.
[226] Wu M C，Chen T Y. The ELECTRE multicriteria analysis approach based on Atanassov's intuitionistic fuzzy sets[J]. Expert Systems with Applications，2011，38（10）：12318-12327.
[227] Pinar A，Boran F E. A q-rung orthopair fuzzy multi-criteria group decision making method for supplier selection based on a novel distance measure[J]. International Journal of Machine Learning and Cybernetics，2020，11（8）：1749-1780.
[228] Liao H C，Yang L Y，Xu Z S. Two new approaches based on ELECTRE Ⅱ to solve the multiple criteria decision making problems with hesitant fuzzy linguistic term sets[J]. Applied Soft Computing，2018，63：223-234.